都 市 文 化 研 究 译 丛

上海市高水平地方大学建设项目－上海师范大学中国语言文学学科成果

上海市高水平地方大学重点创新团队"文化转型与现代中国"成果

出售巴黎

19世纪末法国首都的房产与商业文化

［加］亚历克西娅·耶茨 著　潘泉 译

上海 人民出版社

出版说明

　　都市文化研究是一门新兴的前沿学科，主要研究现代都市文化的缘起、变化和发展的规律。它与文化研究、都市研究、社会学、地理学、历史学、文学等学科紧密相关。都市文化研究在中国的兴起，也与中国经济、社会、文化的发展密不可分，我们期待着这门学科在中国生根、发展，能以中国经验为基础，放眼世界，取得新的突破，并积极参与到中国的都市文化建设中去。为达到此目的，大规模地译介国外的都市文化研究成果，不仅是必需的，而且也是很紧迫的。他山之石，可以攻玉，学科的自主和创新，必定要建立在全面了解已有成果的基础之上。

　　都市文化研究译丛不仅包括一批都市文化研究、文化理论的经典著作，也包括显示出最新发展动向的近作，我们注重在理论方法上有重要启示意义的名家名著，也注重对某种现象作实证性研究的学术专著，同时计划译介一些概论性的著作。总之，只要是对中国的都市文化研究有参考价值的作品，都在我们译介的范围内。我们吁请海内外的学者、专家对我们的工作提出意见和建议，吁请更多的翻译家加入我们的行列中。

上海师范大学中文系

2018 年 6 月

目录

导　言

出售巴黎

　　1882 年，蒙马特山上的建筑活动正值蓬勃兴旺。 锤头敲打声的源头不仅仅来自建设中的圣心大教堂①，该教堂的建设始于 1875 年，旨在建造一个为 1871 年的巴黎公社死难者赎罪的圣地。 事实上，在当时，这座有朝一日必能俯瞰巴黎全景的圣所的未来却并不确定：共和派的代表们正试图阻止它的建设，他们质疑动用公共权力来征用土地，以建设宗教纪念所的这一举动的合法性。[1] 而在未来的大教堂所在地的另一侧，蒙马特不动产有限公司（Société Anonyme② Immobilière de Montmartre）方才破土全巴黎最大的工地。 在不到两年的时间里，300多名工人将在 3.2 万平方米的空地上建成 3 条新的道路和 88 栋公寓楼。正在观察该工地进展情况的记者还在跟进另一个例子，即首都正在打造一个全新的街区，其街道和公寓楼似乎是连夜拔地而起。[2] 这不过是建筑师保罗·福久（Paul Fouquiau）牵头的众多建筑项目中的一例罢了。在该建设项目完成之前，福久所领的另一家公司，克里希大街建筑有限公司（SA des Immeubles de la Rue de Clichy）就已经开始了对附近的拉夏贝尔（La Chapelle）街区的 46 栋公寓房和两条新街道的建设工程。[3]与此同时，他的市政厅不动产有限公司（SA Immobilière de l'Hôtel de

---

①　凡尔赛军对巴黎公社的血腥屠杀导致了第三共和国人的深重创伤，有资本家建议修建教堂来纪念死去的巴黎人，并希望此举得到来自耶稣基督圣心的宽恕，巴黎主教随即接受了这一提案。 圣心大教堂位于巴黎最高处的蒙马特高地，选址在最高处是为了让整个巴黎都能看到它，让全城人都能够感受到上帝的存在和护佑。 ——译者注
②　后文中的法文 Société Anonyme 作者大部分都缩略作 SA. 意即为有限公司。 ——译者注

2   Ville)在人口众多的第 4 区开辟了一条街道，并建起了 8 栋新的公寓楼，而他的不动产兴业公司(Société Générale Immobilière)则在第 8 区翻修后的"马波夫街区"(Quartier Marbeuf)新建的大道上又建了几十栋公寓。 加之，他的玛蒂尔大街不动产有限公司(SA Immobilière de la Rue des Martyrs)和维拉卡普里斯不动产有限公司(SA Immobilière de la Villa Caprice)则在第 9 区和巴黎西郊正急速发展的地带造了更多的建筑。

　　福久的名字并未传至后世。 保罗·卡西米尔·马里·福久于 1855 年出生在卢瓦雷省的拉菲尔蒂-圣奥浜(La Ferté-Saint-Aubin)。 1873 年，他进入建筑师让-路易·帕斯卡尔在巴黎美术学院开设的工作室。[4]他在帕斯卡尔手下待了多久不得而知，但他最早设计建筑是在 1877 年(时龄 22 岁)。 假使他为 1889 年的世界博览会设计的金属塔被采纳了的话，他现在的名声就会同古斯塔夫·埃菲尔一样了，也会为我们所熟知。 福久比较多产，而且他的能力更多体现在他的建筑师身份上；他迎合那些富有的客户(尽管有传言说他为维克多·雨果设计的房子，因后者个人的嫌恶而被拒绝了)，偶尔也会接手某些纪念性工程，这类活计在他的美院同行中极为常见。[5]但他的创意并不怎么为建筑业界所青睐。 他没有成立任何建筑协会，没有起笔任何的研究或宣言，据我们所知，他对世纪之交蓬勃兴起的城市主义社区(urbanist community)也没有任何贡献。 他也参加过市镇议会和国家立法机构的竞选，但都没有成功。 他获得过荣誉军团勋章(Legion of Honor)，但他的档案里还有这么一些投诉信，这些信指控说，甚至就连福久(在 1883 年的阿姆斯特丹世博会上设计的)最为世人所称颂的作品也不是他自己创作的。[6]可想而知，福久所获得的最无懈可击的成功，就是赚钱。 他自己创设了一份探索性的房产营销杂志，并在 1877 年为其设计了一个纹章，在纹章的装饰部分上，绘有巴黎的土地，并且这片土地被划分为街道和销售地段，环绕着这一装饰部分，则书有资本主义的信条——"时间即金钱"(图 0.1)。 在 19 世纪的最后 30 年间的跨度内，福久通过各种投机项目建造了数以百计的公寓房，几乎遍及巴黎城的全部区域。[7]他利用他的杂志及其社论专栏打造了营销推广房产的新方法，并且他清楚地感知到市政和国家官员对住房供应的干涉带来的日益增长的压力所能给予的机会，他积极争取公众对开发富有创见的工人阶级住房的支持。他数度成为百万富翁，也曾数度破产。

3

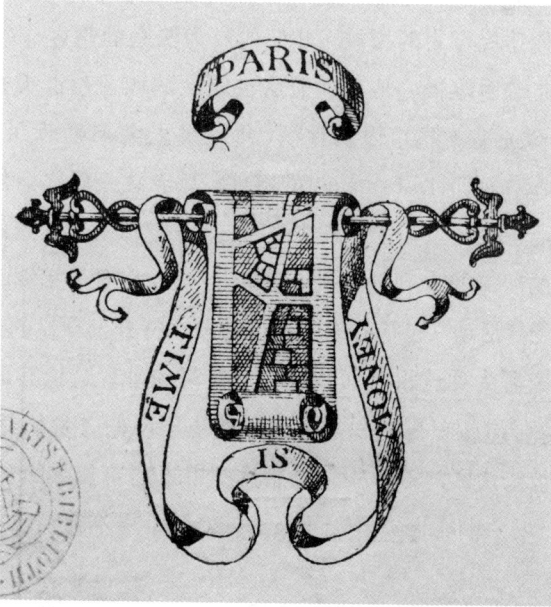

巴黎
时间即金钱

图 0.1　保罗·福久 1877 年发行的杂志封面所刊载的纹章，《土地和建筑销售一般指南》（*Indicateur Général des Terrains et Immeubles à Vendre*）。来源：巴黎历史图书馆

一路走来，福久同首都一些最大的金融机构和金融企业家搭上了生意。他的房地产开发是 19 世纪 70 年代末发生在巴黎和其他法国城市的金融活动的爆发式扩张所体现出的一个方面，而这一金融膨胀最终随着 1882 年 1 月联业银行（Union Générale）的崩溃戛然而止。福久的名字是与这股热潮中的某些最不光彩的因素一同出现的。他与巴黎信贷银行（Crédit de Paris）纠缠在一起，这家银行的创办者是爱德华-伊波利

特·勒佩尔蒂埃(Édouard-Hippolyte Lepelletier)，他声名狼藉，以至于不得不秘密地管理他的公司。 如果不是福久在这波金融投机于19世纪80年代的崩溃前，从这个项目以及一个类似的项目——绍塞-昂坦银行(Banque de la Chaussée d'Antin)——中抽身的时间实在太巧太准了，福久对金融投机的参与可能看起来只是个偶然事件。 他的参与招致了对其欺诈和其他违规行为的指控，并使他成为法庭的常客。[8]其他迹象表明，他对非法手段得心应手，而这也给他的职业生涯带来了麻烦。1887年，他牵扯进贿赂市议员保罗-弗雷德里克·勒菲弗尔-隆西埃(Paul-Frédéric Lefebvre-Roncier)的事件，后者在光鲜亮丽的巴黎和平咖啡馆的甜点上收到了一张1万法郎的支票，这张支票的目的是要换取对福久参与的展览的有利处置。[9]同年，一本小册子揭露了福久"臭名昭著的"经营活动，包括公然高标他的蒙马特开发项目的市值，并将其出售给一家名为"地租公司"的物业管理企业，这让其股东非常不满。[10]这家公司还有很多和福久说不清道不明的关系值得盘问。 在合作开发马波夫街区的过程中，他显然挪用了建筑贷款的资金，"供其个人私用"，以至于地租公司为了完成该项目不得不独自承担100万法郎的债务。[11]

　　福久和他在建筑业的同行们充分利用第三共和国(1870—1940年)早期便捷的信贷和灵活的商业形式——特别是有限责任股份公司(limited liability joint stock corporation)——从而卷起了19世纪最大的建筑热潮。在1879年至1885年间，整个巴黎建造了13 500多座建筑，城市住房的租赁价值增加了四分之一。 1888年公开的一份市政报告得出了如下的结论："建设和拆除的动力在如此短的时间内使土地状况发生了如此重大的变化，这是前所未有的。"[12]房地产开发因其前所未有的生产和它特有的精神面貌而引起了同时代人的注意：它对利润的迷恋和对风险承担和过度生产的坚持。 1884年的一份出版物如此谈道："建筑商才是真正的制造商，他们要的只是，快去生产，生产更多，永远生产。"[13]而在开发商自己的期刊和社论专栏中，他们吹嘘自己的天赋、自信心及其顺应时代需求和机会的意愿。一位投机者对他那些相对更胆小的兄弟们说："19 世纪是一个行动完全自由的时期，还有最丰富、廉价的资本，（你要是没胆子的话，就）早点走安稳的路——最好是回家做田舍汉，买点土地，种点白菜，把你在商业世界的位置留给别人。"[14]

这不是为我们所熟悉的巴黎土地开发的故事。大多数历史研究都集中于国家当局和政府机构在改造首都的作用上，历史叙事的主要内容关注的是乔治-欧仁·奥斯曼和拿破仑三世在第二帝国时期（1852—1870年）对巴黎的改造。[15]这种自上而下的观点几乎没有给私人企业的作为或私有物业主日常化的城市主义留下任何空间，尽管后者对巴黎的空间有着持久的影响。但事实上，指导投机的建筑商做开发土地的决策的知识网络和工具很少被列为城市史研究的一部分。[16]而它们的机制不仅比公共当局的机制更难掌握，而且开发商也努力试图使他们的活动看起来更自然，使他们对市场和城市的技术化鉴赏看起来像一种大众常识。然而，要透彻地了解关于现代巴黎的故事，就不能不了解私人开发商。像福久这样的私人行动者帮助国家建立了地产关系的系统，而这些地产关系的系统则构成了首都的现代性日常生活的物质条件。[17]他们也是那些对现代城市文化得以进入寻常百姓家而言极为关键的行动者，而后者的一个重要阶段正是在 19 世纪末的巴黎展开的。[18]

福久的故事也与所谓的法国企业家和法国企业惯于规避风险和自我限制的形象格格不入。[19]这一形象可能部分要归功于大众对于法国人反资本主义的态度的流行看法，而这一形象经久不衰，尽管最近几十年来，研究法国商业的历史学家们早已对其进行了驳斥。而若要对法国经济发展加以更细致的处置，我们就该重点关注其政治经济在现代时期所呈现出的特殊性（而非其发展的不充分），并要强调一系列现象——银行和国家机器（state）在经济发展中所起的显要作用、商业教育的技术官僚性质，以及市场在国家（country）的政治文化中的位置；这些现象足以解释法国的资本主义所带有的独特性。[20]福久的投机事业体现了这样

5

一种创业观：将创造性地承担风险与接纳国家在经济生活中的作用的强化相结合。他的行当正是被与国家密切相关的大型金融机构所塑造的，他也曾多次试图将他的商业成功转化为某个政治职务，这遵循的也是法国商界和工业精英的既定惯例。他还一直在倡导一个来自美国的真理——**时间就是金钱**，而且恰恰用了英语；这一真理精辟地总结了现代经济秩序的胜利进军，以及它就理性、效率以及对日益压缩的空间的完全掌握所发出的律令。

　　但福久和他的同僚们的重要性，不仅仅在于阐明在这一城市化的关键时期参与城市建设的行动者之广泛，抑或是在于揭示在第二次工业革命背景下出现的企业家个性的类型。他们之所以重要，是因为他们的事业活动有助于揭示 19 世纪末发生在金融、商业和房地产间的关系上的根本的重构，而正是这一重构同时塑造了现代大都会的建筑形式和社会体验。房地产开发的政治和实践——建立了财产和人的流动（或不流动）的回路的个人、机构和智力劳动——在这个时期有了新的形式。当然，第二帝国时期的城市重建为第三共和国早期的许多创业实践提供了重要的温床。但是，19 世纪末首都地产开发的政治经济状况与先前持存的政治经济状况已经有了很大的不同，前者是在对奥斯曼化的经历和对 1871 年巴黎公社起义所带来的巨大政治和社会动乱的反应中形成的。尽管城市的经济离不开大规模的建筑项目所带来的就业和税收，但对一些人来说，一想到这些项目所能吸引来的工人阶级"大军"的前景，他们就浑身不安。此外，市政当局参与城市改造有可能使新的共和派市议会（市议会机构几十年来首次由选举产生）看起来是在始终推行帝国主义绅士化政策，并且在和房地产利益团体进行非法合作。投机者在市场中扮演的角色由于社会问题的日益紧迫而进一步凸显出，这导致政府在参与住房建设方面步履蹒跚，每个立法里程碑都伴随着关于私人住房市场的问题和潜力的激烈辩论。[21]简而言之，在 19 世纪末这段时期里，城市房地产治理的机制和价值观念也获得了严格的再审视。

房地产投机和它的特殊工具——有限公司——集中承载了巴黎居民和巴黎政府对于城市的政治或道德功能与其经济身份之间的矛盾似乎越来越难以调和这一事实的焦虑。 1867 年，有限责任股份公司的成立条件得以放宽。 在以前，这些公司要经过国家批准，并且要被认定为是有贡献于公共利益的实体，而到了彼时，这已经不再是国家的事情了。[22]房产投机的准入门槛变得非常低，尤其是对那些初始资本不多的人而言。 在 1870 年至 1900 年间，巴黎有 253 家有限公司以房地产开发为目的（或者说——其公司章程中就经常如此表达出来——"为了投机"）而成立。[23]19 世纪 70 年代末，借由作为半公共抵押贷款机构的法国地产信贷银行（Crédit Foncier，成立于 1852 年）与企业家分包商行（Sous-Comptoir des Entrepreneurs，建筑业的老牌贷款机构，成立于1848 年）以及新成立的作为补贴借贷和投资机构的法兰西地产公司（Compagnie Foncière de France，成立于 1881 年）及地租公司（Rente Foncière，成立于 1879 年）间的协调，金融业得以为建筑业建立了一个全面的信贷网络。[24]而在建筑业发生不景气后，这些金融公司当即将这些陷入困境的开发商的公寓房纳入了投资组合。 比如，法兰西地产公司在短短数年的时间里就入手了 167 栋建筑。 到 1910 年，房地产和保险公司就在全巴黎掌握了 2 500 栋建筑，并管理着数万间公寓以为其股东分红。 通过有限责任股份公司的内部机制和地产金融公司的投资组合，地产变成了纸张，而房东也就解体为匿名的有限责任公司①。

这些公司对合乎理性的物业管理和现代广告业给予了前所未有的重视。 他们把租户当作客户来争取，并且承担起对租户的说明义务：带其参观地产公司的租赁办公室，攀其同中介讨论，并且会让他们仔细观察房间的空间利用和平面图……总而言之他们许下了"随叫随到和包你完全满意"的承诺。 该公司的广告还宣称："寻找公寓最简单、最便宜、最不麻烦的方法，就是求助于一家大型房地产公司。"[25]物业管

① 法语中有限公司（Société Anonyme）中的 Anonyme 的另一层意思即无名、匿名的。 ——译者注

理的这一商业化，部分取决于一个新兴的专门的商业中间人阶层所提供的服务，这一阶层依赖于首都推销出租屋、房产销售和物业管理以谋生。这些中间人被称为房产中介（*agent d'affaires*），他们将市场关系人格化，其所从事的各色行当贯穿法律、金融和商业等领域。[26]他们出售股票和债券、为公司安排起草合同、为各类商品提供中介服务、为商人提供法律事务咨询，并出售商用和民用地产。除此之外，他们还迈入了很多更为可疑的活动领域：为客户跟踪关系人、做专利交易、经营职业介绍所、为常常濒于绝望的求职者介绍工作，还有做婚姻介绍。

随着这一阶层在整个 19 世纪的逐渐专业化，积极扩张进取的房地产中介对公证人和讼师在房产交易这一领域所一直占有的行业垄断地位施加了更大的压力。房地产流通的传统渠道是由法院官员掌控的高度正规化的信息网络所构成的。[27]而房地产中介则提出了与之相匹敌的市场组织的模式。他们将自己取材于其他商品市场交易的模型的机构称作"房地产交易所"，并制作了大量的房地产价格数据，同时他们致力于通过大兴土木来建设首都的社会空间——"宣传城市的新城区，并且要让人们熟悉它们"——正是他们教促业主从自给自足的租户转变成"真正的零售商"（当然，得有他们的帮助）。[28]自 19 世纪 70 年代起，房产中介的专业公报无论是在数量上还是在复杂度上，都有所提高，公报加入了主流报纸的行列，并开始将房地产作为某种可写的东西来对待。1881 年，《费加罗报》推出了总结和分析房地产市场趋势的每周专栏，《高卢报》在 1885 年效仿了这一做法，《时报》①、《晨报》和《新闻报》在 19 世纪 90 年代初也都首次推出了自己的栏目。同一时期，"marché immobilier"（不动产市场）一词也开始出现在国家日报上，这与专门从事房地产融资、建设和管理的大型公司的建立密切相关，而这些公司的股票和债券都可以在证券交易所交易。

时人认识到，巴黎的房地产正在发生一些新的变化。1884 年，一

---

① 今《世界报》。——译者注

图 0.2　浏览房产：迪法耶尔百货商场的房地产部，《迪法耶尔指南》，1903 年。来源：巴黎市历史图书馆

个为调查巴黎的工业危机而召开的议会委员会直接处理了这个问题。该委员会特别关注了建筑业，它认为建筑业活动发生的变化与最近的市场危机有很大关系。 委员会的成员们评论道："现代建筑业与其说是工业，不如说是商业；交易太过于频繁，夸张一点说，几乎消灭了生产。"他们还谈道："对于广大公众来说，建筑业的企业主正是一个商人，同时他又几乎是一个捐客，就像百货商店的负责人一样。"[29]这个评价绝非孤例。 早在两年前，正在建筑热潮的高峰期，建筑评论家埃米尔·里沃伦（Émile Rivoalen）就抨击了巴黎街道上涌现的平庸的建筑模式，并且指责公众对"现成品"的喜好，致使他们就以"像在乐蓬马歇百货公司或美园丁百货公司购买商品一样"的态度来对待建筑。[30]尽管里沃伦在专业的层面上对此不屑一顾，但随着 1903 年迪法耶尔百货商场（Grands Magasins Dufayel）的房地产部的开设，个人很快就真的可以在百货公司的陈设内部接触到房屋建筑的销售和租赁了（图 0.2）。 同样，作家朱尔·罗曼（Jules Romans）在其作品中虚构了一位房地产中介，弗雷德里克·阿沃坎（Frédéric Haverkamp），这位房产中介于 1908 年成立了其中介机构，而他的中介机构的组织前提正是这样的："你要卖的商品正是那些代售的房产。 你的工作是要让买方能够在房子之间轻易地来回，就像在百货商店的过道上一样。"[31]

　　诸如此类的评论和报刊版面捕捉到了 19 世纪末巴黎城市空间的生产和分配的一个核心转变：一个住屋和房产逐渐被视为商业物件，并承担起其商业功能的过程。 要在城市住屋和百货公司的商品之间建立起等价关系也并不是一件自然而然的或直截了当的事情，这需要某些中介人和机构不时有意或无意地加以干预。 它还需要有新的参与者的出现，包括专门的房地产中介、专业化的业主，再到大量新成立的有限责任股份公司，后者还得把房地产开发、分销和管理视为嵌入消费市场的一项商业经营活动。 它还需要制定新的信贷筹备方式和投资规范，而这些方式和规范则又通过彻底改变人们对金钱的生产力的预期，从而促进了股票市场和房地产市场的相互渗透。 它还需要一种关于开发的政

10

治经济学，而这一政治经济学是针对奥斯曼化和巴黎公社遗留下来的政治、社会和经济遗产而形成的，它小心翼翼地保卫着私人企业和公共事业之间的界限。 追踪不动产是如何作为商业物件而出现在城市空间和投资者的投资组合中的，使我们得以辨明这些中介人和干预手段所起的作用，即创设商业网络、构建起金融规划及政治和社会野心，而如上这些一同构建了巴黎地产的生产、分配和消费。 它还要求我们以非传统的方式来阅读最为普通的东西——从林荫道到公寓楼，并且还要为我们的城市研究的文本库增加新的来源：房地产中介的广告专栏、物业管理公司的年度报告、市政税收评估员的潦草调查。 其结果不仅会形成关于城市建设的政治和经济利害（以及社会经历）的新阐述；通过将房地产描述为一种社会产品和一处竞争场所，它还有助于追迹世纪之交资本主义政治经济所发生的变化。

地产是件可动的商品

"商业物件"这一术语的功用在于，它能够在某一历史性的偶然过程之中，区分出一个特定的阶段，而正是通过这一过程，土地、地产和住房才成了顺从于市场交换之物。 当然，早在 19 世纪末之前，在法国（以及在世界上的其他地方），房地产就已经作为一种商品而发挥作用了。 树立一个关于商品和等价物的体系的必要工作，早在 18 世纪就已经到位了，而正是这一体系为现代经济（以及现代经济学）奠定了基础，而地产——特别是城市地产——易手的概念，且主要是以其交换价值而非使用价值而易手，也由来已久。 除了那些尤为卓著的市场活动的时期——如发生于法国大革命期间和其后的，对国有化土地的投机——在中世纪和现代早期，活跃的地方地产市场显然也有证据证明其曾存在，且其程序和规范与我们的市场并无不同。[32]

然而，即使是在发达资本主义时期，房地产的商品化在时间和空间

11

上都是不均衡的。 用最近一项研究的话说:"土地从很早以前起就已经成为一种商品了",但这并不足以解释一切。[33]尽管房地产有着自己特殊的状态,但它和其他商品一样,也有其社会生命(social life),有着不为其"商品状况"所累的生命传记(biography)。[34]物件皆受制于不断变化的价值化体制,而这些体制则根据其物质特征和构成其交换条件的基础的文化框架,来规定这些物件作为商品的潜力。 作为商品,房地产既不可移动,又是基本必需的要素(一席遮身之所),其特殊性在于带有政治和情感的投注,尤其是在现代西方民主政体,因而房地产受制于一种复杂的和偶然的道德经济学,正是后者形塑了其市场化的过程。通过聚焦于城市房地产成为商业物件、并作为商业物件而运作的轨迹,我们能够重构起其商品化的文化和制度基础的演变的特定时刻,以及在其交换的条件方面发挥作用的不同行者和在地化境况。

简单来说,房地产是种社会产品。 其市场是高度在地化、片段化的,并且在极大程度上从属于信息的不平等性。 此外,根据历史时刻、利益相关方和地理位置以及纳入考量的特定合同,房地产市场的交易仍然往往是极其个性化和个人化的,这与其他投资市场形成了鲜明对比。 这些条件确保了其在社会网络、政治框架和文化规范——遑论具体的空间了——内的纠缠的极度相关性。[35]然而,要确定这些因素对地产的生产和交换机制所产生的特定贡献,则需要我们不仅仅把目光放在市场的社会建构上。 相反,这种分析必须要挖掘出在市场模式的发明和市场地点中发挥作用的那些具体行动者,关注被动员进这一任务的各类专家和非专业知识,以及要说明市场本身和其所涉及的商品的物质性——或者说物理的、具体的属性。[36]这一对知识本身和物质性的双重强调特别适合于对房地产市场的研究。 物理搬迁土地和建筑物所面临的阻力,对其市场的形式有着很大的影响,其市场的效率因而取决于可供出售或出租的土地和建筑物的表现形式的流通。

本书的关注点之一即在于探讨不动产抵制或逃避资本主义同质化倾向的能力。 所谓的商品,即一件在某种程度上被定义为一种其交换条件已经抹去了其生产条件的产品，那么在某些方面，土地就是一个典型的商品的例子。 纵如卡尔·马克思和卡尔·波兰尼这样完全不同的理论家，其论点也在围绕着土地在资本主义政治经济中的复杂性上合流了，他们都认为土地是一种虚拟的商品（以及它的收入是虚拟的资本），这恰恰是因为它的交换机制抹去了其在人类劳动和市场之外的自然起源的事实。[37] 然而，在这层可交换性的外衣下，在市场赋予土地的商品形式下，是土地富有迷惑性和限制性的顽固性、其受限的可供应性（availablility）和不可移动性。 在讨论房地产时，人们所考虑的对象——由人类制造并安置在土地上的建筑结构——往往都直截了当地要么意指着一种社会再生产的基础，要么意指着一种来自一个指向买家-用户的市场的商品。 在这些情况下，作为商品的土地的不安定状态通常都会被搁在一边。 然而，土地在市场上所面临的一些困难仍然被保留在了房地产之中，留存在所谓的位置问题和稀缺性的窘境中，留存在其价值源泉的不确定性中。 房地产既作为物质实体而存在，又作为对未来收入的利权而存在；它同时作为对过去财富的存储物和未来收入的来源而发挥作用。 简而言之，它囊括了推动资本积累过程本身的抽象化和物质化之间的动力学。 对于历史地理学家戴维·哈维来说，房地产因而扮演了一个协调剩余价值生产的特殊角色，帮助资本在积累循环的环路之间进行转换。[38] 然而，纵使说空间被纳入资本循环的时机已经成熟，但是纳入的企图所赖以倚借的劳动的形式和机制的类型，仍然属于这个过程中的一个偶然部分，而其成功则绝非预先可以注定的。假如这一纳入确实实现了的话，我们就需要更多地关注房地产的法律和政治状况，以解释这种纳入是如何发生的。

　　塑造法国房地产市场化的各类各色的中间人/中介机构，虽然受到国际趋势和模式的影响，但对该国来说仍是独一无二的。 在整个 19 世纪，法学家、经济学家和行政官员之间关于财产流通的最适当形式的争论，是由某些特定的恐惧和挫折所塑形的，而后者则肇源于大革命时期对土地货币化的试验以及《拿破仑法典》及其民事诉讼规则所建立的财

13

产制度在随后的年代里为人所察觉到的不足。 指券(*assignat*)这一流通性货币工具,最初就基于国有土地的地价,它只不过是 18 世纪末调动土地地价的诸多计划和方案中最出名的一种。[39]在大革命时期同样出现了发生在土地登记和抵押贷款改革这一看似平凡的领域内的创新。改革者提出了改进版的登记册、国家信息系统以及能够代表地产价值并赋予其以增值(增值是源自流通性的增加)的钞票票据,它们最后在私人银行计划中和共和三年获月九日(1795 年 6 月 27 日)建立的新的抵押制度中短暂地得以制度化了。[40]银行方案是短暂的,但新的民法典却为限制实物财产及其纸质表现形式的流通的明确需求所塑形。 它免除了对登记大多数形式的转让的要求,保持了房地产交易中私人合同的神圣性。 新的法律制度将房地产归类为受民法而非商法管辖的**不动产业**(bien immobilier),使其陷入一个更繁琐的转让体系。 民法典法律框架,通过确保房地产不能满足**可动**商品的关键条件——即,以透明和公众同意的定价为基础,能够简单和快速地实现转让——从而创造了条件,以为其始终如一地将房地产排除在商业之外的做法提供合法依据。

事实上,对 19 世纪的法国法律思想家、立法者、经济学家和地产所有者来说,房地产的决定性特征即在于其**无能力**充当商品。 虽说它当然仍可以被买卖,但房地产的法律定义意味着它不可能成为商业物件。 随着动产在法国的投资组合中所占的比例在整个世纪内稳步上升,并在 19 世纪 80 年代与不动产持平,房地产的顺利转让所面临的雷打不动的阻滞,也就成为了土地市场改进的倡导者(他们乐于见到市场将地产轻松地转手给"那些能最有利地使用它的人")与那些认为这种市场将威胁到家庭住居和法兰西国族国家(nation)的农业传统的人之间的争论焦点之一。[41]改善地产的清晰性(legibility)——因而也是可转让性——的计划在这一分歧中不断遭到破坏,而 19 世纪末法国新获得的殖民地领土和国内的农业危机一度还为这一长期的辩论增添了新的紧迫性。[42]

城市房地产市场和股票市场的实践和内在逻辑正日益透彻地相互渗

14

透，这迫使人们对地产商业化的性质和限制进行反思。 随着这两个市场的蓬勃发展，时人在许多情况下对这些投资领域之间的关系进行了理论研究。 一些人认为，所谓的股票市场心态会恶性地延伸到地产交易领域。 在 1884 年议会关于巴黎行业危机的委员会会议上，经济学家兼市公典所(*mont-de-piété*)所长①安德烈·科煦(André Cochut)直接将近期地产市场的病态同股票市场日益占据经济习气中的主导地位的现象联系起来。 投机助长了"财富取之不尽用之不竭的幻觉"，助长了对无穷无尽的改进的环路和越来越多的盈利机会的预期，使得土地被视同小麦或者是玉米，"期货市场"或者说期货交易取代了现货市场。[43]然而，当时的不景气又表明，这个市场的抽象本质也还是有界限的。 伴随着1882 年初股票市场的贬值，房地产市场——这一传统的稳定投资实践的故乡——的拥护者开始盛赞地产所有权与生俱来的安稳性。 房地产——"真正的"财产("real" property)不受那种会膨胀和扭曲动产市场的假象的影响。 建筑企业家欧内吉姆·马塞兰(Onésime Masselin)在其论股票市场和建筑业的系列文章中谈道："建筑不像橡胶，它们不能被拉长，也不会突然在数量上多出几倍；巴黎只有一定数量的地段和建筑——任何人都不可能增加其面积。"这与动产的人工性质形成了鲜明对比。"而相反，股票呢，只要有来自印花税局的帮助，仅 Chaix[一家出版社]就可以生产出无数的股票。"[44]约翰·阿瑟和蒂芬房地产中介公司(John Arthur et Tiffen)也有类似的反应，他们告诉其公报的读者，在土地上的投资和在股票市场上的投资之间的区别同**真正的股份和虚拟的股份之间的区别**"一样判若云泥。 房地产的实体性同股票投机者眼前的幻象直接对立，并拒绝后者对其进行操纵的企图。"房地产的股份是以具备无可争议的物质性的建筑物或土地为基础的，其数量也是屈指可测的，不会因**冒险家**[lanceurs d'affaires②]的一时兴起而

15

---

① 公典所(mount of piety)是欧洲一类作为慈善机构经营的典当行，从文艺复兴时期持存至今。 ——译者注
② 字面意思：生意发起人。 ——译者注

增加。"[45]

将地产市场同投资相联系，将股票市场与投机相联系的传统做法仍然引起了广泛的共鸣，并且毫不奇怪地经常被房地产中介和其他专门从事城市房地产营销的掮客所利用。然而，这些范畴却越来越有广泛的渗透力。[46]经济学家保罗·勒华-博略（Paul Leroy-Beaulieu）撰写的投资手册——如经常重印的《投资与管理财富的艺术》（*Art de placer et de gérer sa fortune*，1906 年）——告诉读者：对现代投资者而言，地产的所有权太过繁琐和复杂，最好留给专业管理公司。[47]事实上，勒华-博略的观点与前个世纪被称为"重农学派"的法国经济学家针对地产的立场有着惊人的反转，他建议不要在田地上投资，因为这种资本的使用是没有结果的，也不能产生利益。而通过日益流行的"有限公司"来介入地产所有权的做法则会好得多。正是这些公司致力于将城市地产逐步纳入股票市场的规范和实践中，创新了后来被称为"纸-石"（papier-pierre）的东西，将不动产的石头变成了可动财富的纸质房契。金融专栏作家阿列克西·巴约·德马里希（Alexis Bailleux de Marisy）于 1881 年记录了这些新的企业筹划："把土地及其之上的建筑和它所产生的收入，变成了可以折叠并放在钱包里的纸质股票。"[48]他们创造了一种新的、中介性的地产形式，并打通了动产和不动产之间的桥梁；"其稳重度并不亚于［真正的］房地产"，这种地产调整了传统的投资手法以适应新的资本流通规范。[49]另一位当时的观察家，一位法律专家，在 1884 年向建筑师中央协会（Société Centrale des Architectes）报告时乐观地宣布，"这可能就是地产的未来"。[50]

地产所有者不可能对这些发展不动心。市场导向的开发商人数的激增同时挑战并再界定了个人业主在城市经济中的地位。[51]1872 年，在新的地产税的推动，以及因资金紧张而急于调动私企积极性的市政当局的拉动下，业主们成立了巴黎城市不动地产联合公会［Chambre Syndicale des Propriétés Immobilières de la Ville de Paris，也就是今天的不动产全国公会（Chambre Nationale des Propriétaires）］。作为某一特定经济利益集团的代表，该集团立即着手确保法律承认，并确保城市地产所有者能够利用 1865 年的一项法律，该法律允许农村地产所有者组成协会来承担公共工程。 他们试图在城市的建筑和经济景观中赢取生产性的角色，而这些企图又为一些因素所左右，其中最重要的是不断演化的投资生态，它扰乱了不动产在国族国家政治经济中的地位。 他们寻求建立起某种手段，以使其能集体承担起城市环境的生产者的职能，但这一追求最后失败了，这是商业化地产市场所带来的直接结果，它使业主成为再分配而非生产的行动者，使他们代表公益的职责显得可疑。

巴黎是一场流动的盛宴

可动财富和不动财富之间的竞争与互相关系不仅仅构建了作为一种资产的地产的特殊的双重生命；它们同样也是现代都市的核心问题。[52]在 19 世纪的下半叶，许多城市中心都表现出了趋于集中化交易的冲动，同时，它们还趋于将地产市场同资本循环的国际网络相整合，并且其大兴土木的方式，也以其他的城市为蓝本。[53]然而，管理着这些形式的财富的交叉部的个人及机构，又是其地方及其时代的特殊产物。 就全法兰西而言，巴黎始终是全国最大的地产交易市场，而本地所萌发的市场机制及中介商的交易方式也有着极为独特的形式。 就交易数和交易价格来看，法国其他城市中心的资本市场则要缩水很多。在 1898 年，塞纳省成交了共 4.145 亿法郎的地产交易，然而相邻的省份则只簿记了 9 700 万。[54]与地产开发和投资有关的公司的干预都是主要或者说专门地以巴黎的城市景观为对象，而投资手册则建议，唯一有把握的城市地产投资应该放在首都。[55]此外，尽管有 19 世纪 80 年代的经济崩溃和停滞，但 19 世纪末的建筑业反而代表了巴黎历史上最繁忙的城市开发期。 随着城市人口的爆炸性增长——1872 年至 1911 年期间增加了 100 万居民——其建筑群也发生了爆炸性增长，即使到今天，这些建筑仍然构成巴黎现成环境的核心。[56]

17　　巴黎被历代批评者先后称作"19 世纪的首都""现代性之都"和"世界之都",曾不乏欲为其编史之人。[57]在历史学家、地理学家和文学学者的笔下,法国首都享有一段同都市现代性间的特殊关系,它是"外向型城市主义"的摇篮,后者则为现代消费者文化体验的塑形推波助澜。[58]不论是跟着闲逛者(*flâneur*)的脚步,抑或是同看热闹的人(*badaud*)①一起目瞪口呆,这些叙述的重点都在于林荫道生活的景观,在于涌入百货商店、电影院、餐馆和(与前者截然不同的)革命街垒的人群。[59]巴黎的现代性在于其独特的公共性,这公共性既可以体现在城市街道的导航和叙事如何促进了社会想象的构成方式上,也可以体现在公共当局改写城市本身及其流通网络的方式上。[60]这种公共性甚至从反面促进了所谓的城市公认的私人空间经验的塑造;巴黎的公寓房被描述为"反现代性"的表现,是同奥斯曼化的外向性与之俱来的"内部化"的产物。[61]

房地产——特别是居民用房——在这种商业和消费者文化中的运作方式,对于巴黎现代性的故事来说,同样是很重要的,它还为对消费对城市环境的塑形和城市体验的影响的研究打开了一个新的视角。[62]然而,它还有助于我们对这些文献的再定位,从对林荫大道的景观、意义深远的城市主义和几乎已经后工业化了的资本主义的无中介进军的讨论,转向商业网络、法律框架、职业法规以及政治和社会层面的种种野心,而后者都参与到了对巴黎地产的生产、分配和消费的结构化之中。[63]在探索这一再定位的过程中,本书揭示出一些传统的机关——如公证员和个人地产所有者——与现代化的机关不仅共存着,还推动了后者的标定,使得现代性带有了一种特殊与构成性的不均衡。[64]

在 19、20 世纪之交,巴黎有 200 多万住民,而在巴黎的地产市场中,交换价值在其市场运作中的作用影响到了使用价值,但并没有主导

①　*flâneur* 和 *badaud* 均见本雅明的《波德莱尔笔下的第二帝国时期的巴黎》,第三章"三、现代主义"。——译者注

后者。这些住民绝大多数是租户。在 19 世纪，单层公寓的地位逐渐巩固，而多层公寓建筑则不断涌现，因而自然而然地推动了 1783—1784 年第一批规范建筑高度的条例的出台。[65]城市的垂直密度是惊人的；到了 19 世纪末，巴黎 48% 的建筑有四层或更高。[66]1891 年，全市估计有 73 174 座住宅楼，包含 981 175 个独立的住宅，换句话说，平均每座楼有 13.4 个住宅单位。[67]虽然这些大楼的所有权的配布比较宽泛，但业主自住并不常见。[68]到 19 世纪末，只有 40% 的拥有地产的人居住在自有楼房中；而如果将这一数字同城市的总户数放在一起，则意味着只有不到 2% 的家庭是住在自有住房里的。一位世纪之交的建筑师说："这种就算一个人拥有相当多的财富，也要居住在集体建筑中的趋势，是当代习俗的一个非常典型的标志。"他把这种趋势归于土地价格不停的上涨和一场把流动性和短暂性置于对独户式住宅所隐含的永久性的信奉之上的社会革命。[69]豪华公寓供应量的增加也促成了这一现象；供巴黎市的富裕居民阶层，即"布尔乔亚"，选择的住房的品种——定义上指年租金超过 500 法郎的住宅——在 1878 年至 1911 年间增加了 91%。[70]事实上，在 1890 年至 1900 年间，首都最廉价的公寓，即价格低于 300 法郎的公寓，只增加了 7%，而价格超过 2 500 法郎的公寓则增加了 17%。[71]

许多对 19 世纪末住房市场性质的反思，其关注点都聚焦在租户身上，指责他们为轻浮和益发挑剔的消费者。里沃伦对当时公寓住户的期望颇为反感，责备他们被那些弥散着"喜庆的表象、狸猫换太子的'格调'——正是这种似是而非的东西吸引着现代的租户一家，并且俘获了寻找有利可图的投资品的炒房买家——"的华丽公寓所欺骗。[72]一方面，这表现出租户们的眼光极为可悲，而在一个将这类品位提升到国族国家身份的核心支柱的地区①，在这么一个时期，甚至会相当有害，另一方面这也给被迫屈从于市场要求的建筑师带来了灾难："对舒适

---

① 指巴黎。——译者注

度的要求越来越高：没有人愿意爬上爬下楼梯，必须要有个电梯。……除非大楼中的一切都运作得跟在仙境中一样，否则租户就拒绝付款：室温必须由中央供暖或制冷来调节，并要符合每个人的品位和喜好。"[73] 1899 年，行业报纸《现代建造》（La Construction Moderne）的一篇文章提出，他们观察到，即使是向来谦逊的租户近来也已变得苛刻，而他的得寸进尺则对住房市场的情况推波助澜："由于竞争的缘故，今天反倒是业主屈服，租户则威胁要搬离。"[74] 在这类描述中，首都的强烈流动性总是来自受诱惑和失望的消费者所特有的流动性，他们像"沙漠中的阿拉伯人"一样移动，寻找有"中央供暖、电灯或电梯"的更上乘的牧草。[75]

　　房产中介和其他掮客则试图在求租找房的行为同其他形式的愉悦消费间促成这类联系。他们使自己的机构成了"不息市集"，努力使住房供应的展示变得更加合理，设计出能让人更加悠闲地浏览的样品目录和服务点，并通过诸如在房产广告中引入平面图等创新，将居家生活的内部开放给了市场流通的律令，而后者恰恰决定了城市公共文化的经验感。将租户变成消费者是构成商业化房地产市场轮廓的一个重要部分。市场的运作基于对住房消费者需求的感知，这对那些强调他们的建筑需要跟随人们的需求而不是引领需求的投机性开发商来说，对那些在找寻将建筑与人口增长相关联的经验性手段的建筑业观察家来说，或者对那些将建筑视为从对手房东那里吸引到住户的改良手段的公司老板来说，都是成立的。更重要的是要记住，与这些讨论有关的租户仅仅是巴黎市民中的少数，是那些有能力权衡自己的选择，并能基于纯粹的生存必要之外的要素来做出决定的人。对这些个人和家庭来说，最能引起他们的共鸣的，还是将住房视为一个从样品目录或公报中挑选出来的"一揽子住人交易"做法；他们极易于接纳公寓"购物"为"市场现代主义"中的一分子，而正是后者定义了住宅空间本身。[76] 而对大多数巴黎居民来说，工作和住家的联系更加密切，空间和经济的限制更加紧迫，故而他们在建筑业者的自我理解和发展决策上几乎没有产生什么

19

影响。

　　尽管中介者和开发商都很重视消费者的需求，但 19 世纪之都的实际建筑环境在多大程度上同居住者的愿望相契合这一点，值得商榷。19 世纪的住房改革者对这种社会景观感到失望；1903 年，工程师埃米尔·谢森（Émile Cheysson）感叹道："我们什么都不做，只是在旅馆中穿梭，旅馆没有告诉我们任何的过去，没有为我们的未来做出任何承诺，也没有为我们留住当下的任何记忆。每到一站，我们就把自己的身份碎片抛向四面八方。"[77] 对于这些评论家来说，城市虽然是一个集体生活的场所，却孕育着集体异化。关注城市发展和市场可行性的专业人员，尽管他们通常觉得城市建筑形式的后果并不那么可怕，但他们同时也经常会批评投机性的建筑，认为它忽视了城市和街区的实际需求（besoins du quartier），而独独钟情于那些矫揉生造的需求。在为普通人造房和大批量（en masse）造房时，他们忽视了当地环境的具体要求。建筑报业巨头西撒·戴利（César Daly）的儿子马塞尔·戴利（Marcel Daly）认为，投机性开发不可避免地导致了一个更笼统化的市场的成型："当一家金融公司承担起一个又一个大城市中的整街区的建设任务时，由于它承包的是一项**商业投机**，所以它会尽可能地减少风险和费用。因此，在某种程度上出于其业务的性质，它会被引向这样一种操作模式：先树立起一些小规模的可操作的样板，然后无限期地重复这些样板——都是些庸常样板，这种类型的样板可以满足将来的大批客户，却没有任何出彩的地方，因为它们当然不会惊艳到任何人。"[78]

　　其结果并不一定令人满意。1885 年，一位小说家借其笔下的故事叙述者之口说了如下的话："房地产和保险公司已经使建筑变得惊人的平庸。我是国际地产公司的一个租户。我从窗户里可以看到八幢完全一模一样相同的住所，每幢住所都有着四个完全相同的院子，分别被一堵低矮的围墙隔开，墙顶上装着护栏。这番景观也并不难以想象——只要想想墓地或兵营就可以了。"[79] 建筑企业家针对市场来进行设计和建造，而这个市场则是投资者和租户（他们只扮演间接的角色，但却十分重要)共有的市场。 随着(资产阶级和工人阶级的居住区)空房的增加(前者是由于生产过剩，后者是由于最低租金范围内住房的过度拥挤，导致 100—500 法郎区间产生了大量空房)，建筑商必须努力为自己的产品争取到市场，在某些方面，甚至要创造市场。《建筑学综刊》(*Revue Générale de l'Architecture*)上刊登了一篇匿名文章，该文作者评论道："这些令人震惊的街区的建设者们似乎事先并没有就这种如此迫切地驱使着他们的建设需求达成一致：如今他们似乎在说一种求租者完全无法理解的语言。"[80]

诉诸地产中介于是成了一种弥合房产生产者和房产使用者之间"难以理解"的语言鸿沟的方式。 对这些填实了巴黎的"未来之区"的诸建筑所做的传记式研究——换句话说，研究这些建筑的产生和它们在时间上的演变——揭示了其他的研究手段。[81]尽管投机性公寓建筑的体系构成了城市住房存量的主体部分，但那时的专业人士认为它们都是缺乏个性或艺术趣味的制成品，因而普遍被历史学家所忽视。[82]相反，通过以房地产投资公司的投资组合作为档案基础，从中了解这些因投机目的而建的房屋，我们才能离城市环境商业化和金融化的具体的社会经验更近一步。 税务调查、建筑许可申请和公司年度报告有助于追踪企业主如何评估和干预巴黎房地产市场，有助于追踪来自竞争激烈的建筑业和股东分红的急切需要如何塑造了租赁结构和建筑份额，还有助于追踪居住者如何塑造了他们所支配的住居空间。 例如，寄宿和分租/转租相当突出地出现在公司所有的建筑公寓中，尤其是在城市新区的中产阶级大楼内。 公司所有的建筑物的商业化甚至渗透到了公寓的内部，其中的租户正是那些深悉其客厅和卧室的交换价值的售房经理。 这种传记性的研究方法不仅有助于辨别建筑环境的能动性，而且还强调了这种环境的持久性是如何——再加上建筑作为一种资产而带有的独特的黏性——挑战并迫使人们适应了那一主导着建筑建造本身的市场冲动。敞开潜在公寓房内部的日常世界使我们得以站在一个更佳的基石上来反思作为城市借以持续生产公民的一种手段的建筑环境的功能。

将巴黎房地产市场视作一种社会产品，不仅能揭示一系列新的行动者和揭示重塑现代性之都的神话的必要性，还能够揭示出商业化和消费主义在阐释 19 世纪法国现代城市文化和商业文化上所起的核心作用。本书追踪了住房和地产在城市化的关键时期，是如何作为商业物件而运作，是如何在投资、投机、生产和消费等经济活动之间移动的，从而呈现了一部商业的城市史和一部城市的商业史。 这一市场的动态和空间提供了一个使金钱和财产的生产力得以成为一种生活现实的舞台，要理解它们，就需要把目光投向福久和他的建筑家同道们，乃至投射回奥斯曼。

注 释：

[1] Maurice Block 和 Henri de Pontich 在提到以巴黎主教区的名义出具的强制征地令时，称"对规定了征用权的公共事业原则而言，这是一次危险的法外开恩"：*Administration de la ville de Paris et du département de la Seine*（Paris：Guillaumin，1884），265。

[2] Archives de la Préfecture de Police de Paris（后文简称 APP）E/B 35（Dossier d'arrondissements généralités，18e arrondissement）："Les travaux de Paris：Le quartier neuf de Montmartre"，*Ville de Paris*，September 22，1881。

[3] APP E/B 35："Les travaux de Paris：Un nouveau quartier à La Chapelle," *Ville de Paris*，June 10，1883.

[4] Archives Nationales（后文简称 AN）AJ/52/365（Dossiers des élèves，École des Beaux-Arts）.

[5] Paul Planat，"La maison de Victor Hugo," *La Construction Moderne*，July 2，1887，449.

[6] AN F12 5148（Dossiers de la Légion d'honneur）.福久似乎是在后来被称作"勋章丑闻"的事件中获得的荣誉军团勋章，该丑闻的具体内容是，弗朗索瓦·保罗·儒勒·格雷维总统（1879~1887）的女婿向商业伙伴出售声望奖项的非法行为被曝光。

[7] 见 Michel Fleury、Anne Dugast 和 Isabelle Parizet 共同编写的建筑师词典里关于他的词条，*Dictionnaire par noms d'architectes des constructions élevées à Paris au XIXᵉ et XXᵉ siècles*（Paris：Service des Travaux Historiques de la Ville de Paris，1990—1996），vol.1，该词条表明，除第 1、第 5 和第 6 区外，福久在所有其他区进行过建筑施工。 福久的部分职业生涯也见于 Gérard Jacquemet，"Spéculation et spéculateurs dans l'immobilier parisien à la fin du XIXᵉ siècle"，*Cahiers d'Histoire* 31，no.3（1976）：273—306。

[8] APP B/A 451：Crédit de France；APP B/A 463：Banque de la Chaussée d'Antin；"Cour d'Appel de Paris，1re Chambre，15 février 1887," *Revue des Sociétés*，5（1887）：186—190.

[9] *Bulletin Municipal Officiel de la Ville de Paris*，December 29，1887，3089—3092.

[10] Anon.，*Le Crédit Foncier en 1887：Sous-Comptoir des entrepreneurs；Compagnie Foncière de France；Rente Foncière；Ses erreurs，ses fautes，ses périls*（Paris：Imprimerie Lucotte et Cadoux，1887），24；*Tribunal de commerce de la Seine：Audience du jeudi 20 juin 1895；Les administrateurs de la Rente Foncière contre MM. Naslin，Ponceau et Gaillochet*（n.p.，n.d.）.

274

〔11〕Archives Nationales du Monde du Travail(后文简称 ANMT) 2003 040 616；Note pour Messieurs les Administrateurs de la Société du Quartier Marbeuf, de la Rente Foncière, n.d.(1883).

〔12〕Conseil Municipal de Paris, *Rapport, présenté par M. Alfred Lamouroux, au nom de la 1re Commission, sur la valeur locative actuelle des propriétés bâties de la ville de Paris, en exécution de la loi du 8 août 1885* (Paris：1888), 25.

〔13〕F. V., "Causerie foncière," *Grand Journal Officiel des Locations*, October 1—15, 1884, 19.

〔14〕Onésime Masselin, *Formulaire d'actes et notice sur la législation et l'utilité des sociétés anonymes immobilières par actions* (Paris：Ducher et Cie, 1880), 8.

〔15〕关于奥斯曼化，见 David H. Pinkney, *Napoleon III and the Rebuilding of Paris* (Princeton, NJ：Princeton University Press, 1959)；Louis Girard, *La politique des travaux publics du Second Empire* (Paris：Colin, 1952)；Jeanne Gaillard, *Paris, la ville, 1852—1870* (Paris：H. Champion, 1977)；近作可参考 David H. Jordan, *Transforming Paris：The Life and Labors of Baron Haussmann* (New York：Free Press, 1995)，and Jean des Cars and Pierre Pinon, eds., *Paris-Haussmann："Le pari d'Haussmann"* (Paris：Pavillon d'Arsenal, 1991)。近来的考察将重点转移到了这位著名的塞纳省省长就任之前的时期。参看 Nicholas Papyanis, *Planning Paris before Haussmann* (Baltimore：Johns Hopkins University Press, 2004)；Karen Bowie, ed., *La modernité avant Haussmann：Formes de l'espace urbaine à Paris, 1801—53* (Paris：Recherches, 2001)。

〔16〕William C. Baer, "Is Speculative Building Underappreciated in Urban History?," *Urban History* 34, no.2 (2007)：296—316.对早期巴黎建筑业的政治经济的考察，参考 Allan Potofsky, *Constructing Paris in the Age of Revolution* (New York：Palgrave Macmillan, 2009)。

〔17〕David Van Zanten 的结论提出了私营企业对巴黎开发的重要性，*Building Paris：Architectural Institutions and the Transformation of the French Capital, 1830—1870* (Cambridge：Cambridge University Press, 1994)，281—282；同可见 Ralph Kingston, "Capitalism in the Streets：Paris Shopkeepers, *Passages Couverts*, and the Production of the Early-Nineteenth-Century City", *Radical History* 114 (Fall 2012)：39—65。在 Jeanne Pronteau 的开创性文章之后，最近关于巴黎开发的法语作品确实更多地关注了私营开发商的工作，"Construction et aménagement des nouveaux quartiers de Paris (1820—26)", *Histoire des Entreprises* 2 (November 1958)：8—31，以及 Jacquemet, "Spéculation et spéculateurs"。尤其可见：Pierre Pinon, *Paris：Biographie d'une capital* (Paris：Hazan, 1999)；Annie Térade, "La formation du quartier de l'Europe à Paris：Lotissement et haussmannisation (1820—1870)" (PhD diss., University of Paris 8, 2001)；Amina Sellali-Boukhalfa, "Sous la ville, jadis la campagne：Une mosaïque de lotissements privés à l'origine de l'urbanisation de Belleville et de Charonne (1820—1902)" (PhD diss., University of Paris 8, 2002)。"现代性之都" 一词来自 David Harvey, *Paris, Capital of Modernity* (New York：Routledge, 2003)。

〔18〕Vanessa Schwartz, *Spectacular Realities：Early Mass Culture in Fin-de-Siècle Paris* (Berkeley：University of California Press, 1998)；Lisa Tiersten, *Marianne in the Market：Envisioning Consumer Society in Fin-de-Siècle France* (Berkeley：University of California Press, 2001)；Leora Auslander, *Taste and Power：Furnishing Modern France* (Berkeley：University of California Press, 1996)；Rosalind Williams, *Dream Worlds：Mass Consumption in Late-Nineteenth-Century France* (Berkeley：University of California Press, 1982).

〔19〕David Landes 在其英语写作中确立了这一观点，见他的文章 "French Entrepreneurship and Industrial Growth in the Nineteenth Century", *Journal of Economic History* 9, no.1 (May 1949)：45—61；"L'esprit d'entreprise en France", *Nouvelle Revue de l'Économie Contemporaine*, no.48 (1953)：4—11；"French Business and the Businessman：A Social and Cultural Analysis", in *Modern France：Problems of the Third and Fourth Republics*, ed. Edward Mead Earle (New York：Russell and Russell, 1964), 336—352；"Religion and Enterprise：The Case of the French Textile Industry", in *Enterprise and Entre-*

275

preneurs in Nineteenth-Century France, ed. Edward C. Carter, H. Robert Forster, and Joseph N. Moody(Baltimore: Johns Hopkins University Press, 1976), 41—86。 某些历史学家们认为 Landes 将法国企业性质一概而论,并将之立为稻草人而攻讦,Landes 的回应见 "New-Model En-trepreneurship in France and Problems of Historical Explanation", *Explorations in Entrepreneurial History* ser.2, vol.1, no.1(Fall 1963):56—75。

[20] 对于法国经济发展的理论化的历史编纂学上的摇摆和政治利害关系的回顾,见 François Crouzet, "The Historiography of French Economic Growth in the Nineteenth Century", *Economic History Review* 56, no.2(2003):215—242。 见 Jean-Pierre Hirsch, *Les deux rêves du commerce: Entreprise et institution dans la région lilloise, 1780—1860* (Paris: Éditions de l'EHESS, 1991); Louis Bergeron and Patrice Bourdelais, eds., *La France n'est-elle pas douée pour l'industrie?* (Paris: Belin, 1998); Victoria Thompson, *The Virtuous Marketplace: Women and Men, Money and Politics in Paris, 1830—70*(Baltimore: Johns Hopkins University Press, 2000); Steven Kaplan and Philippe Minard, eds., *La France, malade du corporatisme? XVIIIᵉ—XXᵉ siècles*(Paris: Belin, 2004); Jeff Horn, *The Path Not Taken: French Industrialization in the Age of Revolution, 1750—1830*(Cambridge, MA: MIT Press, 2006); Michael S. Smith, *The Emergence of Modern Business Enterprise in France, 1800—1930*(Cambridge, MA: Harvard University Press, 2006); David Todd, *L'identité économique de la France: Libre-échange et protectionnisme, 1814—1851*(Paris: B. Grasset, 2008); Hervé Joly, *Diriger une grande entreprise au XXᵉ siècle: L'élite industrielle française*(Tours: Presses Universitaires François Rabelais, 2013)。

[21] 这一时期最重要的立法改革是 1894 年的"齐格弗里德法"(Siegfried Law),该法允许为廉价住房(habitations à bon marché)设立省级办公室[1906 年的施特劳斯法(loi Strauss)则强制性要求设立这些办公室,而 1912 年的博内维法(loi Bonnevay)将其视为公共机构],还有 1908 年的里博法(loi Ribot),该法开创了通过私营公司和私人组织为廉价住房建设提供公共补贴的先河。 通过于 1902 年和 1912 年的卫生立法也有助于将公共权威扩大到私人财产之上。 关于 19 世纪法国的住房改革,可参考 Roger H. Guerrand, *Les origines du logement social en France*(Paris: Éditions Ouvrières, 1967); Ann-Louise Shapiro, *Housing the Poor of Paris, 1850—1902* (Madison: University of Wisconsin Press, 1985); Susanna Magri, *Les laboratoires de la réforme de l'habitation populaire en France: De la Société française des habitations à bon marché à la section d'hygiène urbaine et rurale du Musée social, 1889—1909*(Paris: Ministère de l'Équipement, du Logement, des Transports et du Tourisme, 1995); Marie-Jeanne Dumont, *Le logement social à Paris, 1850—1930: Les habitations à bon marché*(Liège: Mardaga, 1991)。

[22] 责任的问题,见 Société d'Economie Politique, "Des sociétés commerciales et en particulier des sociétés anonymes et des sociétés à responsabilité limitée", *Journal des Économistes*, no.37(March 1863)的讨论: 526—539。 Charles E. Freedeman, *Joint-Stock Enterprise in France, 1807—1867: From Privileged Company to Modern Corporation* (Chapel Hill: University of North Carolina Press, 1979); Freedeman, *The Triumph of Corporate Capitalism in France, 1867—1914* (Rochester, NY: University of Rochester Press, 1993).

[23] Jacquemet, "Spéculation et spéculateurs." 在公司章程中写进"全部目的就是投机(Le tout dans un but de spéculation)"这些话的,也很常见。 例如,可参看 ANMT 65 AQ I 69(Constructions Rationnelles, 1882), 65 AQ I 142(SA Terrains et Constructions de la Place d'Italie, 1882), 65 AQ I 93(SA Immobilière des Terrains et Constructions du Faubourg du Temple, 1881)。

[24] Michel Lescure, *Les banques, l'état, et le marché immobilier en France à l'époque contemporaine, 1820—1940*(Paris: Éditions de l'EHESS, 1982).

[25] Bibliothèque Historique de la Ville de Paris(后文简称 BHVP), Actualités Série 78: Logement, undated circular。

[26] 在本书,法语词 homme d'affaires 或 agent d'affaires 一般会被翻译为"房产中介",以区别于使用得更普遍的英语术语"商人",但例外的情况是,如果这些中介管理的是个人财产的许多方面,而他们在业务、财产和投资上的考量,并不只是不动产的话,

276

277

25

就不能如此翻译。 或者，文中也会直接保留法语原词。 Anne Boigeol and Yves Dezalay，
"De l'agent d'affaires au barreau: Les conseils juridiques et la construction d'un espace
professionnel," *Genèses* 27, no.1(1997):49—68.

［27］ Albert Amiaud, *Études sur le notariat français: Réformes et améliorations que
cette institution réclame*(Paris: L. Larose, 1879).关于公证人及其在抵押贷款市场中的特
殊作用，见 Philip T. Hoffman, Gilles Postel-Vinay, and Jean-Laurent Rosenthal,
Priceless Markets: The Political Economy of Credit in Paris, *1660—1870*(Chicago: Uni-
versity of Chicago Press, 2001)。

［28］ "Causerie foncière," 19.

［29］ Chambre des députés, "Procès-verbaux de la commission chargée de faire une
enquête sur la situation des ouvriers de l'industrie et de l'agriculture en France et de
présenter un premier rapport sur la crise industrielle à Paris," *Annales de la Chambre des
Députés*, *Documents Parlementaires*, 12(Paris, 1884):1619.

［30］ Émile Rivoalen, "À travers Paris: Première promenade," *Revue Générale de
l'Architecture et des Travaux Publics* 39(1882):34.

［31］ Jule Romains, *Les hommes de bonne volonté*(Paris: Flammarion, 1932), 4:28.

［32］ Bernard Bodinier and Eric Teyssier, *L'événement le plus important de la
Révolution: La vente des biens nationaux(1789—1867) en France et dans les territoires an-
nexés*(Paris: Éditions du CTHS, 2000).论 18 世纪的商品住屋和城市空间的关系，参考
Natacha Coquéry, *L'hôtel aristocratique: Le marché du luxe à Paris au XVIIIe siècle*(Par-
is: Publications de la Sorbonne, 1998)。 关于中世纪和早期现代的房产市场，参看
Laurent Feller and Chris Wickham, eds., *Le marché de la terre au Moyen Âge*(Rome:
École Française de Rome, 2005); Dan Smail, "Accommodating Plague in Medieval
Marseille", *Continuity and Change* 11, no.1(May 1996):11—41; Gérard Béaur, *Le
marché foncier à la veille de la Révolution: Les mouvements de propriété beaucerons dans
les régions de Maintenon et de Janville de 1761 à 1790*(Paris: Éditions de l'EHESS, 1984)。
关于欧洲的其他地区，参考 Jean-François Chauvard, *La circulation des biens à Venise:
Stratégies patrimoniales et marché immobilier*, *1600—1750* (Rome: École Française de
Rome, 2005)。

［33］ Bas J. P. van Bavel and Peter Hoppenbrouwers, eds., *Landholding and Land
Transfer in the North Sea Area* (*Late Middle Ages—19th Century*)(Turnhout, Belgium:
Brepols, 2005), 13.

［34］ Arjun Appadurai, "Introduction: Commodities and the Politics of Value," in
The Social Life of Things: Commodities in Cultural Perspective, ed. Arjun Appadurai
(Cambridge: Cambridge University Press, 1986), 3—63, quotation at p.13; Igor Kopyt-
off, "The Cultural Biography of Things: Commoditization as Process," in Appadurai,
The Social Life of Things, 64—92.

［35］ C. M. Hann, "Introduction: The Embeddedness of Property," in *Property
Relations: Renewing the Anthropological Tradition*, ed. C. M. Hann (Cambridge:
Cambridge University Press, 1998), 1—47.嵌入的概念源自卡尔·波兰尼在 *The Great
Transformation*(New York, 1944)中对市场社会的著名分析。 关于其诸多后续，见 "Po-
lanyi Symposium: A Conversation on Embeddedness", *Socio-Economic Review* 2(2004):
109—135, 及 Jens Beckert, "The Great Transformation of Embeddedness: Karl Polanyi
and the New Economic Sociology", in *Market and Society: The Great Transformation To-
day*, ed. Chris Hann and Keith Hart(Cambridge: Cambridge University Press, 2009),
38—55。

［36］ Koray Çaliskan and Michel Callon, "Economization, Part 1: Shifting Attention
from the Economy towards the Processes of Economization," *Economy and Society* 38,
no.3(2009):369—398; Çaliskan and Callon "Economization, Part 2: A Research Pro-
gramme for the Study of Markets," *Economy and Society* 39, no.1(2010):1—32.

［37］ Polanyi, *The Great Transformation*, esp. chap.6; Karl Marx, *Capital*, vol.3
(New York: Vintage Books, 1977[1894]), esp. pt.6.

［38］ David Harvey, *Limits to Capital*(Oxford: Blackwell, 1982).

278

[39] Rebecca Spang, *Stuff and Money in the Time of the French Revolution*(Cambridge, MA: Harvard University Press, 2015).另一个著名的国有土地改革方案来自弗朗索瓦·诺埃尔(格拉古)·巴贝夫, 即其《永久地籍》; 这个方案提出了一个改革后的土地登记、财产税和地形测量体系, 将(从字面上)为一个平等主义的共产主义共和国奠定基础。F. N. Babeuf and J. P. Audiffred, *Cadastre perpétuel*(Paris: Chez les auteurs et Garnery et Volland, 1789)。

[40] 这里尤其要参考 Martin-Philippe Mengin 完成的方案, 这些方案在新的抵押法中发挥了重要作用, 还有 Jacques-Annibal Ferrières 的方案, 后者为 André-Daniel Laffon-Ladébat 和 Dupont de Nemours 于 1799 年成立的命运不佳的领地银行(Banque Territoriale)提供了基础。Martin-Philippe Mengin, *Ce qu'est réellement et politiquement une cédule*(n.p, n.d.); Martin-Philippe Mengin, *Nouveau plan d' hypothèque*(Paris: Imprimerie des Amis Réunis, n.d.[1790]); Martin-Philippe Mengin, *Plan de Banque nationale immobilière, dédiéâ la nation*(Paris: Chez La Villette, 1790); Jacques-Annibal Ferrières, *Plan d'un nouveau genre de banque nationale et territorial, présenté à l'assemblée nationale*(Paris: l'Imprimerie de Monsieur, 1789); Jacques-Annibal Ferrières, *Plan de la Banque Territoriale inventée par citoyen Ferrières*(Paris: Imprimerie de la Rue Lepelletier, n.d.[an VII]); André-Daniel Laffon de Ladebat, *Observations sur le crédit territorial*(Paris: Imprimerie de la Banque Territoriale, floréal an X[May 1802])。

[41] 改革论者的这句话出现在关于是否有改革土地动员制度的需要的整场讨论的前前后后全部环节。参看 Louis Wolowski, "De la division du sol", *Revue des Deux Mondes*, July 1, 1857, 640—667, 645; Léon Michel, ed., *Ministère du commerce, de l'industrie, et des colonies, Direction générale de l'exploitation: Congrès international pour l'étude de la transmission de la propriété foncière; Tenu à Paris du 8 au 14 août 1889; Procès-verbaux sommaires*(Paris: Imprimerie National, 1889), 6.

[42] 农村人口减少也是当时的政治家极为关注的一个问题。农村土地的价值急剧下降——从 1880 年到 1900 年下降了三分之一——促进了国家转向保护主义, 尤其是 1892 年出台的 Méline 关税。Pierre Caziot, *La valeur de la terre en France*(Paris: J.-B. Baillière et Fils, 1914), 8; Edmond Michel, *Études statistiques économiques, sociales, financières et agricoles*, vol.3: *La propriété*(Paris: Berger-Levrault et Cie, 1908), 101—103.然而, 在土地改革方面, 几乎没有任何进展。例如, 议会于 1891 年召开的地籍委员会对国家地籍改革做了将近 15 年的研究, 但除了为 1930 年和 1955 年通过的立法提供背景资料外, 其努力没有任何结果。

[43] "Déposition de M. André Cochut, directeur du Mont-de-piété de Paris: Séance du 29 mars 1884," in "Procès-verbaux de la commission," 316—317.

[44] Onésime Masselin, "Des effets du krach de la bourse sur les placements immobiliers," *Le Foncier*, January 31, 1882, 1.在这个时期, **企业家**(*entrepreneur*)一词指的是建筑行业的雇主。在本书中, 我会使用"建筑企业家"(或"投机者"又或者是"开发商", 视情况而定)一词来指代这些个人和公司, 我使用"企业家"一词时, 用的是更广泛接受的一般用法。见 Robert Carvais, "La force du droit: Contribution à la définition de l'entrepreneur parisien du bâtiment au XVIIIᵉ siècle", *Histoire, Economie et Société* 14, no.2(1995):163—189。

[45] "Causerie foncière," *Grand Journal Officiel des Locations et de la Vente des Terrains et Immeubles*, September 16—30, 1884, 15.

[46] Hubert Bonin 论称, 1878 年, 个人财产中动产的收益达到了不动产收益的四分之三, 1904 年持平, 到 1914 年则超过了后者(L'argent en France depuis 1880: *Banquiers, financiers, épargnants dans la vie économique et politique* [Paris: Masson, 1989], 135)。Pierre-Cyrille Hautcoeur 给出的时间线又略微有些不同。他发现 19 世纪 80 年代个人财产中的动产和不动产的收益已经相当, 但他还指出, 只有当"动产"收入的内涵扩大到股票和债券以外的东西时(类别包括家具、珠宝、可售商品和其他货物), 这一数字才会成立。就股票和债券与不动产而言, 两者在 1915 年左右收益率相平。见 Pierre-Cyrille Hautcoeur, ed., *Le marché financier français au XIXᵉ siècle*, vol.1: *Récit*(Paris: Publications de la Sorbonne, 2007), chaps.9 and 14。

[47] Paul Leroy-Beaulieu, *L'art de placer et gérer sa fortune*(Paris: Ch. Delagrave,

279

1906），chaps.1—4.

[48] Alexis Bailleux de Marisy, "Les nouvelles sociétés foncières: Moeurs financières de la France, IV," *Revue des Deux Mondes*, November 15, 1881, 432—452, 444.

[49] Ibid., 434.

280　　　[50] "Conférences de la Société Centrale des Architectes: Séance du 24 Avril," *Semaine des Constructeurs*, May 10, 1884, 533—534.

[51] 尽管百货商店的激增似乎挑战了巴黎城的小店主们在城市政治经济中本有的地位：Philip Nord, *Paris Shopkeepers and the Politics of Resentment* (Princeton, NJ: Princeton University Press, 1986)。

[52] 哈维和城市社会学理论家亨利·列斐伏尔都曾在其书中描绘这一可动财富和不可动财富之间的互相关系所带来的动态作为城市化的窗口的作用，而他们的这种理论调用确实有很大的效力。 Henri Lefebvre, *Urban Revolution*, trans. Robert Bononno (Minneapolis: University of Minnesota Press, 2003), 9, 159—160。 大卫·哈维的作品，请参考 *The Urbanization of Capital* (Baltimore: Johns Hopkins University Press, 1985) 和 *Consciousness and the Urban Experience* (Baltimore: Johns Hopkins University Press, 1985)。 同样可参阅 Neil Brenner, "Between Fixity and Motion: Accumulation, Territorial Organization, and the Historical Geography of Spatial Scales", *Environment and Planning D: Society and Space* 16(1998):459—481。

[53] David Scobey 追踪了同一时期纽约市商业化房地产市场的出现，Desmond Fitz-Gibbon 则阐明了19世纪英国类似的土地开发。 David M. Scobey, *Empire City: The Making and Meaning of the New York City Landscape* (Philadelphia: Temple University Press, 2002); Desmond Fitz-Gibbon, "Assembling the Property Market in Imperial Britain, 1750—1925" (PhD diss., University of California at Berkeley, 2011).

[54] Léon Salefranque, "Les mutations à titre onéreux en France: Mouvement de ces transmissions d'après les comptes de finances, 1826—1898," in *Congrès international de la propriété foncière: Documents, rapports, comptes rendus, mémoires et notes* (Paris: Imprimerie Paul Dupont, 1901), 211—241.

[55] Compagnie Immobilière 是一家由金融家 Isaac Pereire Émile Pereire 创立并担任首脑的大型房地产投机公司，其失败一般归因于他们在首都以外的土地上的投机活动，尤其是在马赛。 参考 *Extrait du Paris-Journal: Affaire de la Société immobilière: plaidoirie de Me Nicolet, suivie des conclusions de l'Avocat Général Dupré Lassalle et de l'Arrêt de la Cour Impériale du 22 avril 1870* (Paris: Bureaux du Paris-Journal, 1870)。

[56] Bernard Rouleau, *Paris, histoire d'un espace* (Paris: Éditions du Seuil, 1997), 379; Pierre Lavedan, *Histoire de l'urbanisme à Paris*, 2nd ed. (Paris: Hachette, 1993), 500.

[57] Walter Benjamin, "Paris, Capital of the Nineteenth Century," in *Reflections: Essays, Aphorisms, Autobiographical Writings*, trans. Edmund Jephcott (New York: Schocken Books, 1986); Harvey, *Paris, Capital of Modernity*; Patrice Higonnet, *Paris: Capital of the World* (Cambridge: Harvard University Press, 2002).

[58] Schwartz, *Spectacular Realities*; Hazel Hahn, *Scenes of Parisian Modernity: Culture and Consumption in the Nineteenth Century* (New York: Palgrave Macmillan, 281　　2009); Michael Miller, *The Bon Marché: Bourgeois Culture and the Department Store, 1869—1920* (Princeton, NJ: Princeton University Press, 1981). "外向型城市主义"一语，摘自 Gaillard, *Paris, la ville, 1852—1870*。 在这一时期占主导的艺术运动中也可以感受到这种城市主义的反响：T. J. Clark, *The Painting of Modern Life: Paris in the Art of Manet and His Followers* (Princeton, NJ: Princeton University Press, 1984)。

[59] 关于巴黎的人群的经典研究，包括 Robert Nye, *The Origins of Crowd Psychology: Gustave Le Bon and the Crisis of Mass Democracy in the Third Republic* (London: Sage, 1975) 及 Susanna Barrows, *Distorting Mirrors: Visions of the Crowd in Late-Nineteenth-Century France* (New Haven: Yale University Press, 1981)。 关于看热闹的人是闲逛者和匿名人群的对立面的说法，参见 Gregory Shaya, "The *Flâneur*, the *Badaud*, and the Making of a Mass Public in France, circa 1860—1910", *American Historical Review* 109(February 2004):41—77。 以巴黎城为背景讨论闲逛者的作品，见 Pris-

cilla Parkhurst Ferguson, *Paris as Revolution*; *Writing the Nineteenth-Century City* (Berkeley; University of California Press, 1994)。

[60] Denise Z. Davidson, "Making Society 'Legible'; People-Watching in Paris after the Revolution," *French Historical Studies* 28, no.2(Spring 2005);265—296; Victoria Thompson, "Telling Spatial Stories; Urban Space and Bourgeois Identity in Early-Nineteenth-Century Paris," *Journal of Modern History* 75, no.3(September 2003);523—556.

[61] Sharon Marcus, "Haussmannization as Anti-modernity; The Apartment House in Parisian Urban Discourse, 1850—1880," *Journal of Urban History* 27, no.6(September 2001);723—745. 同样可参考 Marcus, *Apartment Stories; City and Home in Nineteenth-Century Paris and London*(Berkeley; University of California Press, 1999)。

[62] Lizabeth Cohen, "Is There an Urban History of Consumption?," *Journal of Urban History* 29, no.2(2003);87—106. Elizabeth Blackmar's *Manhattan for Rent, 1785—1850*(Ithaca, NY; Cornell University Press, 1985)，该书就土地市场写了一份堪称模范的社会史，作者格外坚称，要将住房使用者所扮演的角色纳入我们对大都市开发的理解之中。

[63] Claire Hancock, "*Capitale du plaisir*; The Remaking of Imperial Paris," in *Imperial Cities; Landscape, Display and Identity*, ed. Felix Driver and David Gilbert (New York; St. Martin's Press, 1999), 64—77.

[64] Miles Ogborn, *Spaces of Modernity; London's Geographies, 1680—1780*(New York; Guilford Press, 1998).

[65] Jean-François Cabestan, *La conquête du plain-pied; L'immeuble à Paris au XVIIIᵉ siècle*(Paris; Picard, 2004); Anthony Sutcliffe, *Paris; An Architectural History* (New Haven, CT; Yale University Press, 1993), 65—66.

[66] Conseil Municipal de Paris, *Rapport présenté par M. Alfred Lamouroux*, 21.

[67] Préfecture de la Seine, *Résultats statistiques du dénombrement de 1891 pour la ville de Paris et le département de la Seine*(Paris; G. Masson, 1894).普查的数字同巴黎税收评估的数字有所不同，后者所载的 1890 年该市的住宅楼数量为 81 291 座，同年该市的住宅数量为 80 4011 间。 普查对这一差值的解释是，它们用了不同的测量手段，以及税务评估员倾向于从住宅的总数字中剔除那些专业的租赁机构(尤其是剔了很多带家具的酒店公寓)。

[68] 历史学家 Adeline Daumard 的计算结果是，到 19 世纪中叶，巴黎大概有 14 000 名业主人均拥有两座建筑楼，而 Marc Choko 对世纪末业主所有制模式的研究则确认了 Daumard 计算出的这一所有权扩散的水平的持续，在 1897 年，大约 46 699 名巴黎个人房产业主平均每人拥有 1.6 座建筑楼。 参阅 Adeline Daumard, *Maisons de Paris et propriétaires parisiens au XIXᵉ siècle*(*1809—1880*)(Paris; Éditions Cujas, 1965), 235; Marc Choko, "Investment or Family Home? Housing Ownership in Paris at the Turn of the Twentieth Century", *Journal of Urban History* 23, no.5(July 1997);531—568。

[69] P[aul] Planat, "Actualités," *La Construction Moderne*, April 13, 1901, 326.

[70] Christian Topalov, *Le logement en France; Histoire d'une marchandise impossible*(Paris; Presses de la Fondation Nationale des Sciences Politiques, 1987), 117.

[71] 从绝对数字来看，廉价房宿的增长远远超过高价房宿。 在 1890 年至 1900 年间，巴黎共建造了 30 000 套价格低于 300 法郎的公寓，而如价格在 2 500 至 3 000 法郎间的公寓则增加了约 1 400 套，而价格在 15 000 至 20 000 法郎之间的公寓反而增加不到 100 套。 参见 Préfecture de la Seine, Direction des Finances, Service des Contributions Directes, *Les propriétés bâties de la ville de Paris en 1889 et en 1890*(Paris; Imprimerie Nationale, 1890); Préfecture de la Seine, Direction Municipale des Travaux du Cadastre de Paris, Commission des Contributions Directes, *Le livre foncier de Paris*(*Valeur locative des propriétés bâties en 1900*)(Paris; Imprimerie Chaix, 1900—1902)。

[72] Émile Rivoalen, "À travers Paris; Deuxième promenade," *Revue Générale de l'Architecture et des Travaux Publics* 39(1882);77.

[73] Émile Rivoalen, "Menus propos; La féerie immobilière," *La Semaine des Constructeurs*, August 21, 1886, 86.关于品位专家的兴起和在消费上的国民标的，见 Leora Auslander, " 'National Taste'? Citizenship Law, State Form, and Everyday Aesthetics in

282

Modern France and Germany, 1920—1940", in *The Politics of Consumption: Material Culture and Citizenship in Europe and America*, ed. Martin Daunton and Matthew Hilton (Oxford: Berg, 2001), 109—128。

［74］ "Cours et courettes," *La Construction Moderne*, April 1, 1899, 319.

［75］ Georges d'Avenel, "La maison parisienne," in *Mécanisme de la vie moderne*, 2nd ed.(Paris: Colin, 1903), 3:10; Jean-Claude Farcy and Alain Faure, *La mobilité d'une génération de français: Recherche sur les migrations et les déménagements vers et dans Paris à la fin du XIXe siècle*(Paris: Institut National d'Études Démographiques, 2003).

283 ［76］ Tiersten, *Marianne in the Market*, chap.5; Auslander, *Taste and Power*, pt.3; Deborah Silverman, *Art Nouveau in Fin-de-Siècle France: Politics, Psychology, and Style* (Berkeley: University of California Press, 1989), 75—106.

［77］ BHVP Actualités Série 78, Logement: Émile Cheysson, "La maison et la famille," *L'Idéal du Foyer: Revue Littéraire, Artistique, Économique et Sociale de la Famille*, March 1, 1903, 38.

［78］ Marcel Daly, "L'influence de l'architecte sur le goût public," *La Semaine des Constructeurs*, October 6, 1888, 169—170.黑体为原文所加。

［79］ Ernest L'Épine, *Lettres à une honnête femme sur les événements contemporains/ Quatrelles*(Paris: Calmann Lévy, 1885), 126.

［80］ "Promenades à travers Paris: Maisons et locataires," *Revue Générale de l'Architecture et des Travaux Publics* 39(1882):259.

［81］ "未来之区"是法兰西地产公司为其一部的投资组合所采纳的类别品名，地理上对应的是巴黎新建的西延的街区(16 区和 17 区)，此处该公司正有着许多房产。

［82］ 关于以法国投机性公寓建筑为题的罕见的佳作，可参阅 Monique Eleb and Anne Debarre, *L'invention de l'habitation moderne: Paris, 1880—1914*(Paris: Hazan, and Archives d'Architecture Moderne, 1995); Monique Eleb-Vidal and Anne Debarre-Blanchard, *Architecture de lavieprivée: Maisons etmentalités, XVIIe—XIXe siècles*(Brussels: Archivesd' Architecture Moderne, 1989)。

第一章

城市生意

　　1850 年，共和派政治家石匠马丁·纳多（Martin Nadaud）在国民议会上发言，试图为公共工程争取政府补贴。 他所引用的谚语早已为其听众所熟知，并且后人恰将他同这句谚语紧紧地联系在了一起："Quand le bâtiment va，tout va"——土木兴，万业兴。[1]这句话把握到了人们长久以来就有的看法，即巴黎的经济完全依赖于其建筑业的状况和活力。 建筑业一直是首都最大的就业部门之一，在整个 19 世纪，可能有10%的居民赖这个行业就食。[2]同今天一样，建筑业在当时也是国家经济福祉的主要指标，公共工程也一度是刺激经济增长的既定战略（比如 1848 年"二月革命"后临时政府设立的国家工场①）。 然而，该部门并非没有问题。 建筑业是外地工人最重要的就业之源，而他们出现在巴黎城的这一现象，却往往被认为是社会不稳定、犯罪甚至革命的来源。 更重要的是，随着 19 世纪的到来，一方面，这些所谓的"危险阶层"似乎确实威胁了首都的和平与秩序，另一方面，各省的劳动者越来越多地选择在巴黎长期定居下来，使得各省都遭受了损失。[3]在 1880年至 1900 年间，农村土地地价折损了三分之一，政策制定者们争先恐后地推出措施，以确保全国农业和工业间的"传统"平衡得以维持。[4]　　23

---

　　① 1848 年 2 月，武装工人涌向市政厅，要求成立劳工组织和"劳动权"。 临时政府在路易·勃朗的影响下，通过了一项法令，保障劳动权。 二月法令的实施被委托给了公共工程部，成立了国家工场。 但 1848 年 6 月，工场被关闭，（"国民议会极力想结束令人烦恼的二月革命的漂亮词句……它把外地的工人从巴黎驱逐到索隆，并且连他们在结算时应得的工钱也不发给他们"，马克思《六月革命》），导致了六月起义。 另外，《1848 年至 1850 年的法兰西阶级斗争》的中译将该词译为国家工厂。 ——译者注

随着巴黎城日益发展，诸如身兼市政管理者和记者二职的费利克斯·拉扎尔（Félix Lazare）和路易·拉扎尔（Louis Lazare）等评论家担心道："农民的儿子放下了铁锹而选择了锤子，［并且］再也不会拿起犁了。"[5]所谓的巴黎依靠大兴土木才能保全下去的需要，同时人察觉到的无数危险——即聚集在首都的工人"大军"对国家的经济和政治生活造成的危险——一直处于冲突状态。

而时至今日，城市就是命定开发的实体的这一概念定义，早已成为一种常态。从19世纪末美国中西部的助推者（boosters）①到把握了二战后城市治理的"增长机器"，我们现在所处的时代，是20世纪的直接继承者，而正是在这一世纪，城市被概念化和组织化为了一个经济发展为第一性的场所，同时也被组织和定义为这一第一性的引擎。[6]20世纪初出现的跨大西洋的城市规划团体在建立对城市增长的理解上发挥了重要作用，这种理解认为城市增长是不可避免的，而且可能是有好处的——当然，前提是要将其合理地管起来。[7]对增长的接纳源于一种新兴的视角，这一视角视城市为一按照自然进化过程发展的有机实体。在法国，在城市史学者和市政管理者马塞尔·波埃特（Marcel Poëte）的帮助下，高等城市研究学院（École des Hautes Études Urbaines）于1919年创建于巴黎。而他本人则在其重要的文本中塞满了各种生物隐喻，将城市写成"一个集体的人类"，一个有各种功能结构的"活的有机体"，而这些功能则由"自然的区划"构成，并且反映了"一个不断演化的团块的有机需求"。[8]然而，推动城市演化的形而上的生命冲动②（élan vital）仍然主要由经济必需来组织："一般来说，决定城市发展方向的是商业和工业的根本。"这种增长要求城市放弃围栏，即"包围城市并使其沦落到只能靠自己的资源来生活"的坚固围墙，而选择一种促进扩张的结构——由城市中心辐射出条条大路和车马辐辏，将新入

---

① 助推主义（boosterism），指在向西部扩张的过程中，小城镇的领导人和地产主希望能吸引更多的居民，故而将当地的未来预期美满化，或者简单地在聚会上大谈特谈，或者精心设立一个游客机构，而这导致当地房地产价格抬高。——译者注
② *élan vital* 是柏格森在《创造进化论》中所使用的概念。——译者注

个体的命脉传至城市的中核，要是没有这种结构，"城市就注定要衰
落"。[9]主导 20 世纪早期"城市科学"（science of the city）的城市愿
景，产生自方勃兴的城市主义者和市政管理者的国际职业化运动以及战
时城市规划的经验和战后重建的需要，它将对增长的知性培养视为其根
本原则。

　　尽管当时人们结成了共识，但这并不能表明它并非新颖的。 在 19
世纪的法国以及其他欧洲国家，城市增长的优点和手段都没有定论。 24
旧制度时期的历代政府都曾努力试图应对巴黎城市扩张的危险和不可遏
止。 虽然启蒙运动的规划理念更赞同的是一个开放的城市，但在 1548
年至 1766 年间，法国至少出台过 31 项法令来界定和加强首都的界
限。[10]到了 19 世纪 40 年代，七月王朝对城市边墙进行了众所周知的
重建，建立了一圈贯穿巴黎市郊城镇的防御工事，改写了城市物理的和
想象上的边界。[11]即使是塞纳省省长乔治-欧仁·奥斯曼男爵，这么一
个被历史学家和同时代的人看作是一个不折不扣的开发爱好者的人，也
曾战战兢兢地考虑到首都的任何行政扩张会招致的"巴别塔"。[12]事
实上，19 世纪末诸如建筑师欧仁·埃纳尔（Eugène Hénard）之类的城市
专门家都曾指责奥斯曼在世纪中期对巴黎的改造，尤其指摘他缺乏一个
连贯的城市增长策略。[13]

　　然而，19 世纪的法律改革更倾向于接受城市扩张。 1824 年，查理
十世国王取消了对巴黎税墙（tax wall）外建筑的禁令，正式推翻了巴黎
城是一个封闭空间的形象。 在同一时期，如下的这些法律也从此废
弃：即要求在首都安置访客的个人必须向地方当局报告的法律——即使
访客是亲属或朋友。[14]而防御工事的建立事实上则促进了巴黎城对其
范围内的其他领土的吞并。[15]从 19 世纪 80 年代开始，拆除工事的必
要性就十分明显了，这也开启了一场关于销毁工事和再利用其土地的长
期辩论。[16]这些措施承认城市是一个扩张和发展的空间，并努力调整
其行政做法，以适应要求开放和流通的经济意识形态。[17]

　　而在第三共和国成立之初，城市增长对于巴黎的管理者来说，则成

了一个紧迫的、却又高度政治化的问题。 1871年，巴黎自大革命以来首次成立了一个具有重要权威的定期选举的民选市政议会。[18]其成员继承了来自奥斯曼化和巴黎公社的物质和社会遗产，但是这些遗产必须按照新生的共和国的政治敏感来管理。 素为奥斯曼化之主要特征的大兴翻修不仅从根本上改变了城市的建成景观，而且还将中央权威大大地强加于地方特权之上，从而改变了政府与巴黎居民之间的关系。[19]共和国政权的建设项目的批评者们不厌其烦地议论着巴黎居民所面临的被剥夺的危险，因为巴黎城似乎从一个工作和生产的地方退化成了一个"装饰品城市"（ville-décor），其唯一的功能就是激起"外国人的赞叹"。[20]新的公共空间方便的是游人的漫步，而不是劳动者的通勤；而为于1855年和1867年举行的世界博览会的大型陈列馆所预备的旅游设施，则为第二帝国金融家的房地产开发提供了方向。[21]1871年3月至5月巴黎公社的城市起义的爆发，在某些程度上正是对这些现象的回应。 在普法战争中被普鲁士军队击败、围困和占领的经历激起了起义者政府和武装市民的热情，他们重占并重新利用了奥斯曼开发的街道和建筑，直到他们被法国新的共和政府的血腥镇压所打败。 处决和流放带走了数以万计的城市居民；炮击和火灾蹂躏了整个城市的公共和私人地产（图1.1）。 普鲁士围攻和公社起义的九个月给城市的经济带来了可怕的损失，而强加给法国人的和约则要求支付大量的赔款，使得投资者和政府的财源进一步流失。 简而言之，让巴黎重新站起来是新政权面临的一项紧迫的重大任务。

城市的统治者们处理这项任务的具体做法，揭示了衍生自第二帝国和公社时期的革命经验的城市开发的特别的政治经济学。 先前的政权所留下的痕迹在1870—1871间年绝没有被切除殆尽。 城市开发项目积累下来的如山的债台给市政财政带来了巨大的压力；未完成的项目则遗留着未完成的强制征地令和待完工的截断的街道；奥斯曼的合作者和前园林总监阿道夫·阿尔方（Adolphe Alphand）在1871年被任命为城市工程总监（他一直担任该职务直到1891年去世）；奥斯曼本人则一度成为

34

图 1.1 1871 年巴黎市政厅的废墟。直到 1882 年,议会才继续在重建的大楼中开办会议。来源:西北大学图书馆查尔斯·迪林·麦考密克特藏部

地租公司和动产信贷（Crédit Mobilier）的董事，这些重要的融资公司又同第二帝国的房地产投机活动紧密相连。然而，很明显，城市的生意——还有在城里做的生意——在先前的基础上已经难以为继。最初的重建工作很快就迎来了一个重大的建筑热潮和继之而来的萧条，巴黎市任命的选上来的代表也就不得不同建筑同业公会、业主协会和国家政客中的一些评论者们一道，激烈地论争国家支持的公共工程的优点和缺27 点，试图找出公共权力和私人企业之间的适当关系。新的市政府始终面临着建筑问题——其范围包括从外来劳工、工人住房到国家土地所有权和公共债务等在内的各类事宜——迫使人们对塑造市政开发政策的政治和经济原则作了论战性的表述。多数共和派强烈反对那些看起来延续了第二帝国的政策的方针，拒斥（至少起初是拒绝的）为"夸张的"建筑运动推波助澜的公共借贷，因为这些运动使城市充斥着"晦气的移民"，乃至"是真巴黎人的祸害"。[22]在审视城市发展的主体、形式和影响时，新市政府试图在第二帝国的城市主义之后，在政治上和财政上找到一个可以接受的公共事业和私人利润的平衡点。

市政府还关注的是将自己确立为城市公益的代表，同时还要通过自身满怀的专业知识和成文义务，使自己同私人事业的行动领域区别开来。1871 年 4 月 14 日的市政选举法恢复了巴黎的民选市政府，但该市既作为法兰西的某一地方又作为法兰西国家首都的双重地位决定了它的特殊制度。其行政管理仍然由国家任命的行政官员——塞纳省公署和警视厅（Prefecture of Police）（其办公机构总共有近 28 000 名雇员，年花费近 5 000 万法郎）——和由 80 名成员组成的市议会所分担。[23]议会从属于省公署；纵其享有发起辩论和审议许多问题的权力，但行政权仍属于塞纳省公署。尽管市议会的权力受到限制，但它是所有与地方行政有关的问题的主要辩论场所，其授权和审议在城市规划领域尤有其独一份的重要性。城市的公共工程构成了市政预算中仅次于年度债务成本的最大支出，而市政地产管理是议会所拥有的最重要的自治领域之一。[24]因此，市政府的业务主要是在地产管理和开发这一舞台上展开。 建筑问题的解决与其说是一个早已存在的财产处置的简易平台，倒不如说是第三共和国的经济意识形态和"商业梦想"在其中得以成形的一个过程，它不仅铭刻在当时的政治话语中，也体现在法国首都的大街小巷里，体现在首都的建筑工地上。[25]

建筑问题

28

19 世纪 70 年代时的马波夫街区还是一片夹在香榭丽舍大道和塞纳河之间的低洼地带。 以前的公共工程的结果——第一帝国时期香榭丽舍步行街的重点开发和第二帝国时期阿尔马大道(今天的乔治五世大道)的开发——致使该街区比周边地区低了几米，以致其街道变成了"绝对的粪坑""香榭丽舍大街这一美丽果实上的可怕蛀虫"。[26]居民们向当局请愿和抱怨了几十年要求改善。[27]市政府早明白有必要改善该区，但却因其费用而望而却步。 牵涉的地区面积很大，大约有 7 万平方米，然却位于城市富饶的西端，显然其地理方位决定了其开发也必须走高档街区的路子，业主们就此同巴黎城的办事员们做着激烈的讨价还价；一些人估计，征地和道路工程的净成本就高达 800 万法郎。[28]幸运的是，该地区的开发潜力也吸引了一些私人企业。 到了 19 世纪 70 年代末，市政考虑了几组金融家和开发商的提案，每组都提出要对该街区进行改造，以换取市政的各种补贴和优惠。 建筑师亨利·布隆代尔(Henri Blondel)领导的小组提出的一个方案，得到了来自市议会的道路委员会和城市工程总监的格外关注。 根据谈判条件，市政府将让出该地区的一些市政用地，并提供 330 万法郎的补贴，以换取 13 000 平方米的道路工程，换取一片用于开建学校的土地，并得以让该公司承担在三年内建成该地区的任务。 得自房地产税和进口建材税的收益则使这笔交易显得更加诱人。

然而，这一安排还远没有达到使市议会每个成员都满意的结果。

第二帝国灭亡还不到 10 年，而这桩单子看起来似乎又不过是帝国时期
地产开发惯用手法中典型的后门交易和内幕交易的翻版。著名的共和
派和拿破仑三世政权的反对派茹费理曾指责奥斯曼说，他"做了数以百
计的、只要拿到几百万就会从桌子底下偷偷摸摸地"给人送开发合同的
灰色交易；"公开拍卖和竞争的原则被他赶到遥远的过去里神话里去
了。"[29]马波夫街区交易的支持者对这类丑闻心知肚明，他们的做法
是将合同公开招标，而不是直接内定布隆代尔，但批评者指出，开发商
29 早已收集了该地区一半土地的地契，使他实际上成为唯一可行的投标
人。市议员雅克·松荣（Jacques Songeon）和路易-莱歇·福提（Louis-
Léger Vauthier）——前者是热忱的共和派，立场在于致力市政自治；后
者是市议会的左派工程师——拒斥这项招标，认为它给了"一家金融公
司以高额补贴和直接特许权"，以及它是"民选市政委员会向自帝国灭
亡以来就屡被谴责的旧制的倒退"的体现。[30]特许权不仅包括市政土
地和补贴，还包括对征地的城市公共权力的授权。1881 年 7 月 28 日，
市政官方宣布该项目为公共事业，并立即将该项目移交给了布隆代尔及
其马波夫街区有限公司（Société Anonyme du Quartier Marbeuf），该公
司为联合控股有限责任公司，成立于 1880 年，资本为 1 000 万法
郎。[31]由该公司而非市政来体现公共事业，而后者恰恰构成了近代法
国对私人地产权的唯一可接受的一项制限。[32]此外，这一搞法的实际
对象还是为了一项大多数评论家都认为是奢侈性的而非有助于公益的工
程。鉴于这些反对意见，议会仅以最弱多数通过了该协议。[33]

布隆代尔和他的合伙人也曾是奥斯曼时期的特许权的受益者，但在
19 世纪 70 年代末，很多人对他并不感冒。[34]他体现了第二帝国工程
项目给人们带来的长期阴影，这些项目造成的基础设施需求和财政负担
一直到 19 世纪 90 年代始终制约着市政府的发展。[35]围绕布隆代尔方
案的争议，也是关于公共工程的优点和实施方法的争论的一部分，而后
者早在新的市议会成立后就开始了。作为公共工程不折不扣的支持
者，路易·拉扎尔不得不根据第三共和国跃马巴黎所带来的公社流血事

件来调整自己的观点，他的结论是，在所有这些奥斯曼给巴黎带来的改善背后，城市"面临着巨大的人口增长，它被 30 多万外省人弄大弄乱了，而这些人大部分是穷人或下层阶级，他们在巴黎夸张的公共工程运动的吸引力面前难以抗拒，以致对首都和法国的和平造成了巨大的损害"。[36]帝国时期建筑政策的根本罪过在于"夸张"——工程造价太高，进展太快，需要太多工人，而且造的都是豪华的纪念碑而非有用的便利设施。 在市议员们的口中，对公共开支言过其实的批评意味着其对帝国式过度的拒绝而对共和派克制的支持。 为了证明城市能够可靠地自我管理，新议会以负责任的财政管理作为其第一位的存在理由。[37]城市金库的状况加上希望在新的城市政策同其专制的前任的政策间拉开距离的企愿，促使人们反对那些看起来沿袭了帝国政权的举措。 这种情绪甚为普遍。 受到了来自马波夫街区项目的刺激，一名自由派杂志《法国经济学人》(*Économiste Français*)的作者写道："面向未来的手段和方法不能是过去的；我们有了空气和奢侈品，现在我们必须有耐心，必须要建立身体和道德的洁净。"[38]

　　然而，要求完全停止首都的公共工程的呼声，也很罕见，塞纳省的新省长和未来的第三共和国财政部长、经济学家莱昂·萨伊①就是提出了这一呼声的其中一位。[39]公共事业的支持者则辩称，先前的施工项目的事实被夸大扭曲了，但这一夸大并没有消除现任政府的责任，即为城市问题找到合理和平衡的解决方案。 要找到前进的道路，就必须划清真正的公共事业与仅惠于私人利益的工程之间的界限，前者才能有效地利用市政资金，后者则不属于公共支持的范畴。 在新市议会成立之初，公众就开始对这种划分进行监督。 1872 年，建筑业主要期刊之一，《建筑业改革》(*La Réforme du Bâtiment*)的总监朱尔·德拉埃(Jules Delahaye)出言极力反对两个开发商提出的改造城堡广场(现共和

30

---

　　① Léon Say(1826—1896)，法国政治家和外交家，作为 19 世纪著名的经济学家之一，他在 1872—1883 年担任法国财政部长。 系萨伊定律的提出者让-巴蒂斯特·萨伊之孙。 ——译者注

国广场)的提案。 他指责这些建筑商"利用了那种为帝国时期投机者所广泛使用的承诺和口号"。 他继续说：值得庆幸的是，"公众没有愚蠢到相信这是一项公共事业，他们也看穿了它的本质，也就是说，这只不过是一个大型的商业投机活动，而且是一类在一个自尊自爱的政府眼皮子底下不可能实现的投机活动"。 为了确保市政当局对公共资源的看管和对公共利益的保护，德拉埃提出了一些关键的保障措施。 他写道："以公共事业为由的征用，不能被那些追求自己的利益个人所支配"；此外，"市政土地只能通过公开拍卖出售"。[40]市政项目应该尽可能地和商业保持距离。

第二帝国就特许权的操作使长期以来在城市发展中备受重视的房地产公司转眼变成了恶棍，变成了剥夺土地的投机者和挪用公共资金的奸商。在1852年帝国政权成立之初，诸如《市政公报》（*Gazette Municipale*）这样的主要都市事务报就倡导公私协调，呼吁市府"召集私人资本为巴黎的物质复兴服务，并支持成立公司"。 公司越多，竞争越激烈，城市支出就会越少，开发的效率就会越高——毕竟，"对它们来说，时间就是金钱，"公报还如是说道。[41]但是，大型金融利益集团的主导地位，特别是如在第二帝国末期惨遭倒闭的不动产公司（Compagnie Immobilière）这样的巨星开发公司，已经使这一愿景变质。 征地中介（expropriation agent）——即通过为面临强制征地的业主和商业租户提供协助而获利的中间人——的出现，进一步标志着公共征用权力腐化成了一桩桩的私人生意。[42]众所周知，在强制征地的情况下，如果征地权是由私人公司而不是市府来行使的话，负责分配补偿金的陪审团会判给被失去地产的业主更多的钱，陪审团的这种机会主义不能说仅仅是提高成本，它同时也说明公众对这种交易程序的非法性的普遍印象。[43]一个对民主选民负责的、更有担当的政府，需要警惕自己被商业利益集团所俘获，因为它们的私人目的可能同公共需求毫不相容。 为了重振建筑业并保持共和派对公共利益的关怀，在19世纪70年代，《建筑业改革》坚持不懈地组织宣传由市府而非私人公司领导和资助的公共工程项目。

因此，在整个 19 世纪 70 和 80 年代，市议会的主导趋势是倾向于直接接手城市开发项目的管理。例如，亨利四世林荫大道及歌剧院大道和圣日耳曼林荫大道的完工都是以这种方式进行的。当然，私人企业也有其用武之地。在 1875 年，市议员弗朗索瓦·康塔格雷尔（François Cantagrel）支持了老鸽巢大街（Rue Vieux-Columbier）和杜富尔大街（Rue du Four）工程的公开招标，并为其作了成功的辩护，他建议他的同僚"不要嚼建筑公司的舌根，它们提供了宝贵的公共服务"。[44] 十年后，在讨论巴黎商品交易所（Bourse de Commerce）的职责时，纳西斯·勒文（Narcisse Leven）向他的议员同僚们强调，商业利益本身并不是问题所在。一名有抱负的特许商（亨利·布隆代尔，又是他）提出了一个对自己有利、对城市有风险的项目罢了，但这是可以理解的："这是他的工作，他在搞投机，想赚取利润；但我不能责怪他。"但是，如果市政府在这些问题上要接受来自一个自利的企业家的指导，而非强制执行自身的优先事项，那就是放弃了自己的职责。[45] 虽然议会和行政部门多年来一直在为公共工程寻找充足和可靠的资金来源——讨论增税、讨论国家补贴，还有讨论最重要的贷款——但没有人认为完全摒弃私人协作是可能的，乃至是最好的。市府在从其自身工程项目的毗邻地产上强取改进价格的能力较为有限，而这可能会迫使它在为确保项目可行性而必须转售待售地段的时候，选择与开发商合作。即使是《建筑业改革》也承认，在诸如马波夫街区建设项目这样的例子里，如果市府不想到最后，"花了很多钱来开发一个地区，结果这个地区的业主随后即以巨大的利润来售出这些地皮"，使自己吃力不讨好的话，这个项目就"必须走商业交易"。[46]

而要避免对无良的特许公司的依赖，或者说要避免市政项目退化为商业计划，则需要财政资源。1875 年，巴黎市公开借入了一笔贷款，非常成功地巩固了其从前任政权那里继承的债务。第二年，巴黎市试图故伎重施，而这次是为了给同即将举行的世界博览会有关的项目提供资金，但奥斯曼式的过度和财政失当的幽灵又出现了。左派议员厄内斯特·勒费弗尔（Ernest Lefèvre）为了支持一个更加雄心勃勃的公共工程项目而捍卫借款的必要性，他向他的同僚们保证，他所保卫的借款的具体做法，将与前任政权的潜规则政策毫无共同之处："如果你们拒绝私人特许、中介商和变相借贷，而是公开地、诚实地和直接地向公众寻求所需资金，那么你们就不会走上帝国的老路，公众早已是最自由和最热心的贷款人，他们会慷慨地将其财政支持同其道德支持所带来的宝贵捐助结合起来。"[47]城市公民及其民选代表的无中介的共同运作将确保公共事业直接转变为都市构造。此外，他还为项目工程中的"奢华"元素辩护——特别是精妙的歌剧院大道——他说，这也是一种策略，能确保建设运动不会过度吸引来自外省的工人。奢华开发项目所需的特殊工序将使就业向"画家、装饰家、装饰品商、镀金商、装饰木工等早已存在于巴黎自己的产业中的工种"倾斜，而外省或外国的粗滥行当的工人"将只承担所拟工程中最小的部分"。[48]

那些反对大规模借贷和建设运动的人从未忘记叩念奥斯曼的例子，但他们不愿意增加市政债务的原因则是多方面的。城市借贷问题使议会作为公共财富管理人的角色得以凸显。它所肩负的对城市领地的责任，见证了议员们对指导其决策的管理模式的摸索，而这一领地的兴衰将远超乎议会的临时投资。在1886年的关于贷款的争论中——争论的背景是借款的2.5亿法郎中的约1.7亿被拨于道路工程和建筑项目——议会成员在长期贷款结构对未来市政府造成的负担这一问题前犹豫不决。激进派议员亨利·米其林（Henri Michelin）明确拒斥贷款，并视之为王室的乞赖，视之为如路易十五所谓的"我死之后，哪管洪水滔天"这样的以忽视未来的风格行事的统治者的手段（他在议会中正好引用了路易十五的名言）。[49]他提议用税收改革充作支援公共工程的共和派手段。现任议会对将来的城市所负的责任就同将其与过去政权勾连到一块去的义务一样具有约束力。激进派议员卡密尔·德雷福斯（Camille Dreyfus）诙谐地指出，等到米其林提出的到1950年根除城市债务的方案实现时，"吾墓之木拱矣"，米其林则郑重其事地回答："巴黎城不会死"。[50]

正是在这场争论中，福提反对市政借贷，理由是贷款是一种适合商业行为者的手段，但而要将巴黎市这样的实体同其相比拟则全不得体，甚至危险。 作为公共资源的管理者，市府的任务同商业行为者的任务没有任何相似之处："一个工厂主借款是为了改善设备和降低生产成本，但他还可以增加他留给子女的资财，可以做出一个好的商业决定；但我们，巴黎城，可以为了增加公共工程带给我们的收益而俾之施工吗？"[51]工程总监则对此提出了异议，他支持并鼓动贷款。 他提到，虽然城市也许不应该扮演一个为利润所驱动的企业家的角色，但资本收益的问题正是城市所面临的窘境。 他说："这座城，如今必须去做那些每一个想要开发自己的地产的业主都必须会去做的事情"；它必须研究其工程的实际后果，"检验直接和间接的受益是否能超出贷款所需要的代价。 如果项目的收益总额不能够超过所借之款，那就不能借"[52]。阿尔方的这个建议虽然相当愚蠢——他当然知道，一条街道开张所带来的好处是不能衡量的，更不能被量了然后放在一张资产负债表上——但这个建议说明了其试图从城市的治理模式中辨识出地产管理的规范和需求的努力。

城市扮演着"同时与工人和建筑企业家相协商的地产所有者"的角色，它在这一角色中运用到的一个特殊的监管工具正是建筑工程的市政价格系列报表。[53]系列报表指的是一份关于建筑工程和建材的约定价格或正常价格的官方清单。[54]它起源于 19 世纪 30 年代，政府采购过程走向标准化的一个时期，它作为一种机制，目的是便于掌管建立和评估建筑项目预算的公家官员的具体操作。[55]系列报表囊括了一堆项目：从石工、木工到瓦工、玻璃工和镶嵌工，从道路铺设到下水道建设，从格构和避雷针的放置到门铃的安装，它按（厘）米、平方（厘）米或立方（厘）米、公斤、件数和类型来评估材料费用；按天或小时、白天数或夜晚数、加班或正常班次、有无学徒来计算劳动力价格。 这套系列报表最初只供内部使用，后来到了 1839 年，方由公共工程部的一名雇员莫雷尔（Morel）出版，一份系列报表被称作一份莫雷尔（one Morel）。

34

这个莫雷尔系列报表（Série Morel）旋即被运用于整个七月王朝和第二帝国时期，直至其倒台，而巴黎的行政部门则于 19 世纪 50 年代起，开始出版自己的价格系列报表。[56]尽管行政人员断称这些价格对私人合同而言绝非约束性的，但这个系列报表仍越来越多地被建筑师和建筑行业用来仲裁建材和劳动力的价格以及工人的工资。

随着 1871—1872 年省公署和市议会的改革，该系列报表的权威性也得以增加。 此前，市政价格是由政府行政人员、塞纳省雇用的官僚决定的。 然而，对于 1872 年的市政价格修订，包括工人和建筑企业家在内的私营行业的代表都请愿要求加入这一过程，他们于是被允许参与。[57]阿尔方指出：“行政部门倾听工人阶级的利益并且努力促进和解与社会和平，在我们当前的时代，这一点尤为重要。”[58]工程总监的言下之意是，价格系列报表既是一种会计手段，又是一种政治和道德的工具，是良好治理的标志和模式。 然而，它的影响范围却表明了问题。 在市政府背书的外衣下，这套系列报表已经成为建筑业合同关系中的权威文件。 1872 年，工人们向市政府请愿，抗议市政府迟迟不确定新的系列报表，他们将其称为“自己行业的法律”，而报表的缺席足以使企业陷入混乱。[59]1879 年，阿尔方抱怨说，工人和企业家们普遍有“将该系列报表充作管理各方关系的官方条例”的倾向，而塞纳省省长费迪南·埃罗尔德（Ferdinand Hérold）则批判说，报表助长了工人要求提高工资的不息欲火。[60]他向城市的民选代表摊开了其当否存废的疑问，并宣布这是“一项市议会必须解决的最严重的问题”。[61]

在 1879 年至 1882 年间，为建筑行业所动员的劳动力不断增加，而市议会则一再反复地讨论价格系列报表，就其出版方式、修订频次以及修订委员会的构成进行辩论。 大多数与会者都认为，这个系列报表已经过于深植在建筑行业的实践中，很难被取消。 事实上，市议员利奥波德-卡密尔·塞尔内森（Léopold-Camille Cernesson）本人就是一名建筑师，他认为供求的自由法则不可能运作于如建筑业这样复杂的行业部门，因为该部门的项目需要多种行当和多种类型的活儿的共同参与，而其工程和建材的价格又必须早在完工或采购前就确定下来。 因此，市政价格系列报表所起的协商作用正是该行业运作能力的基石。[62]除他之外的其他议员则强调了城市不得不运作于其中的道德经济学。 1882 年，前公社社员、极左派代表、市议员夏尔·阿姆茹（Charles Amouroux）指出，他宁愿该系列报表不存在，市政府本该为"谈判价格"保留"充分的自由"。 然而，他继续说道："这座城的价格早已成为了铁律，以至于它们甚至通行于各省。 ……要是这一铁律与基石一夜之间消失了，那么个体和工人间的合同将完全陷入混乱，并导致工人被束住手脚，只能白白地将自己扭送给建筑企业家。"同样地，市议员、自由派经济学家、未来的公共工程部长伊夫·居由（Yves Guyot）对工人们"居然已经确信无疑地认为提高工资的责任在于市政府"这一点感到遗憾，但他也承认，在原定于 1884 年方颁布的新工会法律出台，并将工人置于同雇主更为平等的地位之前，供需法则还是需要另一种仲裁力量的。[63]

尽管有些人表示惊恐，但 19 世纪 80 年代的激进派议会普遍认为系列报表是社会和谐的重要工具。 市议员厄内斯特·德利尼（Ernest Deligny）是一名无党籍共和派工程师，他赞成市政府对工人阶级利益负有责任，并解释道，正是这种责任使价格系列能够如实地发挥作用："本市的系列报表的重要性和权威性之所以越来越彰显，是因为在其使用者眼中，对其负责的行政部门不是一个希望尽可能地省钱的普通的地产所有者，而是一个在寻求适度消费的同时，也希望照顾到它所雇用的工人的利益的独特的地产所有者。"[64]对德利尼来说，这种道德责任的逻辑结果是，应当由市议会而不是行政部门来监督价格系列报表的制定。拉姆茹（Lamouroux）也赞成这一点，即民选代表比任命的行政官员更能调解工人和老板间的矛盾。 然而，大多数人不同意把他们的义务延伸到那么远，理由可能是市议会的干预会使素有争议的劳工部门进一步政治化（建筑企业家被工人的要求激怒了，并于 1882 年后退出了系列报表修订委员会）。 这个系列报表最后得以保留，但也被置于行政监督之下。

在给系列报表推卸责任时，议员们宣称他们的义务是维护城市的利

36

益，而不是保卫任何工人小团体的偏狭利益——即使说，这一工人的小团体每年为城市经济创造了4亿法郎，并且还有数万名有效选民。然而，它仍然是官方干预和赞助的一个关键性工具。在整个19世纪80年代，市议会竭力试图将价格系列报表强加于所有的市政合同，并在1888年获得了短暂的成功，但1890年最高行政法院的裁决推翻了这一政策，认为它是对市政招标的竞争自由的侵害。这一规范最终还在国家层面上获得了成功，影响了1899年的立法，该法允许市政当局在其公共合同上设定工作和工资的条件。[65]类似地，巴黎早在1884年的工会法出台之前就为工人协会提供了支持。价格系列报表的制定早已视之为理所当然者，而到了1882年，一些措施也得以出台，并促进了工人协会对公共工程投标的参与。[66]在与巴黎燃气公司（Compagnie Parisienne de Gaz）（在1885年是全国第九大企业）等城市大型公用事业公司的谈判中，市议会积极地支持工会运动。[67]地方一级的进步的劳工创举，如在19本世纪末引起国际关注的巴黎地铁公司（Paris Métropolitain）的宽厚的工作合同，也是社会协商和团结连带的国民政策的重要试验地。[68]

37　　这些政策不应被认为是法国人独有的同资本主义律令达成的特殊妥协，我们应该把它们放进20世纪初建设"自主城市"的国际性尝试的大背景中。[69]后者是一场谋求重新配置和扩大一揽子由城市集体所负责的服务的进步运动，而在这场运动中，巴黎的表现大概也只能说是乏善可陈。在公用事业的所有权方面，巴黎确实是很落后的。当时，格拉斯哥正在将有轨电车市政化，伦敦正在建立自己的公共工程队伍，而巴黎的燃气、电力和公共交通服务仍然主要掌握在私人手中，尽管自由派煞有介事地对"我们的市政领导人的社会主义幻想"做了很多解释（handwaving），左翼也时不时地对私人垄断的丑闻表示愤怒。[70]然而，将上述就业措施（就算到了1900年后，市议会的组成开始向右转时，这些措施也没有被逆转）加入对巴黎而言早已十分重要的市政领域之中，也还是呈现出了巴黎的市政化经验的不同面貌。尽管巴黎的钦定市政府和民选的市议会之间，还有省和市之间，都存在着权力上的分割，但当时被称作巴黎的这一实体的资产仍然是十分广泛的。除了公园、大街、街道设施、地下基础设施、行政大楼和教堂之外，巴黎还拥有并且管理着运河、公共市场、屠宰场、仓库、剧院、证券交易所、商品交易所、新的劳力交易所再加上各种其他的场所和公共服务。有些资产，比如说运河，早在19世纪60年代，就作为帝国中央集权措施的一部分而被巴黎市收购，而证券交易所的收购会更早，劳动力交易所的收购却很新的（1886年才开业）。1900年，城市"领地"的资产一年产生大约7 200万法郎利润。[71]

法兰西第三共和国的城市可以说是复杂的法律和政治实体。1884年4月5日出台的城市法才使市议会和市长的选举和归属得以规范化，但同时加强的是其行政地位，而非政治地位。例如，市议会无权发表政治声明，也无权互相之间展开交流。[72]有人认为，市政府只是在形式上是政治性的，本质上则是经济性的；在国家（state）的监管下，它们只能充作小区（commune）货物和居民财富的短期羊倌。[73]巴黎市议会经常表达出其对后世的关注，这恰恰表明，与持久的政治共同体相比，时人对这些实体的偶然性和特殊性有着深切的意识。但它们也肯定不是普通的经济行为者。它们面对改进价格所处的困难境地正说明了这一点。除了第二帝国的早期，巴黎几乎未曾成功地要求从公共工程的改善中收回成本，尽管它在法律上有能力这样做。[74]相比之下，德国城市广泛地利用了这一权力，在同城市居民的交易中，其参与方式有着企业般的立足点。法国城市受限的政治性有助于解释这样一个悖论：在19世纪，尽管公共事业的说服力不断增强，但与此同时，（公共）收益却转移到了私人地产上。[75]

然而，即使说城市的代表能力受限，他们的管理和行政权力仍然会带来重要的政治后果。在描画其开发和美化城市领地的公共工程政策时，议员们会将城市的公共利益与工人阶级的公共利益拉得更近，同时试图在城市的和私人（本章后面会提到，主要是企业）的风险性开发投资

之间维持一个更牢靠的区别。 不可避免的是，这样的区别经常是难以
捉摸的，市议会的决定则可能是矛盾不一致的。 毕竟，它是在一个复
杂的社会环境中运作的。 有组织的行业团体对议会施加压力，地产业
主施压征地陪审团要求赔偿，这都提高了公共工程的成本，而私人开发
商在全市范围内蓬勃展开着领先于市政规划的建设项目，同时建立起建
成区环境和商业文化，而城市恰恰只能在这种环境和文化中回旋，以将
其优先事项提到重要地位。 19 世纪 70 年代晚期，市议会与房地产投机
的遭遇及其所产生的激情将城市开发中的利润问题提前，并置于其争论
的中心，迫使城市的统治者考虑和处理土地市场和住房市场，并对其运
作可能的干涉范围作出裁决。

投机的政治经济学

从 19 世纪 70 年代末到 80 年代初的巴黎的建筑热潮是那个世纪最
重要的一波建筑热潮，甚至超过了第二帝国最繁荣的那些时期。 从
1876 年到 1885 年的十年间，全国一共产生了总值近 250 亿法郎的房地
产交易，绝大部分都在巴黎及其周边地区，1881 年的年度房产销售值
达到了 19 世纪的最高点。[76] 在 1879 年至 1884 年的繁荣期的顶峰，巴
黎的开发商建造了近 12 000 座新建筑（约占该市建筑总量的 16%）。 建
筑物也变得更高了；1877 年，市政府批准开工 186 栋六层公寓房（不算
底层）（当时巴黎的最高能造的建筑），1880 年批准了 403 栋，1881 年前
三个季度批准了 422 栋。 1881 年，六层楼房的建造许可占了全市所有
发行的建造许可的三分之一强。[77] 整个城市到处都是大工地，但最引
人注目的还是城市的西部和西北部地区，那里的土地供应充足，再加上
巴黎人口长期以来朝这些更舒适和越来越时尚的地区的流动，确保了开
发商希望建立全新的社区所能获得的有利条件。[78]

巴黎市民和市政管理部门的成员觉得城市的剧变十分神秘。 警察

局长们，特别是城市贫困街区的警察局长们，就他们认为莫名其妙的不平衡的住房状况给上级报告——一位局长惊叹，租金究竟是怎么在这样一个大楼不断拔地而起的情况下还上涨得这么快的？ 这"与供求法则严重相悖"。[79]1882 年的股票市场崩溃暴露出建筑业的繁荣完全是一个泡沫，这使这一非理性变得更加露骨。 豪华建筑最早被崩溃所波及，但到了 1884 年，建筑业的所有部门都陷入了危机。 想当初，在1879 年，建筑企业家们还会焦急地等候来自农村的泥瓦匠的到来，"甚至会直接去寄宿屋找他们，或者会在火车站等他们从克勒兹省和上维埃纳省发的班车上下来"，这样的好日子一去不复返了。[80]1884 年的大规模失业迫使国民政府召开议会委员会议来研究国家的经济状况。[81]随着信贷的枯竭和房地产市场投资者退市，建筑商和开发商开始面对生产过剩的现实。 1884 年，《时报》报道说，该市新开发的地区实际上成了一片鬼城。"从特罗加德罗（Trocadéro）到蒙梭公园（Parc Monceau），人们走遍整条街都不会发现一个访客……满眼皆是无尽的单调，一模一样的样例建筑能在道路两边反复出现 50 座，只有突然冒出的一个标志才会打破这种单调，上面写着：'出租，所有楼层都带自来水和燃气。'"[82]

开发热潮是由许多因素推动的。 公共工程激起了更集中的建筑活动；由于 1878 年世界博览会即将在首都举办，到了 1876 年，大片的建筑用地被拍卖，而歌剧院大道的开通是这些建筑活动的一部分。 歌剧院大道对巴黎城来说是一个巨大的成功，它的成本低于预期，在股票市场飙升的推动下，鼓动了投资者再次关注房地产开发领域。 1876 年至1881 年间，巴黎市人口急剧增加，造房子的、找住房的工人队伍在同时不断地扩大。 得到革新的金融和商业做法也至关重要。 便利的信贷、灵活的商业形式以及渗透入投资领域的投机性需求，都助长了这股热潮，这股热潮在很大程度上集中于中产阶级和上层阶级的住宅建设。地产信贷银行和企业家分包商行（SCE）这两个建筑业最重要的融资机构提供巨额的了贷款数字，促成了建筑企业家的信贷激增这般惊人的景象的问世（表 1.1 和 1.2）。

40

表 1.1 巴黎地区地产信贷银行发放的年度贷款额

1874：1 700 万法郎	1879：4 000 万
1875：3 600 万	1880：1.51 亿
1876：3 500 万	1881：1.53 亿
1877：3 100 万	1882：1.79 亿
1878：4 300 万	1883：1.34 亿

来源：法兰西地产信贷银行行长兼众议员阿尔贝·克里斯托弗尔先生在法国工农业工人情况调查委员会上的证言（巴黎：保罗·杜邦，1884 年），第 10 页。

41

表 1.2 巴黎地区地产信贷银行发放的年度贷款额

1878—1879：1 000 万法郎
1879—1880：2 500 万
1880—1881：6 800 万
1881—1882：9 300 万
1882—1883：5 400 万

来源："1884 年 2 月 23 日会议上，企业家分包商行经理罗宾诺先生的证言"，收录于：众议院，"承担进行工农业工人情况调查和上呈巴黎工业危机的初步报告的委员会的口头纪要"，《众议院年鉴》，《议会文档》，12（巴黎，1884 年），第 62 页。

这种信贷也在发生变化。从 1877 年中期开始，地产信贷银行开始以现金而非可转让债券的形式发放贷款，提高了其对开发商的吸引力，并立即扩大了交易量。[83]新的机构应运而生，增加了在整个建造过程中获得信贷的机会。自 1860 年以来，地产信贷银行和 SCE 就一直在协调其业务。建筑商从 SCE 行获得信贷——最高可达土地和建筑价格的 60%——然后把楼层造高。他们在项目完成后，即到地产信贷银行去将这种短期信贷转换为长期抵押贷款。地产信贷银行是一个准公共机构，其资金来源于它获得唯一授权而发行的债券；它垄断了年金抵押贷款，并以优惠的利率放贷，尽管根据法规，它只能按生息地产——实际建成的建筑物或农场，而非荒芜的城市空地——的价值来放款。此外，法规限制其所放款项，最多为地产估值的一半。为了规避限制其活动的法规和监督，同时也为了抵御来自那些同样渴望

从抵押贷款行业分一杯羹的金融利益集团的挑战，地产信贷银行和
SCE 都创建了附属公司，它们也在建筑业繁荣中发挥了重要作用：地
租公司成立于 1879 年，随后法兰西地产公司成立于 1881 年。 地产公
司获得土地，并将其出租给开发商，从而使之获得向 SCE 借款的凭
据。 地租公司则充当的是建筑生产线上的消费环节，旨在购买已建成
的建筑。[84]金融评论家阿列克西·巴约·德马里希在研究该体系时
宣称："在最近一段时间里，没有任何筹划手段能像金融机制这样，促
进巴黎的建筑施工，提高其价格和收益，并发展出有相当水平的交
易。"[85]该体系的功效和令人眼花缭乱的速度使一位对此持敌视态度
的小册子作者将其比作"巨大的芝加哥肉类分割机，先是猪被活生生
地送进去，几个小时后，则是猪蹄和血肠被送出来"。 SCE、地产信
贷银行和地产公司将土地和企业家都扫入了这个分割机，而地租公司
则在另一端等待着，"等到它们退出业务、被毁、被征用或者是破产，
然后再接受之"。[86]

　　在这个新的金融环境中，巴黎的开发商们继续着第二帝国时期的一
些趋势。[87]著名的第二帝国时期的投机者埃米尔·佩雷（Émile Pereire）
和伊萨·佩雷（Isaac Pereire）的活动同第三共和国的投机者的活动之间
肯定有延续性——其中最重要的是，地租公司合并了之前的不动产公司
的许多利益和资产。 然而，它们之间也有一些关键性的差异。 1867 年
的联合控股有限责任公司的放宽为这一调动金融资本和土地的重要机制
打开了通道，使得住房市场上出现了新的有影响力的中介机构，即由建
筑师和建筑商开办的开发公司。 这些团体的发展模式与它们的前辈没
有什么共同之处；它们分布在整个城市，而不是集中在核心区，并在不
同的社区里参与项目。 它们还应付各种规模的开发，小到单栋建筑大
到多片市内街区。 市政府的倡议仍然很重要，而开发商则努力试图对
规划中的公共工程了如指掌，但同帝国行政的整体的（如果不用和谐的
这个词的话）愿景相比，巴黎城对建筑模式的影响更为间接。 第三共和
国时期，私人设计、私人执行的建筑项目大量涌现，并构建了城市的基
础设施和居住结构（图 1.2）。

42

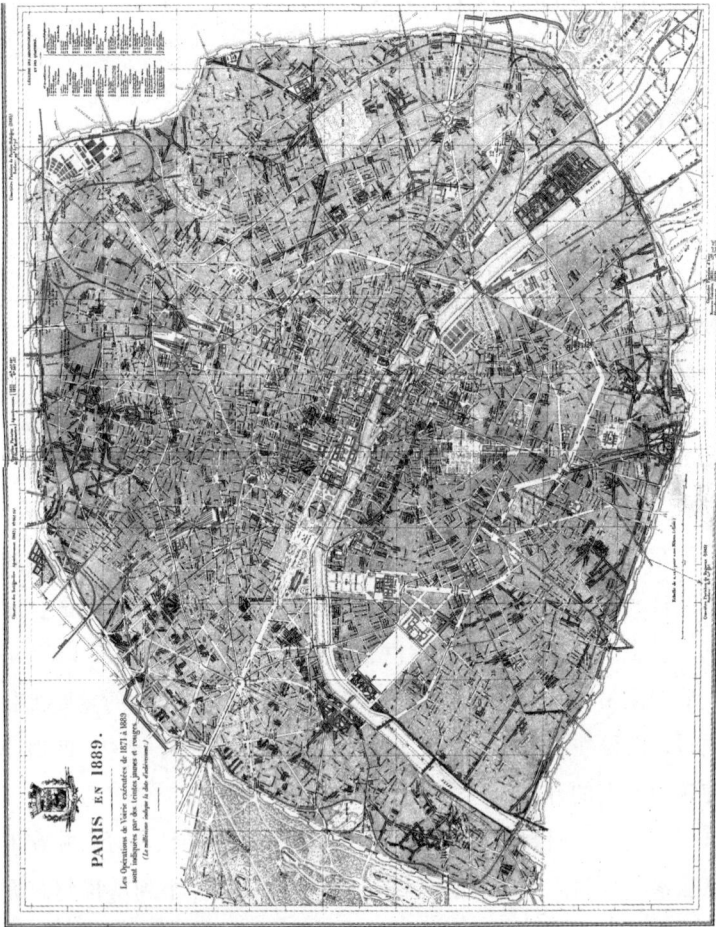

图 1.2　1871 年至 1889 年间城市公共和私人开发的地图。《巴黎工程地图集》（巴黎：国家印刷局，1889）。来源：哈佛大学乐博图书馆特藏部

到 19 世纪 70 年代，这样的开发过程大部分已经成为惯例。 建筑企业家和官员有着共同的期望和公认的惯例，并在这样的框架下运转，这使得其与市政当局的协商更加顺利，乃至减少了协商的次数。[88] 投机者保罗·福久所进行的项目为我们展示了当时典型的处理方法。 例如，1880 年，当福久在蒙马特街区建造 88 间公寓和 3 条新街道的项目开始时，他遵循既定的协议，于 1881 年 3 月与市府联系，提出了保证书（*engagement*）或者说正式的议案。[89] 然而，他接手的新街道早在 2 月份就已经着手铺设了，其议案的报告直到当年 10 月才下达，但此时施工早已经开始。[90] 下水道和照明本来每一项都需要与市政机构协调，但到 1883 年 3 月，却没有什么讨论就完工了。[91] 与市府因公共事业而开辟的、服从公众质询和协商的街道相比，新的西马尔大街（Rue Simart）、欧仁苏大街（Rue Eugène Sue）和鹅毛雪大街（Rue Flocon）在 1883 年末才经历了这样的质询，而当时早已完工的街道早就进入公共视野了。[92] 当时负责监督公共进程的当地业主在报告中乐观地总结道，评论的缺席，恰恰"可以被解释为是对项目完全支持的声明"。[93] 福久承包的 3 条新街道，邻接着几十间新公寓，按照市政标准配备，于 1884 年平安夜进入公共视野。 在这种工程规模下，开发商能够可靠地预测官方反应，并在授权滞后的情况下放心地向前推进，甚至最终推动当局进行监管改革。 例如，在 19 世纪 70 年代末，负责评估开发申请的行政人员收到了越来越多的要求超出高度限制的申请，这促成了 1884 年建筑法规的修订，以允许带有更多可居住楼层的更高的建筑的修建。[94]

在他的蒙马特开发项目中，福久与市政当局进行了更多的谈判，因为他的项目的全面开发还需要几块城市的土地。 该项目还要拓宽一条与市政地产接壤的道路，旨在为一所新的公立学校开辟通道，福久觉得他的任务是个理当获得市政特许的公共事业。 声称为城市需求服务并寻求公共补贴、免税或公共土地特惠的道路开发提案，都需要来自议会的意见，并在后者琐细的会议记录中比比皆是。 大多数项目首先会通

44

过塞纳省的行政人员和工程师的评估，然后由市议会转交给处理公路问题的第三方委员会研究。 委员会将项目提案送回市议会，并提出进一步行动的建议。 在每个案例中，市府都需要权衡该投资项目的公共事业和私人利润的特殊混合，并作出决定。

在福久的案例中，市府审查的是城市土地的价格以及同开发商所承诺的改进价格相对的一些损失费用的成本。 该市在考虑于这个地点进行的开发项目上，已经有前车之鉴。 它以前的主人有勒博迪（Lebaudy）家族，富有的炼糖商，曾多次试图从城市牟取土地交换和买断；还有一个叫夏尔·诺勒（Charles Nolle）的人和一个叫杜潘（Dupin）的家族；在19世纪70年代，他们联起手来游说，要求市府履行1858年6月8日颁行的公共事业法令，该法令要求扩建西马尔大街（如果扩建了的话，这一项目将大大提升其土地的开发潜力）。[95]他们的请求被置若罔闻。到了第三共和国时期，官员们认为，该地区的其他项目的完工导致游说者所要求的扩建已经没有太多的公共效益。 工程局的一名工程师得出结论："这项业务对城市没有什么效益，却对这两个业主所拥有的大片土地的建房土地分割和销售而言不可或缺"；因此，"城市通过出让市政土地来补贴铺路的部分费用，以支持这项投资的做法，是不公正的"。他的报告里还提到，由于这类扩建不符合一般公用事业的条件，其特有的开发将必须由私人企业来承担，而如果要在市政领地内增加任何新的道路的话，则要受制于通常的条件：相关的地产所有者必须"将他们的土地免费出让给市府，并同意由自己出资、并在市政工程师的监督下，进行所有的开发工程——置备公共服务、照明和下水道"。[96]

这样一来，等到福久接手该项目的时候，市府在该项目上的立场早已确立了。 然而，福久的干预在很重要的方面改变了游戏规则。 首先，这从根本上改变了开发预估的规模和速度；投机者则将相邻的房产合并为3.2万平方米的巨大地块，通过一系列嵌套的公司机构获得了数百万的融资，并在施工开始之前就安排好了竣工建筑的出售（图1.3）。其次，他的参与意味着市府察觉到，自己是在同一位资金充裕且缺乏耐

45

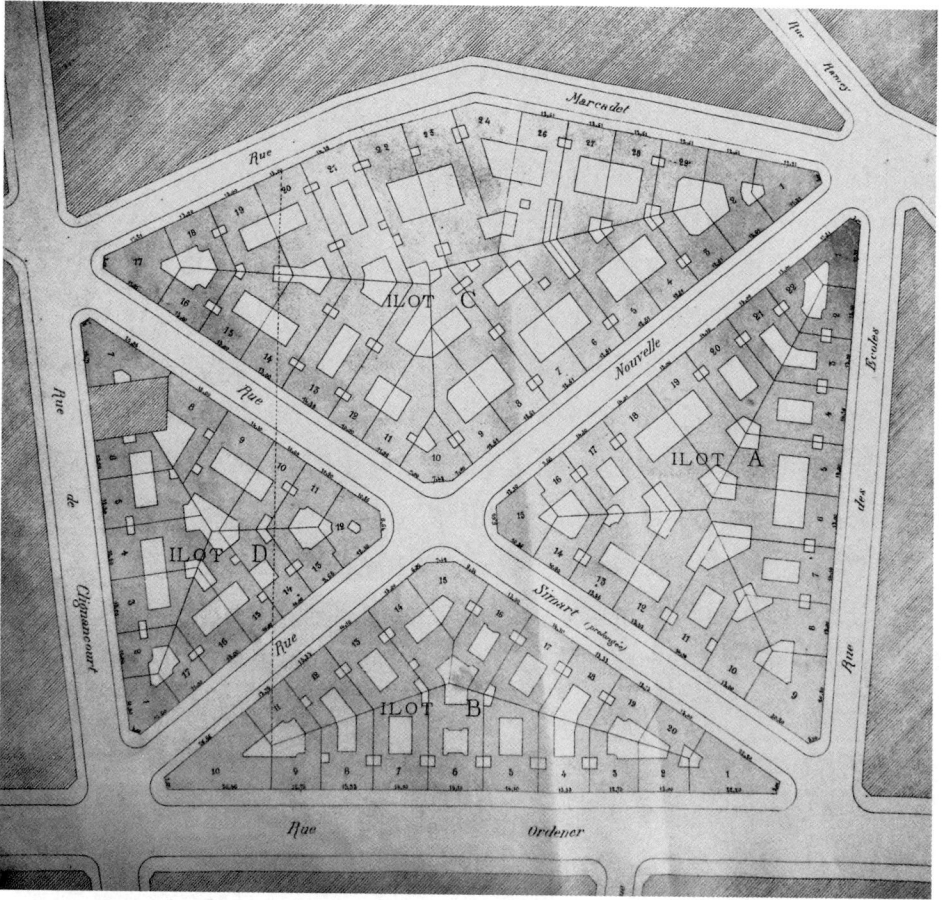

图 1.3　保罗·福久的蒙马特发展概况（顶部为南）。来源：巴黎档案馆，地图集第 96 号（蒙马特不动产有限公司，G·［原文如此］福久，1881 年）

心的投机者谈判，而不是在和当地的土地业主谈。 企业的房地产开发的时间跨度很短；给开发商的贷款通常期限是三年，快速周转是成功的必要条件。 市政行政部门的官员认为，如果没有城市土地的特许权，"福久先生的计划就会完全瘫痪"，他们就能够为其土地索取更高的价格，高于工程局官员给出的谈判结果。[97] 福久先是强烈反对，最终还是同意为土地支付更高的价格，尽管他为了维持协议的其他部分条款而力推说，"城市已经、也将要从一个全新的社区的创建中获得其他方面的好处"。[98]

该街区的特殊性质是影响市政府对该项目的评估的第三个因素。虽然市政商务局很简单地认为："福久先生所开辟的新街道又对巷陌进行了再划分，旨在对他所收购并带入蒙马特不动产有限公司的大量地产加以开发。"但城市工程管理部门认识到，"他正在建造房屋，供工人和小职员租住，他们将在其中找到卫生的、布局合理的、价格合理的住房，[而且]很明显，城市接受该提案的话，将从中获得物质和精神上的好处"。[99]蒙马特开发项目实际上成为了城市工人阶级住房开发的典范。 该项目囊括了3 000多套公寓和184家商店，能够以不高的租金出租，为1万多人提供住房，但这些建筑还具有资产阶级住宅的关键标志：切割的石砌外观、加工的金属阳台、有煤气灯照明的楼梯间，以及带有独立厨房和私人浴室的公寓——有些甚至包括客厅。[100]它是第三共和国自由派住房改革运动的雄心壮志在石头和石膏上的体现，而一个由个人和组织组成的网络，致力于通过私人倡议来改善城市下层阶级的住房条件。[101]法兰西学院的政治经济学系主任保罗·勒华-博略在建筑完工前就宣称自己"被迷住了"，而法国自由派经济思想的堡垒——政治经济学协会①(Société d'Économie Politique，SEP)则将其奉为私营部门在工人阶级住房领域中的能力证明的典范。[102]地租公司于1882年购入了整个开发项目，其理事奥斯曼男爵则以建筑所蕴含的政治讯息开导其股东："公共干预在满足[人民]的真正需求上是不必要的；只要供求原则能够自由地富有成效地付诸应用就足够了。"[103]福久建造的住房的特殊性质促使市府开始偏离其传统做法，开始为开发商免除一些道路工程的费用。

这一特殊案例为我们表明了，繁荣和萧条确实给巴黎的政府官员带来了许多机会和挑战。 在无限制的投机性开发的压力下，租金问题和

---

① 政治经济学协会由萨伊的拥趸成立于1842年，现在仍然在运作。 成员包括学者、公司董事和高级管理人员以及高级公务员的群体，刊物为 *Annales de la Société d'économie politique*。 ——译者注

住房问题又额外造成了建筑问题的负担。 自 1878 年世博以来，城市的租金就一直在上涨，新建成的街道遍布着中产阶级和上层阶级的公寓，而城市的绝大多数人口却生活在过度拥挤的住宅里，并且这种住宅面临着短缺——1882 年，巴黎有多达 10% 的居民寄住在带家具寄宿所之网中——这一短缺引发了租户和行动家的抗议。[104] 呼吁罢租的集会不断涌现，请愿者要求对空置的公寓和空地征税，关于经济适用房计划的提案则充斥于议会。[105] 在城市各处的会议室里，居民们公然质疑他们的民选代表的举止，抱怨"市政议会建了又拆拆了又建，只是在模仿帝国"，从而使市府在三年内产生的债务比帝国在二十年内产生的还要多。[106] 虽然投机这一"我们这个时代的坏疽"，肯定是造成了诸多不平的原因之一，但城市的公共工程也不遑多让，"奇怪的是，这些工程的费用是由工人的民膏来支付的，却只对土地所有者有利"。[107] 强大的草根动员再加上越来越多的社会主义者被选进市议会，二者的合流，导致市府机关在推动巴黎的工人阶级住房建设方面采取了初步的严肃举措。 而这些项目之所以后来在短期内没有取得成效，其部分原因在于，1883—1884 年的萧条带来的失业危机加剧了人们早已怀揣着的对建筑、公共开支、帝国时期的铺张过度和惹是生非的工人大军间的不健康关系的隐忧。

福久后来的两个项目有助于进一步阐明城市开发同这些政治上的优先事项的交叉点。 1884 年，福久因一项庞大的住房开发计划而再次引起了人们的注意。 他先前热切地、同时又获利颇丰地参与了的建筑热潮轰轰烈烈地瓦解了，然而此时，开发商福久却又向市政府提出了一个项目，承诺为城市的工人阶级提供就业和住房。 他呼唤公众来支持 400 多间社会混合型公寓房的建造，包括计划中的 12 000 套"普通"公寓和 15 000 套年租金低于 300 法郎的住宅，他还建议在全市多个街区起建这些公寓。 在和建筑业的行业协会合作时，福久构思了该项目，他提议将这些协会聚集在一起，作为合伙法人加入一个大型的联合控股有限责任公司。 对于那些上书请愿的工人而言，这个项目如住房危机之久

48

旱逢甘霖，同时也是对巴黎建筑业的绝望处境的及时回应。 一个人写道："福久先生与我们见了几次面，我们就价格和付款方式达成了协议，条件对我们很有利，并且对我们在这个重要项目中所能承担的所有工作都生效。 对巴黎过半的建筑业工人来说，这是一个双赢的项目"。[108]在这个案例中，开发商福久旨在让市府直接参与。 他请求市府提供私人贷款者和土地所有者都经常会提供的那类担保，以使企业家能获得信贷。 福久估计他的建筑成本为每平方米 700 法郎（比他在蒙马特的施工每平方米少 200 法郎），因而索求到了能向地产信贷银行借高达 7 800 万法郎的抵押借款的担保。 除了贷款支持外，福久还试着使之能免缴新建楼房的市政税费和国家税费。

该计划体现了有限责任公司或者说联合控股有限责任公司的影响力的广泛扩展。 福久正是这种生意形式的大师；他在几年内成立了一打这样的公司，不断地将一家公司的股权利滚利地带到下一家，作为创始者，他总是能从中获利。[109]通常，他的公司都由独立的商人组成，每个人都为建筑项目提供不同的服务，而整个贸易协会在此则既是股东，又是参与者。 有着来自市府的"道德"支持，该计划设想了一种公共和私人的干预城市空间的模式的结合，并且将市府也带入了企业式的模范。《建筑业改革》对市府变作生意伙伴的转变感到震惊，它嘲笑福久及其拥趸"想出了利用城市的善意支持来搞投机的馊主意"。[110]市议会建议对该项目做进一步的探讨，但仍对公共和私人利益的不妥当的交混持谨慎态度。 它拒绝了一位名叫奥利维埃（Olivier）的建筑师早先提出的建造工人阶级住房的提案，而这位建筑师正是福久潜在的合作者，并评论道："这种投机行为是私营部门的问题；巴黎市应该做的是对其既不鼓励也不反对，必须弃权。"[111]

虽然市议会和省长都对该提案印象不错，但省长决定，在市政府澄清其与地产信贷银行签订的经济适用房协议的意图之前，不能继续推行该提案。 在福久同市政府进行诸多谈判的过程中，在谈到由市政府作为担保人，向那些承诺建造部分适用下层阶级的住房并且其建筑符合卫生规定的建筑企业家提供贷款的协议的时候，福久的项目却被搁置了。根据协议，城市同意作出年金总额达 5 000 万法郎的担保，作为交换，地产信贷银行的出借额度要超过其通常的百分比——高达建筑价值的65%——并附上了优惠的利率，可分 75 年摊还。[112]

建筑热潮的经历对市议会关于该协议优点的讨论产生了很大的影响。许多市议员认为该协议是一份送给投机商的邀请函，这么做将纵其祸害无论贫富的所有人的住房。一些人特别担心，在市政担保的帮助下，更简易化的简易信贷将进一步刺激专门从事投机投资活动的企业开发公司的形成。即使是该协议最为坚定的支持者夏尔·阿姆茹（激进共和派）也承认："至于有人指责我们与金融公司打交道，我只能回答说这是一种不可避免的需要；在政治上，我们已经看到，最温和、最信誉卓著的报纸都被迫陷入了商业主义且被迫接受了证券交易所的法则。"[113]无论这种合作看起来是多么不可避免，对许多市议会的成员来说，这显然仍是有问题的。社会主义者朱尔·若弗然（Jules Joffrin）确称："投机者只是在等待你们下决定，你们要是同意的话，他们马上就会像乌鸦一样扑向你们给他们献上的猎物……他们知道市府的信用是稳固的。……但我们是否应该让它为投机者服务？你们竟然要支持乃至鼓励那些投机倒把的操纵吗？"[114]纳西斯·勒文（激进共和派）确信，这笔交易只会让投机者和"我们已经见过许多了的那种危险的建筑商"获利，他们已经不再满足于将他们的投机倒把限制在富人的街区，而开始将他们的投机热扩散到甚至最贫穷的区块去了。[115]

除了论及市政住房供应的原则的反对意见外，另一类担忧直接来自建筑热潮，并谈及在建筑商一旦违约的情况下城市将遇到的困难，这将使城市不得不像私人业主或机构一样去对公寓房屋和租户负责。弗雷德里克·索东（Frédéric Sauton）（独立共和派）说得很明白："如果你去提供担保了，会发生什么？无论你怎么做，你都只能同有限责任公司打交道，而这种公司是推不出任何一个个体来负责的。他们会给你展现价值被高估的土地和夸大的估计，建筑企业家将部分股份充作报酬，

50

而利润则得自你所批准的贷款。 请原谅我粗俗点讲，一旦你按捺不住给它发牌了，公司马上就会宣布破产，而市府会发现自己手上都是造得很差的房子，不得不自己来接手管理。"[116]有限责任公司的不可捉摸及其乐于欺诈的倾向，构成了可能达成的协议中令人厌恶和危险的一些因素；另一个因素则在于，城市最后将只储备了一排排仓促建成的楼房，发觉自己从一个融资机构转变成了一个管理机构，像极了法兰西地产公司或其他参与建筑热潮的投资机构。 投机行为玷污了市政当局，并威胁到城市的道德和物质结构。 当协议最后告吹时，政治经济学协会的一名成员将失败归咎于"整个市议会的小部分人对大型金融公司的不息敌意"。[117]

这种敌意来自对有限责任公司的性质和相关资本的力量的广泛关切，后者在1882年的联业银行的倒闭——该行的倒闭影响了来自全国各地数量空前的投资者——及其附随的金融和工业部门的不稳定性面前变得急剧尖锐。 当有限责任公司的有限责任与便捷的信贷结合在一起时，没有任何资金准备的个人也能因之而几乎不费吹灰之力地组建商业企业，并开展同公司实际可用的名义资本极不相称的商业业务。 甚至SCE的主管也承认，该公司根据土地市值而非企业家的经济地位发放贷款的政策，意味着"信贷被广泛地放给不知道如何运用它的人"。[118]

51　一旦房地产公司倒闭，那些被抛弃的工人就会大声谴责他们认为不道德的以及可能是非法的生意企业。 来自14区泥瓦匠平等协会（Société Égalitaire des Maçons du 14e Arrondissement）的一名代表，向1884年召开的研究工商业状况的议会委员会报告说，他目前正忙于对一家这样的公司发起司法诉讼，该公司的资本为10万法郎（再者，证人声称这个数字还是假的），"不足以……承担1000万的工程"。 他继续道："我得说，让一个没有一分钱来完工的公司去承包工程，这就是一个骗局。"[119]在另一个例子中，一位名叫克罗尼姆斯（Cronimus）的建筑师家门外爆发了"可耻的一幕"，警察不得不进行干预，他们搜查"发现他的资金资源，有些是真的，有些就不太真，他主要是通过成立塞纳建

筑公司（Société de Constructions de la Seine），任命自己为该公司的董
事，从而在自己周围聚集了一堆没有任何商业地位的人"。 这家有限责
任公司一直以股份的形式来支付分包商，希望他们能承担起向工人支付
工资的重任，即按件（à la tâche）计酬。 假如工人威胁要辞职或者真的辞
职了，他们就会被简单地替换掉，这种陷害很快导致分包商热南（Génin）
来到董事的房子前，他扬言要杀了建筑师，随后即被逮捕。[120]

在 1884 年的议会委员会上，来自行业协会和工人协会以及议员们
的证词，经常提到作为个人和集体行为者的工人在日益聚合的资本市场
上所面临的问题。 众议员乔治·布里亚卢（Georges Brialou）以前是一
名工人，在众议院中属于极左派，他将问题追溯到法国大革命对同业公
会（trade corporation）①的废除，其结果是"所有的资本组合在一起，构
成了那些令人愤慨的剥削人的公司"。 事实上，建筑业是最早推翻对基
于行业的工人协会的禁令的行业之一。[121]然而，在整个 19 世纪，资
本却比劳工享有更多的结社自由。 有限责任公司是这一基本趋势中的
一个特别创新，它使资本和工人之间的关系得以非人化。"在有限责任
公司中，个人消失了；不再有任何姓名，只有股份和债券，它们所需要
的就是越多越好的收益。"[122]另一位即将在 1885 年成为下塞纳省②众
议员的工人活动家，安德烈·里昂奈（André Lyonnais）（共和联盟
[Union Républicaine]）③，同样也认为有限责任公司是对所有者和工人
之间的健康关系的威胁。 他悼怀了资本家的有限公司的创设所带来的
个人责任的丧失。 他认为，在个人荣誉不再一生攸关的情况下，国家
负有特殊的责任来审查管理这些公司的状况。[123]保罗·杜比松（Paul
Dubuisson）博士是一位关注工业工作条件的改革者，他唯恐工人阶级在
一个由有限责任公司主导的市场中会面临着极其糟糕的命运。 他的这

52

---

① 作者原文为 trade corporation，但 corporation 在英文中仅有企业的意思，在法文
中却有同业公会的意涵，故在此译作同业公会。 ——译者注
② 即今滨海塞纳省，1955 年更名。 ——译者注
③ 共和联盟成立于 1871 年，是一个异质性的派别联盟议会团体，包括路易·勃
朗、乔治·克莱蒙梭、维克多·雨果和古斯塔夫·库尔贝等众多人物。 ——译者注

句话触动了委员会："有限责任公司不再有任何人性。 它是一个无法触及的非人的存在。"老板对公司这个抽象实体所负的法律责任，严重限制了他以共情的姿态同工人交易的能力。 结果，"资本和劳动之间的关系表现得越来越无情和灾难性。 经济铁律是绝对的。 在它们和工人之间，没有什么可以吸收冲击的缓冲。 工人被压垮了"。[124]

城市经济的这些经验，极为关键地影响了巴黎人及政客将投机者视为道德和经济行为者的模式，及其理解公共和私人利益之间的冲突的方式。 与大众观点相呼应的是，参与市议会辩论的人一致认为，建筑热潮过度集中在豪华建筑上。 对"豪华"/奢侈与"实用"工程的区分，本是对奥斯曼化的主要批评之一，如今则带有了更浓的指责意味。1882 年，一家自称"工作与储蓄中央银行"（Caisse Centrale du Travail et de l'Épargne）的金融公司向市政府申请 700 万法郎的补贴，以换取承担列奥米尔大街（Rue Réaumur）完工的权利，研究该提案的市议员们不仅认为这一要求不合理（而讨价还价也有失市府的尊严），而且还愤怒地告诉他们的同僚，"该公司为了自己的利益而提出了狭隘的提议"，他们计划在新的交叉口造一个"宫殿"来宣传其财务能力。"但是，先生们，"委员会的记者继续说道，"我们职责不是要把巴黎变成美第奇治下的佛罗伦萨的翻版。"[125]同样的犹豫导致许多议员在 1883 年抵制了法兰西银行借助市政补贴来扩大其营业场地的提案。 把项目归类为单纯的"点缀"，归类为装饰性或搞奢侈的工程，具有显著的一刀切的效果。 市议员伊夫·居由甚至担心它已经成了不作为的理由，成为可能危及城市发展的维持现状的政治道具。[126]

建筑热潮引发的混乱和不平衡，再次证实了大多数市议员的信念，即公共当局没有资格干预私人房地产市场。 即使住房危机前所未有地引发了租户和活动家干预住房供应的请愿动员，作为整体，市议会仍然相信，要是市府成了直接的建筑商，那么市府所造的建筑将同现有的房产竞争并导致其贬值，而要是成了补贴提供者，就有可能刺激不健康的投机行为。 倒闭的开发管理公司展现了房地产投资的不可靠，以及试

53

图掌握像首都房地产市场这样复杂的实体的徒劳。 在建筑热潮还正盛的时候，自由派经济学家勒华-博略将这些破产的企业视为干预主义的市政府可能的下场。 他在其颇具盛名的《财富分配论》(*Essai sur la répartition des richesses*)中写道："将国家或市政当局转变为巨型房地产公司，是完全不可取的。 ……经验告诉我们，房地产公司都面临着巨大的风险，大多数公司在几年内就会倒闭。"[127]

城市领域中的公有土地问题明显地将地产管理这一问题提了出来。[128]在这些土地上，公共和私人开发之间表现出直接对抗的张力，福久最后的项目表明了这一现象。 1882 年 11 月，福久与房地产投机商阿尔贝·罗比埃尔(Albert Laubière)和建筑师斐迪南·巴尔(Ferdinand Bal)合作，买下了市公共救助局(Bureau of Public Assistance)挂出拍卖的第 11 区的土地。 他们支付了 161.1 万法郎买下了位于罗盖特大街(Rue de la Roquette)和圣摩尔大街(Rue Saint-Maur)交叉口的房产，并着手将约 2 万平方米的土地分割成小块，他们随后将这些地块租给了建筑商，并附带购买期权。[129]开发商果然从该项目中获得了巨大的收益；收购时，土地价格为每平方米约 80 法郎，而在与建筑商签订的购买期权里，对细分后的地块的估值涨到了每平方米 200 法郎。[130]

这种将市政土地转让给私人开发的做法，立即在议会内外引起了相当大的反对。 1883 年初，一则新闻报道称，公共救助局出售的土地已经以巨大的利润被转售，对此，该局局长被迫同意对其销售进行调查。他指出，事实上，这些土地并没有被转卖；相反，买家是借助购买期权和抵押贷款优先权的转让来租赁这些土地的。 这些安排是投机者在建筑热潮时期攫取地产的首选机制。 借由租用这样一些其所有者同意放弃其作为房产第一债权人的特权地位的土地，开发商也就能够从只愿意借款给安全的第一所有者的机构那里借到钱。 一个业主成为开发的合作者，让开发商获得建筑信贷，并承担升高的风险以换取高额租金。[131]局长(极为正确地)描述这些协议道："风险很大，因此禁止公共救助……一旦破产，卖方可能会失去一切，失去其出售的所得，甚至

54

是土地本身。"[132]即便如此,《建筑业改革》的编辑们认为,尽管公共机构肯定不适合牵扯到这种企业里来,"但无疑,它们本可以把土地分成 30 或 40 块,而不是 8 块,再出售,以便让所有投资者都能获得这些土地"。[133]但左派人士和致力于市政自治的派系分子、市议员纪尧姆·玛亚尔(Guillaume Maillard)①不以为然地说道:"政府肯定知道其后果,将地块定为 2 000 或 3 000 平方米,它们就等于是在使地产任凭两三家拥有大量资金的金融公司的摆布。"[134]

在对此事的调查中,市议会成员特别质询了巴黎的企业活动的界限。 议员约瑟夫·马涅(Joseph Manier)("公社主义共和派",换句话说即同情公社政治纲领的共和派)坚持要了解,为什么行政部门不能按照最终购买者采用的模式,对地产做更有利可图的细分,乃至直接留着土地自己来建造经济适用房。[135]局长以在该局作为穷人领地的管理者所面对的特殊的义务为重点作了回复。 例如,直接建房是不可能的,因为公共援助机构永远不可能作为一介"普通的地产所有者"来行事,来驱逐那些手足无措、付不起租金的贫困租户。[136]然而,卖地本身是必须的,因为该机构也"不能让穷人的地产不被有效利用"。[137]开发是当务之急,但公共权威要实现开发,却面临着手段有限的问题。局长总结说,将土地分成大块,确保了销售的快速进行,最终的买家将握有足够大的地皮,如此方能对这个素称危险和不健康的地区进行全面改善。 由于这一丑闻,市议会下令,今后所有公共救助局划分土地的项目都要经市议会的批准,才能进入销售领域。[138]

至少从 1882 年初开始,市议会就一直在寻找有关公共土地的更精确的信息,时任市议员的阿贝尔·奥夫拉克(Abel Hovelacque)请求获得一份市政土地的地图,包括那些属于公共救助局的土地,以便让市议员们得以参照全市政领地来评估开发项目。[139]市议员们提出了一些措施,以加强对公共土地转让的监督;朱尔·若弗然反对投机公司的利

55

---

① 化学中似乎有一条 Maillard 定理译作美拉德定理,但 Maillard 按法文读音音译应为玛亚尔。 ——译者注

益，因为其所求"除了侵占城市的土地外别无其他"，他推动市议员同僚们（未获成功）对购买者施加条件，要求他们建造经济适用房。[140] 马涅的提案是比较激进的；自从他在 1879 年当选以来，他多次提出了将所有城市土地市政化的建议。[141] 虽然他对大规模征用土地的呼吁并没有什么成功的机会，但却挖掘出了足以支撑那些革命色彩弱一点的计划的不满情绪，如对地产的剩余价值的剥夺以及对空地和公寓征税，这些计划同样旨在重新调整私人利润与公共利益之间的走向。[142] 同长期借贷的情况一样，对市政土地的看管迫使市议会考虑起其对后代的义务。 1886 年，社会主义市议员爱德华·瓦扬（Édouard Vaillant）提议禁止所有将发生的市政土地的流失，理由是"一代人不可能在不坑蒙盗取的情况下用后代人的利益来做抵押，乃至直接牺牲之"。 为了替代卖地，瓦扬提议将市政土地长期租赁，这将既允许开发，同时又能保留利润和对共同财富的掌控。[143]

　　这些提案同时也构成了长久以来关于城市地产利润的最公正分配的争论的一部分。 市政当局所激辩的每一个开发项目都取决于这个根本问题，即确定和分配潜在的利润，将之同当前和未来的成本加以权衡。 福久在公共土地上的投机活动是行政决定助长投机的一个例子——土地分配的状况使得只有大型开发商才有能力参与这个项目。 由此而产生的舆论反弹表明，房地产投机在市政当局的决策程序中占据了一个具有格外争议的位置。 在各种意识光谱的住房改革者的鼓动下，住房作为一种商品的状态成为了问题，而住房供给的政治也卷入了对有限责任公司的道德的怀疑，以及对在房地产这个似乎不可控制的领域内施加公共干预的适当性（和有效性）的不确定。 围绕着其与地产信贷银行本该达成的协议而展开的争论揭示出，投机在大都会中的模糊地位可能会致其错失关键的机会，乃至无法走上更加人性化的城市开发的道路。

　　尽管这是市政管理的一个老生常谈的问题，但巴黎与其建筑行业之间的关系也许从未有奥斯曼化和巴黎公社之后的那几年那么紧张。 这些革命性的城市现象的社会和政治遗留问题给市议会提供了一个试验场，它将致力于探索和塑造其新的权威和能力的边界。 帝国的余音铭刻在首都的重要街巷上，铭刻在市政账目中，而更可怕的是，它还铭刻在 1870—1871 年的战争废墟里，这些废墟甚至还点缀着共和巴黎的日常景观——例如，被烧毁的杜伊勒里官的外框，直到 1883 年还都是笼罩在路人心上的阴霾。 为了回应这种帝国时代的铺张夸大，共和派市议会则披上了实用性的外衣，（在开展这些项目时）将其项目包装作对工人阶级的救助，而非资产阶级的点饰。 其对城市开发的态度和对城市能否充当市场行为者一角的看法，不仅仅是对第二帝国的投机性疯狂的拒斥；同时也是对 19 世纪 70 和 80 年代发生在建筑行业的生产组织和财政组织上的巨大变化的回应。 新型的有限责任公司的扩散给城市建设带来了新的面貌，并且亟须那些受命担任公共领域的统筹者的人做出深思熟虑的反应。

　　第三共和国初期，建筑行业的摇摆不定让人不由不质疑其同城市经济繁荣的绑定关系。 1883 年，巴黎城举办了若干的租房会议，与会者在调查了艰难的行业和混乱的住房市场后，给议会主席兼公共教育部长（minister of public instruction）茹费理写了一封信，问道：“我们为什么会走到认为这类工程的过度生产才是首都繁荣的明确条件和经济体系的基石这一地步的？”信中解释说，政府必须从根本上重新考虑它与建筑业的关系。“政府从未也从没有在任何地方创造过或维持过行业。 ……

57　　相反，行业的出现、巩固和发展是自发的，来自为［需求］提供满足的必要。 那么，”他们继续道，“对这么多的人和对政府本身来说，建筑业似乎是这一伟大自然法则的例外，这是怎么回事？”[144]信中不仅要求国家放弃其公共工程政策，还要求国家出钱将所有非巴黎的工人遣送回他们外省乃至外国老家，减轻工作竞争和租金压力。

　　市议员们清楚地意识到，在涉及开发问题的时候，他们已经身不由己，无法在自己选择的条件下自由管理。 在争论 1866 年的借款时，塞尔内森指出，尽管奥斯曼的翻修工程有着很多好处，但它却妨碍了现任

的市议会;而市议会借由放贷来让人承包更多的工程,这正是在延续一
个"恶性循环",而它一定会导致奥斯曼的继任者也遇到类似的棘手甚
至暴力的情况(记得 1871 年的公社!)。[145]然而,公共工程仍然是市
政当局对全部城市问题的反应中最为关心的事情。 1886 年,巴黎市工
程总监提醒市议员们,在上一次选举中,巴黎民众表示期待市府能采取
一些举措,"同时满足城市道路、卫生、食品供应和建筑业振兴的需
要"。 他继续道,除了公共建筑项目,还有什么可以实现所有这些的目
标?[146]假使开发确实是不可避免的,一些人则觉得,那么也许,这些
项目的好处至少可以留给**真正的巴黎人**,也就是奥斯曼本人认为最值得
市政当局关心的、在巴黎有根基的和值得尊重的工人阶级。 议员保
罗·斯特劳斯(Paul Strauss)建议,每年在公共工程上有节制地支出
3 500 万或 4 000 万法郎,既可以支持建筑业,又不会产生大量活动而把
农村移民吸引到城市来。[147]

　　租赁会议的通讯信件显示出,增长问题仍然是一个社会、政治、经
济的问题。 永远处在城市化过程中的外省是萦绕在首都的政治经济学
争论中的一个幽灵(也许最让当局担心的是,1879—1880 年赋予前公社
社员的大赦意味着,在接下来的几年里,到首都来的"新外来户",很
多可能既会直接参加城市革命,同时也会让人回忆起当年的城市革
命)。 参加 1884 年议会委员会的 44 名代表采纳了一些行业团体的建
议,他们提倡在地方上采取措施,阻止人们向首都移居,巴黎内部也要
禁止移住,以敦促那些"被取得更高收入的希望所吸引,但有时——事
实上,经常——只收获了失望"的外省工人离开巴黎市。[148]在试图限
制首都开发的同时,委员会不仅受到了经济动机的影响,还受到了这样
一个愿景的影响,既城市作为塑造公民的场所,其有限的资源是无法容
纳所有的财富追求者的。 一贯把大同主义置于在地社区之上的开发政
策,致使城市的社会和政治容纳能力日益紧张。 例如,来自建筑油漆
工工会(Syndicat des Ouvriers Peintres en Bâtiment)的费南寺先生
(M.Finance)证称,近年来一窝蜂似的楼房建设已经完全颠覆了巴黎的

日常生活，加剧了城市游牧主义，侵蚀了社区关系。他说："目前巴黎已经没有巴黎人了。你今天在一个社区，明天又在另一个社区"；由此产生了的匿名性使得工人阶级之间的互助或兄弟情谊不再能保持。[149]在委员会面前作证的其他工人一致赞同，他们哀叹"巴黎不再是巴黎人的家，而是变成了只有贵族和富有的外国人才可以居住的地方"。[150]在这种担忧的驱使下，委员会对为增长而增长的做法持怀疑态度。

事实证明，要将众人皆以为依赖于开发的城市政治经济学同作为公民参与场所的城市愿景相协调，一直以来都很困难。1883年第16区——该区塞满了楼房——的一张选举海报宣称，当选代表的任务是保持现代巴黎的两个基本方面间的和谐关系，因为巴黎"既是一个劳动的城市，也是一个奢华的城市"。[151]这一关于管好作为居住和生活场所的城市与作为资本交换场所的城市之间的紧张关系，再加上作为流动场所的城市与作为聚集地的城市之间的紧张关系的挑战，使投机的建筑师、雄心勃勃的市议员、银行专业人士、租户及其活跃分子，共同卷入了这一长期的城市治理的窘境。巴黎城的统治者们以共和派市政的名义，试图找出在建筑问题的领域内穿梭的正确方式——他们争论建筑工程的市政价格系列报表，与开发公司谈判，还要评估公共资金和公共土地在城市开发中的作用——但他们的原则是要试图区分公共利益和私人利润。房地产投机是私人领域的事情，而且——对于那些倡导走一条更为进步的道路的人来说，不幸之处在于——其所产生的改进价格也只能留在它们手上。

注 释：

283 　　[1] Roger Alexandre, *La musée de la conversation：Répertoire de citations françaises*, 3rd ed.(Paris：Librairie Émile Bouillon, 1897)，45. Nadaud 的实际措辞是："你知道，在巴黎，土木大兴了，那么百业都能从其活动中受益。"

　　[2] 1891 年的人口普查表明，约有 95 000 名巴黎人受雇于建筑业，其家属总数达170 000 人。这是城市的第三大行业，仅次于小型零售业和服装业。Préfecture de la Seine, Service de la Statistique Municipale, *Résultats statistiques du dénombrement de 1891 pour la ville de Paris*(Paris：Imprimerie Municipale, G. Masson, 1891)，154—157.

　　[3] Casey Harison, *The Stonemasons of Creuse in Nineteenth-Century Paris*(Newark：

University of Delaware Press，2008）．

　　［4］Pierre Caziot，*La valeur de la terre en France*（Paris：J.-B. Baillière et Fils，1914），8；Edmond Michel，*Études statistiques économiques*，*sociales*，*financières et agricoles*，vol.3：*La propriété*（Paris：Berger-Levrault et Cie，1908），101—103；Alfred de Foville，*Études économiques et statistiques sur la propriété foncière：Le morcellement*（Paris：Guillaumin，1885）．

　　［5］Louis Lazare，"Les grands travaux de Paris，l'industrie du bâtiment，" *Le Courrier Municipal*，May 1，1873，2．

　　［6］Carl Abbott，*Boosters and Businessmen：Popular Economic Thought and Urban Growth in the Antebellum Middle West*（Westport，CT：Greenwood Press，1981）；Harvey L. Molotch and John R. Logan，*Urban Fortunes：The Political Economy of Place*（Berkeley：University of California Press，1987）． 284

　　［7］Susanna Magri and Christian Topalov，"De la cité-jardin à la ville rationalisée：Un tournant du projet réformateur（1905—1925）dans quatre pays，" *Revue Française de Sociologie* 28，no.3（1987）：417—451；Jean-Pierre Gaudin，*L'avenir en plan：Technique et politique dans la prévision urbaine*，*1900—1930*（Seyssel：Éditions du Champ Vallon，1985）；Viviane Claude and Pierre-Yves Saunier，"L'urbanisme au début du siècle：De la réforme urbaine à la compétence technique，" *Vingtième Siècle*，no.64（1999）：25—40．

　　［8］Marcel Poëte，*Introduction à l'urbanisme：L'évolution des villes*，*la leçon de l'antiquité*（Paris：Boivin et Cie，1929），2，99，110；Donatella Calabi，*Marcel Poëte et le Paris des années vingt：Aux origines de* L'Histoire des Villes（Paris：L'Harmattan，1998）；Charissa N. Terranova，"Marcel Poëte's Bergsonian Urbanism：Vitalism，Time，and the City，" *Journal of Urban History* 34，no.6（September 2008）：919—943．

　　［9］Marcel Poëte，*Introduction à l'urbanisme*（Paris：Sens et Tonka，2000），93—95．

　　［10］Marcel Roncayolo，"Mythe et représentation de la ville à partir du 18e siècle，" *Encyclopaedia Universalis*，suppl.，issue 2（1980）：1502—1506；Allan Potofsky，"The Construction of Paris and the Crises of the Ancien Régime：The Police and the People of the Parisian Building Sites，1750—1789，" *French Historical Studies* 27，no.1（2004）：39—48；Léon Cahen，"Recherches sur l'agglomération parisienne au XVIIIe siècle，" *Vie Urbaine* (1922)：131—145．

　　［11］Frédéric Moret，"Définir la ville par ses marges：La Construction des fortifications de Paris，" *Histoire Urbaine* 24（April 2009）：97—118．

　　［12］引自 Claude Grison，*L'évolution dumarch édulogementdans l'agglomération parisienne du milieu du XIXème siècle à nos jours*（thesis，University of Paris Law School，1956），65。

　　［13］Peter M. Wolf，*Eugène Hénard and the Beginning of Urbanism in Paris*，*1900—1914*（The Hague：International Federation for Housing and Planning，Centre de Recherche d'Urbanisme，1968）．Hénard 是社会博物馆（Musée Social）巴黎开发计划委员会的负责人，他在 1913 年被任命为法国城市主义建筑师协会（Société Française des Architectes Urbanistes）主席，结果在到任前不久就去世了。

　　［14］自 1724 年以来，一直有划定首都及其郊区范围的王家宣言出台实施。 论巴黎城的访客，参见 Vincent Milliot，"La surveillance des migrants et des lieux d'accueil à Paris du XVIe siècle aux années 1830，" in *La ville promise：Mobilité et accueil à Paris（fin XVIIe—début XIXe siècle）*，ed. Daniel Roche（Paris：Fayard，2000），21—76。 如欲了解当时的法理学，见 Émile Agnel，*Code-manuel des propriétaires et locataires de maisons：Hôteliers，aubergistes et logeurs*（Paris：Mansut，1845），442。

　　［15］Natalie Montel，"Chronique d'une mort annoncée：L'annexion par Paris de sa banlieue en 1860，" *Recherches Contemporaines*，*Université Paris X* 6（2000—2001）：217—254． 285

　　［16］Marie Charvet，*Les fortifications de Paris：De l'hygiénisme à l'urbanisme*，*1880—1919*（Rennes：Presses Universitaires de Rennes，2005）．

　　［17］长期以来，为取消城市的入关税（octroi，入市税，构成大多数法国城市的主要收入来源）所做的努力正是这类措施的典型。 见 William B. Cohen，*Urban Government and the Rise of the French City*(New York: St. Martin's Press, 1998), esp. chap.2。 论流通在理解和筹划前奥斯曼时期的城市经验中的重要性，请参考 Nicholas Papayanis, *Planning Paris before Haussmann*(Baltimore: Johns Hopkins University Press, 2004); Karen Bowie, *La modernité avant Haussmann: Formes de l'espace urbain à Paris, 1801—1853* (Paris: Recherches, 2001); Lloyd Jenkins, "Utopianism and Urban Change in Perreymond's Plans for the Rebuilding of Paris", *Journal of Historical Geography* 32 (2006):336—351; 以及 François Laisney, *Règle et règlemen: La question du règlement dans l'évolution de l'urbanisme parisien, 1600—1902*(Paris: IPRAUS, 1989)。 论奥斯曼化为调整城市以适应流通需求的一种努力，参见 Françoise Choay, "Pensées sur la ville, arts de la ville", in *Histoire de la France urbaine*, vol.4: *La ville de l'âge industriel: Le cycle haussmannien*, ed. Maurice Agulhon, rev. ed. (Paris: Éditions du Seuil, 1998 [1983]), 170—284。 David Harvey 已表明，流通不仅意味着人和物的流动，而且还意味着资本的流动及其通过建成环境而实现的再生产。 见 Harvey, *Paris: Capital of Modernity*(New York: Routledge, 2003), 以及 Harvey, *Consciousness and the Urban Experience*(Baltimore: Johns Hopkins University Press, 1985)。

[18] Yvan Combeau, *Paris et les élections municipales sous la Troisième République: La scène capital dans la vie politique française*(Paris: L'Harmattan, 1998); Stephen Sawyer, "Définir unintérêt particulier parisien: Les élections et l'administration municipale de Paris au milieu du XIXe siècle," *Annales: Histoire, Sciences Sociales* 64, no.2(March—April 2009):407—433.

[19] Roger V. Gould, *Insurgent Identities: Class, Community, and Protest in Paris from 1848 to the Commune*(Chicago: University of Chicago Press, 1995).

[20] Taxile Delord, *Histoire illustrée du Second Empire*(Paris: Librairie Germer Baillière et Cie, 1880—1883), 5:27.

[21] Claire Hancock, "*Capitale du plaisir*: The Remaking of Imperial Paris," in *Imperial Cities: Landscape, Display and Identity*, ed. Felix Driver and David Gilbert (New York: St. Martin's Press, 1999), 64—77; Jean-Marc Lesur, *Les hôtels de Paris: De l'auberge au palace, XIXe—XXe siècles*(Neuchâtel: Alphil, 2005), 63—80, Émile 和 Isaac Pereire 所建的酒店 the Hôtel du Louvre(1855)和 the Grand Hôtel de la Paix(1862)带来的美式风格。

[22] Comments of Councilors Jacques Songeon and Ernest Rousselle, Commission spéciale de l'emprunt, *Bulletin Municipal Officiel*(后文简称 *BMO*), May 8, 1883, 687。

[23] 数字来自1878年，见 Maurice Block and Henri de Pontich, *Administration de la ville de Paris et du département de la Seine*(Paris: Guillaumin, 1884), 52。

[24] 巴黎市1883年预算的详细内容，见同上，122—124, 219—220;巴黎市政议会的属性，参见83—84页。 论巴黎市政厅本身，见 Nobuhito Nagai, *Les conseillers municipaux de Paris sous la Troisième République, 1871—1914* (Paris: Publications de la Sorbonne, 2002); Combeau, *Paris et les élections municipales*;以及更晚的时段，Philippe Nivet, *Le conseil municipal de Paris de 1944 à 1977*(Paris: Publications de la Sorbonne, 1994)。

[25] Jean-Pierre Hirsch, *Les deux rêves du commerce: Entreprise et institution dans la région lilloise, 1780—1860*(Paris: Éditions de l'EHESS, 1991).在探求地产管理和城市政府之间的联系时，我受到了 Hendrik Hartog 此书的影响，*Public Property and Private Power: The Corporation of the City of New York in American Law, 1730—1870* (Chapel Hill: University of North Carolina Press, 1983)。

[26] "Le Quartier Marbeuf," *La Réforme du Bâtiment*, February 13, 1881; "Les derniers actes du ci-devant conseil municipal," *Économiste Français*, January 15, 1881, 65—66.

[27] "La propriété foncière: De l'expropriation," *Le Figaro*, April 12, 1882.

[28] Rapport, présenté par M. Ernest Hamel, au nom de la 3e Commission, sur le relèvement du quartier Marbeuf, annexe au procès-verbal de la séance du 14 décembre 1880, 6.

[29] Jules Ferry, *Les comptes fantastiques d'Haussmann*(Paris: Armand le Chevalier, 1868), 11.

286

［30］Contre-projet présenté par MM.Songeon et Vauthier, aux conclusions du rapport de M. Ernest Hamel, relatif au projet de relèvement du quartier Marbeuf, annexe au proceverbal de la séance du 21 décembre 1880, 1；着重号为原文所加。

［31］论布隆代尔的公司，参见 Archives Nationales du Monde du Travail（后简称 ANMT），65 AQ I 175；Société du Quartier Marbeuf。同样可参考 Crédit Foncier 档案中的记录：ANMT 2003 040 616；2003 040 618；2003 040 619；2003 040 620；2003 040 623；2003 040 640。布隆代尔的公司是在巴黎建物公司（Société des Immeubles de Paris）（ANMT 65 AQ I 227）的赞助下成立的，该公司本身就是巴黎贴现银行（Banque d'Escompte de Paris）的产物。开发的过程可参考 Archives de Paris（后文简称 AP）VO NC 1449, 1450, 1455, 1457—1462。

［32］Jean-Louis Harouel, "L'expropriation dans l'histoire du droit français," in L'expropriation: Recueils de la Société Jean Bodin pour l'histoire comparative des institutions, no.67（Brussels: De Boeck University, 2000）, pt.2, 39—77；Luigi Lacchè, "Expropriation pour cause d'utilité publique en France au XIXe siècle: Origines et développement d'un modèle juridique," in L'expropriation: Recueils de la Société Jean Bodin, 79—103；Yvon Leblicq, "De l'expropriation pour cause d'utilité publique: Expropriation par zones en Belgique et en France au XIXᵉ siècle," in L'expropriation: Recueils de la Société Jean Bodin, 105—162.

［33］AP D.5 K3 13: Procès-verbaux des séances du Conseil Municipal, Séance du 24 mars 1881, Projet de relèvement et d'assainissement du Quartier Marbeuf, Résultats d'Enquête; "Le Quartier Marbeuf," La Réforme du Bâtiment, December 26, 1880.

287

［34］关于 Blondel，参看 David Van Zanten, Building Paris: Architectural Institutions and the Transformation of the French Capital, 1830—1870（Cambridge: Cambridge University Press, 1994）, 185—187。Blondel 还提交了完成 Rue Réaumur 和 Rue Étienne Marcel 部分路段的提案，但未获成功（Rapport présenté par M. Mesureur, au nom de la 3e commission, sur une proposition de M. Blondel, tendant à l'ouverture de la rue Réaumur, annexe au procès-verbal de la séance du 9 mai 1883）（BMO, January 1, 1883, 71）。他在同马波夫街区类似的条件下，成功地中标了商业交易所的建设（见市议会讨论, BMO, July 18, 1884, 1349；March 24, 1885, 639—646；April 12/13, 1885, 748—750）。他在 1895 年搞欺诈性破产，留下了至少 2 500 万法郎的债务，从而面临处罚："La faillite d'un entrepreneur", Reveil Immobilier, August 13, 1895。

［35］在少数如奥斯曼林荫大道的完工这样的情况下，奥斯曼男爵的施工项目直到 20 世纪 20 年代都还是一个有效的议题。

［36］Louis Lazare, "Les grands travaux de Paris, l'industrie du bâtiment," Le Courrier Municipal, May 1, 1873, 5.

［37］Combeau, Paris et les élections municipales, chap.2; and Anthony Sutcliffe, The Autumn of Central Paris: The Defeat of Town Planning, 1850—1970（London: Edward Arnold, 1970）, chap.3. 奥斯曼的施工项目成本高达 20 亿法郎，其中大部分依赖贷款为财政来源；Georges Gallais-Hamonno, "La création d'un marché obligatoire moderne: Les emprunts de la Ville de Paris au XIXᵉ siècle," in Le marché financier français au XIXᵉ siècle, vol.2: Aspects quantitatifs des acteurs et des instruments à la Bourse de Paris, ed. Georges Gallais-Hamonno（Paris: Publications de la Sorbonne, 2007）, 293。1871 年，省长 Léon Say 估计该市（长期和短期）的未偿债务为 16.3 亿法郎；Gaston Cadoux, Les finances de la ville de Paris, 1798—1900（Paris: Berger-Levrault et Cie, 1900）, 104—108。1900 年，卡杜（Cadoux）认为巴黎的债务几乎是其地理上最近的竞争对手伦敦的三倍（Les Finances, 698—699）。

［38］"Les derniers actes du ci-devant conseil municipal," Économiste Français, January 15, 1881, 65—66.

［39］E［ugène］Delahaye 讨论了 Say 的立场, "La guerre aux travaux de Paris", La Réforme du Bâtiment, November 3, 1872, 169。Say 在 19 世纪 60 年代发现了奥斯曼的融资计划并成为其主要反对者之一：Léon Say, Observations sur le système financier de M. le Préfet de la Seine（Paris: Guillaumin 1865）; Say, Examen critique de la situation financière de la ville de Paris（Paris: Dentu, 1866）。

[40] J［ules］D［elahaye］, "La Place du Château-d'Eau," *La Réforme du Bâtiment*, February 11, 1872, 22.

[41] Bibliothèque Historique de la Ville de Paris, Actualités Série 47, Urbanisme: "Ve arrondissement, Quartier du Faubourg Saint-Denis, la rue Neuve de Strasbourg," *Gazette Municipale*, August 1, 1852, 840.

288 [42] J. D., "Commerce d'expropriations," *La Réforme du Bâtiment*, June 6, 1875, 89.征地中介为潜在客户出版了预先准备好的指南，如 A. E. Lambert's *Manuel pratique des jurés et des expropriés pour cause d'utilité publique*（Orléans: Imprimerie Ch. Constant, 1882）。 埃米尔·左拉 1871 年写的关于巴黎房地产投机的小说《贪欲》中，有一个征地中介的角色叫 Larsonneau。 同可见 "La propriété foncière: De l'expropriation", *Le Figaro*, April 12, 1882。

[43] Rapport par M. Marius Martin, au nom des 1re, 3e et 7e commissions, sur la création d'une Bourse de commerce et le dégagement des Halles centrales, 2 mars 1885, 18; Rapport par M. Adrien Oudin, au nom des 3e et 1re commissions sur le projet de cahier des charges relatif à la mise en adjudication restreinte de l'achèvement du boulevard Haussmann, 28 décembre 1912, 13.

[44] J. D., "Commerce d'expropriations," *La Réforme du Bâtiment*, June 6, 1875, 89.Cantagrel 年轻时是一名傅立叶主义者，在市议会及其后在国家立法机构中都是激进民主派。

[45] *BMO*, March 24, 1885, 640.

[46] "Le Quartier Marbeuf," *La Réforme du Bâtiment*, February 13, 1881.

[47] Lefèvre's report reprinted in "Travaux de Paris," *La Réforme du Bâtiment*, May 14, 1876, 78.

[48] "Travaux de voirie: Vote de l'emprunt," *La Réforme du Bâtiment*, May 21, 1876, 81.

[49] AP D.5 K3 21: Séance du 5 août 1885, Suite de la Discussion du Rapport de M. Cernesson tendant à la Création de ressources extraordinaires en vue de l'exécution de grands travaux, 253.这个名句最先源自路易十五的情妇蓬皮杜夫人。

[50] AP D.5 K3 21(1885, 2e semestre): Création de ressources extraordinaires pour l'exécution de grands travaux, 196.

[51] AP D.5 K3 21(1885, 2e semestre): Création de ressources extraordinaires pour l'exécution de grands travaux, 201.

[52] AP D.5 K3 21: Séance du 3 août 1885, Suite de la Discussion du projet de création de ressources spéciales pour exécution de grands travaux.

[53] AP D.5 K3 14: Séance du 5 mai 1882, Révision de la Série des prix de la Ville, 628.关于市政价格系列的更久的历史，参考 Alain Cottereau, "Droit et bon droit: Un droit des ouvriers instauré, puis évincé par le droit du travail(France, XIXᵉ siècle)", *Annales: Histoire, Sciences Sociales*, 57th year, no.6(2002):1521—1557。

[54] 关于公共会计中习惯和 "正常" 成本及薪金的演变，见 Alfred de Tarde, *L'idée du juste prix*(doctoral thesis, University of Paris Law School)(Sarlat: Michelet, 1906), 278—285。

[55] Hélène Lemesle, "Réglementer l'achat public en France (XVIIIᵉ—XIXᵉ siècle)," *Genèses* 80(September 2010):8—26.

289 [56] Morel, *Prix de base et de règlement des travaux de bâtiments, conformes à ceux adoptés par le Conseil des bâtiments civils*(Paris: Imprimerie de Cosse et G. Laguionie, 1839), published annually through 1856.Préfecture de la Seine, Ville de Paris, *Prix de règlement applicables aux travaux de bâtiment exécutés en 1857*(Paris: Cosse et Marchal, 1857).

[57] AP VO NC 3193, Extrait du procès-verbal du Conseil des Travaux d'Architecture de la Préfecture de la Seine, Séance du 8 août 1871.

[58] "Rapport de M. Gavrel sur l'établissement de la Série des prix de la Ville de Paris: Extrait du procès-verbal de la séance du 15 janvier 1872," in *Monographies municipales: Les conditions du travail dans les chantiers communaux*, ed. Lucien Lambeau(Paris:

Imprimerie Municipale, 1896), 4.

[59] AP VO NC 3193, Requête Série de la Ville, 1872.

[60] 关于工资上涨的意涵，见 AP VO NC 69, Commission de la révision de la Série des prix de la Ville de Paris, 8ᵉ sous-commission(peinture, tenture et enduisage)。

[61] "Mémoire de M. le Préfet de la Seine au Conseil Municipal relatif aux mesures à prendre au sujet de la Série des prix de la Ville de Paris(29 décembre 1879)," in *Monographies municipales: Les Conditions du travail*, 55; and "Rapport de M. Alphand, Directeur des Travaux, relatif à la Série des Prix de la Ville(18 décembre 1879)," in *Monographies municipales: Les Conditions du travail*, 63.

[62] AP D.5 K3 14: Séance du 5 mai 1882, Révision de la Série des prix de la Ville, 631—632.

[63] AP D.5 K3 14: Séance du 5 mai 1882, Révision de la Série des prix de la Ville, 628—629.

[64] AP D.5 K3 14: Séance du 5 mai 1882, Révision de la Série des prix de la Ville, 633.

[65] 商业部长 Alexandre Millerand 于 1899 年 8 月 10 日颁布的一项法令，允许各城市为公共项目制定"正常和现行工资"。

[66] "Associations ouvrières," *La Semaine des Constructeurs*, February 4, 1882; "Nouvelles concernant l'entreprise et le bâtiment: Les associations ouvrières et les adjudications," *La Semaine des Constructeurs*, April 22, 1882.

[67] Lenard Berlanstein, *Big Business and Industrial Conflict in Nineteenth-Century France: A Social History of the Parisian Gas Company*(Berkeley: University of California Press, 1991), chaps.1 and 2.

[68] Peter Soppelsa, "The Fragility of Modernity: Infrastructure and Everyday Life in Paris, 1870—1914" (PhD diss., University of Michigan, 2009), 227—238.

[69] Daniel Rodgers, *Atlantic Crossings: Social Politics in a Progressive Age*(Cambridge: Harvard University Press, 1998), chap.4.同样可参考 Pierre-Yves Saunier and Shane Ewen, eds., *Another Global City: Historical Explorations into the Transnational Municipal Moment*(New York: Palgrave Macmillan, 2008)。

[70] Untitled article, *Le Temps*, July 12, 1888. 1908 年至 1924 年在日内瓦出版的 *Annales de la Régie Directe* 的文章中，可以找到支持市政所有权的论点，在前市政顾问和议员 Adrien Veber 等坚定的市政社会主义者的书卷中也可以找到，*Le socialisme municipal*(Paris: Giard et Brière, 1908)。

[71] 论领域，见 Cadoux, *Finances de la Ville de Paris*, 305—313; 同见 Pontich and Block, *Administration de la Ville de Paris*, 517—527 关于领域，以及 393—409, 429—445, 459—482 关于实效。

[72] Law of April 5, 1884, art. 72.见 Léon Morgand, *La loi municipale: Commentaire de la loi du 5 avril 1884 sur l'organisation et les attributions des conseils municipaux* (Paris: Berger-Levrault, 1884—1885), 1:34, 381—382。

[73] Pierre Rosanvallon, *The Demands of Liberty: Civil Society in France since the Revolution*, trans. Arthur Goldhammer (Cambridge, MA: Harvard University Press, 2007), 221—225.

[74] 即使有具体的法令授权，如 1843 年 9 月 3 日的皇家法令，允许收回 Rambuteau 街建设的改进价格，它也没有成功。 见 Adolphe Alphand, ed., *Recueil des lois, ordonnances, décrets et règlements relatifs aux alignements, à l'expropriation pour cause d'utilité publique, spécialement dans les voies de Paris* (Paris: Imprimerie Nouvelle, 1886), 146—147。

[75] Jean-Pierre Gaudin, "L'intervention de la puissance publique dans la création et la circulation des valeurs attachés aux usages du sol(de 1840 à 1940)," in *Ville, espace et valeurs: Un séminaire du plan urbain*, ed. Jean-Loup Gourdon, Evelyne Perrin, and Alain Tanius(Paris: Harmattan, 1995), 327—343.

[76] Léon Salefranque, "Les mutations à titre onéreux en France: Mouvement de ces transmissions d'après les comptes de finances, 1826—1898," in *Congrès international de la*

290

出 售 巴 黎

propriété foncière, *Documents*, *rapports*, *comptes rendus*, *mémoires et notes*(Paris: Imprimerie Paul Dupont, 1901), 211—241.

[77] AP VO NC 182: États statistiques des maisons construites dans Paris(d'après les permissions de voirie délivrées), 1875—1885.

[78] 关于巴黎向西北方向的"漂移",见 *Mémoire sur le déplacement de la population dans Paris et sur les moyens d'y remédier*(Paris: Imprimerie de L. Bouchard-Huzard, 1840)。 对于这一现象对城市政治影响的探讨，Philip G. Nord, *Paris Shopkeepers and the Politics of Resentment*(Princeton, NJ: Princeton University Press, 1986)。

[79] Archives de la Préfecture de Police de Paris(后文简称 APP) BA 486: Rapport, Commissariat de Police des Quartiers de la Santé et du Petit-Montrouge, 19 juin 1882。

[80] APP BA 501: Rapport sur la situation industrielle et commerciale, 5 avril 1879.

[81] 质询的报告和证人陈述也有刊行: Chambre des députés, "Procès-verbaux de la commission chargée de faire une enquête sur la situation des ouvriers de l'industrie et de l'agriculture en France et de présenter un premier rapport sur la crise industrielle à Paris", *Annales de la Chambre des Députés*, *Documents Parlementaires*, 12(Paris, 1884)。

[82] "La crise du bâtiment," *Le Temps*, January 23, 1884.

[83] ANMT 2001 026 0649, Crédit Foncier, Assemblée Générale des Actionnaires, 27 avril 1878.

[84] Jean-Pierre Allinne, *Banquiers et bâtisseurs: Un siècle de Crédit Foncier*, *1852—1940*(Paris: Éditions du CNRS, 1984); Aline Raimbault and Henri Heugas-Darraspen, eds., *Crédit Foncier de France: Itinéraire d'une institution*(Paris: Éditions du Regard, 1994); Michel Lescure, *Les banques*, *l'état*, *et le marché immobilier en France à l'époque contemporaine*, *1820—1940*(Paris: Éditions de l'École des Hautes Études en Sciences Sociales, 1982), pt.2.

[85] Alexis Bailleux de Marisy, "Les nouvelles sociétés foncières: Moeurs financières de la France, IV," *Revue des Deux Mondes*, November 15, 1881, 432—452, quotation at pp.440 441.

[86] Anon, *Le Crédit Foncier en 1887: Sous-comptoir des entrepreneurs; Compagnie Foncière de France; Rente Foncière; Ses erreurs, ses fautes, ses périls*(Paris: Imprimerie Lucotte et Cadoux, 1887), 12.

[87] Jeanne Gaillard, *Paris*, *la ville: 1852—1870*(Paris: H. Champion, 1977); Marcel Roncayolo, "La production de la ville," in *Histoire de la France urbaine*, vol.4: *La ville de l'âge industriel*, *le cycle haussmannien*, 81—167; Harvey, *Paris*, *Capital of Modernity*.

[88] 早期的公共和私人开发过程的迭代的一个例子，Annie Térade, "L'élaboration du plan d'un 'nouveau quartier' sous la Restauration: Aménagement urbain et spéculation privée," in *Villes françaises au XIXᵉ siècle: Aménagement*, *extension et embellissement*, ed. Michèle Lambert-Bresson and Annie Térade(Paris: Éditions Recherches/Ipraus, 2002), 93—107。

[89] AP VO NC 332: Préfecture de la Seine, Direction des Travaux de Paris(2ᵉ Division, 1ᵉʳ Bureau)—Note pour M. l'Ingénieur en chef de la 2ᵉ Division: Voies nouvelles à ouvrir entre les rues Marcadet et Ordener. Proposition de la SA immobilière de Montmartre (30 mars 1881).参见 Pierre Pinon, *Paris*, *biographie d'une capitale*(Paris: Hazan, 1999), 211,对开发项目的简明考查，见 Serge Santelli, "Les lotissements post-haussmanniens des quartiers nord de Paris: De l'immeuble bourgeois au logement à bon marché," in *Paris-Haussmann: Le pari d'Haussmann*, ed. Jean des Cars and Pierre Pinon(Paris: Éditions du Pavillon d'Arsenal, 1991), 297—303。

[90] 1881 年 10 月的报告在第二年春天为市议会所讨论: AP V.1 D.1ᵉ Procès-verbaux des délibérations du Conseil Municipal, séance du 5 avril 1882。 在 1882 年 5 月 1 日，福久根据这一审议结果，与巴黎市签订了一份新的保证书。

[91] AP VO11 3464, rue Simart.

[92] Ibid.关于由市府发起的街道的建设过程，见 Pontich and Block, *Administration de la ville de Paris*, 54—55。

74

［93］AP VO11 3463，rue Simart，Enquête à la Mairie du 18ᵉ arrondissement，Procès-verbal，E. Lefort，15 novembre 1883.

［94］AP VO NC 34，Procès-verbaux de la commission consultative de voirie，1871—1882；Laisney，*Règle et règlement*，28—36.

［95］关于勒博迪家族，见 Nathalie Montel，"Mutations spatiales，stratégies professionnelles et solidarités familiales à Paris au XIXᵉ siècle：Le rôle des raffineurs de sucre villettois dans la formation d'un espace industriel"，*Histoire Urbaine* 4(2001—2002)：47—65。AP VO NC 332 号文件中记录了福久的蒙马特开发的漫长历史，其中包括业主与市府间的通信、工程师报告和开发计划。关于西马尔大街，见 1858 年 6 月 8 日和 1863 年 5 月 23 日的法令，Ville de Paris，*Recueil des lettres patentes，ordonnances royales，décrets et arrêtés préfectoraux concernant les voies publiques*(Paris：Imprimerie Nouvelle，1886)。

［96］AP VO NC 332：Rapport de l'ingénieur ordinaire(Direction des Travaux de Paris，Service de la Voie Publique，8e section)(24 mars 1879).

［97］AP VO NC 332：Note pour la Direction des Travaux(2ᵉ Division，1ᵉʳ Bureau)，de la Direction des Affaires Municipales(1ᵉʳᵉ division，1ᵉʳᵉ bureau). Terrain communal rue Ramey，Echange avec M. Fouquiau(9 décembre 1881).

［98］AP VO NC 332：Note pour Monsieur le Président de la 3ᵉ Commission，de la Direction des Travaux de Paris(31 janvier 1882).

［99］AP VO NC 332：Rapport de l'Ingénieur en chef(Direction des Travaux de Paris，Service de la Voie Publique，2ᵉ Division). Sté immobilière de Montmartre，Echange avec Soulte，rue Simart prolongée et rue X(d'accès aux Écoles)(21 octobre 1881)；Note pour la Direction des Travaux(2ᵉ Division，1ᵉʳ Bureau)，de la Direction des Affaires Municipales(1ᵉʳᵉ division，1ᵉʳᵉ bureau). Terrain communal rue Ramey，Echange avec M. Fouquiau(9 décembre 1881).

［100］Monique Eleb，*L'apprentissage du 'chez-soi'：La Groupe des Maisons Ouvrières，Paris，avenue Daumesnil，1908*(Marseille：Éditions Parenthèses，1994)；Monique Eleb and Anne Debarre，*L'invention de l' habitation moderne：Paris，1880—1914*(Paris：Hazan，and Archives d'Architecture Moderne，1995).

［101］Roger H. Guerrand，*Les origines du logement social en France*(Paris：Éditions Ouvrières，1967)；Ann-Louise Shapiro，*Housing the Poor of Paris，1850—1902*(Madison：University of Wisconsin Press，1985)；Marie-Jeanne Dumont，*Le logement social à Paris，1850—1930：Les habitations à bon marché*(Liège：Mardaga，1991)；Susanna Magri，*Les laboratoires de la réforme de l'habitation populaire en France：De la Société française des habitations à bon marché à la section d'hygiène urbaine et rurale du Musée social，1889—1909*(Paris：Ministère de l'Équipement，du Logement，des Transports et du Tourisme，1995)；Janet Horne，*A Social Laboratory for Modern France：The Musée Social and the Rise of the Welfare State*(Durham，NC：Duke University Press，2002).

［102］Paul Leroy-Beaulieu，"La construction des maisons de luxe et des maisons à bon marchéà Paris：2ᵉ article，" *Économiste Français*，April 22，1882，469—471；"Société d'économie politique：Réunion du 5 mars 1884，" *Journal des Économistes*，March 1884，442—454.

［103］Archives du Crédit Agricole SA，DEEF 19377/2：Rapport présenté au nom du Conseil d'Administration par M. le Baron Haussmann，président(Assemblée générale du 14 Avril 1883)，11.

［104］Alain Faure and Claire Lévy-Vroelant，*Une chambre en ville：Hôtels meublés et garnis à Paris，1860—1990*(Paris：Créaphis，2007)，31，36.

［105］1883 年 7 月，市议会的经济适用房委员会宣布，他们正在处理大约 350 份独立的提案；AP D.5 K3 17，p. 235。也见 Shapiro，*Housing the Poor of Paris*，chap.5。

［106］APP BA 486，Enquêtes sur les loyers，1871—1891：Réunion，Salle Gruber，15 bd St-Denis，27 mars 1882.

［107］APP BA 486，Enquêtes sur les loyers，1871—1891：Pétition，"La Question des loyers，" signé V. Gelez，employé.

［108］APP BA 486：Projet de logementsà bon marché：Imprimé adressé au Conseil

293

Municipal, signé par des associations ouvrières(ca. March 29, 1884).也见 APP BA 486: Projet de logements à bon marché, Note signé 'Brice,' 3 mai 1884。

［109］Gérard Jacquemet, "Spéculation et spéculateurs dans l'immobilier parisien à la fin du XIXe siècle," *Cahiers d'Histoire* 31, no.3(1976):273—306.

［110］*La Réforme du Bâtiment*, April 13, 1884, 54.

［111］ "Rapport no. 136 de 1883 présenté par M. Amouroux, au nom de la Commission spéciale, sur diverses propositions relatives à la construction des logements à bon marché: Annexes au rapport de M. Amouroux; Proposition de M. A. Olivier," in *Monographies municipales: Les logements à bon marché*, ed. Lucien Lambeau(Paris: Imprimerie Municipale, 1897), 769. Fouquiau 和他的合作者、建筑师 A. Olivier 之间很快就出现了矛盾。 项目失败后，Olivier 试图以一个更温和的提案来获得市政支持，但无法赢得工人协会的信任，他们"相信，把 Olivier 先生视为一个阴谋家的做法是正确的，他想利用他们，以便成为他们的代表，为自己开创一个好局面，也许可以成为市议员，也许可以获得另一个别的此类职位"。 见 APP BA 486: Projet de logements à bon marché, Note signé 'Brice,' 3 mai 1884。

［112］ "Rapport présenté par M. Gamard, conseiller municipal, au nom de la 3e Sous-commission des logements à bon marché, relativement au projet de convention à intervenir entre l'État et le Crédit Foncier(31 mars 1883)," in *Monographies municipales: Les logements à bon marché*, 370—384.

［113］ "Suite de la discussion du rapport de M. Amoureux relatif au projet de convention avec le Crédit Foncier pour la création de logements à bon marché: Extrait du procès-verbal de la séance du 20 juin 1883," in *Monographies municipales: Les logements à bon marché*, 593.

［114］ "Extrait du procès-verbal de la séance du 15 février 1884, Suite de la discussion du rapport de M. Amouroux relatif à la création de logements à bon marché," in *Monographies municipales: Les logements à bon marché*, 841—879, 874.

［115］ "Suite de la discussion du rapport de M. Amoureux relatif au projet de convention avec le Crédit Foncier ... 20 juin 1883," in *Monographies municipales: Les logements à bon marché*, 595.

［116］ "Extrait du procès-verbal de la séance du 20 février 1884: Fin de la discussion relative au projet de construction des logements à bon marché," in *Monographies municipales: Les logements à bon marché*, 921.

［117］ "Société d'économie politique: Réunion du 5 mars 1884," *Journal des Économistes*, no.3(March 1884):442—454.

［118］ "Sous-comptoir des Entrepreneurs, Déposition de M. Robinot, Directeur," in "Procès-verbaux de la commission," 62, 63.

［119］ "Chambre syndicale des maçons de la Seine et Stéégalitaire des maçons du 14e arrondissement, Séance du 14 mars 1884," in "Procès-verbaux de la commission," 223.

［120］ APP BA 446: Société Anonyme des Constructions de la Seine, Note pour M. le Contrôleur Générale. Les services Extérieurs. Paris, le 29 août 1883.

［121］ Cottereau, "Droit et bon droit."

［122］ "Déposition du sénateur Corbon, Séance du 4 mars 1884," in "Procès-verbaux de la commission," 97.

［123］ "Déposition de M. André Lyonnais, Séance du 5 mars 1884," in "Procès-verbaux de la commission," 105.

［124］ "Déposition écrite de Dr. Paul Dubuisson, inspecteur départemental du travail des enfants: Séance du 26 mars 1884," in "Procès-verbaux de la commission," 296.

［125］ "Proposition de la Caisse centrale du travail et de l'épargne, relative au prolongement de la rue Réaumur," *BMO*, November 14, 1882, 710.这家公司是由银行家 Armand Donon 设立的，他有很多投机事业在 19 世纪 80 年代受到了警方调查，这便是其中一所；见 APP BA 455。

［126］ "Agrandissement de la Banque de France," *BMO*, June 26, 1883, 1050.

［127］ Paul Leroy-Beaulieu, *Essai sur la répartition des richesses et sur la tendance à*

294

une moindre inégalité des conditions(Paris: Guillaumin et Cie, 1881), 188.

[128] Nadine Vivier, *Propriété collective et identité communale : Les biens communaux en France, 1750—1914*(Paris: Publications de la Sorbonne, 1998).

[129] AP VO11 3128, Rue de la Roquette.

[130] Archives Nationales, Minutier Central des Notaires, ET/XIII/1029—Me Segond, Bail et Promesse de Vente par MM.Laubière, Fouquiau, et Bal à M. Blanchon, 6 mars 1883.

[131] 关于这些租赁安排的利用史，参见 Hélène Lemesle, *Vautours, singes et cloportes : Ledru-Rollin, ses locataires et ses concierges au XIXe siècle*(Paris: Association du Développement de l'Histoire Économique, 2003)。关于开发商对其的偏爱，见 Onésime Masselin, *Formulaire d'actes et notice sur la législation et l'utilité des sociétés anonymes immobilières par actions*(Paris: Ducher, 1880), 14。

[132] "Les terrains de la rue de la Roquette," *La Réforme du Bâtiment*, February 25, 1883, 30.

[133] Ibid.

[134] "L'assistance publique: Question de M. Manier sur l'adjudication récente de terrains appartenant à cette administration," in *Monographies municipales : Les logements à bon marché*, 49.

[135] Maxime Maucorps, "Revue foncière: Le lotissement des terrains," *La Semaine des Constructeurs*, March 31, 1883, 477.

[136] AP D.5 K3 16: Séance du 31 janvier 1883, 52.

[137] AP D.5 K3 14: Séance du 21 juin 1882, Avis favorable à la mise en adjudication par lots, avec faculté de réunion, d'un terrain sis rue de la Roquette et rue Saint-Maur, 955.

[138] Maucorps, "Revue foncière," 478.事实上，市议会已于1882年7月批准了这些土地的出售，条件是在出售前对其进行细分。

[139] AP D.5 K3 14(1882, 1er semestre), 916. 1883年1月，人们再次提出这一要求，并建议在每个区的市政厅展示该地图，"以便巴黎的居民能够知道城里有哪些建筑"（AP D.5 K3 16, Séance du 31 janvier 1883, 51)。

[140] AP D.5 K3 15, Séance du 8 décembre 1882, 819; AP D.5 K3 15, Séance du 28 juillet 1882, Mis en adjudication de terrains en bordure du parc du Champ-de- Mars, 229.

[141] AP D.5 K3 14, Séance du 7 avril 1881, Proposition, 595—693; "Réponse de M. Manier au rapport de M. Villard sur les logements à bon marché: Extrait du procès-verbal de la séance du 16 mai 1883," in *Monographies municipales : Les logements à bon marché*, 464—476.

[142] AP D.5 K3 19, Séance du 15 décembre 1884, Proposition de M. Vaillant pour soumettre aux impôts des terrains non-bâtis et des logements vacants, 1481—1486.也见市议员 Georges Martin 对征税的建议，"Commission des logements à bon marché(nommée par le Conseil Municipal): Procès-verbal de la séance du lundi 12 novembre 1883", in *Monographies municipales : Les logements à bon marché*, 659。

[143] AP D.5 K3 22, Séance du 19 mars 1886, Propositions de M. Vaillant concernant la vente des terrains communaux, 350.

[144] APP BA 486, Enquêtes sur les loyers, 1871—1891: La Question Paris: A Monsieur Jules Ferry, Ministre de l'instruction publique, président du Conseil. Paris, le 10 avril 1883.

[145] Rapport présenté par M. Cernesson, au nom de la Commission de l'Emprunt sur les propositions de création de ressources extraordinaires en vue de l'exécution de grands travaux(Annexe au procès-verbal de la séance du 22 juillet 1885), 35—36.

[146] AP D.5 K3 22, Séance du 7 avril 1886: Fixation du Tableau d'Emploi de l'emprunt de 250 millions, 604.

[147] AP D.5 K3 24, Séance du 28 mars 1887: Exécution des opérations de voirie votées par le Conseil et approuvées par la loi du 19 juillet 1886, 628—629.

[148] "Débats parlementaires, 1er mars 1884," in "Procès-verbaux de la commission,"

583. Louis Lazare, Les grands travaux de Paris, l'industrie du bâtiment," *Le Courrier Municipal*, May 1, 1873, 2.

［149］ "Syndicat des ouvriers peintres en bâtiment, Séance du 20 février 1884," in "Procès-verbaux de la commission," 43.

［150］ "Fédération des ouvriers peintres en bâtiments des 8ᵉ, 9ᵉ, 17ᵉ et 18ᵉ arrondissements de Paris et quartiers limitrophes, Séance du 13 mars 1884," in "Procès-verbaux de la commission," 197.

［151］ APP EB 33: Affiche, Election Municipale du 1ᵉʳ juillet 1883, Quartier de la Muette, Comité de l'Union républicaine du XVIᵉ arrondissement. M. A. Branicki, candidat.

第二章

投机之见

1909 年，社会学家莫里斯·哈布瓦赫（Maurice Halbwachs）发表了其关于巴黎的征地和土地价值的论文，试图对法国首都的城市开发的模板和形式给出一个解释。哈布瓦赫既反对古典经济学家过于决定论的和非历史的模型，即土地价值是供求关系协调的结果的同义反复，也反对过于个人主义的新闻或历史描述，即把开发样式归因于个别企业家和行政人员的无畏行为。相反，他认为城市集体本身，才是其自身扩张模式的来源。他认为，新的街道和与之毗邻的房屋，是早已存在的"社会需求"的表现，并或多或少地被广大居民感受到了。[1]在这个模型中，城市是一个有机的实体，按照深邃的（而且经常是混乱的）集体欲求而流动。市政规划者或个人投机者的现实活动，因此远非是在不自然地把自己强加在这一运动之中，它们实际上是这些需求的产物，并反过来起到典型化、宏观化和扩大化这些需求的作用。哈布瓦赫写道："投机者远没有干扰［开发］的自然规律，他们本身就是自然力量，是由一个特定的社会创造的，而这个社会本身没有他们就无法存在"。[2]

哈布瓦赫的论文也是早期社会学中为数不多的、考虑到了投机者在 60 城市开发中的作用的作品，它催生了一种对参与不动产市场构建的多种机构、机关和个人的思考。当哈布瓦赫写作论文之时，巴黎正处于另一波惊人的建筑热潮的早期，直逼 1878—1884 年间那前所未有的高度。建筑的景气周期所固有的这些活动的爆发，总是会引起人们对开发的反复无常性的某些惯常看法——抑或充满敬畏，抑或愤慨。当海量的建筑从城市的土壤下破土而出时，评论家们为"投机的疯狂"所慑服、所迷狂，惊叹着"我们的建筑师的魔杖"，它使巴黎"像被施了法一样，每天都会出现一下子突然冒出了一整个区的 40 或 80 栋建筑这样的迷人景象。"[3]开发商——借由将土地和金融资本安排和转化为房地产商品而谋生的个体——对这种话语的持续传播产生了很大的作用，并提及消费者需求的驱动力和巴黎增长的不可改变的压力来合法化自己的活动。[4]然而，这样的描述忽略了私人开发所涉及的生产和管理关于城市及其房地产的知识的细致工作——尽管细致并不总是代表着成功乃至有益——并且有着阻止对建筑"热"背后的、所谓不可逾越的力量的实践和规范加以分析的倾向。[5]要理解巴黎城的开发，我们需要将投机性建筑商视为城市土地利用决策中有目的的行为者，并绘出其作为城市和市场应如何运作的共同知识的产生者的角色。

时人强烈地剖析了第三共和国早期的建筑热潮，它暴露了一群异质的城市翻造者的雄心，突出了他们的城市开发模式的局限和障碍。 这一热潮放大了建筑业和城市开发中早已存在的趋势——即所有权和开发资本的分离，并放大了其后果。[6]它还影响了后来的城市开发模式，促进了信贷机构去采取不同的融资方式，并引入了城市住居物业的企业所有权在规模上的飞跃。 非常重要的是，它促成了对城市房地产的新的思考方式。 关于市场现象在不动产的时刻变幻的面貌上所发挥的作用的讨论开始凝聚在一起；诸如"土地市场""建筑市场"，以及偶尔会用的"房地产市场"这样的短语，开始见诸 19 世纪 80 年代和 90 年代的新闻报道之中（这些短语得以浮现于其中的房地产栏目，也是每日新闻报道的花名册中的新成员）。[7]统计学家和经济学家对城市的房地产产生了兴趣，致力于研究价格及其地理分布。[8]一个新的分析对象正在形成，尽管它的规则和边界仍然不明确。 开发商在经营时考虑到的是房地产动态的一个特殊模型，这个模型满是供给与需求的经济机制，并且越来越依赖于价格的权威，但同时，它也充满了来自在地的市场参与者的特殊关切，并且位于一个特定的和结构化的城市空间之中。 虽然

61

人们已经会越来越多地谈论到房地产**市场了**，但要说"市场"，它还不是一个独立自主的交易场所，其规则也不能决定参与者的行为，后者还不是理解房地产经济生活的霸权模式。[9]

要将土地和建筑推向一个抽象化的可交换性机制，还需要面对和克服地产关系的嵌入性①。这是一个有力的而且可以说是必要的资本主义内在趋势，但趋势本身并不应该被误认为其已实现。[10]房地产仍然是一桩政治问题、一项家庭事务，而且最重要的是，在这类情况下，它首先是一种不可移动的产品；它的交换领域不仅在地理上受到限制，而且（更重要的是）它是在地理上被设立起来的。掌握投机之见，意味着我们要重新构建那些在城市开发中从事调动和改造房地产这一任务的企业家的动机和手段。但其意味不止如此。根据人类学家詹姆斯·C·斯科特的著作，这意味着要将房地产作为一种商业商品的特殊性加以分析，以强调内在于国家（state）和资本主义的合理化冲动中的反倾向。[11]通过关注在房地产市场化过程中起到明显作用的抽象化和辖域化的动态，我们得以探索那些阻碍着却又塑造着、界定了经济对象本身的计算实践的持续纠葛。[12]在这一章中，我们将揭示城市环境的生产者，是如何理解这个不断变化的舞台的；而在第四章和第五章中，我们将揭示那些关注房地产分配的人，又是在如何试图构建起同样的动态。

巴黎的投机建筑商们

从布隆代尔手握的庞杂的特许权、福久拥有的庞大建筑企业，再到克罗尼姆斯等小型经营者拥有的可疑企业，建筑师是走在 19 世纪末这一改变了巴黎的企业大爆炸的前排参与者。在第二帝国时期，他们的数量大大增加，而之后，巴黎的重建则为"一类特殊的建筑师"提供了

62

---

①　即波兰尼意义上的脱嵌过程，作者对波兰尼的理解请见导言部分的注释。——译者注

训练场,他们"热切、大胆、执着、精通商业,为自己工作,不怕拿自己的资本来冒险"。[13]19 世纪 70 年代,有限责任公司的商业形式的出现,为这一行业提供了新的可能性,否则其巨大的资本需求将完全依靠声誉、信任和个人关系方能满足。[14]创立或者合作创办这些公司的建筑师,其公司股份和现金红利都增长颇丰。 1881 年,建筑师亨利·费尔努(Henri Fernoux)成立了新巴黎有限责任公司,他收获了 30 股,每股价值 500 法郎(加起来占公司总资本的十分之一),因为他在第 16 区的土地上有购买期权,再加上他还有其研究和计划,以及"他从金融家和建筑商那里获得的支持所能带来的好处"。[15]为了追求利润,建筑师们拖着资本在城市中穿梭,他们寻找土地,与业主和中介谈判,制定开发计划,获得融资——他们所有的这些努力早在施工开始之前就已经得到了补偿。 根据他自己的说法,在 1879 年至 1884 年间,费尔努为首都 200 多座公寓楼的建设作出了贡献。[16]

这些商业上的成功并不总能轻易地同该领域的专业和艺术抱负相一致。 在整个 19 世纪,职业化的建筑师借由他们的协会和期刊,以及他们自己的机构的实践,而将他们个人的自由追求同工程师的机械性工作以及建筑企业家的商业企图区分开来。[17]大革命对行会的废除,使得建筑业向所有人开放,而拿破仑的税收制度则将其确定为一种商业行为,要求建筑师像其他市场参与者一样缴纳营业税。 要推翻这一分类,并重新确立起该领域的创造性同商业性劳动之间的区别,而正是这一区分构成了旧制度时期的建筑业的定义,这是 1840 年建筑师中央协会得以成立的主要动机之一。 仅仅四年后,他们就实现了自己的目标;房地产销售杂志《地图》(Le Plan)赞扬了取消要求其义务缴纳营业税的法律改革,认为它"明确地重新确立了艺术家和商人之间的自然区别"。[18]

63　　　然而,对于大多数自称为建筑师的人来说,商业是一个不可避免的领域,而在商业和专业活动的规范间的紧张关系持续存在着。 行业内部对建筑工程的企业化方面的评价,突出了 19 世纪晚期该行业的商业化的一些复杂性。 1873年举行的第一届建筑师中央协会全国大会专门讨论了"建筑师-企业家"的问题。 作为巴黎市的建筑师，同时身为巴黎美术学院教师的阿希尔·埃尔芒（Achille Hermant）在大会上发言时，根据建筑师和建筑企业家同商业的关系来对他们进行了区分。 他坚称："在我们的共同理解下，建筑师不能参与发生在地产所有者和建筑企业家之间的商业交易。"建筑行业的商业层面对艺术的尝试有着不可消除的腐蚀作用；一个建筑师如果屈从于施工和建筑销售，就会在事实上恶堕为一个建筑企业家（而对于一个同时还要为建筑制定规划的建筑企业家来说，没有任何快乐可言；他在商业世界中的地位是无法被放弃的）。 埃尔芒总结道："建筑师与所有腐败事务无关；他设计、他指导、但他不贩卖。"[19]1892年，洛里昂市为了一项新的市政建设项目同时向建筑师和建筑企业家发出招标，洛里昂所在省的建筑师对这种"既奇怪又令人遗憾的职业混淆"感到不快，中央协会则呼吁其成员抵制这次竞标。[20]

　　19世纪70年代末和80年代初的建筑热潮是对该领域的一项特别的挑战。 建筑师和批评家埃米尔·里沃伦抱怨说，这股热潮表明人们越来越中意建筑企业家的服务，而不是建筑师的服务，他认为这是源自现代人对现成品和快速周转的渴望："既然对'现成'的品味已经成为日常生活的一部分，聪明的建筑企业家也就开始着手提前制造无数易于销售的大厦（hôtels）和中产阶级住宅——对卖方而言是净利润，对买方而言则意味着无忧无虑的交钥匙工程罢了……这就是这类建筑对购买者的吸引力所在。"[21]他认为，客户和建筑师-艺术家之间的艺术合作已经被放弃了，取而代之的是建筑企业家简易而可预测的产出。 尤其令人担忧的是，有迹象表明，建筑师们越来越倾向于放弃他们的艺术标准，同时深深地徜徉于商业企业之中。 在1882年写给西撒·戴利的《建筑与公共工程通刊》（Revue Générale de l'Architecture et des Travaux Publics）投稿时，里沃伦遗憾地说："你们都知道，如今**投机**已成了我们在巴黎的一些同僚唯一的职业选择。"[22]艺术正在向企业的

64

压力屈服，天职输给了行业。[23]在1886年刊登于《艺术论坛》的一篇文章中，我们可以读到："至于建筑师本身，必须承认，许多人在这个行当上，只看到了建筑商、商人"，只看到了一个"仅仅是在父母的忠告下，为了有一个光荣而有利可图的地位"而从事的职业。[24]

　　撇开批评和抱怨不谈，投机性建筑在19世纪末实际上极受推崇。1880年版的爱德华·沙尔东（Édouard Charton）的流行职业记录指南，其中对建筑企业家的描述同在1842年的该书第一版中的描述有巨大的变化。在早先的版本中，建筑企业家仅有两页的篇幅，没有讨论该领域所需的教育特质或能力；他被描述为"一个其行业和职业是在没有委托的情况下建造房屋，然后将其出售给个人，以谋取利润的人"。[25]建筑企业家仅仅在表面装饰和"艺术性"问题上求助于（报酬较少的）建筑师的服务，依靠自己的日常建筑生意的经验来监督项目。因此，沙尔东解释说，"人们购买这种建筑的可能性并不是非常大"，热切的购买者的投入往往会因为伪劣建筑的过早退化而被商人所盗取。[26]值得庆幸的是，作者承认，有少数从业者超越了这个领域的利润，"不仅仅把这种工作看成是一种赚钱的方式"，并能够提供伟大的公共服务，特别是在城市中心。[27]

　　然而，到了1880年，指南的意见已经发生了重大变化。建筑企业家——现在赢得了8页的讨论——被置顶推荐在各种实践和理论培训项目之中，其领域被描述为"目前最受欢迎的领域之一"。[28]这些商人生产的"现成"房屋，曾经是被怀疑的对象，现在看来却是值得信赖的、有效的、乃至偶尔比直接签约的建筑更可取：

　　　　某些建筑企业家非常了解可以从这种建筑中获得的利润。在某些情况下，当他们拥有足够的资本时，他们建造属于自己的建筑，然后将其租出去。或者，他们建造多层建筑或小型房屋，然后转售，以获得巨大收益。后者的体系给建筑商和买方都带来了明显的好处。建筑商可以随心所欲地发挥他的所有技能而不受任何人的约束。买方则以他协商好了的价格或在拍卖会上敲定了的价格获得特定的建筑;如果他对布局不满意或觉得它的结构不够好,他也不必提高他的出价。他知道报价是多少,因为他能够自己打听消息。最重要的是,他知道在为什么付钱,从而避免了那些自己建房的人所经常面临的风险,因为到最后,自建房的账单远远超过最初的估计,他们会有一个不愉快的惊喜。[29]

在此,市场以其产品之广泛和价格信号之可靠,从而成为了获得地产的最佳来源。 虽然购买者需要精明和对其选择的充分了解,但他们的知性的消耗是用于消费而不是生产。 回到对该职业形态的描述,沙尔东将建筑师和企业家展现为忠实的合作者,完全没有提到他之前对其侵入他人领土的指责。 鉴于建筑企业家已安稳地躺在了建筑师自然而然地优越的高位上——抑或如城市油漆业的一位愤慨的雇主所言,他们察觉自己只不过是"建筑师或地产管理者的下属,有时同时是两者的下属"——沙尔东也就能够将这两种职业间的和平关系呈汇出来。[30]第三共和国初期成立的企业公司的深刻特征即在于建筑师对建筑工匠的支配地位,这种配置证明了建筑师在商业领域的信心的增强,也证明了有限公司所提供的新的组织上的可能性。[31]

开发商欧内吉姆·马塞兰是一位公共工程承包商,也是 19 世纪 80 年代和 90 年代发表的诸多有关建筑业的技术性和法律性著作的作者,他在其社论和指南中也将建筑师描述成积极进取、雄心勃勃而且是充满知性的商人。 对马塞兰来说,"很好理解,投机需要深刻的观察技能,要不停地与专门从事这类事务的人接触……它是个值得深刻思考的永恒主题"。[32]他确信,在所有建筑师的外表之下都隐藏着一个敢于冒险、急于加入房地产赚金大亨行列的开发商。 他们的成功前景之所以能变得更加美好,要归功于有限责任公司,马塞兰在 1880 年写的一本手册即旨在揭开它的神秘面纱。 他强调,这些风险企业需要谨慎和关注,但在适当的指导下,它们可以被掌握。 这涉及对多个变量的管

66　理，对不同利益的协调，对适当资源的汇集，还要拥有一些部门的专业知识：能理解建设要求的能力，对信贷网络的运作的熟识，对付市政官僚机构的经验，以及对阻碍程序的法律手续的把握。"如果说某些建筑师或建筑企业家没有[按照这些思路]进行生产，"他解释说，"那是因为他们有要完美地满足所有这些条件的义务。 他们并不缺乏同他人一样去做事的愿望，冲动是存在的，怀抱的野心也一样，他们在看到财富的时候一样会微笑，生产的需要也是一样地迫切，计划也是一样地宏伟。"[33]在建筑热的高峰期，马塞兰如是书写，是在吹嘘投机性建筑为行业的核心；过于陈腐或胆小的建筑师最好靠边站，他们当然也没有权利去苛责那些依赖这种生意为生的人所冒的风险。

　　马塞兰的指示和建议指向的是工程开发中合作的重要性。 在城市史研究中，投机性建筑出现的机会极少，而在其中它通常是作为一种未经协调的风险投机而出现的，因为其通常是小规模、转瞬即逝、缺乏记录的，加之它们似乎对市场激励因素的反应非常直接，所以很少引起学者的关注。[34]当然，19世纪末巴黎的建筑业仍然是传统的小规模企业的业务，即便对其运作的想象被庞杂的公司投机所主导。 大多数利用地产信贷银行和SCE的借款人仍然是个人，而不是公司实体，而且信贷银行的大部分贷款的金额都在5万法郎以下（对此熟知的马塞兰在手册中[35]列出的最便宜的建筑，加上土地成本，也需要21.25万法郎才能建成）。 在建筑热潮的高峰期，地产信贷银行可能发放的最多的贷款还是在商业中心和城市西端不断扩大的资产阶级地区，但它发放**贷款数**最多的，还是在工人阶级的第18区，那里最常见的还是更小一号的企业。[36]然而，除了由业主、建筑商和其他捕捉到了可能的机会的人所开展的一次性的项目外，在这个高度分割的专业开发的世界中开发工程，还是远非孤立或自发的。 它依靠的是以个人联系、地产专家（如公证员和贷款公司）、甚至是专业出版物为媒介的协调合作和信息共享的

67　纽带。 马塞兰在弘扬英雄般的建筑师-开发商的雄心壮志的价值的同时，其对新晋企业家的建议，则围绕着组成一个致力于投机性企业的专

业共同体——即使其规模还停留在构建一个有限公司所需的七个合伙人这一极为粗糙（porous）又有限的阶段上。 这些协会把参与建造的众多行业聚合成一个有凝聚力的公司（表 2.1），从而为房地产开发所依赖的个人和专业联系提供了企业的形式。 对越来越多的开发商来说，他们同时在多个地区投建，并将整个城市作为他们的经营范围，他们的企业为互有重叠的合伙人群组、相互交织的开发项目和全市范围内的信贷网络所塑造，并为其所推动。 即使是像法兰西地产公司、法兰西建筑公司和地租公司这样的融资机构，也可以说是组建了自己的开发团体：股东和债券持有者的个人投入被合并了，并构建了一个新的地产化的利权。

　　早已存在的社会群体和职业团体无疑是商业关系的重要来源，并可能对经营者的成功起到很大的作用。 例如，布隆代尔仍然在和一些早在第二帝国时期就开始支持其业务的金融实体合作。 然而，方兴未艾的建筑热和公司成立的热潮，也产生了其自身的动态。 对于很多特别著名的建筑师而言，这是他们职业生涯开始的时期。 福久在成立他的第一家房地产开发公司时还不到 20 岁，而另一位活跃的建筑师兼开发商弗朗索瓦·多比（François Dauby）则只有 30 岁；费尔努和福久的老合作人阿尔贝·罗比埃尔年龄更大些，刚满 40 岁，但以当时的职业标准来看，他们都很年轻。[37]公司甫一成立，就能提供一个论坛，在这个论坛上，那些既拥有职业技能又有能力进一步创业的人则可以会面并建立工作关系。 毕竟，虽然有限责任公司在形式上是一个资本的协会，但事实上它却是人的协会。 其机制提供了灵活性，从而促进了合作：当一个建筑企业家或开发公司遇到困难或在寻求扩张时，他们可以将自己的利权转让给其他各方，或者增加合伙人，或者成立一个新公司。建筑师经常在公司之间快速重组和转移。 例如，费尔努的一个公司，即巴黎新街区有限责任公司（SA des Nouveaux Quartiers de Paris），成立 68 于 1878 年，它是圣但尼市郊新街区有限责任公司（SA le Quartier Neuf du Faubourg Saint Denis）这一老公司的延续。[38]弗朗索瓦·多比前前

后后分别担任，甚至有时候同时兼任着以下公司的成员：帕西建筑公司
(SA de Construction de Passy)(1880 年 11 月)、拉夏贝尔建筑公司(SA
de Construction de la Chapelle)(1881 年 2 月)、岱纳土地和建筑不动产
公司(SA Immobilière des Terrains et Constructions des Ternes)(1881 年
8 月)、瓦诺大街不动产公司(SA Immobilière de la Rue Vaneau)和圣殿
郊区大街土地和建筑公司(SA des Terrains et Constructions du Faubourg
du Temple)(均成立于 1881 年 11 月)，以及利特雷大街建筑公司(1882
年 1 月)和卡迪内大街不动产公司(1882 年 2—3 月)。

表 2.1　意大利广场土地和建筑有限公司的各个合伙人及其股份(1882)

姓　名	职　业	股份 (每股 500 法郎)
Théodore Lautier	建筑师	80
Hippolyte-Constant Dupont	商人	80
Joseph-Adolphe Mignaton	砖石工程承包商	58
Auguste-Théodore Baudrit	制锁/铁工	15
Claude-François Rigoulot	细木家具/木材加工	10
Émile-Ferdinand Raronnet and Jules-Vincent de Baleine	细木家具	6
Auguste-Désiré Belloir	水管工程	6
Louis-Joseph-Victor Larcher	供暖	4
Jean-Baptiste Vert	油漆	6
Jean-Baptiste Aubrun	供水和污水处理	4
Louis-Auguste-Victor Mérigot	观赏性雕刻	1
总计		**270**

来源：ANMT 65 AQ I 142，意大利广场土地和建筑有限公司的公司章
程，1882。

　　公证人在房地产开发的商业网络中也占了重要的地位。他们是法
国各地负责建立和维护私人合同真实性的公职人员。其办公室中总是
存放着某些家庭的财富的法律足迹，比如遗嘱、婚姻合同和地契等确保
了遗产保全的文件。从其所享有的特权优位的角度看，公证人是法国

的地产流通的重要中介人。然而，其所处地位的规范，在一段时间内也发生了演化。1843年的立法禁止公证员参与投机性的建筑业务，而地产信贷银行的成长明显地重新配置了公证员在一度为其所支配的抵押贷款市场中的作用。[39]

《民商企业报》(*Journal des Sociétés Civiles et Commerciales*)刊载了关于在1880—1882年建筑热潮时期与房地产开发公司有关的公证人的记录的调查，结果表明，一些公证人在促进有限责任的开发公司的组建和运营这两方面，发挥了重要作用。在载有姓名的125个案例中，共出现了39名不同的公证人。[40]其中有几个人只出现过一次或少几次；例如，马雄老师(Maître Massion)就出现过三次，但每次都涉及同一家公司[由前省长奥斯曼创立的地租商行(Comptoir Foncier)，最终被并入(地租公司)]。另一方面，有些人则因更广泛地参与新企业而脱颖而出。1880年6月至1881年12月间，杜富尔老师(Maître Dufour)监督了四家有限责任股份开发公司的成立，并至少三次为巴黎新区公司（一家股本价值近1 000万法郎的公司）起草修改了章程。在1880年9月至1882年2月间，拉塔皮·德热瓦尔(Latapie de Gerval)老师认证了7家房地产开发公司的章程，其股本从5万法郎到600万法郎不等。这些企业中，有六家是在福久的支持下成立的投机公司，这表明福久和德热瓦尔之间有着密切的合作关系（鉴于拉塔皮·德热瓦尔的办公室位于第15区，远离绝大多数其他公证人汇集的第2区、第8区和第9区的繁华商业中心，这种二人间的关系就更值得注意了）。我们并不知道两者之间的确切联系，但似乎很清楚，福久的企业决定了拉塔皮·德热瓦尔插手投机性房地产公司的形式，因为在这一时期，这些企业构成了德热瓦尔在这一领域的绝大部分活动，然而福久本人呢，则根据需要，还会与其他的公证人合作。[41]

尽管在合同法领域的官方地位上，他们是被动的行为者，但一些公证人却利用自己的中介网络，成为了开发业务的积极参与者。在1880年7月至1882年6月的近两年时间里，潘盖(Pinguet)老师端坐在其位

于第 1 区金字塔大街的办公室里的同时，还参与了不少于 18 家房地产
开发公司的组建，这些公司都是有限责任股份公司。 在这 18 家公司
中，有 5 家列在同一地址［克拉佩龙（Clapeyron）大街 18 号，位于第 8
区］，另外 3 家列在圣拉扎尔（Saint-Lazare）大街 14 号，这表明其客户可
能有一些重叠。 大多数公司的成立时间很短（最短为三年，最长为十
年），资本相对较少（至少有三家公司的股本为 2.5 万法郎，一家为 2 万
法郎），而且显然是为了快速投机。 对小规模开发商来说，潘盖的办公
室可能充当了一个重要的信息节点，他为他们的企业提供了获得信贷、
地产或合伙人的服务。 即便如此，他的许多客户也还与其他公证人做
生意，这使他们不容易对某一特定法律专业人员产生依赖，并表明他们
有更宽泛的联系网络。

　　宣传性日报和广告专栏是对寻找合伙人和鼓动商业机会感兴趣的投
机者的另一种信息来源。 这种信息源包括：有的是投资者或机构为建
筑企业提供资金以开办分类广告（尽管并非所有的广告都能兑现其承
诺），有的是开发商自己创立的更专业的出版物，目的是推动那些他们
自身或他们的合伙人感兴趣的业务。 福久于 1877 年创办的《土地和建
筑销售一般指南》（*Indicateur Général des Terrains et Immeubles à Ven-
dre*）就是后者的典范。 这本开创性的、雄心勃勃的简编，服务于就广
义而言的开发商共同体的利益，该杂志很快为罗比埃尔所接手，并得到
了很大的改进，他在 1879 年将其改名为《地产》（*Le Foncier*），并向近
两万名读者发布广告。[42] 罗比埃尔为该市几个区的建筑商提供土地广
告，包括地块图和有关业主愿意为建造工程授权多少贷款的信息。 他
反复刊登同一开发项目的建筑地块的广告，用地块平面图来显示每一周
的销售进展，让感兴趣的人都能明白，机会稍纵即逝。 这份刊物为席
卷整个城市的建筑热潮提供了视觉上的佐证（图 2.1）。 此外，它还为罗
比埃尔提供了一个叙述巴黎房地产市场状况的地方，其短篇社论——许
多是由马塞兰撰写的——解释了开发商自己所理解的房地产开发和投机
的性质，同时还提供了关于房地产销售、房地产公开拍卖以及建筑企业

70

71

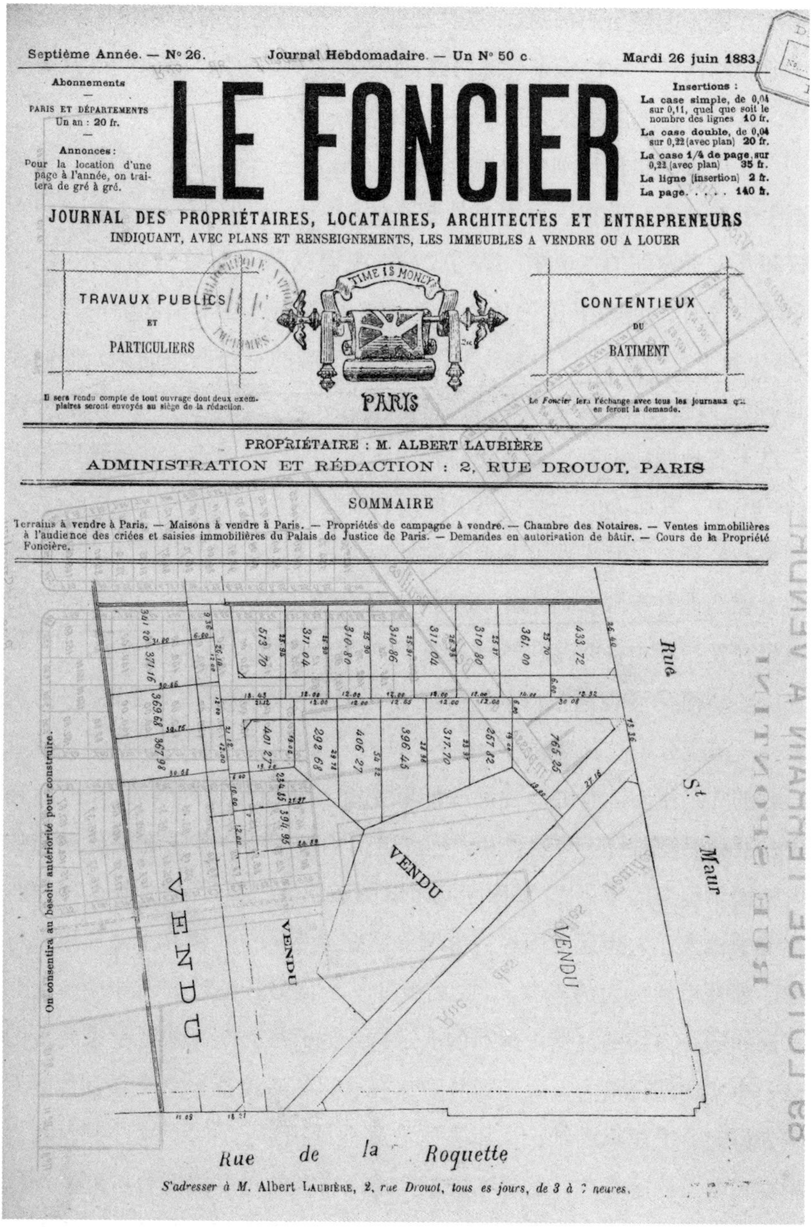

Septième Année. — N° 26. Journal Hebdomadaire. — Un N° 50 c. Mardi 26 juin 1883.

Abonnements
PARIS ET DÉPARTEMENTS
Un an : 20 fr.

Annonces :
Pour la location d'une page à l'année, on traitera de gré à gré.

LE FONCIER

Insertions :
La case simple, de 0,04 sur 0,11, quel que soit le nombre des lignes 10 fr.
La case double, de 0,04 sur 0,22 (avec plan) 20 fr.
La case 1/4 de page, sur 0,22 (avec plan) 35 fr.
La ligne (insertion) 2 fr.
La page. . . . . 140 fr.

JOURNAL DES PROPRIÉTAIRES, LOCATAIRES, ARCHITECTES ET ENTREPRENEURS
INDIQUANT, AVEC PLANS ET RENSEIGNEMENTS, LES IMMEUBLES A VENDRE OU A LOUER

TRAVAUX PUBLICS ET PARTICULIERS

TIME IS MONEY

PARIS

CONTENTIEUX DU BATIMENT

Il sera rendu compte de tout ouvrage dont deux exemplaires seront envoyés au siège de la rédaction.

Le Foncier fera l'échange avec tous les journaux qui en feront la demande.

PROPRIÉTAIRE : M. ALBERT LAUBIÈRE
ADMINISTRATION ET RÉDACTION : 2, RUE DROUOT, PARIS

SOMMAIRE

Terrains à vendre à Paris. — Maisons à vendre à Paris. — Propriétés de campagne à vendre. — Chambre des Notaires. — Ventes immobilières à l'audience des criées et saisies immobilières du Palais de Justice de Paris. — Demandes en autorisation de bâtir. — Cours de la Propriété Foncière.

S'adresser à M. Albert LAUBIÈRE, 2, rue Drouot, tous les jours, de 3 à 7 heures.

图 2.1　显示阿尔贝・罗比埃尔的开发项目销售的进展的广告,《地产》,**1883** 年 **6** 月 **26** 日。来源:法国国家图书馆

72　家及其服务的广告的信息。 这些出版物，连同后文将要讨论的房地产手册和指南，一同构成了信息网络，而通过这些网络，房地产得以被动员，而巴黎的发展前景则得以被构建。

　　在巴黎的投机热潮中呼风唤雨的中介，是一个多样化的群体，他们诞生于房地产开发在表面上突然带来的轻松赚钱的机会。 在地产所有权和开发资本间的差值中，新的收益来源得以创生。 在分析 1884 年的市场失败时，《时报》社论认为，整个事件首先是一个中间商的问题："谁获利了？ 投机者，少数业主，但获利最丰的是一些中间人，他们参与购买、转售、回购等等环节，每次都能分得一杯羹。"[43]我们可以在以下各处明显看到商业文化对开发实践的推动和改造：在建筑师给出的评论中，其所办的企业引出了攫取利益同专业身份间的长久的张力；在某些公证员对开发商及其业务的特别关注中；在建筑商、地产商和其他人急切地将有限公司用作调动资本和合伙人的工具中。 在马塞兰的投机开发指南中，即存在一种激发了房地产热情的态度和情绪。 他的那些热切而又沮丧的"侍从"开发商眼红着他们身边人积累起来的财富，并渴望分得一杯羹。 他斥责那些更乐得冷眼旁观投机企业而洁身自好的人，相反，他更珍视那些能够把握当下机会的建筑师。 他解释说，就算热潮总有一天会结束，但"这也不是某些生意人在现代观念的大势面前退缩的理由。 **顺应潮流比试图逆流而上要好**"。[44]这种随波逐流的概念让人想起英国经济学家弗雷德里克·拉文顿几十年后用来解释非理性市场行为的景象。 拉文顿打了个比方，在经济泡沫中，企业家就如同在冻结的池塘上滑冰的人一样；他们从其他滑冰者越来越多的这一事实中获得信心，后者则鼓励他们继续其活动甚至将之增加，而不是去得出合乎逻辑的结论，即群体重量继续积累会产生危险。[45]我们能在马塞兰的建议中，发现一条直接通向市场的过度拥挤和过度生产的路径。 然而，这些专业上的合作、财政上的相互依赖和职业上的王婆自夸的联系，促使其将城市的地理环境安排为一片用于开发的土地，其影响要比泡沫破裂时如履薄冰的坠落要来得更深远。

投机建筑商们的巴黎

如上所述，有关开发的报刊也是 19 世纪末建筑业的一个重要组成部分。 在建造公寓房和新的城市街道的同时，开发商们还会制作关于他们的项目的文章，出版专门的期刊、小册子和报纸专栏，讨论城市开发的做法与雄愿(谈及这个的会更少)。 这类作品的存在本身就很值得注意，它直堪为一种对开发活动越来越重要的新的宣传文化的证词。某些情况下，它也能充作开发商对其在塑造城市环境和经济方面的角色的愉快的公认的证据。"在这里，我们都是建筑行业的一员，"吕西安·德拉塞涅(Lucien de la Saigne)在《地产》1879 年号上如此写道。"现在是时候把我们的旗帜高高举起，把它骄傲地包裹在我们身上。 倘建筑业向荣，一切皆向荣！ 是的！ 它正是生活，正是被我们所挥霍于城市之上的活动；它是不劳而获者的工程，家庭宁静的工程，舒适和安逸的工程，甚至是财富本身的工程！"[46]德拉塞涅是福久的巴黎地产公司(Société Foncière Parisienne)的主要投资者之一，该公司在很大程度上参与了马波夫街区的营建。[47]不需要直接引用及繁荣的对立面——死气沉沉、失业、贫困——读者就能将建筑业理解作对催生了公社恐怖的那种不满情绪的一种防卫。[48]在这些出版物的字里行间，我们能找到一些评估及其辩护，开发商及其同道在他们的商业运作过程中交替利用着这些评估和辩护，并不得不调用这些话语。 特别是，它们提供了有关城市开发的愿景和房地产的社会生活的迹象，从而支撑着这一时期的开发活动。 当相关的评论家和市政管理者正在构思他们对城市增长的诊断和建议时，房地产开发商的工程正在增加城市的建筑与社会景观，而他们自己则在根据自己对巴黎开发的分析来展开营建。

19 世纪 70 年代末，新的开发商骨干遍布了整座城市，他们发表了自己的公开声明，将之聚焦于巴黎增长之不可避免性，而这种不可避免的局面恰恰是可喜的，这种增长是由特能吸引富裕的外地人来定居的巴黎"磁铁"的特殊属性所保证的，而且他们相信，巴黎房地产价格的稳步提高就是其明证。 1881 年底，人们开始怀疑巴黎建筑业热潮是否还能维持下去，可《地产》却仍在为土地投资和建筑业辩护，理由是首都对改善住房的需求是永无止境的。 巴黎的人口还会继续扩大，与此同时"尽管大厦成倍增加，但它们却无法跟上外地人的数量，后者恰恰构成了巴黎的流动人口——这正是我们要创建新街区的另一个理由"。 市中心的拆迁加上该地区商业场所的扩张使得人们流离失所，然后后者就只能寻求更现代的、更舒适的住房来替代。 文章继续说："这些家庭现在恰恰会去这些新区寻找住房，一旦他们能以相同的价格，找到一间通风良好却空间更大的公寓，他们接下来就会找一间又一间。 我们不再满足于这些所谓的'公寓'，它们的空气根本就不流通。 安康已经是个普遍的要求了，住在麻雀丘（Butte des Moineaux）的茅舍里的工人也希望有一间干净的、健康的公寓。"[49]正是这种无尽的欲求给了巴黎的房地产以安全感和不灭的剩余价值，并否定了任何危机的可能性，至少从投资者的角度看是如此。 成立于 1879 年的法兰西建筑物公司（Société des Immeubles de France）是一家房地产开发和投资公司，它向其股东解释说："不断的迁移运动使越来越多的人口集中在巴黎，而对幸福的追求则体现在对住宅和其他形式的奢侈品的追求上，交通越来越方便，所有这些都意味着巴黎建筑的价值会上涨，这是条雷打不动的铁律。"[50]

即使崩盘已经明确发生了，昂贵建筑的租户和买家也显然一天天地潦倒下去，《地产》仍然宣扬巴黎房产的长期可行性，对其市场的独特品质充满信心。"因为巴黎具有非凡的、浓烈的活力；因为它就各种需求和资源而言十分卓越；因为它的地理位置很好，它处于欧洲各条铁路的顶端；……因为巴黎是游手好闲者的天堂，他们在这里找到了各种各样的乐趣和娱玩，是商人们难以置信的活动场，是无可比拟的文学、艺术和学术生产的中心，最后，因为巴黎是外省和其他地区的'失格者'

（*déclassés*）的避难所。 在巴黎，这个卓越的国际大都市，五年来平均每天都有两百个新面孔前来寻找住房。"[51]投机性建筑商的乐观信仰则又有专业经济学家的话语和分析为所助澜。 在这一时期，该市的房地产所受的关注颇大，以至于保罗·勒华-博略于1882年在他的《法国经济学人》上开设了一个专栏以说明其运作情况。 他同意房地产拥护派的基本观点，即其对城市增长的愿景，但他还是预测最昂贵的类别的公寓的租金会暂时下降。 他转述了建筑企业家和投机者的话，承认"像巴黎这样的城市，富裕阶层在不断增长；富裕的外省人越来越多地抛下了外省；每天都有越来越多的外地'要人'（nabob）来到我们幸福的首都定居。 ……所有这些都是事实"。 此外，他还说，商业需求正在扩大，"每天都有越来越多的俱乐部、会议团体［和］公司机构成立，它们都需要大的办公场所，并要在本用作居民楼的建筑里成立自己的机构"。[52]而纵使该行业的问题开始曝光，勒华-博略仍然很乐观，称对城市租户的逐步过滤，才是首都地产价值的保证。"现下越来越多的人倾向于放弃城市中心而选择郊区，这将防止土地市场的小麻烦恶化成一场深刻的危机。 只要房价下降，最终新区将牺牲旧区来获得其租户。"[53]只要供应和需求协调一致，市场机制就会是可靠的。

　　巴黎的投机性开发商始终在扩张，这不仅是就数量上而言，而且就需求而言也是一样。 在城市的穷人住房被富人住房过滤掉的同时，日益迫切的消费需求又推动了新的开发。[54]建筑师费尔努捕捉到了其部分过程，他认为，品位和价值的变化意味着"老建筑被抛弃，人们选择布局更好、陈设更方便、有光线和大院的新建筑。 ……像里沃利大街上的那些建筑，在30年前刚建成时，还算是时髦的，但我们现在觉得它们都是些糟糕的建筑，我们不会喜欢住在里面"。[55]开发商坚称他们是在追随稳步增长的城市人口对民主化的欲求的步伐，而这种民主化的欲求表现为其对时尚的现代住房及其附带设施的渴望。 对开发商来说，城市居民是有竞争力的住房消费者，他们有能力也有欲求获得更好的、更有吸引力的住房。 对这些冲动的迎合则将那些旧的、更中心的住房空了出来，这意味着这些老房可以供应给那些在闷声不响中被忽略、无力负担或不愿意在住房市场上卖力竞争的另类的城市居民。 他们只剩下"挤在资产阶级丢下的比较老旧，而且往往不健康的建筑里"一途。[56]

76 对开发商来说，他们所想象的居住者的态度和抱负，还包括另一个同样重要的人口群体所感知到的忧惧：他们是房地产投资者。 第三共和国早期的建筑热潮的与众不同之处在于，其所交易的大都是建筑物，而非地皮。 这些建筑是为投资者市场准备的，后者仅将地产所有权视作财富管理战略中的一个要素。 在这一时期，巴黎的房产所有权仍然很分散，尽管同 19 世纪的前几段时期相比，它已经更集中于少数较富裕的个人了；对于大多数业主来说，尽管他们都还留在城市里，但他们并不把他们的建筑物辟为寓所，他们的房地产是作为投资组合的一种增补而被买下的。[57]虽然时人谴责建筑商对高端建筑的关注，认为这从城市整体的住房需求来看是不合理的，但投机者们确信，其时的大手买家对拥有和管理工人阶级建筑不会有半点兴趣。 勒华-博略再次证实了他们的直观，他承认上层阶级希望把交易对象限制在仅为同处一个社会阶级的人物上。 毕竟，这些事务关系到资本家的声誉和尊严；他在1882 年写道："一个纤细的人不可能会想要大打出手地把他的房客扔到大街上去。"另一方面，布尔乔亚住房和豪华住房则提供了"更多的心神的安宁；这种事务更令人愉快，而且，更体面，如果我们用对词了的话。 [业主]不会每时每刻被索赔或投诉所困扰；他们只与自己的社会世界的人打交道"。 即使工人阶级住的老房子的收益率超过了新建筑的收益率（主要是因为按比率来算，工人阶级所承受的租金更高，无论是按收入的比率算还是按占建筑造价和土地价值的比率算），大手买家还是涌向了市场的顶端，因为"他们重视他们的安宁、他们的声誉、他们的尊严"。[58]其余的所谓工人阶级建筑所特有的品质，如日益升高的租户的流动率和更频繁的维修需要，加剧了投资者对其风险的看法，使其望而却步。 在 1880 年，有理建造有限公司（SA Constructions Ratio-

nnelles)负责建造三栋工人阶级公寓,它向抱怨维护费过高的股东解释道:"我们没有做多余的工程;这种维护费之所以这么巨大,是要归于我们客户的短暂性质。 如果我们有更多稳定的租户,我们肯定会看到这个类别的'费用'大大减少了。"[59]19世纪80年代确立的建筑销售模式也证实了豪华建筑在投资者中受欢迎的程度。 在法兰西地产公司从失败的开发商那里收购若干的建筑中,能够最快速出售的建筑都位于更高级的社区(主要是第16区),一般来说,每层只含一套公寓,而这是上层阶级住房内部布置的特点。[60]

在对首都无止境的增长及其磁石般地吸引外地富人的特殊属性的根本信念的指导下,开发商对巴黎城投机开发的形式和地点得出了显著的共识。 信贷结构和贷款规范既对这种共识产生了影响,同时也对其加以强化,规定了房地产企业的可能性条件。 1883年,公共工程企业家和工人合作运动家奥古斯特·富热鲁斯(Auguste Fougerousse)向《法国经济学人》的读者解释了该行业的信贷机制的具体运作。 他写道:"机构的放贷约为土地价值和未来施工价格的一半;土地越贵,贷款越高。因为你肯定不会去支付土地的费用,而建筑成本在各地都是差不多的价格,所以最符合你的利益的肯定是去富人区开工。"[61]在转让抵押优先权获得的租赁土地上建房——我们在第一章中提过——会导致投机者看上的土地,价格膨胀,因为以这种方式出租土地的业主要收取一个溢价,以补偿其放弃特权所包含的风险。 时人估计,在这种机制下,土地地价可以达到正常价格的两倍。[62]这些融资做法有两个重要后果。首先,这鼓励了资金不足的开发商去更昂贵的土地上进行建设(以获得更高的贷款),这种选区反过来又要求其为中产阶级和上层阶级建设,以便收回开支。 其次,这还促进了地产的抽象化和商业化。 购买期权切进了所有权的原先所有的绝对条件,创造了新型的可销售的地产产权。 批评者视之为与传统意义上的地产所有权的实际做法和安全性相脱节的可疑的纸头价值。 在1884年议会委员会面前,经济学家、巴黎市公典所(Mont-de-piété)所长安德烈·科煦以其雄辩的证词,准确地捕捉到了这些焦虑，为此他描述了一个被股票市场的做法和心态所捕获的房地产市场："发生在小麦交易中的事情也发生在了土地上：未来交货的质押物通过网络经一人之手转交另一人之手"，这确保了"卖方的特权能自然地附着在某块空的地块上面，从而成为可交换的股票"。[63]

科煦的批评反映了人们对开发的实际操作将房地产的可动和不可动元素统一起来的方式感到的不安。 不动产的价值来自其对未来收益的承诺；可转让的期权交易的正是这种未来性，它将地产的无形因素及其价值表露出来。 这些以对同质地块的想象性投机景象为基础的金融工具，其进入流通循环，也就使得不动地产的物质方面似乎被抹去了。然而，将房地产还原为一种可完美地交换的商品仍是一个困难的、永远不完整的过程。 在他对巴黎土地价值的研究中，哈布瓦赫简洁地总结了这个问题。 他解释说，如果房屋可以在非限制性空间中自由地传送，那么它的可交换性也能接近任何其他工业产品。 但现实是，"它们必须聚合在一个相对狭小的区域内，一个一个地粘在一起，选取一个同相邻建筑相对的区位（而又借由这个区位，和建筑的全体相对），这个区位不会变易，而且容易辨认，因此区位构成了房屋本身的一个内在部分"。 因而，虽然一个城市是由数量有限的房屋组成的，但却几乎有无数的区位，每个区位都有其不可言喻和不可复制的"独特性"。[64]

在建筑热潮时期的建筑用地的广告证实了，要将规划建造的建筑完全从其特定的物理环境中分离出来，是不可能的。 例如，1880 年阿尔贝·罗比埃尔在他的《出租公寓图绘指南》（*Indicateur Illustré des Appartements à Louer*）中发布了一些地块广告，其中的地块都被压缩成一个个浮动地皮的拼贴，但却仍然与每个地点的具体路径以及邻近的建筑物相关。 相邻土地的业主名字也会被刊登在广告上，这也就把待售的地块铭刻在了这一为个体的、可识别的产权所构成的空间内部。 事实上，这些所有权的作用就是确定待售地块的边界，以及划定其表面的区域（图 2.2）。 广告中的地图突出了特定区位的显著特征，如位于工厂区还是市场区域，并且还显示了同这些设施相关的其他地块的价格变化。

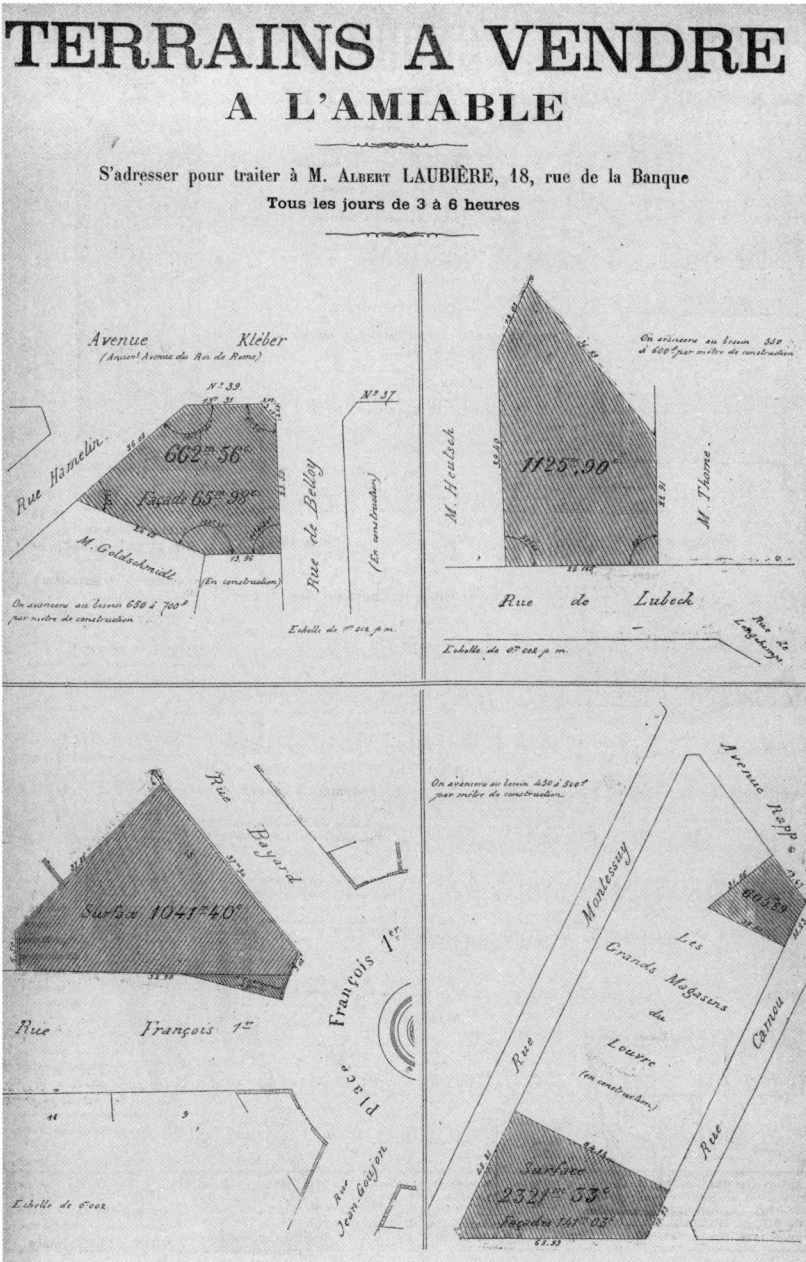

图 2.2 《出租公寓图绘指南》中的建筑地块广告，1880 年 8 月 10 日。来源：法国国家图书馆

这些广告当然是将城市视作了一个地产流通和消费的场所，但同时也教育了观众，让他们了解到那些看似相像的交换品间的微妙区别。开发商希望通过小件地块的交换，来赢取房地产开发公司的各色利权，又或者仅仅希望借由昂贵的地块，来从贷款机构获得更大的信贷，如此行动的他们，正是在一个已经深深结构化的城市环境的现实中穿梭。对其时的许多房地产评论家来说，抽象化的趋势产生了深远的焦虑——并对城市的建筑景观产生了重要的影响——但是在实践中，这一趋势却遭遇着持续的摩擦。在房地产的商业化过程中，不动性和可动性之间的摩擦是其不可避免的、决定性的特征；而对其的管理则是那些投机者于舞台之上操设的装置和信息的任务。

1879 年，在罗比埃尔《地产》上发表的一篇文章，有助于我们引入这些塑造了开发商活动的优先事项、原则和工具。该文的佚名作者写道："如何做一桩上佳的不动产投资？"在此他所针对的，是那些"如今多数人都有的共同的愿望，即找到一桩大买卖"。该文同时为投资者和投机者提供了宽泛的建议，在这一点上，它暗示这两类人有着相似的逻辑和兴趣。最重要和最基本的问题是对地产的选择。作者警告道，草率的购买者**没有经过一番选择**就购买土地，这也是一种无法弥补的拙劣错误，其后果迟早会使购买者倾家荡产"。作者解释道，"学会了解如何从数以百计的报价中选中对当前、特别是对未来，最有利的那一份"，是"任何一位一家之主的首要责任"——这一论点充分吸引到了大量对房地产生意感兴趣的公众。作者继续道："即使是最老到的"投机者，"在购买一块土地之前也会做长时间的思考，权衡街道和社区的定位利弊，尤其是他还会去调查附近的建筑的收入和出租机会"。[65]投机者应该是一个谨慎而工作缜密的企业家，受理性而非直觉的支配。其考量应当聚焦于当地邻居的特点、具体的街道及其附近建筑物的名气，后者主要体现于租金和净收益的经济指标。

但有助于确定建筑物在城市生态中的地位的信息，并不总是很容易获得。价格的历时变化源于不动产高度的在地性和不可复制性，这意味着即使有关相邻房产的数据可以现成拿到,它也永远无法完美地套用到要购买的房屋上。 1856 年建筑师布罗塔斯先生(M. Blottas)写了一份财产评估指南,其中他承认"如今,哪怕在同一个城市、同一个社区、同一条街道,哪怕出租屋本身也完全相似、可堪比拟,其租金也还是会存在非常显著的波动和差异"。[66]房地产价格有着一种根本的不可预测性,而后者只有在真正的销售或租赁交易中才会展现。 然而,其他的建议者还提到,这种偶然性只说明了部分的问题,因此,他们为了提高精确度并以可靠的价值指标来教诲读者做出了许多努力。

81

1863 年,安德烈·奥斯曼(省长的叔叔)撰写了一本冗长的投资手册,对房产地价问题采用了地理方法,将首都划分为从市中心向外辐射的 13 个同心区。 环形区域内的房地产随其与中心的距离增加而价值下降,同时这一普遍的趋势也不会"被还原为单一的尺度"[67](例外因素,如一些作为周末旅行目的地的城郊地区非常受欢迎,说明了对这种模式的偏差)。 环形区域完全制约着地产价值;作者指出,比如说一个区域内质量最好的街道可能只相当于另一个区域内的三等街道,尽管客观特征相同,但随之而来的就是价值下降。 环形区域内的价格反映了一些"永久性"因素的组合,如道路质量、人行道、下水道、街道照明和公共交通线路(步行 500 米到公共汽车站算是正常的,但步行一公里则意味着价值会损失 2% 到 4%),以及一些本质上是在地性的"短暂"因素,如新大道的建设或市场库存有大量的地产。 尽管它们都很重要,需要考虑在内,但这些短暂的、一时的、不可预测的现象,只不过会对地产价值的更实质性的根本的组成部分造成瞬间的影响。 它们有助于塑造房产在市场上的运作方式,但并没有明显改变其使用价值。奥斯曼写了几百页如何计算地产价值的表格和提示;然而,他又表示,这些只是一般的规定,并希望避免给人不好的影响,使人觉得他在"给像巴黎的土地价格这样不确定的东西搞一些定式"。[68]事实上,他指出的百分比都是两两相对的,建立了一个地价相互依存的景象,从而恰恰是固定定式的反面。

在此，很有必要抽一点时间来考虑考虑，在这类对城市地产的处理中，"价格"和"价值"这两个词的具体使用和理解。 与房地产有关的写手和建议者都很清楚，价值和价格是相互影响的，但并不完全相同，即使这两个词不论是在大众的还是专业的论坛上都经常被互换使用。在指派于地产之上的几种类型的价值之间存在着细微的区别。 19 世纪的普遍做法是，一块地产的收入现值为其价值的 5%，由此来确定其地产价值。 因此，一栋年净收入为 1 万法郎的公寓房，其房产价值将被评估为 20 万法郎。 这个 5% 的比率是一个粗略的、既成的数字，可以根据相关建筑的特殊情况提高或降低(1901 年，巴黎不动产的平均毛收益率实际上是 6.63%，与 5% 的净值非常接近)。[69] 它反映了这样一种观点，即不动产应该获得同公债(rente/national debt)(也是不动产的一种形式)一样的收益，并且应该有显著且长久的效力；在旧制度时期，它被称为"denier vingt"(5% 利率)①，这个乘子②用于把收入转化为建筑价值。[70] 那么，土地和建筑地产的价值也就是从其产品和服务的交换收入中提炼出来的。 这导致了城市自住房屋的赋值的困难，因为这些房屋没有收入在册。 在某种程度上，为了有助于应对这种情况，人们也经常采用第二种估算方法，即计算"内在价值"，或者说资本价值。 这种方法要做的是，将建筑中使用的材料和劳动力的成本，再加上建筑所在的土地的价值，考虑到结构的老化和折旧，将其结合起来后再减去一定的金额。 在市政征用程序、十年一次的税收评估以及地产信贷银行中介人的抵押评估里，这两种方法的调用都很普遍，赋值通常划在这两个数字之间，由评估者的判断决定。[71]

然而，建筑物的收入价值和资本价值都不一定与它的销售价值(valeur vénale)一致，后者的意思是在正常的销售交易中可望获得的金

---

① "denier vingt"的本意是，要能够获得一块 denier 的利息，就必须贷出二十块 denier，故指代 5% 的利率。 ——译者注

② 乘子(multiplier)，在数学中指乘数/乘子，与被乘数(multiplicand)相对。 在本文指的就是 5% 这一比率，也即将"一块地产的收入现值为其价值的 5%"抽象化可得，价值为被乘数，5% 为乘子，所得积为地产收入现值。 ——译者注

额。 这一价值主要是通过与当地类似房产的比较来确定的，因此取决于当地市场的特点。 最后，这个正常的销售价值也总是会与房产的销售**价格**有出入，后者源于销售时的特殊而又单独的情况，如在特定时刻的房产供应情况，卖方和买方的倾向，甚至单次拍卖出现的竞争狂热。不动产的价格可能与它的价值大相径庭，这也正是为何《民法典》延续了旧制度时期的做法，即对赔付过半损害（lésion d'outre-moitié）的要求，如果卖方同意的价格低于其不动产价值的十二分之七，则买方和卖方之间自由签订的协议可被取消（或支付补偿费）。[72]换句话说，不动产有着外在于市场交易的价值来源。

与计算租赁、销售价值有关的实体，包括保险公司、抵押贷款出借者、税务和公共工程管理部门，还有建筑师、公证员等专业人士，以及房产所有者本人，不一而足。 除上述所列的价值类型外，还得加上其他例子，如房产税所依据的租赁价值（valeur locative）（居民建筑的租金收入减去四分之一），或房屋保险合同所依据的修复价值。 税收评估人员面临的困难可能源自如下的事实：巴黎建筑极其多样，其位置或建筑类型的细微差异又会对地产收入产生影响。[73]1888—1889 年，国家评估员放弃了确定一系列"类型"的计划，该计划旨在使巴黎的房产可以被分类并快速评估；他们的结论是，这种方法，"无疑对较小的中心城市来说是很好的"，在巴黎则有严重的缺陷，"巴黎的租值不仅一个街区一变，甚至一条街道就一变，以致同一条街道上的房屋之间都有很大的不同"。[74]由当地业主组成的陪审团，在指派征地补偿金时，他们是根据有关房产的评估、业主的地位、行政部门的建议，以及陪审团成员间另类的难以记录的乖僻的冲动来得出这一金额的。 它显得更像是一个法律程序，而非技术程序；1886 年，市议会争论是否要雇用地产专家——而不是法律专业人士——来担任征地程序的代表，议员们的理由是，技术上的精确性无法盖过那充斥于陪审团的主观上关于价值构成和赋予的模式。[75]这些金额应该代表什么，是否应该被理解为出售的付款或对损害的补偿，是否应该将无形损失的金额纳入其中，还是要像法律规定的那

83

样，为补偿公共工程为其产出的剩余价值而将之缩减，这些问题在业界和民间都有很多争论。 除不确定因素外，已发布的征地区域的地图还有出价、要求和赔偿表，都是最常见的巴黎地产流通的表现形式。

84　　房地产的在地性、其不可复制的特点及其价值化类型之多样，加起来意味着对价值的评估涉及高度的主观解释。 在安德烈·奥斯曼所写的指南中，他称自己的方法为科学，而且还在很多的地方将自己比作化学家、农学家，乃至对将系统的构成要素分离开来和建立有条理的分级体系颇感兴趣的自然学家。 然而，这种科学的做法有明显的局限性。奥斯曼写道："尽管这个分级体系也需要谨慎对待和注意，但它没有带来严重的困难。 零售商会经常对他们的商品进行分类，并做些类似的排序，他们倾向于标出第一位、第二位和第三位的选择，并为其制定相应的价格。"[76]常识、经验法则，甚至（源于经验的）直观都是这个过程中不可避的一部分。 最终，他所提供的指示是对地产动态的一般性指导，也和像其他商品一样，受制于特定时空中不可预测的条件，以及受制于有知识的中介者的解释。

　　奥斯曼的著作，作为房地产样式的代表，是对范杜能（Johann Heinrich von Thünen）笔下的孤立状态的同心模型在城市环境中的模糊应用。[77]他沿着巴黎的环形地形，沿着其宏伟的林荫大道、防御工事环线和行政区划的蜗牛壳般的圈圈绕绕，而确定下其对区域的精确定义。 他将其区域东西向延伸——使其更像带有圆角的矩形而非圆形——这样做是为了把其他关键的动态因素考虑进来，例如城市东部和西部之间根深蒂固的社会地理区分，以及新近发生的商业中心向西北部的"移置"（奥斯曼地图的中心是证券交易所，很有说服力）。[78]而他将其区域与巴黎城的形式联系起来的做法，则使他能够将其分析限制在城市的边界。 比如说，在同一时期，芝加哥的助推者们兴致勃勃地调用了同心圆，将其有意地延伸到无尽的腹地，以宣传芝加哥扩张的无限应许；在后来的日子里，这种地图将为芝加哥社会学派的欧内斯特·伯吉斯开创的具有影响力的城市增长的同心圆理论提供依据。[79]奥斯曼的系统更关心的则是如何去调理首都在新近吞并其城郊后呈现的新的地理环境，而不是去预测未来的开发样式。他对距离和土地利用间关系的讨论仅限于给市中心的建筑开工提出建议，因为那里的租金较高，收益也较好。他写的是一本投资指南，而不是对城市有机体的研究。其建议和遗漏都反映并加强了既定的住居趋势：城市中心更受城区特权居民的青睐，而边缘的主流群体则是不太富裕的家庭，而后者想要成为有利可图的开发区则还要等到几十年后呢。[80]

85

在第三共和国时期，关于巴黎房地产的信息越来越丰富，其表现形式也越来越多样化。蓬勃发展的市政当局的统计部门收集了大量关于城市房地产状况、建造率、销售、收入以及房产债务数额和房产债务的地理分布的数据。在统计学家路易-阿道夫·贝蒂永（Louis-Adolphe Bertillon）和雅克·贝蒂永（Jacques Bertillon）父子的监督下，巴黎市市政统计处（Service de la Statistique Municipale de la Ville de Paris）于 1880 年出版了第一份年度市政统计汇编。它以表格的形式展示了地产价值、销售情况和建筑情况的摘要，随后附上了按照区和街区（*quartier*）划分的行政区划。[81]雅克·贝蒂永是图形统计的先驱，但在这些作品中，图形元素还是用作对更"自然"的城市现象的绘制和测量，如伤寒死亡、降水或市内水流。在 1891 年、1900—1901 年和 1911 年出版的塞纳省税收评估中，该市的房地产则得到了更生动的处理，出现了表现平均租金花费和地产价值的地图（图 2.3）。[82]在这些图表中，城市的各区域被涂上颜色，以分别标明其平均价格和价值，从而建立了一个离散的价格区域的像素化的图景。这些地图被称为等值线图，它们有效地将整个地区的差异加以视觉呈现，从而突出了反差和不连续性。人们的视线往往会被城市西北部价值较高的彩色密集的区域所吸引，而远离低收入的苍白沙漠。

建筑师保罗·普拉纳（Paul Planat）设计了一种地图，并于 1884 年 3 月发表于《建筑者周刊》（*La Semaine des Constructeurs*），其地图为鉴定和评估城市房地产的状况提供了一种不同的依据（图 2.4 和 2.5）。普拉

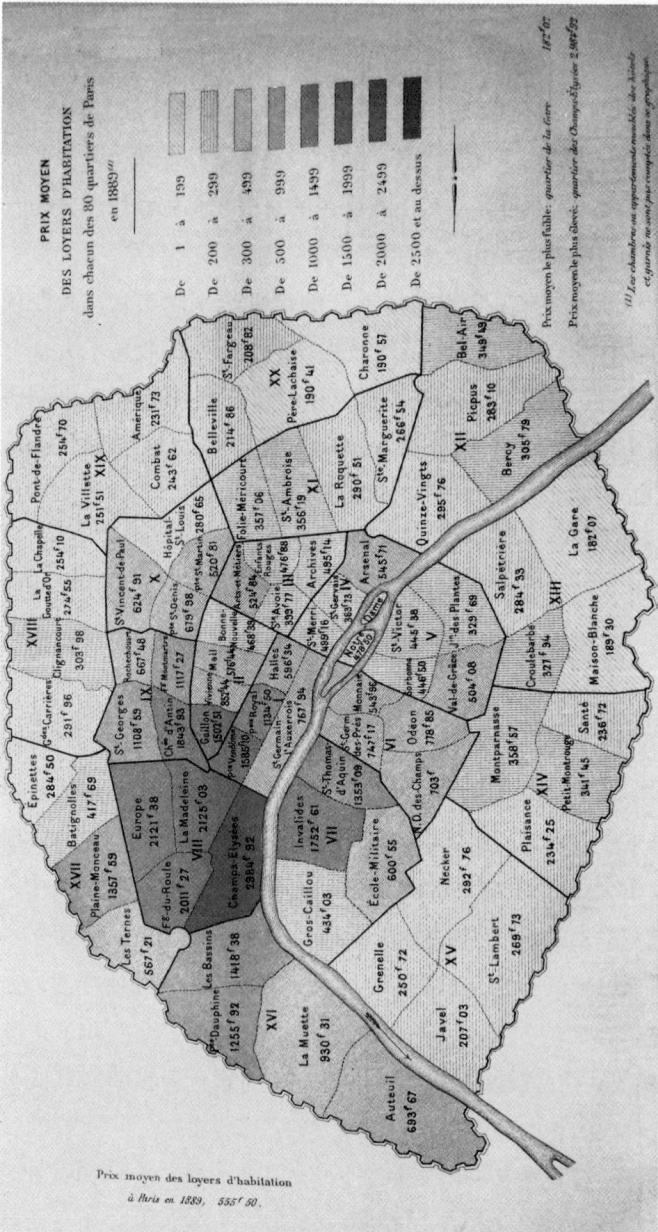

图 2.3　1889 年巴黎各区的平均租金。引自塞纳省署财政局直接税部门，《巴黎市 1889 年及 1890 年所建地产》（巴黎：国家印刷局，1890）。来源：巴黎市历史图书馆

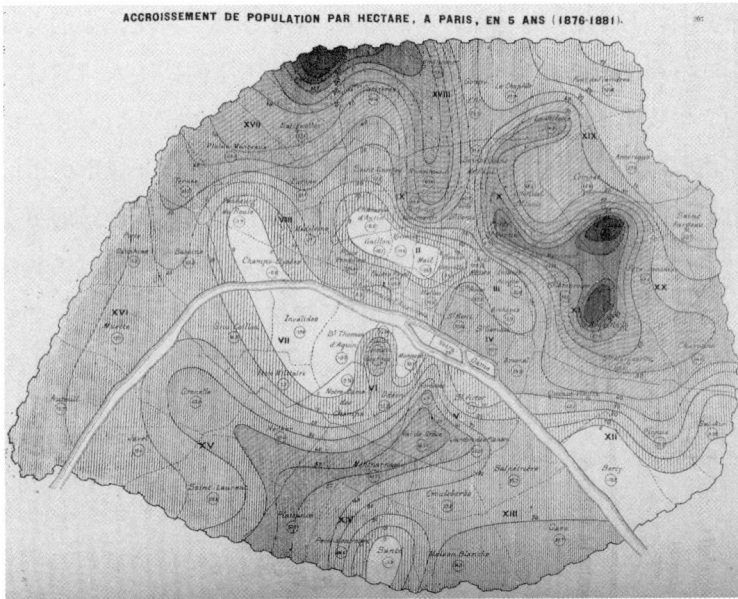

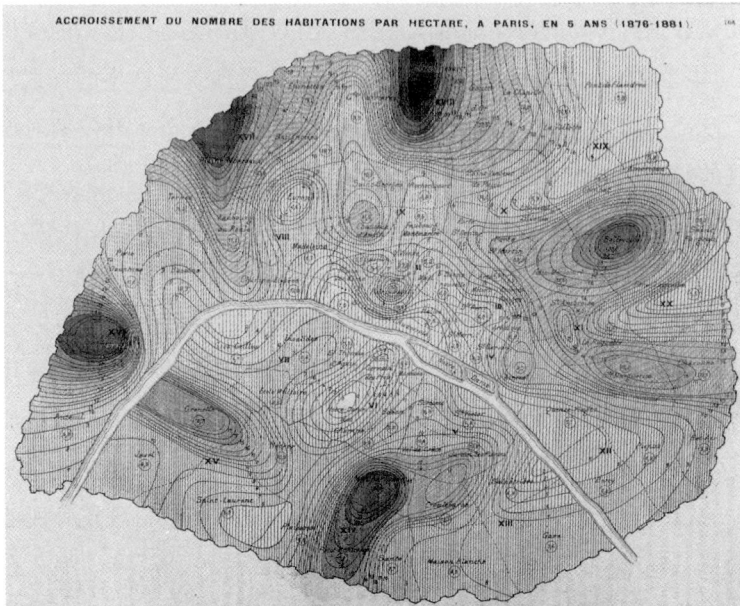

图 2.4 和 2.5　保罗·普拉纳的显示了巴黎 1876—1881 年人口流动（上）和新建筑扩散（下）的地图。《建筑者之周》，1884 年 3 月 22 日。来源：哈佛大学乐博图书馆特藏部

纳绘制的，不是地产价值图，在他那里，他试图以一种更动态的方式来追踪城市开发的性质。 他利用 1876 年至 1881 年间街区人口和建筑水平的变化数据，绘制了两者之间的相关程度，并检验了人口对住房的需求和住房对租户的需求在地理上是否和谐。 他没有抛开城市街区的行政边界，并为其叠加了等高线，这些等高线则根据人口和建筑的更加细微的变化来定，足以更加精确地突出每片区域的人口、建筑增减程度，从而创造了他所称的"统计景观"。[83]这是一种新颖的技术；自从工程师（身兼巴黎市政议员）路易-莱歇·福提于 1874 年开始在地图中用等高线来表示巴黎的人口以来——福提的创新为统计制图界所公认——至此也才过了几年时间。[84]普拉纳的地图突出了巴黎增长的多节点的性质。 早已高度开发了的区域位于城市的外部边界，由早在朝不同的方向流溢前就已经凝结的线条来表示，这些线条在附近的街区内打转，并在其他节点的开发所产生的较小的涟漪周围改变其路线。 行政区域的作用是在这片移动的海洋中给读者提供定位，而不是提供数据的分析框架。 作为建筑行业的业内人士，普拉纳更偏爱建筑所产生的样式，而非行政部门所定义的，从而绘制出一副更加密切地反映了开发商对城市景观的影响的图像。

普拉纳的地图捕捉到了开发商的生产同建筑热潮带来的人口流动间的脱节，它揭示并强调了真实的城市——其地理图景、人口统计——与开发商的投机城市之间的分歧。 鉴于建筑商们经常引用"街区的需要"（besoins du quartier）作为开发的指导原则，他们也承认建设应该回应早已存在着的民众的欲求和迫切需要，这种不匹配和脱节也就更加显著。 然而，至少在短期内，他们似乎误判了这些需求。 当然，在城市开发的模式上，同 19 世纪 80 年代初的建筑企业家和投机建筑师所能获得的信息相比，街区的逻辑需要的是更为优质者。 1877 年，福久在介绍他的杂志时强调，该行业需要一种"房地产档案"，以应对明显的信息不足，而他在后来对房地产市场危机的诊断中，也经常将危机归咎于都市住房需求和土地价格过于糟糕地失之明晰。[85]1883 年，《建筑业改革》调查了这个摇摇欲坠的行业，要求市政府公布该市各区住房需求的准确统计，公布一份能够"使投机者对[城市]人口的需求有所知悉"的统计测量，从而使他们能够有效地确定生产方向。[86]同样，《晨报》在 1885 年推出其定期房地产专栏时，它遗憾道，"假使建筑师、建筑企业家或业主想了解巴黎某个街区的土地价值，这在目前却几乎是不可能的"，它还建议出版"塞纳省土地年鉴"。[87]市府后来确实出版了上述关于租金、土地和地产价值的统计卷宗，《现代建造》杂志的评论员则热情地欢迎了该卷宗的问世，他们认为"就其提供了关于每个街区的居民的收入水平的精确信息而言，[这些卷宗]对建筑师来说，是有真正的用处的，它因而有助于说明应该在各处建造什么价位的建筑物"。[88]（该杂志没有提到城市统计成果所涵盖的年份比出版日期差了两年。）

89

然而，就算有更佳的信息，这对解决一些根本性的困难来说也无济于事的，而后者恰恰是由那一世纪末的开发商和贷款人所赖以营生的关键机制引起的：组织开发，首先要依据土地价格。 发表于《地产》上的那篇匿名的关于投资建议的文章的第二部分，正好显示了这一机制的运作，作者提出了一些支持将昂贵的土地作为盈利的首选地点的情况：

> 首先，由于巴黎最偏远的郊区——蒙鲁日（Montrouge）、美丽城（Belleville）、拉夏贝尔等地——的土地建设成本和市中心的土地一样高，因此，鉴于边缘地区的租金远低于市中心的任何地方，郊区的收入肯定低于中心。
>
> 但是，你抗议说，外围的土地便宜，这肯定能补上差额？补充差额并不存在：它只是想象出来的，是许多人都持的谬论之一。

不管是昂贵的土地还是便宜的土地，"地基、铁托梁、地板、门窗、屋顶和许多其他元素都必然是一样的"，而"取消豪华元素"，如镀金锁、油漆天花板或昂贵的墙面装饰，也只"相当于极小的成本减少，因为节约只适用于配件，而没有节省下支出的主要部分"。 最重要的是，他告诉了读者，卖家的价格之所以这么高，是因为他们已经把开发潜力考虑进去了。 在他举的例子中，更贵的地块往往位于一条更宽的街道上，可以建更高的建筑。 土地的价值来自于它能产生的收入，而其价格则是其开发潜力的透明的、可靠的指标。 这就是作者坚持认为"补充差额并不存在"的意思；廉价的土地只可能意味着一件事：低收益。作者计算得出，较豪华的建筑的收益率为 7.9%，而较简陋的建筑的收益率仅为 5.4%。[89]

90

在一定程度上，价格所扮演的，是 19 世纪发生的土地所有权同开发资本逐步分离过程中的一个可预见的附属性角色。 但 19 世纪后几十年出现的新类型的房产指南则表明，读者——开发商、买家、业主、借款人——对价格的期望比以前更高了。 这些指南的主要内容包括从全城的交易中收集的房地产销售的数值。 最早出现的此类汇编中的一者是马克西姆·莫克尔（Maxime Maucorps）的《巴黎地产年鉴》（*Annuaire de la propriété foncière de Paris*），该书在 1867 年至 1870 年间分四卷出版。 莫克尔是一位房地产专家，他的价格编年史发行于几个出版物上。[90]他的系列文章汇编了首都的土地和建筑的销售、征地和开发信息，并试图让业主、买家和开发商得以根据可堪比较的交易数据来确定土地的价值。 在此之前，投资者和开发商的房地产指南都是纯描述性的；他们讨论了土地所有权和交换的法律层面，讨论了购买者应该关注的房地产的特点，并提供了理想投资的建议，但从来没有包括过市场活动的实际数据。[91]即使是安德烈·奥斯曼有关巴黎房地产价格评估的更泛泛而谈的指南，也没有采用实际价格，而是仅对价值增减的相对比率做了划分，其应用最终还是取决于"专业个体"的共同知识。 然而，他承认，人们对获取用于地产评估的更多一手材料的需求越来越大；前几代人在评估地产时，都会满足于诸如管理贵族领地的管家（*intendant*）的意见，而如今时代则是"**算账**的世纪、**不信任**的世纪，一切都以数字来传达，人们必须看到和领会数字，以此来核实信息"。[92]

第三共和国时期，价格报告主导了巴黎市的房地产专栏和指南。其中最突出的是约翰·阿瑟和蒂芬房地产中介公司下属的房地产机构在1886 年出版的《地产指南》(*Guide foncier*)。 这本书借由地产信贷银行的运营情况，给出了巴黎地区 20 年来的房产销售信息。 作者打包票称，如果读者仔细研究了的话，他会发现该指南提供了所有计算某一条特定街道上的某一块土地的精确价值所需的信息[93]（事实上，它是社会学家莫里斯·哈布瓦赫 1909 年发表的对巴黎土地价值的研究的主要数据来源之一）。 另一家房地产公司莫布朗和菲斯(Maublanc et Fils)于1893 年出版了《建筑师和业主的地产备忘录》(*Aide-mémoire foncier de l'architecte et du propriétaire*)，其中列出了过去 20 年里巴黎售出的所有房产。[94]建筑师马克西姆·珀蒂邦(Maxime Petibon)所拥有的机构巴黎不动地产(Foncière Immobilière Parisienne)则出版了如下的这类汇编：《巴黎市土地指南》(*Indicateur foncière de la ville de Paris*)在 19 世纪 80 年代发行，并且冠以各种各样的标题，而《巴黎市不动产地产业务市场官方手册》(*Manuel officiel des affaires immobilières et foncières de la ville de Paris*)则于 1899—1903 年年年出版（图 2.6）。[95]在《指南》中，街道按字母顺序排列，以便于参考，每条街道都有简短的摘要以定义其特征。 例如，书里写了，在 1887 年，第 6 区的修道院大街(Rue de l'Abbaye)"一般都是漂亮的建筑，很安静，位置很好；考虑到其位置，租金很便宜"。 关于格雷瓜尔神父大街(Rue Abbé Grégoire)，人们了解到，这条街道"上面是新房子，下面是老房子……因为有圣尼古拉中学(collège Saint-Nicolas)，所以很阴暗；另一方面，集市偶尔会给这条街道带来活力，此地的人口足够多，一般来说，租金不会太高"。[96]珀蒂邦吹嘘说，他是第一个将巴黎街道的历史与其房地产统计数据结合起来的人，他的作品为描述和辨别城市的开发面貌建立了一个全新的框架。 他调用了一些定性和定量的指标来树立起房产的背景，并确认了房产投资的核心原则："建筑物必须位于一个好的区

91

111

92

3ᵉ PARTIE

TRANSACTIONS IMMOBILIÈRES DE 1898
DE LA VILLE DE PARIS

Par lettre alphabétique des rues avec la désignation de l'arrondissement

ABRÉVIATIONS : > angles. — **H** hôtels particuliers. — **P** propriété
A vendre à l'amiable.

NOTA. — Les ventes au-dessous de 12,000 francs ne sont pas inscrites étant donné qu'elles se rapportent plutôt à la valeur du terrain.

A

Nᵒˢ de la rue	Superf.	Revenu.	Vendu.	Dates.
Abreuvoir (rue de l') (XVIIIᵉ).				
12	335.00	4.390	40.050	12 Nov. 98
Abbé-Groult (rue de l') (XVᵉ).				
55	300.00		19.800	11 Oct. 98
Acacias (rue des) (XVIIᵉ).				
41	130.00	6.055	70.000	15 Janv. 98
43H	700.00		152.000	15 Janv. 98
Achille Martinet (rue) (XVIIIᵉ).				
16-18	250.00	4.960	57.200	15 Juin 98
Affre (rue) (XVIIIᵉ).				
3	325.00	3.500	64.300	26 avril 98
Albouy (rue d'), < rue des Marais (Xᵉ).				
12	611.24	37.450	500.050	23 Juill. 98
Alésia (rue d') (XIVᵉ).				
13	311.12	11.791	122.500	22 Janv. 98
36	111.00		32.100	8 Nov. 98
219	262.00		31.050	29 Juin 98
Allemagne (rue d') (XIXᵉ).				
50	1.028.00	10.300	100.100	19 Juill. 98
133	589.00	7.250	103.000	29 Mars 98
200	220.00	6.500	100.000	12 Juill. 98
192	322.00	5.910	60.000	12 Juill. 98
Allemagne (rue d') 174 et rue de Hainaut, 23 (XIXᵉ).				
	105.65	4.200	55.100	7 Juin 98
Alleray (rue d') (XVᵉ).				
23	1.000.00	2.340	30.100	5 Juill. 98
Alleray (rue d') 32 et rue Yvart (XVᵉ).				
	285.90		14.000	1 Mars 98
96	595.66	2.400	26.500	6 Août 98
Alphonse (rue) (XVᵉ).				
60	360.00	2.500	38.500	3 Nov. 98
Amandiers (rue des) 84 et rue Sorbier (XXᵉ).				
	1.889.50	7.930	80.050	23 Mars 98
Amandiers (r. des) angle rue Duris (XXᵉ).				
			34.200	2 Août 98
Amelot (rue) 2 et boul. Richard-Lenoir. 5 (XIᵉ).				
	642.34	22.250	275.100	26 Févr. 98

Nᵒˢ de la rue	Superf.	Revenu.	Vendu.	Dates.
Amelot (rue) 21, et rue Daval, 3 (XIᵉ).				
	149.00	10.538	245.200	13 Déc. 98
Amelot (rue) 81 et pass. St-Sébastien (XIᵉ).				
	16.376		198.000	20 Juill. 98
Amiral-Mouchez (rue de l') (XIVᵉ).				
8	176.00	1.790	13.050	28 Mai 98
18	500.00	4.155	33.000	23 Juill. 98
Anglais (rue des) (Vᵉ).				
6	97.00	3.165	39.000	12 Nov. 98
Angoulême (rue d') (XIᵉ).				
57	119.00	7.900	106.000	21 Déc. 98
Angoulême (rue d') 93 et 95 et impasse du Moulin-Joly, 11 (XIᵉ).				
	3.789.94	14.195	174.000	21 Mai 98
Anjou (quai d') (IVᵉ).				
41-43	340.00	20.000	230.050	26 Mars 98
Anjou (rue d') (VIIIᵉ).				
40	550.00	42.750	700.000	15 Mars 98
Annelets (rue des) (XXᵉ).				
44	310.00	1.300	17.300	27 Sept. 98
Annonciation (rue de l') (XVIᵉ).				
18	396.00		60.050	6 Juill. 98
Apennins (rue des) (XVIIIᵉ).				
27	176.00	4.400	63.000	7 Juin 98
Arbalète (rue de l') (Vᵉ).				
32	213.39	9.770	125.300	20 Déc. 98
Arbre-Sec (rue de l') (Iᵉʳ).				
18	104.00	6.348	80.100	11 Janv. 98
Arc-de-Triomphe (rue de l') (XVIIᵉ).				
18	301.00		165.100	Avril 98
Ardennes (rue des) (XIXᵉ).				
11	239.00	2.150	39.667	21 Mars 98
Armaillé (rue d') (XVIIᵉ).				
3	170.00	2.810	43.600	20 Déc. 98
Arsenal (rue de l') (IVᵉ).				
13	619.00	28.450	352.000	5 Avril 98
Asile-Popincourt (rue de l') (XIᵉ).				
14	73.80	3.600	49.000	3 Déc. 98
Assas (rue d') (VIᵉ).				
3		6.780	70.100	22 Mars 98
10	310.00	15.050	200.000	29 juin 98

1 P

图 2.6 摘自马克西姆·珀蒂邦 1899 年发布的《不动产业务官方手册》。来源：巴黎市历史图书馆

域，并与附近的街区保持一致"，租金要"符合（甚至低于）附近街区住民的收入"。[97]

这种汇编的出现对于理解首都的房地产市场非常重要。从表面上看，这些指南有一个直接的、实用的目标——提供必要的数据，通过信息充分的比较来确定平均价值。它们作为关于全城的指南，为普拉纳的地图所显示的地理脱节提供了一个空间上的解决方案。它们将整个城市的信息汇总到一个引用源中，在建筑商的本地专业知识与更泛泛的土地经营之间架起了一座桥梁，将整个巴黎纳入一个单一的开发空间之中。然而，它们的存在和组织形式也产生了一些更根本性的影响。在这些汇编的卷轴中，不可比者变作可比者，不同的商品间云泥的交易凝结成了一个市场。交易看起来成了恒常的，商品也准备就绪。价格指南树立起了市场活动的记录，赋予市场一个历时性的存在，并强化了人们对房地产价格的理解——即认为它是相对的、历史的而非既有的。尽管（如土壤的性质或门面的长度这样的）地块的自然品质在决定价值这方面仍然很重要，但这些指南说明了这样一个信念，即城市地产的价值一般来说取决于其周围的其他地产——"街区的需要"这句箴言甚至更能适用于已建地产。[98]指南还提供了必要的信息，使读者作为算计的行动者，能够符合市场的要求。追踪房地产交易的日报的专栏越来越多地涌现，对所谓的"房地产市场"这一实体的编年记录也得以问世，与此同时，这些指南把对房地产价格的认识带给了更多的公众，把他们编织进了一个自我参照的体系。早在 1863 年，安德烈·奥斯曼写给巴黎房地产的指南就暗示了获取这类信息的潜在重要性，他指出两种新的宣传方式——广告和新近的地产登记法（1855 年）——将会使如下的事情越来越变得可能：即使是小量的交易也能 "激起"业主和买家的"想象力"，从而进一步决定市场价格。[99]

这些印刷品为众多交易给出了前所未有的透明度和规律性，而这些交易或许正组成了巴黎城的房地产市场，与此同时，时人却对它们能否充分地捕捉到它们所揭示的快速波动的动态提出了异议。市议会围绕

是否采用约翰·阿瑟和蒂芬房地产中介公司的《地产指南》，产生了一
系列争论，这种争论生动地说明了这些张力。 市议会委员会检讨了如
下的一份提议，即建议巴黎市府订阅该书，并建议总共购买100份（每
份花费10法郎），让各色行政人员、议员、委员会和图书馆各得一份，
自由处置。 支持购买的人强调了市议会在了解城市房地产价格方面
的无望境地，并认为这样的无知会使民选机构在评估政府提案时处
于不利地位。 来自19区的新市议员、社会主义者亚历山大·薄拉尔
94 （Alexandre Paulard）支持该提案。 因为他认为，该书提供了关于巴黎
城地产价值不可遏止增长的铁证，而这些增长了的价值，却被地产所有
者凭借其垄断地位而非法占有。 然而，一些市议员认为，要花费这么
多钱，是对纳税人的冒犯；另一些议员则对这本房地产机构编撰的书持
怀疑态度，认为市政当局去订阅的话等于是给其变相宣传的恩惠。 更
糟糕的是，市议员利奥波德·埃尔维约（Léopold Hervieux）指出，该房
地产机构 "目前是由一名女性管理的"，这引起了哄堂大笑。[100]一些
反对者愿意承认该书有统计研究上的价值，但他们的论点却明确指出，
该书是一种档案，故而其性质标志着它无法在一个其特征为流动、突然
改变和快速趋势反转的舞台上有效地运作。 市议员莱昂·多纳（Léon
Donnat）抱怨说，该书在一年内就会过时，并建议委员会转而起用专业
公报上的每周销售表中不断刷新的数据。 阿塔纳斯·巴西内（Athanase
Bassinet）补充说，房地产价格 "每天都在变化"，且取决于 "邻近房产
的变化"。 他的话无疑有些分量，因为他也做过泥瓦匠和公共工程企业
家，有相当经验的他继续道："土地的价值在本质上是波动的。"[101]

　　这场争论除了揭示市议会在评估地产价值方面相当明显地缺乏来
源，同时也没有什么商定好的程序之外，它还反对两种市场上对房地产
行为的叙事。 第一种说法是，关于房地产的信息是可以完善的，尤其
是可以通过历史性方法来完善，这种方法使人们能够对未来的价值加以
越来越准确的解释。 第二种则描述了一个不断重生的市场，新的交易
会设定一些独立于过去趋势的价格，其运作不可避免地避开了可预测性

的技术。 同专业出版物所提供的地产评估的指导一样，沿着更加标准化和更客观的路线进行正式评估的尝试，也不得不在主观判断和当地情况的需要面前碰壁。 这种"在地性"不仅意味着空间上的特殊性，也意味着时间上的特殊性；交易的瞬间在很重要的层面上是非历史的。 反对采用约翰·阿瑟和蒂芬房地产中介公司的《地产指南》的市议员们，对有关房地产市场的叙事持怀疑态度，因为这种叙事依赖过去的经验以为将来行动的框架。 但地产的市场没有记忆。 市议会也没有持正面态度；它订购了一百卷书，但拒绝订阅后续更新的版本。 在最关键的层面上，房地产仍然是不可知的。

开发商对城市加以叙述和量化的方式有助于他们所经营的房地产市场的构建。 他们通过自己的信息渠道、市场诊断和开发工具，为建筑地产这一商业产品的盈利性生产、分配和消费树立条件。 当投机者要决定开发什么土地、生产什么类型的房产时，他们首先想到的是要吸引那些越来越习惯于轻松钱生钱和财富的快速流通的买家。 他们的做法掩盖了他们的生产所带有的"神奇"效果，同样地，他们也挑战了哈布瓦赫的概念，即投机者是为城市集体所召唤出来的，"因为，用一个生物学流派的话来说，是需要创造了器官"。[102]

投机者公开地对他们的中介权持矛盾态度。 自始至终，这种矛盾心理是一个市场的建立过程中的重要组成部分，这个市场似乎以一种冷静和非个人化的方式运作，不受任何特定参与者的行动影响。 投机者强调他们对需求的依赖，以及他们对城市已有的社会经济地理的遵守，从而将他们对城市景观的干预得以自然而然化，使他们特有的物质和智力劳动披上了共同知识的外观。 许多他们所掌握的话语工具都强调，必须使住房与周围环境的特征相匹配或相适应；上文讨论过的评估手册正是这样的一种工具，而地产价值汇编也展现了地产价值的在地和嵌入的性质。 在地之重要性是不可忽视的。 1882 年初，欧内吉姆·马塞兰不情愿地开始着手探索开发商失败的可能原因，他把重点放在解决街区要求的重要性上。"当你要为一块较大的土地制定一个投机项目时，你必须首先研究**街区的需要**的基本问题，在面面俱到地研究好其出租的机会、需求的租金性质、租金水平、未来租户的可能需求和需要等之前，不要把任何东西诉诸蓝图。……始终要着眼于**街区的需要**，再来搞建设，这是关键。"[103]

96　　然而，对第三共和国早期开发商的经营活动的一些最尖锐的批评是，他们似乎无视这些"街区的需要"（besoins du quartier）。普拉纳的地图试图描述的是生产和消费之间、开发商的城市和巴黎居民的城市之间存在着的巨大差异。对一些人来说，这条断层线的来源是显而易见的。一位来自师傅、伙计和预备工联谊会（Union Amicale des Maîtres Compagnons et Appareilleurs）的代表在谈及 1884 年的建筑热潮时诙谐地说道："从各个角度来看，他们都想些能赚钱的事儿。"[104]同样，同年约翰·阿瑟和蒂芬房地产中介公司也写道："建设不再是一个目标，它是一种手段。……为了获得信贷，人们自称是建筑企业家。"[105]由此产生的建筑，就其核心价值而言，是毫无意义的；建筑评论家埃米尔·里沃伦就此认为特罗加德罗区的建筑完全缺乏实际用途："这些对称的砖块堆缺少生命，生命，我指的是**存在理由**，或者说是一个证实了的、受人认可的**需要**。"[106]投机者对城市的理解基于其未来的无限增长，而不是明确的、当前的需求，在这一理解的指引下，他们所做的只不过是用仍然空旷的空间去填补本已空旷的空间。

对"街区的需要"的引用，表现了他们对作为一种物质的、历史的力量的城市空间的理解，而这种力量对投机性介入产生了深刻的影响，并且仍然是后者所无法驾驭的。人们认为，使用价值所表达的现实——即城市人口对住房及其街区的固有建筑环境的需要——有可能阻止基于交换价值的开发模式。投机者可能会弄错这一点——城市本身并没有被市场所吸纳。借款者则似乎认为这是一个值得注意的教训。在建筑热潮结束之后，企业家分包商行的负责人强调，其机构将不再支持大规模改写城市结构的企图，并特别指出，他的公司不会再参与那些风险投机项目，如福久在蒙马特开发的 88 栋建筑。他宣布说，他们不会替旨在于新辟的空旷地区钻营的建筑商提供资金，相反，他们选择资助建筑商"在既有街区的开发，包括拆除破旧的建筑以用最新的风格来取代"。[107]哈布瓦赫更乐于承认如是的冲动：投机者将跟随而非试图领导城市的自然发展。

这表明了作为一种商业物件的不动产所处的争议地位，即这场危机的概念化，根据的是一种关于地区的政治而不是市场。尽管经济机制和其模式与行为同等重要，但投机者谈论的是城市及其动态，而不是"市场"的动态。但问题是，投机者既不是城市有机演化的无意识媒介，也不是对供给和需求无影响的纯粹中介者。他们的实践和信仰——以及他们开展业务的特定社会空间——导致了土地和建筑地产被格式化为一种商业产品，而这种格式化在 19 世纪末，却被公认为显然是价值多元的和彻底社会性的。

97

注释：

[1] Maurice Halbwachs, *Les expropriations et les prix des terrains à Paris* (*1860—1900*)(Paris: Publications de la Société Nouvelle de Librairie et d'Édition, 1909), 169.

[2] Halbwachs, *Les expropriations*, 381—382. 关于 Halbwachs 的城市发展理论，见 Christian Topalov, "Maurice Halbwachs et les villes: Les expropriations et le prix des terrains à Paris(1909)", in *La ville des sciences sociales*, ed. Bernard Lepetit and Christian Topalov(Paris: Belin, 2001), 12—40; Bernard Lepetit, "L'appropriation de l'espace urbain: La formation de la valeur dans la ville moderne(XVIe—XIXe siècles)", *Histoire*, *Économie*, *et Société* 13, no.3(1994):551—559; Michel Amiot, *Contre l'état*, *les sociologues: Eléments pour une histoire de la sociologie urbaine en France* (*1900—1980*)(Paris: Éditions de l'EHESS, 1986), chap.1; Alain Faure, "Spéculation et société: Les grands travaux à Paris au XIXe siècle," *Histoire*, *Economie*, *et Société* 23 no. 3（2004）:433—448。

[3] Archives de la Préfecture de Police de Paris(后文简称 APP) BA 486: Rapport, Commissariat de Police du Quartier de la Roquette, 22 juin 1882; Abel Lemercier, "De la crise locative et immobilière à Paris: Moyen d'y remédier," *Journal des Économistes*(January 1886):85; Auguste Fougerousse, "La crise immobilière," *Économiste Français*, March 17, 1883, 318。

[4] Christian Topalov, *Les promoteurs immobiliers: Contribution à l'analyse de la production capitaliste du logement en France*(Paris: Mouton, 1974).

[5] William C. Baer, "Is Speculative Building Underappreciated in Urban History?," *Urban History* 34, no.2(2007):296—316.

[6] Christian Topalov, *Le logement en France: Histoire d'une marchandise impossible* (Paris: Presses de la Fondation Nationale des Sciences Politiques, 1987).

[7] 全国性报刊也引入了每日和每周的房地产专栏，可见如下：1881, "La propriété foncière" in *Le Figaro*; 1885, "Chronique immobilière" in *Le Gaulois* and "Revue foncière" in *Le Matin*; 1886, "Revue foncière" in *Gil-Blas*; 1891, "Bulletin foncier" in

296

297

Le Temps；1893，"Chronique foncière" in *Le XIXe siècle*；1897，"Chronique immobilière" in *La Presse*。1888 年，*Journal Officiel de la République Française* 开始刊载"不动产数据统计(Statistique immobilière)"。上述所有内容都以不同的频率出现，标题也随时间变化。

[8] 见 Georges le vicomte d'Avenel 的巨著研究，*Histoire économique de la propriété, des salaires, des denrées et de tous les prix en général, depuis l'an 1200 jusqu'en l'an 1800* (Paris：Imprimerie Nationale，1894—1898)。

[9] 在当代语境下对这个问题的处理，见 Susan J. Smith，Moira Munro 和 Hazel Christie，"Performing (Housing) Markets"，*Urban Studies* 43，no.1 (January 2006)：81—98。

[10] David Harvey，*The Limits to Capital* (Oxford：Blackwell，1982)，尤见 11—13 章。Manu Goswami 在下书中提出了对资本的同质化空间的推力及其历史外观加以区分的观点，*Producing India：From Colonial Economy to National Space* (Chicago：University of Chicago Press，2004)，36—37。

[11] James C. Scott，*Seeing Like a State：How Certain Schemes to Improve the Human Condition Have Failed* (New Haven：Yale University Press，1998)。我受到了 Mariana Valverde 在下文中所使用的方法的影响，"Seeing Like a City：The Dialectic of Modern and Premodern Ways of Seeing in Urban Governance"，*Law & Society Review* 45，no.2 (June 2011)：277—312。

[12] Daniel Miller，"Turning Callon the Right Way Up," *Economy and Society* 31，no.2 (May 2002)：218—233；Koray Çaliskan and Michel Callon，"Economization，Part 1：Shifting Attention from the Economy towards the Processes of Economization," *Economy and Society* 38，no.3 (2009)：369—398；Çaliskan and Callon，"Economization，part 2：A Research Programme for the Study of Markets," *Economy and Society* 39，no.1 (2010)：1—32.

[13] "La propriété foncière," *Le Figaro*，May 30，1883.关于领域的扩张，参考 Denyse Rodriguez Tomé，"L'organisation des architectes sous la IIIe République," *Le Mouvement Social*，no.214 (January—March 2006)：55—76。

[14] Édouard Charton，"Architecte," in *Guide pour le choix d'un état，ou Dictionnaire des professions* (Paris：Veuve Lenormant，1842)，20—32.

[15] Archives Nationales du Monde du Travail (后文简称 ANMT) 65 AQ I 235：SA Paris Nouveau，Statuts，1881。

[16] "Déposition de M. Fernoux，architecte. Séance du 5 mars 1884," in "Procès-verbaux de la commission chargée de faire une enquête sur la situation des ouvriers de l'industrie et de l'agriculture en France et de présenter un premier rapport sur la crise industrielle à Paris," *Annales de la Chambre des députés：Documents parlementaires*，12 (Paris，1884)：110.

[17] 建筑师和工程师之间的职业争夺要比建筑师和建筑企业家之间的争夺来得更有名，尽管后者也很重要。见 Hélène Lipstadt，*Architecture et ingénieur dans la presse* (Paris：CORDA-IERAU，1980)；Marc Saboya，*Presse et architecture au XIXe siècle：César Daly et la* Revue générale de l'architecture et des travaux publics (Paris：Picard，1991)；Annie Jacques，ed.，*La carrière de l'architecte au XIXe siècle* (Paris：Musées Nationaux，1986)。

[18] "La patente des architectes," *Le Plan：Journal Spécial pour Locations ou Ventes*，March 16，1844.关于 1844 年 4 月 25 日的法律，参考该条目—— "Architecte" (art.14) in D. Dalloz，*Répertoire méthodique et alphabétique de législation，de doctrine et de jurisprudence* (Paris：Bureau de la Jurisprudence Générale，1847)，5：200。

[19] "De la responsabilité des architectes：Première conférence nationale de la Société centrale des architectes," *Revue Générale de l'Architecture et des Travaux Publics* 30 (1873)：169—173.

[20] "L'architecture au jour le jour," *La Semaine des Constructeurs*，October 15，1892，182.

[21] Émile Rivoalen，"Décor intérieur des habitations," *La Semaine des Construc-*

298

teurs，January 3，1885，318.

［22］Émile Rivoalen，"À travers Paris：Première promenade," *Revue Générale de l'Architecture et des Travaux Publics*，4th series，vol.9(1882).黑体为原文所加。

［23］关于在 19 世纪中的社会想象中的天职，参考 Kathleen Kete，"Stendhal and the Trials of Ambition in Post-revolutionary France," *French Historical Studies* 28，no.3 (Summer 2005)：467—495。

［24］V. Ruprich-Robert in the *Forum Artistique*，reprinted as "Causerie：Le diplôme," *La Construction Moderne*，December 18，1886，109—110.

［25］Charton，*Guide pour le choix d'un état*，266—267.

［26］Ibid.，267.

［27］Ibid.，268.

［28］Édouard Charton，*Dictionnaire des professions，ou Guide pour le choix d'un état*，3rd ed.(Paris：Librairie Hachette et Cie，1880)，214.

［29］Ibid.

［30］"Fédération des ouvriers peintres en bâtiments des 8ᵉ，9ᵉ，17ᵉ et 18ᵉ arrondissements de Paris et quartiers limitrophes：Déposition de MM. Bret-Morel，Valdin et Wachter，Séance du 13 mars 1884," in "Procès-verbaux de la commission," 197.

［31］Michel Lescure，*Les banques，l'état，et le marché immobilier en France à l'époque contemporaine，1820—1940*(Paris：École des Hautes Études en Sciences Sociales，1982)，320.

［32］Onésime Masselin，"Des effets du krach de la Bourse sur les opérations immobilières(suite)," *Le Foncier*，March 14，1882，1.

［33］Onésime Masselin，*Formulaire d'actes et notice sur la législation et l'utilité des sociétés anonymes immobilières par actions*(Paris：Ducher，1880)，11.

［34］Baer，"Is Speculative Building Underappreciated in Urban History？"；H. J. Dyos，"The Speculative Builders and Developers of Victorian London," *Victorian Studies* 11 (Summer 1968)：641—690；J. W. R. Whitehand，"The Makers of British Towns：Architects，Builders，and Property Owners，c. 1850—1939," *Journal of Historical Geography* 18，no.4(1992)：417—438；Richard Rodger，"Speculative Builders and the Structure of the Scottish Building Industry，1860—1914," *Business History* 21，no.2(1979)：226—246；Donna Rilling，*Making Houses，Crafting Capitalism：Builders in Philadelphia，1790—1850*(Philadelphia：University of Pennsylvania Press，2001).在地理学方面，Richard Harris 极力要求对住宅建设行业的网络和商品链做进一步研究：Richard Harris and Michael Buzzelli，"Cities as the Industrial Districts of Housebuilding"，*International Journal of Urban and Regional Research* 30，no.4(December 2006)：894—917。

［35］Masselin，*Formulaire d'actes et notices*，84.整个城市的数据表明，1889 年每栋建筑的平均销售价格为 13.217 1 万法郎，参见 Préfecture de la Seine，Direction des Finances，Service des Contributions Directes，*Les propriétés bâties de la ville de Paris en 1889 et en 1890*(Paris：Imprimerie Nationale，1890)，47。

［36］Préfecture de la Seine，*Annuaire statistique de la Ville de Paris*，vol.3：*Année 1882*(Paris：Imprimerie Municipale，1884)，365；*Annuaire statistique*，vol.5：*Année 1884*(1886)，346—347.在这一时期，第 18 区继续保持其领先地位；1908 年，地产信贷银行报告说，自 1852 年成立至 1906 年，其在巴黎的贷款中，有近 9%(总数 3.738 7 万笔中的 3 332 笔)是为第 18 区的房产发放的，这是巴黎最大的一个人口密集区。然而，就现金价格而言，在同一时期，该公司将高达 25% 的巨额资金用于两个区，即第 8 区和第 9 区[Préfecture de la Seine，*Annuaire statistique de la Ville de Paris*，vol.27：*Année 1906*(Paris：Masson et Cie，1908)，221]。

［37］1891 年巴黎市的人口普查显示，大多数建筑从业者都在 40 岁以上(1 947 名老板中的 1 158 人为 40 岁以上，1 499 名雇员中的 1 244 人为 40 岁以上)。Préfecture de la Seine，Service de la Statistique Municipale，*Résultats statistiques du dénombrement de 1891 pour la ville de Paris et le département de la Seine*(Paris：G. Masson，1894)，174.

［38］ANMT 65 AQ I 228：SA des Nouveaux Quartiers de Paris，Statuts，1881.

［39］Ordinance of January 4，1843，article 12. Philip T. Hoffman，Gilles Postel-Vi-

299

119

nay, and Jean-Laurent Rosenthal, *Priceless Markets: The Political Economy of Credit in Paris, 1660—1870* (Chicago: University of Chicago Press, 2001), chap.10.

[40] *Journal des sociétés civiles et commerciales: Liste des sociétés* (1880—1882).

[41] 例如, 塞贡老师(Segond)监督了福久的蒙梭大街不动产有限公司(SA Immobilière de la Rue de Monceau) (1881 年 6 月 10 日)、玛蒂尔大街不动产有限公司(SA Immobilière de la Rue des Martyrs) (1882 年 1 月 13 日)和巴黎地产公司(SA, 1881 年 8 月 12 日)的成立, 不过至少最后这个公司是由他和拉塔皮·德热瓦尔共同署名的。

[42] 该刊最初的总监是 Lucien de la Saigne, 然后在 1879 年, 它与另一份叫做《地产》(*Le Foncier*)的刊物并合, 并且被转移到 Laubière 名下。

300

[43] Article from *Le Temps*, January 23, 1884, reprinted as "Chronique: La crise du bâtiment," *La Semaine des Constructeurs*, February 9, 1884, 374.

[44] Masselin, *Formulaire d'actes et notice*, 8.黑体为作者所加。

[45] Frederick Lavington, *The Trade Cycle: An Account of the Causes Producing Rhythmical Changes in the Activity of Business* (London, 1922), cited by Lucien Flaus, "Les fluctuations de la construction des habitations urbaines," *Journal de la Société de Statistique de Paris* 90(1949):185—211, 205.

[46] L. de la Saigne, "En avant!," *Le Foncier*, December 30, 1879.

[47] Archives Nationales, Minutier Central des Notaires, ET/XIII/1029—Me Segond, Statuts de la Foncière Parisienne.

[48] "Bulletin," *Indicateur Général des Terrains et Immeubles à Vendre*, October 18, 1879.

[49] "Les constructions nouvelles à Paris," *Le Foncier*, June 14, 1881, 1—2.

[50] ANMT 65 AQ I 227: SA des Immeubles de Paris, Rapport du Conseil d'Administration, Assemblée Générale du 29 mars 1881, 5.

[51] Onésime Masselin, "De la spéculation immobilière," *Le Foncier*, September 5, 1882, 1.

[52] Paul Leroy-Beaulieu, "La construction des maisons de luxe et des maisons à bon marchéâ Paris(1ᵉʳ article)," *L'Économiste Français*, April 15, 1882, 437—439.

[53] Paul Leroy Beaulieu, "La situation de la propriété immobilière à Paris (2ᵉ article)," *L'Économiste Français*, August 23, 1884, 221—223.

[54] 有关美国语境下住房市场"过滤"概念的发明, 见 Richard Harris, "The Rise of Filtering Down: The American Housing Market Transformed, 1915—1929", *Social Science History* 37, no.4(2013):515—549。

[55] "Déposition de M. Fernoux, architecte: Séance du 5 mars 1884," in "Procès-verbaux de la commission," 112.

[56] "Chronique," *Journal des Économistes*, no.8(August 1882):307—312.

[57] Adeline Daumard, *Maisons de Paris et propriétaires parisiens au XIXᵉ siècle (1809—1880)* (Paris: Éditions Cujas, 1965).

[58] Leroy-Beaulieu, "La construction des maisons," 439.

[59] ANMT 65 AQ I 69: SA Constructions Rationnelles. Procès-verbaux de l'Assemblée Générale du 4 avril 1906, 3.

[60] 请参阅法兰西地产公司的年度报告(ANMT 65 AQ I 102), 以及所涉街道的地产交易记录: Archives de Paris(后文简称 AP) D.1 P4 900, rue de la Pompe, 1876; AP D.1 P4 1199, avenue Victor Hugo, 1876; AP D.1 P4 1054, rue Saint-Philippe du Roule, 1876, 1900。

[61] Fougerousse, "La crise immobilière," 319.

[62] "Les terrains de la rue de la Roquette," *La Réforme du Bâtiment*, February 25, 1883, 30.

[63] "Déposition de M. André Cochut, directeur du Mont-de-piété de Paris: Séance du 29 mars 1884," in "Procès-verbaux de la commission," 317.

301

[64] Halbwachs, *Les expropriations*, 238—240.

[65] "Bulletin des propriétaires et locataires: Comment on fait un bon placement immobilier," *Le Foncier*, November 18, 1879, 3—4.

［66］M. Blottas，*Manuel d'évaluation des propriétés immobilières*（Paris：Victor Dalmont，1856），6.

［67］André Haussmann，*Paris immobilier：Notions sur les placements en immeubles dans les zones parisiennes*（Paris：Amyot，1863），12.该作品的某一部分是以分期发表的形式，于 1860—1861 年连载于 *Revue Municipale* 上的。

［68］Haussmann，*Paris immobilier*，66.

［69］Préfecture de la Seine，Direction Municipale des travaux du Cadastre de Paris，Commission des Contributions Directes，*Le livre foncier de Paris（Valeur locative des propriétés bâties en 1900）*（Paris：Imprimerie Chaix，1900—1902），6.

［70］Gaston Duon，*Évolution de la valeur vénale des immeubles parisiens：Communication faite à la Sté de statistique de Paris*，17 novembre 1943（Nancy：Berger-Levrault，1943）；Nicolas Lyon-Caen，"Un prix sans aménité：L'indemnisation des propriétaires parisiens à la fin de l'Ancien Régime，" *Histoire et Mesure*，28，no.1（2013）：75—106.在英格兰，换算比率称作"years purchase"：William C. Baer，"The Institution of Residential Investment in Seventeenth-Century London，" *Business History Review* 76（Autumn 2002）：515—551。

［71］地产信贷银行贷款评估见 ANMT 2001 026 2743—2952（Dossiers de prêts individuels，1853—1920）。在巴黎档案里，征地评估汗牛充栋，例如可见 expropriations for the Bourse de Commerce，VO NC 284—289。诸如 Jean-Baptiste Josseau 等人在其手册中解释了房产评估的方法，*Traité du Crédit foncier，ou Explication théorique et pratique de la législation relative au Crédit foncier*（Paris：Cosse，1853），400—403；E. Lambert，*Manuel pratique des jurés et des expropriés pour cause d'utilité publique*（Orléans：Imprimerie Ch. Constant，1882），13—24；Georges Roux，*L' habitation：'Ma maison'，généralités et conseils*（Paris：Librairie Armand Colin，1912），134—137，140—144。

［72］Augustin Charles Guichard，*Guide des experts，ou Instructions et formules sur les expertises et estimations，dans les cas de réduction de prix，ou de rescision des contrats de ventes d'immeubles*（Paris：Dépôt des Loix，n.d.［1798］）；Paul Anglès，*De la lésion en droit romain et en droit français*（doctoral thesis，Lyon Law School）（Lyon：Imprimerie Schneider frères，1878）.也见 Judith A. Miller，"Des contrats sous tension：Rétablir la propriété après la Terreur"，*Annales Historiques de la Révolution Française*，no.352（April—June 2008）：241—262。

［73］关于巴黎的空间给先前的税务官员带来的特殊挑战，见 Florence Bourillon，"De continuité et de rupture：L'élaboration de l'évaluation fiscale urbaine au tournant des XVIIᵉ—XIXᵉ siècles，l'exemple de Paris"，in *La mesure cadastrale：Estimer la valeur du foncier*，ed. Florence Bourillon and Nadine Vivier（Rennes：Presses universitaires de Rennes，2012），137—149。

［74］AP D.2 P4 49：Commission des contributions directes de la Ville de Paris，*Evaluation des propriétés bâties de la Ville de Paris effectuée en 1888 et 1899：Procès- verbal des opérations*（Paris，1890），4—5.

［75］AP D.5 K3 22：Procès-verbaux des séances du Conseil Municipal séances du 22，24 et 29 mars 1886，Projet de Modification de la Procédure actuelle en matière d'expropriation.

［76］Haussmann，*Paris immobilier*，76，83.没有主观判断，评估就无法进行，而这是负责评估不动地产价值的人长期以来的担忧。近八十年后，前地产信贷银行的要员 Edmond Michel 用类似的术语解释说，评估的科学性最终取决于专家的直觉，而这种直觉是在长期处理地产价值的细微差别和变化所得的经验中提炼出来的：Edmond Michel，O'Brien de Burgue，and G. Nicolas，*Evaluations immobilières（Propriétés bâties）*（Paris：n.p.，1942）。

［77］Johann Heinrich von Thünen，*Von Thünen's 'Isolated State'：An English Edition*，trans. Carla Wartenberg（Oxford：Pergamon，1966［1826］）.

［78］*Mémoire sur le déplacement de la population dans Paris et sur les moyens d'y remédier，présenté，par les trois arrondissements de la rive gauche de la Seine（10ᵉ，11ᵉ et 12ᵉ），à la commission établie près le ministère de l'intérieur；M. E. de Chabrol-*

302

Chaméane, *rapporteur*（Paris：Imprimerie de L. Bouchard-Huzard，1840）.关于巴黎城的东西划分，见 Maurice Agulhon，"Paris：A Traversal from East to West"，in *Rethinking France：Les Lieux de Mémoire*，ed. Pierre Nora（Chicago：University of Chicago Press，2001），3：523—554。Victoria Thompson 提供了一些例子，以说明在有关社会流动性的叙事里，从东到西的移动是如何被包括进来的：Victoria Thompson，"Telling Spatial Stories：Urban Space and Bourgeois Identity in Early-Nineteenth-Century Paris"，*Journal of Modern History* 75，no.3（September 2003）：523—556。

［79］Elaine Lewinnek，"Mapping Chicago, Imagining Metropolises：Reconsidering the Zonal Model of Urban Growth," *Journal of Urban History* 36，no.2（March 2010）：197—220.

［80］John Merriman，*The Margins of City Life：Explorations in the French Urban Frontier*，*1815—1851*（New York：Oxford University Press，1991）；Tyler Stovall，*The Rise of the Paris Red Belt*（Berkeley：University of California Press，1990）；Annie Fourcaut，*La banlieue en morceaux：La crise des lotissements défectueux en France dans l'entre- deux-guerres*（Grâne，France：Créaphis，2000）.当然，这种样式与 Burgess 寻诸芝加哥的模式还是有鲜明的反差的。

［81］Préfecture de la Seine，Direction des Affaires Municipales，Service de la Statistique Municipale，*Annuaire statistique de la ville de Paris*（Paris：G. Masson，1880ff）.

［82］Préfecture de la Seine，*Les propriétés bâties de la ville de Paris en 1889 et en 1890*；Préfecture de la Seine，*Le livre foncier de Paris ... 1900*；Préfecture de la Seine，Commission des Contributions Directes，*Le livre foncier de 1911*（Paris：Imprimerie Chaix，1911）.最早发行的版本未含地产价值的数值，只有租金收入。

［83］P［aul］Planat，"Statistique," *La Semaine des Constructeurs*，March 22，1884，445—448.

［84］Vauthier 的地图，可参考 Antoine Picon and Jean-Paul Robert，*Le dessus des cartes：Un atlas parisien*（Paris：Pavillon de l'Arsenal，1999），209。

［85］"Programme du journal," *Le Foncier*，November 18，1879，2.

［86］"Les affaires de construction," *La Réforme du Bâtiment*，January 7，1883，1.

［87］"Revue foncière," *Le Matin*，April 20，1885.

［88］"La maison à Paris," *La Construction Moderne*，March 14，1903，282—283.

［89］"Bulletin des propriétaires et locataires：Comment on fait un bon placement immobilier," *Indicateur Général des Terrains et Immeubles à Vendre*，November 18，1879，4.

［90］Maxime Maucorps，*Annuaire de la propriété foncière de Paris*，4 vols.（Paris，1867—1870）. 19 世纪 70 年代和 80 年代，莫克尔起草了关于巴黎房地产市场状况的分析报告，这些报告在 *La Construction Moderne* 和 *Semaine des Constructeurs* 等大型行业周刊以及其他各种公报上刊登，但略有不同，如 *Moniteur de la Propriété Mobilière、Immobilière、Commerciale et Financière* 和 *Indicateur Général des Terrains et Immeubles à Vendre*。

［91］除了以上讨论到的作品，还可以参阅 Louchard，*Sages précautions contre des spéculations ruineuses ou l'Art d'acquérir sans crainte d'être trompé une maison d'habitation ou un terrain propre à bâtir*（Paris：Librairie Scientifique-Industrielle de L. Mathais，1850），and A. Gauthier，*Code des placements fonciers，acquisitions d'immeubles，prêts hypothécaires*（Paris：Paul Dupont，1865）。

［92］Haussmann，*Paris immobilier*，77，283. 黑体为原文所加。

［93］*Le guide foncier：Cours de la propriété foncière de 1866 à 1885*（Paris：n.p.，n.d.［1886］），后续更新为 *Indicateur de la propriété foncière et des voies de Paris*（1887）and the *Indicateur des voies de Paris et du cours de la propriété foncière*（1888）。

［94］Maublanc et Fils，*Aide-mémoire foncier de l'architecte et du propriétaire*（Paris：Au Bureau de la Revue des Terrains de Paris et de la Banlieue，1893）.

［95］Maxime Petibon，*Indicateur du bâtiment et de la propriété foncière dans Paris et le département de la Seine*（Paris：La Parisienne，1887）；Petibon，*Manuel officiel des affaires immobilières et foncières de la ville de Paris*（Paris：n.p.，1899）.

［96］Petibon，*Indicateur du bâtiment*，1887，11.

303

［97］Petibon，*Indicateur du bâtiment*，1888，253—254.

［98］在间战期，建筑师 Bourdilliat 和 A. Drouet 于 1934 年出版的财产评估指南遵循了同样的样式，即复制地产交易，并通过增加系数将土地价值转化为新法郎。 见 *Recueil des ventes foncières de terrains nus dans la région parisienne réalisées de 1885 à 1933 au Palais de justice et à la Chambre des notaires de Paris*（Paris：Librairie de la Construction Moderne，1934）。

［99］Haussmann，*Paris immobilier*，301.经济学家 Robert Shiller 在分析 20 世纪末的 304 美国房地产市场时，提出了这类信息的可获取对于"非理性繁荣"造成的破坏性爆发有重要影响。 Robert J. Shiller，*Irrational Exuberance*（Princeton，NJ：Princeton University Press，2005），25—27.

［100］*Bulletin Municipal Officiel de la Ville de Paris*（后文简称 *BMO*），December 25，1887，3021. Hervienx 在此所引的似乎是 Roch-Sautier 夫人，她在 1884 年前 John Arthur 公司的老板欺诈性破产后买下了该公司。 然而，在此期间，公司的领导是 John Arthur 的一位前合伙人 William Tiffen；Roch-Sautier 夫人的作用不清楚，但 Hervienx 的评论似乎暗示她在公司管理方面有积极合作。

［101］*BMO*，December 25，1887，3021.

［102］Halbwachs，*Les expropriations*，18.

［103］Onésime Masselin，"Des effets du krach de la Bourse sur les opérations immobilières(suite)，"*Le Foncier*，April 4，1882，1. 黑体为原文所加。

［104］"Union amicale des maîtres compagnons et appareilleurs，Séance du 15 mars 1884，"in "Procès-verbaux de la commission，" 218.

［105］"Causerie foncière，"*Grand Journal Officiel des Locations et de la Vente des Terrains et Immeubles*，September 16—30，1884，15.

［106］Émile Rivoalen，"Promenades à travers Paris：Maisons et Locataires，"*Revue Générale de l'Architecture et des Travaux Publics* 4e série，vol.9(1882)，258—260. 黑体为原文所加。

［107］"Sous-comptoir des entrepreneurs，déposition de M. Robinot，directeur：Séance du 23 février 1884，"in "Procès-verbaux de la commission，" 62.

第三章

地产问题

在 1898 年，巴黎市共有 1432 条街道被归类为私人道路。[1]这些街道，由一个或多个业主开辟于私人土地上，范围大到专属的贵族飞地，如第 16 区的蒙莫朗西别墅（Villa Montmorency），小到该市贫穷的工人区中不足一米半宽的恶臭小道。它们也是城市开发的核心工具，通常从某些支路演变而来，并向不同阶层的公众开放。虽然这些路经常被移交给市政管理部门，但在现代巴黎的景观中，我们可以还看到这些私人贡献的痕迹。它们构成了由**大街、别墅小径、通道、死胡同和居民区道路**共同组成的日常住宅网络，填补了巴黎寸土寸金空间的空白，如今人们可以通过其独特的形式把它分辨出来，或者是借着其所有者和开发商的名字而看出来。[2]1873 年路易·拉扎尔在书写时将它们称作"雌雄同体的街道"，认为这些司法和物理上的反常现象对城市的稳固构成了道德和审美上的挑战。[3]其栅栏和大门、不规范的照明和不规则的路面铺设都提醒人们去关注城市景观构建所涉及的利益之多样性，以及非正式空间可见化与其适应公共治理的不均衡过程。

　　巴黎的私人道路不仅仅是通向首都巴黎这座作为都市圣地的景观所含的各色空间的路线。[4]它们还是通往私人地产业主所享有的物理的、法律的和经济空间的路径，因为他们在城市的开发和城市的经济实践中，承担了行动者的角色。私人街道的无名小径可以说是一个非常有启发性的好位置，我们可以从其中看出城市与房地产所有者之间的不断展开的关系。私人道路越来越多地受制于市政法规对其形式和设施的裁决，故而地产所有者在大战时曾经拥有的自主权不再了。 然而，它们为集体组织形式的孕育形成构筑了基础，而这种集体形式在一段时间内看起来似乎有可能加强业主对正在重塑首都的公共工程的参与。

我们已经看到，第三共和国早期巴黎城市开发的政治经济学特点，在于其不停企图划定公共权力和私人积极性的各自空间和互相关系。在这种情况下，业主们扮演着特殊的角色，他们在宣称自己的开发重点时，既要求发挥某种作用，也被指派了某些角色。 从 19 世纪 50 年代初开始，就有鼓励业主参与城市翻修的呼声。《市政月刊》（*La Revue Municipale*）连贯地记录了巴黎的开发模式及其政治，其字里行间表达了这样一个愿景：一个业主的协会网络将取代投机资本，组成"由业主的资本资助的一个大巴黎协会，而这些业主的全部兴趣仅在于使这个团体成功运转，因为团体的成功恰恰意味着其街区的翻新和其财富的增加"。[5]可是，正是 19 世纪 70 年代的政治和金融环境为这种企划提供了必要的动力。 第三共和国第一任塞纳省长，经济学家、后来的财政部长莱昂·萨伊却让那些期待恢复公共工程运动的人失望了，他主张完全放弃国家支持的城市建设，相反他主张转向重振私人积极性，特别是要采纳业主协会的形式。 萨伊要求业主承担起责任——也即承担大部分费用——接手那些能改善其地产和收入的项目。 他还建议，既然业主们是市政的合作伙伴，他们也就应该摒弃在第二帝国后期的征地程序中养成的要求过高费用的习惯。 市政府警告说，这种要求将再不会被考虑，而且这么要求事实上可能会激起市政府对某个开发项目的完全放弃。[6]

来自市政府的刺激促成了城市地产所有者的政治觉醒。[7]在普鲁士围城和巴黎公社之后，首都的地产关系又一次变得紧张起来。 在这一动荡时期，房东和租户之间的租赁合同一直是争论的焦点，在秩序恢复后的一年多时间里，住房成本仍然是一个争议议题，需要专门的租赁特别法庭的调解。[8]此外，巴黎的大部分建筑地产已遭损坏或摧毁。甫还乡刚刚被"解救"的首都人，即对其地标之被毁表示了愤慨和悲

100

伤。 城市景观迅速成为怀旧的前沿，废墟图片和废墟之游，则将事件转叙为地产的悲剧而非人的悲剧。[9] 在公社之后，城市地产不仅获得了新的价格，而且还很快就被加征了新的税收，以减轻从普鲁士军事占领中重建和解救国家的财政负担。

为了应对这些事态的发展，1872 年，相关业主成立了巴黎市第 11 区不动产互助联合公会（Chambre Syndicale de la Mutualité des Propriétés Immobilières du XIᵉ Arrondissement de la Ville de Paris），即该市最具影响力和持续时间最长的业主协会。[10] 随着会员人数从最初的 108 人增加到 1900 年的 8 585 人（而据估计，世纪之交巴黎的个人业主总数约为 48 000 人），该协会为现代的城市业主裁制出一个新的形象，将业主这一行当理解为一种应用导向的、并对社会和经济整体作出重大贡献的**职业**（*métier*）。 它还相当重视业主作为城市开发行动者的能力的正式确定。 该协会早期的游说工作，主要关注的是将 1865 年出台的关于农村土地所有者协会的法律扩展到城市环境，以为城市地产所有者在公共工程领域的协调行动建立一个框架。 这一改革在 1888 年通过，但在实际应用上却与支持者的渴求相差甚远，它甚至进一步推动了政府凌驾于私人主动权之上的权威，而不是为私人利益赋权。

101　　巴黎业主的动员（其他主要城市中心的业主也迅速跟进）也是对更广阔层次上的经济转型的回应。[11] 尽管在 19 世纪的政治动荡中，他们的法律地位得到了基本保障，但城市地产所有者的社会和经济地位却经历了巨大的波动。 1848 年至 1880 年间，巴黎的地产逐渐集中在一个日益专业化的地产拥有者阶层（这些人将其职业简单地定义为地产拥有者）手中。[12] 社论家和通俗作家把这些地主称为秃鹫先生（Monsieur Vautour），以攻击那些既贪婪又没有实际产出的业主。 在一些圈子里，业主被视为即使没有他们的个人努力，只要蹲在土地和建筑物上，也会积累价值和产生收入的人，业主发现越来越难给自己的利润和在政治经济学中的地位正名，因为政治经济学恰恰认为劳动才是价值的来源。对业主来说，幸运的是，经济理论在 19 世纪中后期发生了变化；效用开始被视为赋予商品价值的另一个来源。 业主一方面没有忽视强调自己的物业管理工作，另一方面他们也受益于经济价值模型的论战，并将其作为另一个为其收入正名的途径。 在1900年召开的建筑地产国际大会（International Congress of Built Property）上，代表们试图界定并捍卫他们的利益，而与会的来自巴黎的主席发现，更好的做法是，将地产的特征描述为一种市场关系和服务的交换，而不是一种地位或权利（尽管这两者也算），将其经济能力描绘得与社会再生产和分配的关系（而不是与生产的关系）更密切。[13]价值来自于市场本身，产生于供给和需求的互动。

　　在一个不断演化的投资环境中，土地和建筑地产在中产阶级的荷包那里面临着越来越多的竞争，这些竞争源自越来越易获得的、多样化的投资选择，这塑造了地产所有者和他们的资产在国民经济中的地位。到19世纪80年代，在法国投资者的投资组合中，动产——传统的"动产"投资比如家具和珠宝，相对较新颖的动产资产则比如股票和债券——已经等值于不动产，并到了第一次世界大战就完全超过了它们。[14]在动态的证券交易的世界中，人们似乎在一夜之间既可盆满钵满，也可倾家荡产，丑闻也经常动摇投资者的信心和荷包，与此不同的是，房地产的不可动则作为一个稳定的避风港而脱颖而出："还有什么东西，是比房地产投资、石头和铁器来得更坚实、更有形、更朴素、更值得信任的呢？"[15]然而，它也成为了一个被新型的商业实践和金融实验所征服的投机前沿。 房地产投资公司，其"每一份股份都代表着不动产的一部分"，因此，"就其性质而言，提供了完全的安全性、盈利收益的确定性和升值的可能性"，它代表了长久以来为人们所共享的调动土地价值的梦想在该期间的最新解释，这个梦想至少从18世纪起，就贯穿于农业改革者、政治家和经济学家的金融项目之中。[16]但经济理论和法国的法律框架，在将房地产及房地产的可交换性纳入其概念和法律程序中时，都遇到了困难。 前者对土地在经济生产中的地位采取了多样的、偶尔是互相矛盾的立场，而后者则借由《拿破仑法典》，将

102

房地产及其交易排除在商业领域之外。[17]组织起来的地产所有者发现，他们的动员能力和适用干预的行动范围，在很大程度上，取决于这些发生于经济生活的文化及其实践之中的广泛变革。下面我们将阐明私人地产所有者在 19 世纪末大都市的开发机制中可用的空间和手段，以复原普遍的地产商业化的冲动中的一个特殊故事。

私人街道与公众利益

几个世纪以来，巴黎的街道一直受首都特有的法律制度管理。旧制度时代的立法中，最重要的是 1783 年 4 月 10 日的王家声明。该法令规定，巴黎的街道必须遵守 1765 年 2 月 27 日的御前会议决议（*arrêt du Conseil*），它适用于由国家维护的道路，要求建筑商在进行施工之前必须获得官方对建筑线路（*alignement*）的通知。[18]从本质上讲，这使建筑商有义务获得某种形式的建筑许可。紧随这一立法之后，1784 年 8 月 25 日的特许任命状对城市中与街道宽度有关的建筑高度进行了规定。1783—1784 年的立法同路易十六委托埃德姆·韦尔尼凯（Edme Verniquet）绘制的著名的首都地图相吻合，其目的是缓解 18 世纪中叶现代公寓式住宅出现导致的楼房密集化。从此，它规定："无论出于何种原因，在巴黎市内和郊区，如果没有以特许任命状的形式获得授权，不得开辟或形成新的道路。"[19]新街道的大小也有规定，最小宽度为 30 英尺。其他城市在这个方面的规定则要直到 1807 年，私人街道开发才需要得到官方的批准。

巴黎特殊的街道管理制度在整个世纪中不断发展，并对建筑业产生了重要影响。在全国范围内，在非公共道路的街道上开工建设不需要任何授权，也不受适用于公共道路（*voie publique*）上的建设和建筑的形式的任何规范或规定的约束。[20]1862 年，中央给各省省长的指示强调，"如果意图开工建设的区域，或者说想要翻修的建筑，不与当前的公共道路相邻，就不需要批准"。 即使有关土地"计划成为新设的通衢或延伸后的通衢的节点"，但除非采取合法的征用程序，"所有者在合法行使其地产权方面不应受到阻碍"。[21]然而，在巴黎，自由处置私有地产的这一特殊因素，仍被 1852 年 3 月 26 日的敕令所限。 这项立法构成了帝国城市政策的基础；除了大大扩展国家的征用权力外，它还要求所有将要施工的建筑商提交详细的建筑计划，以获得开始施工的许可。 几个世纪以来对公共和私人街道建筑的区别被摈弃了。

原则上，首都的街道在市政管理部门那里是一视同仁的。 然而，在实践中，对私人街道上的建筑的监管仍然存在很多混乱。 事实上，那些不**直接**面朝公共道路的建筑，如院子里的建筑（在居民住屋和工业建筑中都极为常见）的地位也很模糊。 例如，对建筑高度的规定总是指面朝公共街道的正面的高度，而对那些正面朝向内部庭院的建筑的高度则没有进行管理。 巴黎的做法是将街道作为城市开发的基本单位，而不是将地块或单个建筑作为城市开发的基本单位，这也是造成房产的高度内部密集化的原因。 在卫生法的效力不断增强之下，监管才从正面和街道转移到潜伏在千篇一律的建筑正面之后的私人空间。[22]这方面最重要的立法是 1884 年关于建筑高度和庭院大小的法规。 这项立法还首次延展触及了对由私人街道组成的地产的特别应对，以类似于通衢的方式来确定其高度。[23]

然而，这一立法的实施仍然存在障碍。 1888 年，巴黎工程总监在写给公共道路和人行道总监的一封信中陈述说，治安官"经常犹豫不决，不敢对未经授权在内部空间进行建筑工程的业主和企业家作出判决"。 他解释说，这种犹豫源"于 1852 年 3 月 26 日的'巴黎**街道**法令'，因为该法令的文本中没有出现'**授权**'一词"。[24]街道成了主导官方监督的术语和目标，这限制了行政部门对内部——或内部化了的——空间的影响。 1881 年，当省长同建筑师全体大会（Réunion Générale des Architectes）就修改建筑高度规定的建议进行磋商时，后者强烈反对将行政权力扩展到地产地块的内部，并称该措施是"完全现代

104

的人为发明，是被非法引入法律实践和法理学的"。 大会认为，公共卫生法被用以任意限制业主和建筑商的权利："借由其对 1850 年的**压制性法律**的难以置信地弹性化、完全地官僚化的解释，塞纳省已经将室内建筑同化为公共道路上的建筑。"[25]

尽管 1852 年确立了建筑商必须获得建筑许可的这一义务，司法当局仍然对于公共权威对私人街道上的建设所能施加的确切规范感到困惑。[26]要在地产所有者自由处置其财产的权利——在这个案例中指的是在任何时候于其上开工建设的权利——上强加法令限制，侵犯了在整个 19 世纪，法国的所有制度统治所赖以为基础的个人和社会权利。 这需要认真的法律考虑和调整。 1852 年的法令在规定私人建筑须获授权的时候，在授权申请的程序设计上注意到了业主的自然权利。 一旦业主提交了所有适当的文件——即有完整标签和编号的建筑图纸以及对官方街道调整及评第的请求——只要省府不发出禁令，他们就可以在 20 天内开始施工。 这个方案是为了尊重业主在其土地上开工建设的自由而树立的，并且只给了市政府一个狭窄的窗口期来对这一权利加以制限。 最高法院在 1889 年的一项裁决中引用道："法令第 4 条第 2 款，按照其规定，只给了行政部门以否决权，而非给了可以授权的权力。"[27]市政当局的权力不包括向地产持有人**授予**所有权，只包括对这一所有权的行使**施加限制**。 而立法者在其他地方做的其他反应则表明，即使这一否定权，也受到了严格的限制；行政法院在 1906 年的一项决定中，对决定省长是否该保留在 20 天延迟期结束后禁止施工的权力的问题，作出了否定的回答，并指出："实际上，所谓的限制建筑权的监管规定，是特殊而极端的；它们以公共事业的名义限制了地产所有者，〔并且〕必须从狭义上进行解释。"[28]

私人街道在性质上的根本模糊突出了市政法规混乱、不规范实施的可能性。 值得注意的是，从 18 世纪末开始，新的街道开发就需要得到授权了。 然而，根据开发商的具体意图，这条原则在实际运作时会有所缓和。 地产所有者在开辟街道时，如有意图将其移交给公共当局，不仅需要授权，而且要求开发商在建设时满足各种条件，如要保持最低宽度，按照市政标准建立铺路、照明和排水系统，并允许城市机构对整个过程进行监督。 一旦这些工程完工，私人街道就可以被列为公共道路，其维护工作也就交给市政当局。 在1830—1848年的近20年里，大约有50条街道由私人开辟或扩建；到世纪末，这些数字大大增加，因为地产所有者受到了来自第二帝国时期和之后开展的各色项目的鼓励，于是致力于"开辟新的街道，以使建房土地有利可图，从而使他们的房地产资产更有用武之地"。[29] 在从1886年至1896年的十年间，大约有80条这样的街道开通，并移交给了公共管理部门。[30]

　　然而，街道的开发者并不总是打算让新开辟的道路最终进入公共领域，因为后者可能会完全改变其建设所适用的法规。 没有申请将其街道列为公共道路的业主可能就不需要面对对其形式或设施的任何条件限制。 在这些街道上建造的住房须遵守1850年4月13日出台的关于不卫生住所的法律，但街道本身并不面临这种制裁，尤其是在它仍然以大门或其他装置来隔绝一般行人的情况下。 另一方面，法学界认为，如果业主没有开设大门，那么这就构成了一种业主方的默认同意，以确保通衢得以安全与和平地使用，而且1888年的一项警察局命令规定，向公众开放的私人道路也必须采取各种卫生措施。[31] 如果不遵守这些措施——包括充分的照明、道路维护、未施加阻碍——乃至在某些情况下增加人行道，就会导致当局阻止人们进入该街道。

　　地产所有者和市政管理部门都可以利用街道的私人地位为自己谋利。 私人街道可以成为逃避日益严格的市政管理要求的避难所，是业主开发土地的一种方式，同时即使它不是完全不受行政协议的约束，至少也在政府行动的适当范围方面，处于一个高度不确定性的区域。 即使是打算移交给城市的街道，也可以利用其私人身份来逃避行政监督。1882年，圣奥诺雷市郊建筑公司（Société des Immeubles du Faubourg Saint-Honoré）在第8区开辟了圣菲利普卢勒大街（Rue Saint-Philippe du Roule），并告知政府，虽然它最终会试图将这条街道移交给市政管辖，

106

但在所有工程完成之前，该公司不会要求将其列为公共道路。巴黎市的一位工程师报告说："这种操作手法，其目的只能是为了逃避行政部门的监督，以牺牲良好的工程为代价来节省一些钱。"然而，只要道路仍然是私有的，城市的干预就很有限。[32]

业主们可能会利用私人身份去建立一块精英飞地，但更多的情况是，一条街道的封闭可能导致巴黎更弱势的居民工作和居住的区域所能享受的公共服务不足（尽管在社会和经济上仍然充满活力）。[33]在对巴黎东部工人区的研究中，路易·拉扎尔记录了蜿蜒于这些地区的破旧的私人街道和潮湿的通道。[34]1874年，他在《市政通讯》（*Le Courrier Municipal*）上写道，私人道路的物理的和法律的外衣给予了肆无忌惮的业主以危险的特权。他承认，那些旨在被移交给市政当局的新辟道路已经有了足够的规范，并能满足公益。然而，要规避这些规定也太容易了："如果这些土地的所有者确实抱着这样的想法，即如果只开一条**私人通道**或一条宽三四米的**居民区道路**，就会让他的投机会更有利可图，那么法律是无力[阻止他]的。……他只止于执行道路工程的要求，这些要求则**只**适用于他的通道或别墅小径和通衢交会的入口。在这之后，在[新建住宅区]的内部，他可以随心所欲。"[35]虽然警察可以确保街道上最低限度的卫生和安全，但他们没有职权拆毁街道或改变其形式。拉扎尔由此得出结论："在巴黎不应该有**私人**街道这种东西。"[36]使出租房屋都建在街道旁，并让街道向一般行人和车辆开放，应该就能够终止其空间的私人统治权。城市的公共生活必须永远胜过个别业主的私人利益。拉扎尔强调了他的观点（并进一步说明了在首都的建筑权方面一直存在的混乱），他坚持认为："在巴黎，未经市府批准，不得在公共道路旁或建筑地块内部建造房屋。"[37]考虑到个人的临时租用权与建筑物对城市景观和集体生活的长期影响之间的脱节，即使是供业主单独居住的建筑物也应受到这些条件的约束。

就其本身而言，市府可以利用拒绝接受把街道升级为公共通衢的做法，来迫使建筑商升级他们的房产，尽管这种策略只对有一定经济能力的业主有效。 圣菲利普卢勒大街（Rue du Saint-Philippe du Roule）的业主甫正式要求获得公共地位，就被迫进行了许多改进，最终于 1890 年，其公共地位被接受。 1884 年，第 11 区一条新路的建设者与市政府接洽，希望能给他们的地产——当时仍然是私人的——与公共道路的连接行个方便，初期的市政工程师的调查是支持这一接入的，他报告说"新开的街道非常重要，有理由移除目前其与公共街道相连处的凹地"。 此外，建筑商同意支付运营费用，并"接下了负责长期排空圣殿郊区大街的排水沟流出的所有水的任务，无论这些水的量和成分在未来会如何加增"。 不受阻碍地进入公共道路，正是业主们愿意为之接受谈判的那点好处。 然而，经审查，首席工程师拒绝了请愿者的请求和讨价还价，强调"只要私人街道的业主无意承担必要的费用，以便将其划为公共街道，市府就没有兴趣为其提供方便"。 他认为更合适的做法是，在市府正式接收之前，街道要保持其私有地位的标识足够明显。[38]

即使业主和建筑商获得了街道开放的批准，这种授权也不能保证城市在街道建成后愿意接手控制。 开发标准与全城市的广大公共利益一样，都是决策所考虑的因素："实际上，除了土地的免费特许和开发的完美状态外，一条街道还必须对集体效用作出回应，要足以为其所招致的维护费用的正名。 在这方面，[开放街道]的授权发给业主时要风险自负。"[39]这种方法可能带来的好处——即，更统一的城市结构、标准化的基础设施和能有效满足城市需求的开发区——必须与拉扎尔所谴责的那种无序扩张的危险相平衡。 1872 年，一位市政工程师报告了于泽大街（Rue d'Uzès）的开发进度——这条街道是在第 2 区属于德勒塞尔（Delessert）家族的土地上开辟的——他拒绝封闭这条街，尽管它的状况很危险，因为这样做"只会对建筑商有利，他们将因此成为土地的完全的主人"。[40]

缠绕在私人街道上的法律迷宫和实际适用的不确定性，促使城市化领域出现了一些尤为重要的法律创新。 1900 年，参议员保罗·斯特劳斯抱怨道："有一类裁决（arrêt）将私人道路划为建筑物的一部分，而另一类则拒绝将其视为与之相邻的房屋的一部分。 因此，在所有城市里，私人道路几乎都完全逃脱了行政干预。"[41]在制定 1902 年 2 月 15 日的公共卫生法（1904 年 6 月 22 日的巴黎市卫生条例对其予以了增补，此后该条例一直是巴黎市的主要城市立法，直到二战之后）以及 1912 年 7 月 22 日的私人道路卫生法时，斯特劳斯在这方面扮演了重要角色。[42]市政一直在努力缩小其管辖范围内部难以捉摸的空间。 在法律上仍然暧昧不清处，或者在行政法院表明它们致力于维护的正是私人地产所有者的特权之处，市政当局则以新的法规来回应，维护对城市街道的统一监督权。[43]无代价乃至非正式地利用空间的反规制的界限，正在逐步缩小。 然而，在法律的框架和应用上，以及在奥斯曼城市主义和后奥斯曼城市主义的规整的林荫街与大道上，城市空间的形式仍然有着灵活性。

　　巴黎道路的管理制度表明，在城市空间的建设中，日常的公共和私人的协调都很复杂。 这还引入了 19 世纪末巴黎市地产所有者面临的一个关键难题：协会的问题。 为了维护他们对城市景观所持的特权，第三共和国时期的业主们试图通过建立得到公共工程许可授权的正式协会来确立他们都市改造的中介者的角色。 十多年来，巴黎业主阶层的代表们一直在开展游说活动，希望将组建实施公共事业项目协会的权利扩展到城市环境中，最终通过的 1888 年 12 月 22 日的立法实现了他们的目标（尽管立法针对的对象更为更广泛）。 在实际运作中，这些协会与私人道路空间密切相关。 事实上，斯特劳斯的 1912 年立法的运作方式，恰恰建立在 1888 年立法的框架之上，后者使当局能够强制地产所有者协会成立，以改善私人街道。 这些强制性的协会将街道的共同地产分解给个人，以此来运作：它要求业主们去量化其个人利益的范围，并相应地分担必要的翻修费用。 从这个角度来看，这种改革私人道路状况和地位的企图，也是一种针对业主所有权的中介化（借用拉扎尔的术语说，就是"雌雄同体"）形式的不自在，而这种普遍的不自在在 19

109

世纪末关于地产的学术、经济和政治讨论中得到了回应。[44]

"市府只帮助自助者"：私人地产和协会

市政管理者对公共地产管理忧心忡忡，他们渴望将他们的政策同第二帝国的专制做法区分开来，因而他们乐于接受巴黎的业主组成协会以进行公共工程和街道开发的可能性。 1871 年，塞纳省省长莱昂·萨伊建议，业主们组成协会可以有效地取代早已耗尽的公众主动性。[45]继他之后，1872 年，市议员朱尔·雷维耶（Jules Léveillé）提出，以业主协会为开发的主体，可以在奥斯曼腐败的特许政治和萨伊的弃权主义学说之间达成协调。 雷维耶解释说，这些协会"将成为法人团体，与市府协调工作，而以自己的名义征地"。[46]这些实体的行动方式同与先前的政权进行谈判的私人公司类似，但他们将成为为了长期利益而投资自己的社区的业主，而不是为了获得快速回报而干涉市场的投机者。 那么，被组织起来的业主，其自身就是对专制行政和肆无忌惮的企业贪婪的拒绝，它将以居民的名义来重新掌控城市景观。 塞纳省议会接受了这一提议，宣布："考虑到公共财政被过去的期许压得喘不过气来的状况，所有阻碍个人或集体的主动性的障碍都应该被消除，以便参与特定项目的个人能够尽可能广泛和积极地取代国家、省署和市府。"[47]

新成立的第 11 区不动产互助公会（Chambre Syndicale de la Mutualité des Propriétés Immobilières du XIᵉ Arrondissement，以下简称"地产公会"）对城市开发项目持更加积极和专营化的立场。 该组织弘扬作为第三共和国政治的核心概念的结社的美德和效用，因为它协调了自由主义个人主义和社会主义集体主义之间的紧张关系。 该组织要求那些具有"众所周知的荣誉声誉""绝对完全的大公无私"以及"共同的团结一致精神"的业主，将对其他专业协会的支持放到第二位，以促进国家进步和拯救国民为其共同事业。[48]协会将抵制"地产所有者中

110

某种冷漠和孤立的自然趋势"，将其原子化习惯重新定位到集体行动上，同时又不逾越个人私有财产的神圣原则。[49]这条政治讯息对空间产生了一个必然结果：随着该团体在整个城市的扩张，"巴黎房地产利益集团"的集体呼声出现了，并且将地方利益转化为了普遍利益。[50]地产公会立即接纳了雷维耶关于业主协会的宣告；它自称愿意承担起城市开发的任务，并表示支持"真正保守而又具有社会意识的事业"，例如开辟"实用而不浮夸的道路，得到巴黎人支持的道路，以及促进建筑部门成果增益的道路，而建筑部门正是所有行业的基石"。[51]该组织的章程提到，省长对业主协会的鼓励是其灵感之一，它还称其最初的一个目标，就是要方便政府在伏尔泰林荫大道（Boulevard Voltaire）上的工程，该大道既是该地区的重要动脉，也是该组织的发迹之地。[52]

　　虽然地产公会代表的是一种新类型的业主协会，它却很快就成为了首都有产阶级的主导声音，同时它也并非巴黎城涌现的第一个业主团体。 在前述的私人开发的街道上，相邻地产的业主共同组成的协会偶尔也会被确立为管理公共空间的一种手段。 例如，在 19 世纪 40 年代，一位名叫文森·庞塞（Vincent Poncet）的业主同虚有权所有人协会（Société des Nu-Propriétaires）合作，在城市西北部建设"新玛蒂尔街区"，与此同时，玛蒂尔通道上的业主就自动成为了该业主协会的成员。[53]新玛蒂尔大街（即所谓的玛蒂尔通道"Passage des Martyrs"）业主联合协会（Société des Propriétaires Réunis de la Rue Neuve des Martyrs）则代替公共当局负责街道的维护和治安。 每五年一次的业主大会则会下设一个执委会，由其负责监督每年用于照明、铺路、清扫、维护街道和大门以及支付通道保安的薪酬和住宿的拨款。[54]1854 年，执委会成功地起诉了两名个人业主，因为他们拒绝为维护公共道路贡献自己的一份力量，这充分证明了其管理物业的力量。 其律师道，这条构成利益共同体的街道，"正是一个协会"；而支持那个允许业主从对所有人一视同仁的规则中抽身的权利，则"将意味着契约的破坏和发展的毁灭"。[55]

　　这种协会正是后来第三共和国早期所热议那类协会的重要先辈。

但一般来说，这些早期的团体更关心的是维护他们的私有财产，而不是在开发项目中附和政府。它们往往是保守的机构，其规则和义务被纳入其销售行为，其存在由街道的私人地位决定。此外，这一现象并不普遍。根据有关 19 世纪巴黎 20 区的 100 多个私人开发项目的研究，只有 10 个项目设立了新业主的年度大会。[56]到了 19 世纪 70 年代初，支持业主协会的游说者寻求的，已经是一种明确的公共协会形式，面向一般公众而非特定的群体，而且业主可以在没有任何契约的基础上进行合作。

112

　　新型业主团体的重要先例来自 1865 年的农村业主协会法律，该法律允许农村业主组成协会以承担关系到集体利益的公共工程。[57]地产公会和无论是市政还是国家层面的业主协会支持者，都希望对该法律进行修订，使其能够应用于城市之中。一旦修订，该法不仅将授予城市地产持有人以集体进行开发项目的法律权利，而且在业主中存在少数顽固不化的个体时，将擢升大多数人的权利。雷维耶在报告里，将该措施描述为一项将对集体利益负责的新义务强加于私人所有权之上的进步改革。[58]协会将作为个人和国家之间的中介，合并起地方和城市；省署负责评估一个项目的总体效用，但这些项目的费用将由最可能收获最直接利益的人承担。而市府则将在那些业主表示愿意支持其工作的地区推动工程。[59]雷维耶总结道，"简而言之，我们告诉每个街区：市府只帮助自助者！"[60]

　　然而，对一些人来说，以这种方式分割城市代表了对城市发展性质的根本误读。农村的法律并没有完全映射到大都市的景观上。1865年的法律出台的目的是承认一种利益，即集体利益，它存在于公众和个人之间的中间地带，为那些不符合公共利益标准、但对一群人来说非常重要的项目提供一个框架。[61]这种中间利益在农村环境中是富有成效的，但在城市环境中，它被认为是具有挑战性的，甚至是危险的，因为在城市环境中，由相互竞争的团体进行的开发可能会演变成对当地利益的充满矛盾的争夺。1888 年，一位评论员对扩展该法律适用范围的建议表示担心，他说："协会的建立必然会导致城市的分裂，并消除其统一性……它直接威胁到我们公法的原则之一：市政法律和管理。"[62]作为公共利益的体现的市政管理，在这群中间机构面前面临着衰减的风险；小片地块将取代整座城市。巴黎市议会之新派作风则使这一风险变得更加强烈。作为这些担忧的直接后果，1865 年法律中的"集体利益"后来被从立法提案中删去，取而代之的是整个城市的"公共利益"，这一调整从根本上改变了筹划和批准开发项目的参考尺度。[63]

其他批评者坚持认为，城市环境本身的性质就使得那种以容易识别和在地化的投资所得为前提的开发方式成了泡影。1873 年问世的一份关于公共工程融资的研究报告指责拟议中的业主协会对城市增长管理的诸关系抱持着狭窄的理解。据称，这本书是由巴黎商会（Chamber of Commerce of Paris）和塞纳-马恩省议会（Conseil Général）成员、工业家埃米尔-茹斯坦·梅尼埃（Émile-Justin Ménier）撰写的；但它的真正作者很可能是记者、经济学家、未来的巴黎市议员、未来的众议员伊夫·居由，他以梅尼埃的名义出版了几本书。[64]该书认为，开发项目附近的业主和租户一定会获得最大的利益的说法根本是不真实的。"在巴黎这样的城市里，工程完工后的好处是向外辐射的，向各个方向辐射的……而位于城市边缘的居民有可能和位于中心的居民一样感受到它们的影响。"在他的这一设想中，城市环境是一个复杂的、相互依存的网络，复杂到某一项目的效果无法直接预测，可能需要多年才能显现出来。由于这个原因，以地理为基础来分配财政责任，将永远无法准确说明现代大都市开发所带来的一系列成本和好处。作者总结道："在我看来，整个城市本身就组成了一个巨大的协会。所有居住其中的人的利益会以千百种方式纠缠在一起。"[65]梅尼埃/居由随即将业主协会的逻辑运用于全市，提出了一个替代方案，即通过征地产税来资助全首都各地和各种活动的公共改进计划。

对（城区）私人地产责任的空间和法律边界的讨论，有着几十年的立法辩论和政治经济学思想的基础。1807 年 9 月 16 日关于湿地排水的法

律是 1865 年法律的重要先例，也是关于城市开发中财政责任分配的思
考的重要试金石。[66]它为国家或市政当局在公共工程结束后收回地产
所有者所增加的地产价值提供了法律基础。 这些"间接剩余"——之
所以被称为"间接剩余"，是因为这些剩余是由非直接为工程付款者、
即其以外的其他个人所获得的，而且地产价值的增加本身也并不是工程
的主要目标——必须由公众占有，以确保由共同体来承担的费用不过分
惠及一小撮个体。[67]由于土地是一种独特的可垄断又不可再生的物
品，同时又似乎完全任意地坐落在公共工程的道路上，因而将这些土地
价值的剩余与所有者的劳动联系起来的做法就没什么可信度。 它们来
自于代表一般公众行事的国家的努力，因此可以推理出，公众享有对它
们的合法要求。 法律允许公共权威以给业主赔偿的形式来收回其项目
所产生的地产价值增长，最高可以达到一半。 不足为奇的是，要确定
哪个具体项目对应哪一部分的价值增长，以及受影响的地产的地理范围
是什么，这些困难很快就显现出来了。 迟至 1886 年，政府的法学家们
发现他们没有任何方法来区分明确的地产价值增长和纯粹作为地产嵌入
"社会环境"所带来的结果的"食利"，而在这个所谓的"社会环境"
中，公共工程只是影响价值的一个因素。[68]法律标准并未出台，而个
别案件通常根据其特殊情况进行裁决。

114

　　尽管 1807 年的法律很少会继续被 19 世纪的行政部门所采用了，但
它开启了自筹资金的开发项目的梦想。 19 世纪末，在关于"土地问
题"的国际辩论的背景下，该法律获得了新的意义，在某些国家，直接
占有了地产价值增长的国家和市政项目如春笋涌出。[69]这些项目的经
济基础(而非法律基础)建立在詹姆斯·密尔和约翰·斯图亚特·密尔提
出的"不劳而获的土地增益"(unearned increment)原则之上，并在 19
世纪末为美国土地改革家亨利·乔治推广于国际。[70]

　　不劳而获的土地增益是对李嘉图地租理论的修改，指的是土地价值
不可避免的增长，这种增长是集体努力的结果，并不包含地产所有者的
必要贡献，但所有者却可以因其垄断权而从中获益。 这是政治经济学

中一个极其棘手的问题。 通过提供一种方法来区分土地所得中固属所
115 有者自身的劳动的合法部分和不合法的部分，它既巩固了私有地产的劳
动理论，又引入了对产权的限制。 因此，它也受到了一系列政治解释
的影响，而从不同的角度出发，各色作者则激辩将这些增益分配给社会
运用的可能性和适当手段。 在法国，自由派经济学家、数学家里昂·
瓦尔拉斯试图为国家占有未来地租的增额的做法提供一个合理的数理基
础，同时还要维持私有地产的合法性和神圣性。 进步派经济学家查
理·季特（Charles Gide）则为业主对地租增额的合法要求而辩护，但他
同样热衷于将乔治的单一税制改革应用于"新的""未占用的"领土的
可能性。 支持以更彻底的形式占有的人包括社会学家莫里斯·哈布瓦
赫，他声称地产所有权的永久性质构成了对地租的"囤积"——土地投
机者最为公然地展示了这一点——他要求以保护穷人的名义，对其加以
进"社会化"。[71]19 世纪 80 年代初，这些"激辩"引得巴黎市议员约
瑟夫·马涅再三提呈巴黎土地市政化的建议，他引用了 1807 年法律的
先例，并在他的议员同僚们面前坚称，土地价值属于社会和城市，而不
是属于私人公司或个人："是房地产公司的成员把 5 法郎硬币种在地里
了吗？ 不是，是城市承担了一切。"[72]

19 世纪末，在"新国土"（new countries）上的土地组织的经验激发
了对地产私有制基础的争论，这些争论显著地阐明了土地价值的社会生
产。[73]詹姆斯·密尔首先以新国土上人口增长所需的经济组织为例，
说明了对不劳而获的增额征税的原则。[74]然而，如果说将其他的地产
制度转变为私人占有制度的做法——将集体土地、公共土地或殖民地背
景下开辟和归类的荒地转变为私有地产——引发了将属于自然者转变为
地产这一人们所熟悉的问题，那么在都会的背景下，则是早已为人力劳
动所开辟和经营的城市土地提出了所谓的地产价值必然具有集体性质的
问题。[75]

自由主义经济学家保罗·勒华-博略在其 1881 年的《财富分配论》
（*Essai sur la répartition des richesses*）中写道，城市地产给基于劳动价值

生产力的所有权理论带来的问题甚至比农村土地还要多。他断言，城市地产所有者当然履行了重要的任务。私人占有这个再简单不过的行为在塑造城市环境方面发挥了重要作用，通过对价格和租金的处置，驯服了无序和不愉快的都会环境。此外，他还称，所有者的这一角色在本质上是有风险的；他们的地产价值远不能（如不劳而获的土地增益理论所描绘的那样）自动地、安稳地增加，城市地产所有者必须事先计划、制定战略，并最终还要企图用自己的财富来冒险。[76]勒华-博略承认，尽管如此，流行的观点认为，"城市地产所有者的不做不为远比其他有做有为要来得更完美"，他们的不做不为居然还能"比最聪明和最富激情的劳动赚回更丰厚的收益"。[77]勒华-博略虽然斥责了这种描述，但他也不得不承认，劳动并不是 19 世纪末城市地产价值飙升的一个充分理由。他写道："什么样的人类劳动，能证明大城市 200、500、1 000 甚至 2 000 法郎一平米的地价有理？"19 世纪中叶的古典经济学家构建的价值和地租理论——勒华-博略特别提到了弗雷德里克·巴斯夏的理论——在这种现实面前是站不住脚的。他坦言，相反，城市土地价值的来源必须见诸市场，见诸没有业主的直接参与的"一系列外部环境"。[78]勒华-博略承认地产之经济生活所内含的社会因素，在这一点上，他赞同哈布瓦赫这样的反对私人占有城市地租的批评家，并且有着相同的概念认知，他们都认为在个人地产所有者和城市开发之间存在着"深刻的团结"："某条街道或某一街区的业主可能完全互不相识，但作为一个群体，他们会从一切使得街道更加热闹、为街区带来更多富裕居民的东西中受益。"[79]城市的性质将单个孤立的业主转变为一个事实上的集体。

对 1865 年法律的修订，将提供一个框架以促进城市业主协会发起公共工程，在这一方面，它能更好地组织起公共和私人的对城市结构改造的参与，以更准确地反映土地价值的社会性质。它将为个体业主提供集体行动的概念和实践框架，而迄今为止，个体业主还个个都沉沦在孤立无援、缺乏效益的境地中。当然，与此同时——这明确显现于市

116

议员的讨论之中，后者正是法律修订所诉诸的对象——它将城市改造的成本强加给土地所有者本身，这一事实却有来自有组织的地产所有者的支持，这一反差实在有些令人惊讶。 然而，十多年来，地产公会还有另外一个立法委的核心团体一直在各方游说，以期实现其渴望已久的立法改革。 1875 年，协会副主席莱昂·科谢格吕提醒成员们，私人地产参与城市集体建造仍然受到抑制："在承担涉及集体利益的共同工程时，城市地产沦于某种孤立状态，而沿着这些路线的全面开发往往受到个人自由的阻碍。"[80]1876 年，地产公会向众议院和司法部提交了一份请愿书，要求根据 1865 年的法律所赋予的特别待遇，而得以有权组织起来，以"支持国家一般和特殊的福祉"。 在解释其要求时，公会提到了人们一致赞叹协会的优点。 更确切地说，请愿书作者的重点关注在于在地尺度上组织和指导城市主义所能带来的好处，而这种自下而上的主动性，将弥补行政人员的盲点和宏观尺度上的投机者的疏忽，从而"在短期内为偏远的、处境不利的街区和居民区带来同中心区一样的、且早已有幸享受了相当长时间的好处"。[81]

其对在地的优点的强调，或许反而是一个战略选择上的错误。 民选官员对少数业主代表公益以及地方关注如何折射公共事业的能力始终持怀疑态度。 1876 年的请愿书被拒斥，人们觉得这对巴黎这样的城市来说过于危险，其所提及的第四议会委员会则断言，这样的协会"对相关的法律而言，无论是其本质还是具体规定，都永远不会把握住公益"。[82]地产公会没有气馁，它与共和党议员查理·弗洛凯（Charles Floquet）、马丁·纳多合作，于 1877 年 3 月 1 日向众议院提交了一份法律草案（*projet de loi*）。[83]协会在其送出的支持该措施的备忘录中强调，业主指导下的对城市主义的支持将标志着自由主义政策的回归，它将为个人主动性赋权，并拒绝"一连串的过度贷款"，这些贷款不公平地给纳税人造成负担，恰恰是帝国做派的特点。 然而，与此同时，该协会还坚持认为，个体的私有地产也可以根据集体的需要和集体的权利而进行自我调整。"必须承认，在涉及公共福祉的情况下，产权是可以协商的。"[84]

　　经过数次尝试和广泛讨论，在 1888 年 12 月 22 日，1865 年法律得以成功修订，修订后它允许城市地产所有者以实施公共工程为目标组成协会。[85]项目需要得到市议会的批准，然后还需要省署的授权——这使得对公共利益的声明权掌握在官方代表手中。 只要有多数业主同意某一项目，且其一旦得到公共事业法令的授权，那些不同意的少数业主的土地就能够被征用。 在该法地位走向正式化的过程中，巴黎市议会的成员表示希望业主协会能够为待议的具体项目递交计划。 1887 年初，在法律成为正式文件大约两年之前，议员莱昂·多纳提议议会拨出250 万法郎补贴这些团体，理由是它们能够为巴黎工人提供就业机会，同时减轻市政开支的压力。 这些团体不仅可以以一种更持久的方式运作，从而替代断断续续的公共工程项目，而且通过对其加以支持，议会将"成功地让那些从项目中获利的业主为其支付费用，而不是将负担分配给所有的纳税人和消费者"。[86]此刻，居由在众议院担任预算委员会报告人的职务，他修改了早先在其关于协会的文章中的立场，发布了一份报告责成市政当局利用新的法律，邀请业主将他们的地产价值增长的一部分贡献出来，作为"一种自愿税"来支持公共工程。[87]

　　然而，该法的实际影响远远没有契合这些愿望，而且它对私人地产介入巴黎公共开发的方式似乎影响有限。 直到 1894 年 3 月 9 日，协会的成立方式才有必要的法规规定，而直到 1897 年，首都才出现了第一个根据 1888 年立法授权成立的协会。[88]第二个这样的协会成立于1900 年，但实际上却是由法兰西地产公司这家大型房地产投资和管理公司建立的，目的是管理其位于第 7 区的私人街道开发项目瓦诺居民区道路(Cité Vaneau)。[89]在 1888 年法律的支持下，从 1897 年到 1914年，共有 19 个协会成立，都是针对私人道路和通道。 换句话说，这些协会看起来和以前管理首都私人开发项目的契约制协会很像，而且几乎没有显示出参与巴黎城市的进步建设的迹象。

　　但 1888 年立法的持久实践创新是引入了所谓的**授权协会**(syndicats

118

119

autorisés）。 该法律不仅赋予业主在相关人员达成一致意见时组建协会的权利，而且还赋予其以在仅有（根据房产面积和房产税数额来确定的）多数业主希望合作时就能通过行政干预组建协会之权。 在 1897 年至 1914 年间成立的 19 个协会中，有 8 个采取了授权协会的形式。[90] 这些被授权的协会可以在业主的倡议下成立，或者市政当局可以通过召集特定区域的业主开会来促其成立。 然而，后面那种通往授权协会方式，在 1900 年之前，从未尝试过，之后也很少成功。 一份 1914 年的关于私人道路的法律研究报告指出：“尽管塞纳省署及其行政部门一直在努力，它们却还没有成功地让巴黎私人街道的业主们组成这种团体。”[91] 即使大多数人为了自己的地产有兴趣与市政计划合作，但他们的财力一般都不足以承包重大的工程，而且往往没有人愿意襄助。[92] 绍沃洛林荫大道（Boulevard Chauvelot）和让-沃里大街（Rue Jean-Vaury）的协会都成立于 1910 年，它们分别在 1914 年和 1913 年接到指定官员追缴税款的命令。[93] 1888 年立法的不足之处在于缺乏后续的私人主动倡议，以及对道路的行政干预所存在的困难，这又招致了 1912 年 7 月 22 日的适用于私人道路的卫生措施的法律，它引入了**义务协会**（*syndicat obligatoire*），这种协会的形式甚至免去了相关土地所有者多数同意的必要。 从此以后，市府可以强迫私人街道的所有者为他们的地产缴纳资金并维持卫生标准，迫使他们的空间实践与巴黎市的城市主义保持一致。

争取 1888 年法通过的运动，正是对城市改良的责任的划分和分配这一长期问题的具体表现。 改进价格——地产价值的增额，位于 1807 年和 1865 年有关业主协会和农村改良的法律的核心——始终是奥斯曼的开发政策的重心。 在其项目的前六年，他成功地占有了其中的一部分增额，而到了 1858 年，他一旦失去了获取这些价值的机会，就通过那些攫取了这些增额的特许公司来资助他的事业。 1888 年的立法恰恰展现的是对这些方法的一次重申。 从某些角度来说，它可以被看作是一种“自下而上的奥斯曼化”，而其中市府的公共事业被出售给具有合作和承包开发所需的资源的业主们。　市府作为公共利益裁决者的政治角色有可能会屈从于一个小集团的经济利益。[94]然而，国家层面的行为者仍然怀疑私人地产在都会中扮演的非结构性的角色。　这部法律要求地产所有者服从多种行政程序，拒绝为一群业主的集体利益提供任何空间，而是让他们自己去负责证明他们所提议的工程对城市公共利益的价值。　1888年立法的形式突出了公共利益的主导地位，虽然它的定义模糊不清，但可以肯定的是，它的尺度既在整个城市的层面上，又在于对城市空间生产的扩张的把握。

地产与商业世界

　　争取1888年法通过的运动，来自业主们自己的企图，他们声称自己是城市空间的生产者和公共利益的代表。　这场运动也是为了巩固他们在不断变化的政治经济中的地位。　社会学家埃莱娜·米歇尔（Hélène Michel）指出，在19世纪的最后几十年里，在国家记录机构眼中，地产所有者从"活跃"人口转变为了"非活跃"人口。　在1856年之前，他们被归类为自由职业者，然后被归类为"无职业者"，到了1896年，他们被归类为靠投资谋生的人，并被列入非活跃人口。　米歇尔将这种转变解释为一种边缘化，其原因是作为国家财富来源的工作或劳动，其社会地位在不断提高。[95]这一再分类并不能很明显地证明米歇尔所持的急剧转变的说法——或者说与之有所关联的边缘化——但从他们自己的活动中可以看出，地产所有者正在努力解决如何界定他们在国民经济中的地位的问题。　业主协会遍布全国，采用了一种职业化、专业化的话语，不仅宣称这一职业有着特殊地位，而且还高度颂扬其对（道德和经济上的）普遍福利的贡献。　1891年，亚眠业主联合协会首次发行其双周刊，在其第一期介绍时，它对地产所有者所扮演的角色做了一个相当典型的描述："业主的职业内容由雇用建筑企业家、雇用工人和购买材 121

料等构成。 业主是一个实业家：他生产、他维护、他有责任通过支持国民的辛勤劳动来维护他的经济和物质利益。"[96]这些描述同时强调了其专业化、行业贡献和对国民的承诺，声称房产主也是国家最重要的财富生产者和管理者的一员。

关于不动产的性质及其收入的辩论主要是国际性的，但在法国，法典为不动产在市场上的定位提供了一个尤为有力的框架。 由于房地产所属的民事领域和商业领域之间有明确的区别，在法国，不动产商业化的问题——即，使其成为商业物件——具有其独特的实质。 一位研究该问题的法律学者谈道："法律史告诉我们，无论何时何处，不动产和个人财产一直都踏着截然相反的道路。 ……而法国则比其他任何地方都更胜一筹，以最具戏剧性的形式和最迷人的曲折性展现了这一宏大竞争的景象。"[97]不动产与商业世界的关系，是地产所有者试图在国家政治经济内为当下的所有者建立一个明确地位的过程中，既为他们提供了一套特殊的工具，又创造了限制。

1884 年的结社法甫一允许个人为经济、商业、工业或农业利益而结社——自 1791 年以来首次颁布该权益——巴黎地产公会就抓住了机会，在该法的支持下，它将自己组建为一个联合体，以维护其成员共同的经济地位。 然而，他们很快就发现，他们在此基础上组织起来的权利面临着挑战。 1892 年 1 月，团体主席布歇·达吉（Boucher d'Argis）收到了共和国检察长（Procureur de la République）的一封信，勒令协会在三周内解散。 该指令的依据是，1884 年的法律不适用于业主，因为他们不构成一个经济利益集团。 布歇·达吉提出抗议，他为业主要求经济身份的权利以及在其基础上组织起来的权利辩护，并且将业主同农村地产持有人做了个对比，他还将城市业主的活动同商业商人和专业房地产开发商的活动混为一谈。 他写道，农民只是维护了自然界所提供的东西，而城市业主则既创造又维护，他们在以前不存在财富的地方创造财富。 此外，他还认为，为建设和管理城市地产而成立的公司——布歇·达吉在此特别提到了法兰西地产公司、马波夫街区有限公司和法

122

兰西建筑公司——作为具有独特的合法经济利益的商业实体这一点,从未受到过人们的质疑。他继续道,不可能仅仅根据规模来区分一个人的职业,因为所有的地产所有者其实都在从事资本风险和物业管理的活儿。城市的业主们和那些主导和定义着巴黎房地产市场的庞大公司组织一样,都是一种生产性、进取性的力量。[98]

主席选择将当代的业主同新的股份公司联系起来,他没有选择当时人们更加熟悉的专业旅店老板的形象,这使其很有说服力。经历了几十年的法律和立法程序,(商业)旅店经营者和公寓楼的(民事)业主之间的区别早已得到了解决。[99]然而,对该群体而言,将自己同正在重塑首都住房生产管理网络的当代利益集团联系起来的做法,也很重要。而众多房地产公司在这一时期,在巴黎各地的宣传材料恰恰加强了(并利用了)这种联系。约翰·阿瑟和蒂芬房地产中介公司在1884年为其提供的服务做了如下的广告:"由于市场已经被大型保险公司和金融公司(这些公司在建造大型公寓房方面很有基础)的竞争所改变,租房也就特别显得是一门手艺。"广告将业主的职业地位做了这样的诊断,与官方的国民统计所采用的数据范畴完全相悖,并且它还继续道:"业主以前大多是靠租金获得稳定收入的食利者,到了今天已经成了真正的商人。"[100]布歇·达吉道,作为一个奋斗在竞争激烈的市场上的日益商业化的行为者,房产主"面临着与工业家和商人相同的风险"。[101]

风险的概念,恰恰对于将一项职业或交易定义为商业行为来说极为关键。投机和获利的希望,以及它们所隐含的伴之而来的风险,是所谓的商业行为在法国法典规定中的构成性属性,并且还因之构成了商业活动的法律、道德和经济本质。[102](1791年的)阿拉德法令和1793年宪法所建立的商业自由又以对商业行为人的认定为基础,用一位历史学家的话说,就是"有意承担风险,自愿从事商业行为,乐于接受价格的变幻莫测、自由竞争、破产和贸易的风险"。[103]19世纪建立的区分"好"投机和"坏"投机的决定因素恰恰取决于其对风险的处理。好投机是指不干扰自由竞争和贸易自由的投机,并且能够作为市场的动

123

力，始终无可指摘；相反，坏投机则是通过非法手段、垄断和囤积来降低风险的违法行为，投机在刑法中的所指正与其密切相关。[104]因此，风险成为区分合法和非法的经济实践形式的一种标准。它将安全的投资与愚蠢的投机区分开来，并提供了一种评估商业交易中的公正和公平程度的手段。因此，它对那些迫切寻求为其从产业中获得利润的做法正名的地产所有者而言当然是有用的。

然而，地产所有权的"生意"却恰恰总是在这方面失败，它看起来同好投机相反，是一种垄断性的、无风险的产业。1860年，记者亚历山大·韦伊（Alexandre Weill）在其撰写的一本小册子中对城市所有权的性质进行了解读，他以其投资的安全性为基础，排除了地产所有者的经济意义："没有办法把房产主看作是一个劳动者。他既不能与隐名合伙人［commanditaire］相比，也不能与商人相比，因为**他从不拿自己的资本冒险。**"[105]韦伊尤其提到了业主的一些特权，如要求租户提前支付租金和地产损失的保险，这些特权使业主免受在其他商业领域冒险的资本所面临的危险。事实上，巴黎市的大多数业主也确实都在从事更传统的投资。平均来说，他们拥有一到两座建筑（这个数字从世纪中到世纪末略有下降），而且在大多数情况这个建筑不供自己居住，自住仅限于非常富有和非常贫穷的人。随着建筑价格在整个19世纪的持续增长，所有权成了一个日益专业化的地产拥有者阶层的特权，业主们买房并且保留其原来的房产，而不是转售他们的建筑。[106]即便住房生产的投机性越来越强了，业主也总是将住房作为一种现成的商品进行消费，从不倾向于转售。例如，在19世纪80年代和90年代，开发商阿尔贝·罗比埃尔和他的几个合作者所建的公寓楼，分别位于第11区的佩蒂翁大街（Rue Pétion）、帕什大街（Rue Pache）和卡密尔·德穆兰大街（Rue Camille Desmoulins），就很少被其最初的那一批买家转卖（只有一栋是从购买日起不到十年就被转让的）。[107]这些建筑都是作为投资品而被买下的，并没有打算供业主自己居住。佩蒂翁大街只有两栋，帕什大街有一栋，卡密尔·德穆兰大街则没有一栋楼是业主自住的。[108]

在世纪之交，巴黎大约每四栋楼中就有一栋楼是业主自住的，但这一配布的地域性远非均衡，巴黎城的很大一部分地区，尤其是投机性开发住房的地区，其业主是并不从房产中直接获取使用价值的①。

这种投资特点是由国家金融格局的基础的变化所决定的。房地产曾经在法国投资者的投资组合中占主导地位，而到了19世纪下半叶，房地产的重要性正在逐步降低。如法国储蓄银行（caisse d'épargne）这样的储蓄银行和大众信贷机构的大量出现，财务通告的增加——从1873年的39份到1904年的242份——以及巴黎商品交易所及其非官方附属机构所提供的抵押证书和证券的持续不断的多样化，共同使得储蓄和投资的理念与机制在法兰西第三共和国早期广为传播。[109]经济评论家阿列克西·巴约·德马里希在其论法国"金融习俗"的系列文章中认为，法国的股票和债券所有权比世界上任何其他国家都来得更加民主，而政治经济学协会成员、《食利者》（Rentier）杂志编辑阿尔弗雷德·奈马尔克（Alfred Neymarck）在世纪之交所做的大量统计研究似乎证实了这个印象。[110]

这一演变对房地产投资的影响，不仅仅在于潜在资本的减少。不仅从事房地产开发和管理的有限公司建立了新的房地产投资模式，而且金融市场参与的扩大，也使得货币的生产力日益正常化，并重新确定了物业管理在经济领域的地位。即使业主声称自己从事的是充满风险的产业追求，和与股票市场的此起彼伏相比，可能已经显得越来越站不住脚，但证券为业主带回收益的明显便利，也强调了地产所有权所需要的时间和劳动——即地产本身。事实上，美好时代的财富管理指南经常会拒斥房产投资，认为它对当代的投资者来说太过乏味和苛刻。[111]在世纪之交，专门介绍房地产销售的公报总是把房地产荐作积累资本最安全和最体面的行当，但纵如他们，也无法避免这样的现实，即这类投资远比其他投资需要更多的照顾和关注。在1882年股市崩盘之后，房地

---

① 意即不是自住的。——译者注

产通告《地产》开辟了一个专栏以提醒读者房地产市场的可靠性，而这一可靠性确实需要更多的个人关注："确定无疑的是，买下的大楼不会像联业银行那样，白纸黑字地出现在证券交易所的每日报表中。而且，管理一栋大楼确实比给[债券]票据剪角需要更多的努力；业主需要维修、应付租户、回应门房等等……但与交易所前倾家荡产的累计风险相比，前者的付出肯定是微不足道的。"[112]物业管理的工作同动产的易积累却又易损失的特性，形成了鲜明的对比。

到了 19 世纪末叶，地产所有者经济地位的不确定性也可能与地产作为商品或商业物件的矛盾地位有关。法国在商业领域内的法律框架在不动产业和动产业的领域之间做出了意义重大的区分。法国法典的设计者关注的是作为遗产的地产，而非作为可交换的产品的地产；拿破仑本人坚持认为，国家的运势在于"千家万户地产相承的稳定性"。[113]拿破仑法典延续了土地所有权同贵族和社会秩序之间的联系；其对房地产的处理带有反商业精神的色彩，并认为促进信贷和扩张债务没有什么价值。因此，房地产及其交易没有被纳入商业法的范畴；尽管没有被明确排除在商品的法律范畴之外（新商法第 632 条），但在讨论商业法院的管辖权时，不动产被省略了，因为商业法院只提到了货币或动产。[114]不动产成了商业领域在概念上的他者，成了一个具有为法律强加的耐久性、可靠性甚至是模糊性的领域，恰恰同商业交易中的逃逸性、波动性和透明的价格领域相并行。不动产和可动产品的自然属性，也就成为了社会和市场的定义域的根基。

然而，房地产作为一种商品的地位在整个 19 世纪受到了不断的考验。如果说法学界普遍坚持其把房地产及其交易人视为民事实体的司法解释，那么在下级法院和具体的法学辩论中，他们却经常会支持一些反面的裁断。[115]1850 年，普瓦捷商事法院承认房地产投机是一种商业行为，这表明《商法典》对商品的定义已不再适合当代交易的条件："鉴于'商品'一词目前通常也已经适用于纯知识产品，如作者对其文学、艺术和科学作品的知识产权，我们还有什么理由继续把以创造利润为唯一目标而运作的房地产投机活动隔绝在商业运作的领域之外？"[116]同样，在1868年，塞纳省商事法院认为，在某些企业的手里，房地产事实上已经成了"一种手段，一种劳动工具，一种商业物件"。更重要的是，法院补充说，从事公寓楼生产管理的股份公司的成立，消除了不动产本来"自然"的不可动性，其创建的股份"有效地将其实际资产转化为易于转移的动产"，而"从一个人到另一个人"手上的流通，完全符合商法典对商品的定义。[117]在这两个案例中，最高法院都推翻了下级的裁决，维护地产交易的非商业性。然而，在1882年达鲁兹（Dalloz）法律出版社出版的法学丛书中，其丛书编辑指出，包括雷蒙-迪奥多尔·特洛隆（Raymond-Théodore Troplong）等泰斗在内的一些法学家都认可，立法机构需要承认建筑物和其他不动资产被视为投机物件的可能，就算交易仅仅发生在有名望的商业行为者之间。[118]

　　房地产的法律地位肯定会影响其生产和分配的条件。然而，围绕房地产生意的一系列行为者和利益集团，仍然确保了其商业化的快速展开。尤其是在首都既拥有又建造建筑物的有限公司的发展，逐渐挑战了建筑地产本有的"自然"的不可动性。其所刺激的建筑热潮则推动了房地产作为一种易于交换的物质产品的形象的确立。在1900年于巴黎举行的第一届建筑地产国际大会上，律师安德烈·雅克蒙（André Jacquemont）指出："对建筑物的投机已达如此盛况，以至于人们竟然怀疑我们的商法典第632条中所写的'商品'一词是否指的就是建筑物。"[119]雅克蒙继续坚称，成功地投机于建筑地产的唯一方法，就是将其视同其他商品，认为其受制于供求规律："我们必须从这样的原则出发——正因为房子是**商品**，所以它必须找到一个买主。"[120]但是，有限公司的自由化不仅为将地产视为物理产品建立了新的模式，它还加速了房地产向可动形式的转化，并使之多样化，将内容——有着特定的位置及属性的特定的建筑群——抽象为可在证券交易所定价的可转让股份。这些公司的股票也就被楼里的石头吸了进去，从而不仅受益于不

127

动产的稳定性，又受益于纸质财富交易的便利性。

这些发展足以迫使法律领域作出调整，而调整又无异于将民法典的要素商业化。[121]最重要的是，1893 年的一项法律试图通过把所有的有限责任股份公司自动规定为商业实体，从而结束那一困扰了公司对房地产开发的参与的模糊性。从此以后，那些动用了数百万法郎的地产、股票和债券的房地产开发和投资公司，以及诸被视为民事实体的公司——像巴拿马运河公司（其倒闭在 19 世纪 90 年代初震撼了政治经济界的巨大而有影响的公司）——都将被承认为商业企业。这部法律的制定是为了应对这些企业给关于市场活动的常识性理解所带来的问题和窘境，它提供了一条促进其商业企图的途径，同时避免了将地产本身的地位重新定义回商品这一更具革命性的行为（直到 1967 年才会发生）。[122]

坐拥有限公司的股份而进行房地产投资的新可能性，代表着动产和不动产的结合，这一点为许多世纪末的评论家所看好。它和当时的一系列尝试将股份制作为下层阶级获得所有权的一种途径的企图相吻合。[123]20 世纪初发行的一份金融咨询和广告杂志提到，"建筑物的高价使其无法被普通人所接受"，而"地产出清的困难也使中等阶级投资者望而却步"。以投资于众口推荐的房地产公司的形式，部分所有权可以同时提供所有权带来的社会效益和财券易于调动的金融效益，弥合"动产和不动产之间的古老鸿沟，并以某种形式一直延续到今天"。[124]自 1852 年成立以来，法国中央抵押贷款银行——地产信贷银行发行了大量的债券来支持其贷款活动，这使越来越多的人熟识了房地产的创收潜力。到 1890 年，该公司已经向储户投放了价值超过 20 亿法郎的抵押证书。[125]到了世纪之交，又成立了专门针对工人阶级的地产投资公司，如（成立于 1899 年的）蚂蚁不动产（Fourmi Immobilière），在 1911 年该公司炮制了一个小男孩要求他的祖父"给我买一套价值 100 法郎的房子"的故事，以取悦其股东。[126]这些企业试图通过股票交易的完善机制来调动地产。房地产商布瓦瑟罗（J.-B. Boisselot）称他的生意为地产调用（La Mobilisation Foncière），并向客户提供"人人都能参与的房地产投资",他解释说,"调用通过为**每栋建筑**成立一个股票公司或所有权生息公司来实现,其具体目标是收购、拥有并管理该建筑,同时在股东或合伙人之间分配净收入"。[127]地产公会在报道这一努力时,称赞他们所看到的"**房地产投资的民主化**,即允许些许食利者、资本家和雇员、工人乃至任何有一些积蓄的劳动者,共同参与公寓楼的投资"。[128]他们认为,房地产吸引力的扩大,只会有助于加强业主相对于国家需求的地位和力量,使越来越多的公民参与业主集团的任务和利益之中。

然而,这种对地产的调用——该词其实是 19 世纪的艺术术语——绝不是毫无争议的。 在 19 世纪末,出现了关于编纂地册(livre foncier)的行政建议,即仿照德国和澳大利亚的登记制度,对全国的地产所有权加以政府登记,其目标是使地产交易更加可靠,而评论者发现,这可能会鼓励地产的流通。[129]1894 年在里昂举行的法国第一届建筑地产大会(Congress of Built Property)上,地册这一话题得到了长时间的讨论。律师、政治经济学家查理·布鲁耶(Charles Brouilhet)支持地产登记。他指出,在过去,地产价值都是近似与不透明的;而地册却能提供必要的可读性,从而能产生信心,并有助于交易的流畅简易。 他虽然承认"有些人可能会反对说古早的壁炉不该成为普通的商品",但这些人已经严重过时了——"要是还是几百年前的话,"他打趣道,"这种反对意见可能还会有些根据。"鉴于目前的经济环境,"绝对有必要在城市建筑周围形成一种严肃的商业活力"。[130]他甚至还进一步称赞该制度提供了一个基础,在此基础上,既可作为汇票又可作为不记名债券的产权能够得到确立,从而为地产所有者打开商业领域的大门。 但是,最受大会欢迎的多数意见,则来自乔治·德卢瓦松(Georges Deloison)表达的,他是巴黎地产公会的前法律顾问,也是 1892—1893 年成立的法国建筑地产协会联盟的主席。 德卢瓦松强烈反对地册。 他先是历数这种登记制度运作在计算和逻辑层面的障碍,然后抨击了他察觉到的道德危险:将土地地产抽象为昙花一现的纸面财富。 他写道,这个项目的目

129

标是，"克服所有障碍，做出所有牺牲，放弃我们法律的所有原则和所有以前的神圣利益，从而用可转让的股份来取代土地，就像不记名债券一样"。这种转变不仅会带来投机和经济不稳定的危险，对国家的道德经济也会构成威胁，会鼓励人们不把土地看作是祖国不可分割的组成部分，而是看作是一种招致腐败的商品。用"简单的交换价值"来代替土地的"高贵"，将不可避免地导致"不仅仅是土地的**调用**，而且是**土地的堕落**"。[131]

关于农村人口减少的广泛的社会上和政治上的反对，妨碍了地产调用论的支持者。人们担心，土地销售或以土地为抵押的可转让信贷票据，会使地产更容易转手，从而使农村土地所有者面临更大的离开故土或被剥夺其地产的风险。在 19 世纪的最后几十年，人们越来越关注农村土地所有者的困境以及农民离乡背井的社会和经济危险。就在法国举行第一届建筑地产大会的时候，前市议员、现众议员朱尔·雷维耶——他对地产所有者协会加入公共工程的想法十分热衷——提出了一项建议，他建议将美国关于家庭住宅不可侵犯性的法律引入法国。这项改革被称为"宅地法"（尽管它与美国的同名法律有很大不同），目的是为了保护债务人的家庭地产不受债权人的侵害，从而限制地产的调动，提高农村人口的稳定性。[132]一位历史学家指出，法国的宅地法的出台恰恰旨在尽量减少农村公民的市场参与。[133]

在 1900 年的国际建筑地产大会上，作为地产调用的工具和农村人口减少的诱因，地册的危险性再次成为了中心议题。参会者对拟议中的土地登记制度近乎炼金术的力量做了个如下的描述："然后，你看，地产产权成为证券后，一下子它就不再与它所指涉的物质物件相联了，而是成为了一种非物质的产品。……地产不再是一个排他的物质独占物（appropriation），也不再是纯粹的个人使用价值，而是成了一个真正的交换和流通的工具。"[134]这种抽象化，标志着权力从土地所有者向金融家的转移，及其从个体向集体的转移，而在空间方面，它则是国民经济对区位的影响力的重新调整。大会报告接着又讨论了农村人口减

130

少的具体危险："现在真的是让农民把目光从自己所打理的土地上移开，让他习惯于眼前流通的证券，并进而在城市证券上获利的时候吗？"[135]即使农民不卖掉土地并迁移，土地调用也会使证券交易所凌驾于乡村广场之上，造成城市投机对农业的胜利。

一系列增进房地产动产和不动产之间的流通的机制和要务，塑造了19世纪的地产投资世界，包括从可转让的股份公司股份到地产信贷银行的债券在内的房地产业务的创新都很重要。国际政治经济的长足发展和世纪之交殖民扩张的重振也是如此。对殖民地领土的攫取和占领迫使土地登记制度出台，但这一制度同时也是确保殖民者地产产权和剥夺（原住民）土地权利的手段。[136]法国版"宅地法"的支持者意识到了这种威胁，而那些自诩为地产所有者代表的人，很可能也意识到了这一点，他们多次聚集在大会上，始终坚持反对国家试图提高法国地产制度透明度的做法。事实上，这也是为什么他们对在阿尔及利亚、突尼斯或马达加斯加适用地册如此热情高涨的原因。

那些不屑于在法国实行地册制的业主们，至少从18世纪中期就开始运用各种论据，为土地和房地产在国家政治和经济生活中不可替代的特殊角色作了规定。除了法院以地产公会的利益不够经济化为由勒令该会解散外，这些事例还突出了那些困扰着地产所有者的矛盾冲动，正如他们的地产似乎在对财富和声望的角逐中趋于淘汰了。最终，1892年提出的解散地产公会这一职业协会的勒令请求失效了。巴黎地区的公会得到了皮埃尔·瓦尔德克-卢梭（Pierre Waldeck-Rousseau）的支持，他是1884年协会法的起草者，而公会正是根据该法才组织成立的。众议员卢梭主张对法律进行包容性的解释，他确认了城市地产所有者的职业地位，强调他们处在财富生产者和雇主的位置上。他解释说，与食利者不同，"城市建筑不会自动生息。住房收入还是来自持续的努力。要使房子运转起来，需要雇用工人，通常还是长期雇员。业主必须为他的房子工作。因此，他的所为正是一种职业"。[137]同业主组织自身的辩护一样，他认为财富的来源不在于所建的地产本身，也

131

不在于自动的、不劳而获的增益，而在于业主的劳动，这种劳动构成了作为一个积极的经济行动者的业主，并证明他的所有权是正当的。[138]

但直到1901年通过了一项关于协会的新法律，业主协会还是继续在法律的灰色地带运作。 这部法律提供了一个不那么明确的商业代表模式——标志着"协会/辛迪加"（syndicate）这一术语的弃置——而巴黎地产公会很快就在这种形式下得以重组。 组织起来的地产所有者的活动在经济定义方面还是表明了困难。 房地产商业化的压力越来越大，威胁到地产在国家道德经济中的特殊地位，而这对一个专注于社会地位的群体来说，是一个不小的问题。 然而，这也为他们提供了宣称自己的效用和重要性的手段。 1905年，组织主席在讲话时将这些推动因素整合了一番，并引用了奥古斯特·孔德的话，他满意地指出，很快公民就将只保留一项权利了——"即自由履行他的职责或社会责任"。 对于业主来说，这种社会职责的意义就是要进行道德的商业交易：提供卫生、宽敞、通风良好的住房，并以合理的租金来交易。 主席及法学教授莱昂·狄骥（Léon Duguit）继续道，用政治经济学家查理·季特的话说，公寓楼不是生产要素，而是"消费的对象，因为同衣服或食物一样，它们都是面向终端用户的产品，实际上是用来满足居住者的需求的。"[139]自诩为城市业主代表者则越来越多地会强调城市空间的分配和消费（而非生产）所具有的效益，以此来解释他们对国民经济的贡献。[140]

个体业主是19世纪末20世纪初巴黎的常态，但在住房的市场关系或在城市经济中的地位的定义上，他们并没有形成垄断。 其建筑所处的环境同时受制于投机性建筑商的活动和公司的投资行为，这些都重塑了所有权的性质。 1912年《时报》报道说，"秃鹫先生的硬心肠"已经被新一代的所有者所取代，这种所有者"最常见的就是一家股份分散在成千上万的股东手里的有限责任公司"，这个评论高估了公司化的所有者在巴黎住房市场上的数量，不过却准确地抓住了其于质量上的深远影响。[141]伴随着这些新型所有者的扩散，如前几章讨论的投机性建筑商的租赁安排这样的地产业主的具体做法也多样化了，这模糊了所有权与企业制、投资与投机之间的界限。 与此同时，界定房地产所有权的经济版图也在不断演变。 证券投资的兴起同时也鼓励了地产的商业化，以及使其作为一种嵌入式资产而特殊化。 一方面，把地产变成股份似乎打开了财富生产的新途径，挑战了那些房地产归类为国民财富中的不活跃因素的司法或行政分类。 同样地，国内外改良后的土地登记制度的支持者们也在寻求新的手段来调用土地价值，使地产交易更安全、快速和数量更大。 另一方面，调用和商业化仍然依赖于房地产其同商品不同的本体地位，其有限、不可移动和可垄断的因素保证了个人投资者和国民经济的稳定。

因此，19 世纪末首都的建筑和商业环境为组织起来的地产所有者提供了多种最终显得矛盾的工具，以促进他们的特殊利益。 地产所有者要求更多地参与进首都开发的模式和方法之中，这表现在争取将 1865 年的法律被从农村扩展运用到都市条件的运动中，这场运动正是对将其排斥在城市结构的生产领域之外的回应，而这种排斥由奥斯曼的集中式开发计划和稳步增长的（如建筑师、工程师和公共工程企业家）"城市化专业人员"所共同延续。 这也是城市地产所有者作为能够调动和促进公共福利的生产者，为维护其在国民经济中的地位而做出的努力的一部分。

而这些影响因素的力量似乎可以解释，为什么组织起来的业主还是显然没有把握到，1888 年法的经济和政治目标同他们为自己赋予的在城市中扮演的角色的概念相冲突这一点。 如果把该法同对私人道路的监管框架的建构演变并立起来解读，这一矛盾就能清晰地显现出来，因为该框架的机制恰恰与 1888 年合法化的协会密切相关。 掌握私人道路空间的企图和关于开发协会的法律，都有着同样的重心：将城市开发的成本转嫁给那些所谓的最直接的受益者。 两者都强调了城市所有权的社会和集体因素，并将市府的一般利益置于个人业主的特殊利益之上。 就私人道路而言，城市从卫生考虑的视角出发，使得特定街道卫生化的

133

举措成了规划的优先事项，在这种情况下，荒废的地区对未荒废的周围地区越来越构成威胁。[142]将私人街道纳入一个共同的行政愿景，意味着用昂贵的维修和保养费用来威胁业主，同时逐步剥夺他们"做一家之主人的特权"，该话语出自律师亨利·达拉蒙（Henri Talamon）在1911年于尼斯举行的全国建筑地产大会上，对聚起来开会的业主们的言论。很快，"私人街道上的业主将发现，他们的地产没有得到进一步的好处，相反多了很多负担"。[143]至于城市开发协会，他们挪用的法律先例都牢牢扎根于其对土地价值的理解，即土地价值是社会生产的，是脱离业主本人的劳动的，因此可以由社会再分配。虽然地产公会急于证明其对公共利益所起的调和作用，但其组建利益集团和提倡职业度和专家化的话语的目的，则尤其是为了避免其在那些合理征地的要求面前让步。立法者们也不能免于对这项立法的误判。推动1888年法出台的共和国当局和市政当局没有看到，它们自身对作为城市空间的生产者的私有地产的关注，同城市地产所有者自身在空间分配和消费中的所扮演新角色是不一致的。出于所有这些林林总总的原因，关于城市开发协会的法律是一个失败品。

在城市环境中，某些地产和地产所有权的地位和性质的变化，都是全国性甚至是跨国性的变革的结果：地产所有权资产阶级化（*embourgeoisement*）；集体或联合资本（即公司利权）在地产开发和管理上日益坐大；关于财富及财富生产的态度发生了演变；还有有关地产所有制和分配制的国际考察（和试验）也得以开展。综上这些变化使得私人地产同公益结合越来越困难，而同特殊利益则越走越近。城市产权似乎显得比过往任何时候都更是精英的领地，而且是越来越明显地成了一块致力于通过更商业化的手法来攫取利润的领域。然而，这些转变是建立在世纪末巴黎特定的物质和政治背景之上的，这些背景决定了私人地产所有者在促进经济公民性和城市管理权方面的行为的可能性条件。1888年法所带来的希望和现实之间的反差，表明了这一时期巴黎城市主义的地方局限性。尽管地方组织干预城市结构的理想很煽动人心，但协会的成功却有限，随后，组织起来的地产很快就退出了关于业主在城市空间生产中的作用的讨论，这说明在城市的一般空间里，企图对其加以在地化的做法面临的困难，愈发凸显。随着业主成为市场行为者，其城市行为者的角色也变得更加难以理解，物理和司法上的集体行动的空间也更加受限。

注 释：

[1] Archives de Paris(后文简称 AP) VO NC 238：Compte rendu historique，moral et financier de 1870 à 1899。 304

[2] Pierre Pinon，"L'archéologie des lotissements：quelques exemples parisiens," in *Paris，formes urbaines et architectures*，ed. Pierre Pinon，Annie Térade，and Michèle Lambert-Bresson(Paris：Éditions Recherches/IPRAUS，1998)，15—28。

[3] Louis Lazare，"Plantations parisiennes,"*Le Courrier Municipal*，June 15，1873，6.

[4] Vanessa Schwartz and Phil Ethington，eds.，"Special Issue：Urban Icons," *Urban History* 33，no.1(2006).

[5] Bibliothèque Historique de la Ville de Paris(后文简称 BHVP) Actualités，Série 47，Urbanisme：Louis Lazare，[no title]*Revue Municipale*，March 1，1856，1656。

[6] 见市议员 Cantagrel 的陈词，"Conseil Municipal de Paris：Séance du samedi 19 juillet 1873"，*La Réforme du Bâtiment*，July 27，1873，118。

[7] 见 Hélène Michel，*La cause des propriétaires：État et propriété en France，fin* 305 *XIXe—XXe siècle*(Paris：Belin，2006)，她对业主作为法国的议会游说主体的出现做了精彩的研究。

[8] Paul Gilles，*La question des loyers et la guerre：Droits et obligations des locataires et des propriétaires d'après la loi，les décrets de 1914，et les précédents de 1870—1871*(Paris：Librairie des Publications Officielles Georges Roustan，1914)，pt. 2.

[9] Eric Fournier，*Paris en ruines：Du Paris haussmannien au Paris communard*(Paris：Imago，2008)；Alisa Luxenberg，"Creating *Désastres*：Andrieu's Photographs of Urban Ruins in the Paris of 1871,"*Art Bulletin* 80，no.1(March 1998)：113—137；Jeanne M. Przyblyski，"Moving Pictures：Photography，Narrative，and the Paris Commune of 1871," in *Cinema and the Invention of Modern Life*，ed. Leo Charney and Vanessa Schwartz(Berkeley：University of California Press，1995)，253—278.

[10] 该组织几经改名，先后成为巴黎市第 11 区及周边区不动产联合公会(Chambre Syndicale des Propriétés Immobilières du XIe arrondissement de la Ville de Paris et des Arrondissements Circonvoisins)、巴黎市不动产联合公会，最后是全国不动产协会。该商会的会刊至今仍以 *Revue de l'Habitat Français* 的形式出版。

[11] 例如，见 Christiane Beroujon，"La Chambre syndicale des propriétaires immobiliers de la ville de Lyon"，*Bulletin：Centre Pierre Léon d'Histoire Économique et Sociale*，no.3(1988)：5—37。

[12] Adeline Daumard，*Maisons de Paris et propriétaires parisiens au XIXe siècle*(*1809—1880*)(Paris：Éditions Cujas，1965).多马尔(Daumard)的数据是这一时期量最大的，但它是基于官方出版物(Petites Affiches)中地产出售者的自我认同。它没有考虑到这样一种可能性，即个人可能发现越来越需要或适合宣布自己为"业主"，而不提及他们其他的(或以前的)职业追求，也没有考虑到这种标签是否只是为了出版而采用的。

[13] "Discours de Dr Paul Beauregard，président du Congrès international de la propriété bâtie，28 mai 1900," in *Premier congrès international de la propriété bâtie：Exposi-

tion Universelle Internationale de 1900, *à Paris*（Paris：Société des Publications Scientifiques et Industrielles, 1901), 4.

［14］Hubert Bonin, *L'argent en France depuis 1880*：*Banquiers*, *financiers*, *épargnants dans la vie économique et politique*（Paris：Masson, 1989), chap.5；Pierre-Cyrille Hautcoeur, ed., *Le marché financier français au XIXᵉ siècle*, vol.1：*Récit*（Paris：Publications de la Sorbonne, 2007).

［15］A［uguste］Fougerousse, "Correspondance, les logements à bon marché," *Économiste Français*, May 13, 1882, 577.

［16］Archives Nationales du Monde du Travail（后文简称 ANMT）65 AQ I 227, SA des Immeubles de Paris, Rapport à l'Assemblée générale 1881, 4. Gilles Postel-Vinay, *La terre et l'argent*：*L'agriculture et le crédit en France du XVIIIᵉ au début du XXᵉ siècle*（Paris：Albin Michel, 1998).

［17］Keith Tribe, *Land*, *Labour*, *and Economic Discourse*（London：Routledge and Kegan Paul, 1978)；Marthe Torre-Schaub, *Essai sur la construction juridique de la catégorie de marché*（Paris：Librairie Générale de Droit et de Jurisprudence, 2002), 28—29, 44—48；Roger Bernard, "De la commercialité des opérations immobilières au point de vue économique"（doctoral thesis, University of Paris Law School)（Paris：Éditions de "La Vie Universitaire," 1922)；Georges Dreyfus, "De l'exclusion des opérations immobilières du domaine du droit commercial"（doctoral thesis, University of Paris Law School)（Paris：Librairie Nouvelle de Droit et de Jurisprudence, 1905).

［18］从 1607 年 12 月亨利四世的诏书开始，这种建筑线路就成了国家改善和扩大道路的主要方式。见 Bernard Gauthiez and Olivier Zeller, "Le dédommagement des reculements：Un instrument de la politique d'aménagement urbain à Lyon aux XVIIᵉ et XVIIIᵉ siècles," *Histoire et Mesure* 28, no.1(2013)：45—74. 从 1765 年开始，全市范围内的线路规划就受到了如此要求，但直到大革命之后才被执行。 Maurice Block 指出，直到 1869 年，省长还需要别人来提醒他执行这些计划；见 *Dictionnaire de l'administration française*（Paris：Berger-Levrault, 1877—1885), 2：1816.

［19］Ferdinand Sanlaville, *Des voies privées*（Paris：Berger-Levrault et Cie, 1899), 28.大革命后，这一立法在 1807 年 9 月 16 日的法律第 52 条中得到确认。

［20］Block, *Dictionnaire de l'administration française*, 1816.

［21］AP VO NC 77：Préfecture du département de la Seine, *Instruction concernant la voirie urbaine*（Paris：Imprimerie centrale des chemins de fer, A. Chaix et Cie, 1874), 3—4.

［22］1859 年 7 月 27 日的法令和作为增补的 1872 年 6 月 18 日的法令，是首次提出对内部建筑引入最高高度限制的监管措施；后面那个法令还首次提出了解决庭院尺寸的措施。 见 A. de Royou, *Traité pratique de la voirie à Paris*, 2nd ed.（Paris：Librairie Générale de l'Architecture et des Travaux Publics, 1884)和 Louis Bonnier, *Les règlements de voirie*：*Conférences faites dans l'hémicycle de l'École nationale des beaux-arts*（*22 et 29 octobre 1902*)（Paris：Librairie Générale de l'Architecture et des Arts Décoratifs, 1903). 1884 年通过的立法要全面得多。

［23］Article 6 of the Decree of July 23, 1884.

［24］AP VO NC 182：Note à M. le Directeur de la Voie publique et des Promenades, de M. Alphand, Directeur des Travaux de Paris, 20 juillet 1888. 黑体为原文所加。

［25］*Réglementation des constructions dans Paris*：*Examen du projet de décret sur la hauteur*, *le mode de construction et la salubrité intérieure des bâtiments*；*Observations présentées par MM. les architectes à M. le préfet de la Seine et au Conseil municipal de Paris*（Paris：Librairie Générale de l'Architecture et des Travaux Publics, Ducher et Cie, 1882), 19, 黑体为原文所加。

［26］法国最高法院 1888 年的一项裁决引起了省长的愤怒，该裁决认为"业主在自己的土地上开辟的"道路不属于 1852 年 3 月 26 日法令的管辖范围，并补充说："没有任何法令正式规定建筑商必须寻到授权才能在主要街道上施工。"这项裁决受到了质疑；司法部在 1890 年维持了这项决定。 AP VO NC 182：Notes à M. le Préfet, de M. Bouffet, pour le Ministre de l'Intérieur, Direction des Travaux de Paris, 6 mars 1889 and 6 janvier 1890.

［27］AP VO NC 182：Note à M. le Préfet，de M. Bouffet，pour le Ministre de l'Intérieur，Direction des Travaux de Paris，6 mars 1889.

［28］ "Ville de Paris. Rues et Places. Voie Privée. Autorisation de bâtir. Délai de 20 jours expiré," （July 20，1906），*Recueil des Arrêts du Conseil d'État*，ser. 2，vol. 76 （1906）：650.

［29］AP VO NC 238：Note sur les travaux de Paris pendant le XIXe siècle，1800—1900.

［30］AP VO NC 238：Compte rendu historique，moral et financier de 1870 à 1899，Notes de préparation.

［31］Arrêté du Préfet de Police，21 mars 1888. Reprinted in Sanlaville，*Des voies privées*.

［32］AP VO11 3372，rue Saint-Philippe du Roule：Avis de l'Ingénieur en chef，25 avril 1882.

［33］不应忘记，城市工人区的通道往往是生产和社会再生产的场所，对巴黎的经济和城市文化至关重要：Joëlle Lenoir and Maurizio Gribaudi， "Les passages ouverts：La modernité oubliée de Paris capitale" ，*Histoire urbaine* no.36（March 2013）：73—104。

［34］Louis Lazare，*Les quartiers de l'est de Paris et les communes suburbaines*（Paris：Bureau de la Bibliothèque Municipale，1870）；and *Les quartiers pauvres de Paris：Le XXe arrondissement*（Paris：Bureau de la Bibliothèque Municipale，1870）.

［35］Louis Lazare， "Salubrité publique," *Le Courrier Municipal*，July 15，1874，9，黑体为原文所加。

［36］Lazare， "Plantations parisiennes," 6，黑体为原文所加。

［37］Lazare， "Salubrité publique," 9.

［38］AP VO11 3565，rue du Faubourg du Temple.

［39］A. Carpentier and G. Frèrejouan du Saint，*Répertoire général alphabétique du droit français*（Paris：Recueil Sirey，1902），29：662.

［40］AP VO11 3730，rue d'Uzès：Rapport de l'Ingénieur ordinaire，Direction des Travaux de Paris，28 août 1872.

［41］Paul Strauss， "Le règlement sanitaire," *Revue Municipale*，December 29，1900，2634.

［42］Fernand Forgeron，*Guide administratif du constructeur à Paris*（Nemours：Ch. Massin et Cie，1934）；Jean Gilles-Lagrange，*L'assainissement des voies privées urbaines：La loi du 22 juillet 1912*（Toulouse：Imprimerie Toulousaine，1914）.缠绕在私人开设的街道上的不确定性直到间战期才得到完全解决：见 Annie Fourcaut，*La banlieue en morceaux*（Paris：Créaphis，2000）。

［43］塞纳省公署不得不在 1904 年和 1909 年发布关于私人道路高度的新规定，以应对行政法院做出的有利于业主的决定。 Préfecture de la Seine，Direction de l'extension de Paris，*Arrêté du 22 juin 1904，portant règlement sanitaire de la Ville de Paris，modifié par arrêtés des 10 novembre 1909 et 29 juillet 1913*（Paris：Imprimerie Chaix，1919）.

［44］Paolo Grossi，*An Alternative to Private Property：Collective Property in the Juridical Consciousness of the Nineteenth Century*，trans. Lydia G. Cochrane（Chicago：University of Chicago Press，1981［1977］）；Jean-Pierre Hirsch， "L'impossible propriété collective," in *La France，malade du corporatisme? XVIIIe—XXe siècles*，ed. Steven Kaplan and Philippe Minard（Paris：Belin，2004），171—194；Nadine Vivier，*Propriété collective et identité communale：Les biens communaux en France，1750—1914*（Paris：Publications de la Sorbonne，1998）.

［45］E［ugène］Delahaye， "La guerre aux travaux de Paris," *La Réforme du Bâtiment*，November 3，1872，169.

［46］Jules Léveillé 1872 年代表第七委员会向赛纳省议会提交的报告，reprinted J［ules］D［elahaye］， "Les travaux de Paris et les syndicats," *La Réforme du Bâtiment*，November 3，1872，173。

［47］Léon Cochegrus， "Associations syndicales par arrondissement," *Bulletin de la*

308

Chambre Syndicale des Propriétés Immobilières du XIe arrondissement (hereafter, *Bulletin de la Chambre des Propriétés*), no.18(February/March 1875):4.

[48] Léon Cochegrus, " A nos adhérents: Déclarations rétrospectives et complémentaires," *Bulletin de la Chambre des Propriétés*, no.12(April 1874):2.

[49] Léon Cochegrus, "Réitératif appel à la propriété," *Bulletin de la Chambre des Propriétés*, no.27(July 1876):4.

[50] "Rapport de l'Assemblée générale du 15 mai 1876," *Bulletin de la Chambre des Propriétés*, no.26(June 1876):4.

[51] A. Avézard, "A nos lecteurs," *Bulletin de la Chambre des Propriétés*, no.1(October 1872):2.

[52] "Statuts," *Bulletin de la Chambre des Propriétés*, no.1(October 1872):6.

[53] 从 Rue Neuve-des-Martyrs（如今的 Rue Manuel）起，Poncet 和 Société des Nu-propriétaires 在其自己的地产上建起了许多街道，当时称作 Bossuet 和 Fénélon 新街（今天的 Cité Charles Godon and Rue Milton）。关于这一开发的信息可见关于 Jean-Baptiste Pochet（这块土地最早的业主）的文件，Bibliothèque Historique de la Ville de Paris。见 BHVP Papiers Pochet, Ms2413: Propriétés, rue Jean-Jacques Rousseau, rue des Martyrs, Franconville。

[54] BHVP Papiers Pochet, Ms2413: Règlement pour le passage des Martyrs, arrêté suivant acte reçu par M. Mayre, notaire à Paris, le 11 avril 1845.

[55] BHVP Papiers Pochet, Ms2413: Note pour MM.Patoueille, le Bant et Ledreux, commissaires-surveillants du nouveau quartier des Martyrs, Appelants, contre MM. Leperdriel et Pochet-Desroches, intimés, 30 novembre 1854.

[56] Amina Sellali-Boukhalfa, "Sous la ville, jadis la campagne: Une mosaïque de lotissements privés à l'origine de l'urbanisation de Belleville et de Charonne, 1820—1902" (PhD diss., University of Paris 8, 2002).

[57] 该法出台于 1865 年 6 月 21 日。它的法律先例可以追溯到 1599 年和 1604 年亨利四世时期颁布的关于沼泽地排水的法令。

[58] "Les syndicats pour l'exécution des travaux de Paris," *La Réforme du Bâtiment*, November 10, 1872, 177.

[59] 这一原则甚至在没有正式的业主协会的情况下也适用。例如，可见来自 Avenue Niel 上的"明智的地产所有者"对开发提案的热切接受：AP D.5 K3 20, 1885, p.264。一些协会自发形成并挺身支持他们地区的拟议工程；例如可参考 "Syndicats de propriétaires: L'avenue d'Antin et la rue Legendre," *La Réforme du Bâtiment*, January 4, 1874, 1。

[60] "Les syndicats pour l'exécution des travaux de Paris," 177.

[61] L. Delanney, *Les associations syndicales* (Paris: Chamerot et Renouard, 1891).关于法国政治文化中间人利益的代表的复杂性问题，见 Pierre Rosanvallon, *Le modèle politique français: La société civile contre le jacobinisme de 1789 à nos jours* (Paris: Éditions du Seuil, 2004)。

[62] M. Clément 的评论，引自 Georges Michel, "La nouvelle législation sur les syndicats urbains", *Économiste Français*, December 1, 1888, 665。

[63] 这个问题在导致 1888 年通过该法律的辩论中凸显出来。1877 年提交的第一份法律提案沿用了 1865 年法的"集体利益"。见 AP Archives de la Chambre de Commerce et d'Industrie de Paris, 2ETP/1/8/21 1: Rapport fait au nom de la commission chargée d'examiner la proposition de loi, adoptée par la Chambre des députés, ayant pour objet de modifier la loi du 21 juin 1865 sur les associations syndicales。

[64] Guyot 在 19 世纪 80 年代末还成为了公共工程部部长，同时兼任 *Journal des Économistes* 的编辑。关于其同 Ménier 的联系，见其传记注释，Adolphe Robert, Edgar Bourloton, and Gaston Cougny, eds., *Dictionnaire des parlementaires français de 1789 à 1889* (Paris: Bourloton, 1889—1891)。

[65] "Les travaux de Paris par l'impôt sur le capital," *La Réforme du Bâtiment*, September 28, 1873, 154.也见 Émile-Justin Ménier, *Les travaux de Paris par l'impôt sur le capital* (Paris: Plon, 1873)。

309

　　[66] 关于 1807 立法的重要意义，见 Marcel Roncayolo，"Le droit et son application: Propriété, intérêt publique, urbanisme après la Révolution: Les avatars de la législation impériale," in *Lectures de villes: Formes et temps*, rev. ed. (Marseille: Éditions Parenthèses, 2002), 317—330.

　　[67] Georges Ripert, "Étude sur les plus-values indirectes résultant de l'exécution des travaux publics" (doctoral thesis, University of Aix-Marseille Law School)(Paris: Rousseau, 1904).

　　[68] Jurist and commissioner at the Conseil d'État Octave Le Vavasseur de Précourt, cited in Ripert, "Étude sur les plus-values indirectes," 61—62.

　　[69] Adrien Veber, "Les plus-values immobilières: La loi du 16 septembre 1807," *Revue Municipale*, August 12, 1899, 1487—1492.关于 19 世纪末全球各国政府对收集这一部分财富的项目的摘要，见 Georges Vogt, *L'imposition des plus-values immobilières*(Alger: Imprimerie Gojosso, 1914); Jean-Pierre Gaudin, *L'avenir en plan: Technique et politique dans la prévision urbaine*, *1900—1930*(Seyssel, France: Éditions du Champ Vallon, 1985); Robert Andelson, ed., *Land-Value Taxation Around the World*(Malden, MA: Blackwell, 2000); Matthew Cragoe and Paul Readman, eds., *The Land Question in Britain*, *1750—1950*(New York: Palgrave Macmillan, 2010)。

　　[70] James Mill, *Elements of Political Economy*, 3rd ed. (London: Baldwin, Cradock, and Joy, 1826), chap.4, sec.5: "Taxes on Rent" ; John Stuart Mill, *Principles of Political Economy, with Some of Their Applications to Social Philosophy*(London: J. W. Parker, 1848), bk.5, chap.2: "Of the General Principles of Taxation" ; Henry George, *Progress and Poverty*, rev. ed.(London: W. Reeves, 1884); Paul Leroy-Beaulieu, *Essai sur la répartition des richesses*, 3rd ed.(Paris: Guillaumin et Cie, 1888), chap.7, "De la propriété urbaine."

　　[71] Maurice Halbwachs, *La politique foncière des municipalités*(*Les Cahiers du Socialiste*, no.3)(Paris: Librairie du Parti Socialiste, 1908), 3—4; Léon Walras, "Théorie mathématique du prix des terres et de leur rachat par l'état," in *Théorie mathématique de la richesse sociale* (Lausanne: Corbaz et Cie, 1883), 177—253; Charles Gide, " De quelques nouvelles doctrines sur la propriété foncière," *Journal des Économistes*, May 15, 1883, 169—199. 也见 Émile de Laveleye, "La propriété terrienne et le paupérisme," *Revue Scientifique de la France et de l'Étranger*(1880): 708—710; Luigi Einaudi, "La municipalisation du sol dans les grandes villes," *Devenir Social*(January/ February 1898): 1—42; 以及 the Société d'Économie Politique 的讨论，"L'impôt sur la plus-value des immeubles," *Journal des Économistes*(December 1910): 482—487。

　　[72] AP D.5 K3 16: Procès-verbaux des séances du Conseil Municipal, 16 May 1886, Réponse de M. Manier à un Rapport de M. Villard, 710—715.

　　[73] Grossi, *An Alternative to Private Property*.关于在阿尔及利亚地区的地产问题的研究，见 Maurice Pouyanne, *La propriété foncière en Algérie*(Alger: Adolphe Jourdan, 1900); Rodolphe Dareste, *De la propriété en Algérie*(Paris: Challamel, 1864)。 二手著作，可见 Didier Guignard, "Les inventeurs de la tradition 'melk' et 'arch' en Algérie", in *Les acteurs des transformations foncières autour de la Méditerranée au XIXe siècle*, ed. Vanessa Guéno et Didier Guignard(Paris: Editions Karthala, 2013), 49—93; Alain Sainte-Marie, "Législation foncière et société rurale: L'application de la loi du 26 juillet 1873 dans les douars de l'Algérois" , *Études Rurales*, no.57 (January—March 1975): 61—87。

　　[74] 引自 Walras, "Théorie mathématique du prix des terres," 178.

　　[75] 为了强调这一现象的城市性，Halbwachs 对土地价值增长的占有的讨论集中在"城市租金"上，而不是一般而论的"不劳而获的增益"上。

　　[76] Paul Leroy-Beaulieu, *Traité théorique et pratique de l'économie*, 3rd ed.(Paris: Guillaumin, 1900), 1: 691—692.

　　[77] Paul Leroy-Beaulieu, *Essai sur la répartition des richesses et sur la tendance à une moindre inégalité des conditions*(Paris: Guillaumin, 1881), 183.

　　[78] Leroy-Beaulieu, *Essai sur la répartition des richesses*, 186, 206.这一转变是经济

310

311

思想更广泛转变的特征，即从劳动价值论转向市场驱动的供求价值模式。 见政治经济学家 Hippolyte Passy 在以下书中的 "Valeur" 这一词条，Charles Coquelin and Guillaumin, eds., *Dictionnaire de l'économie politique*(Paris: Guillaumin et Cie, 1873), 2:806—815。

［79］Halbwachs, *La politique foncière des municipalités*, 6.

［80］Léon Cochegrus, "Associations syndicales par arrondissement," *Bulletin de la Chambre des Propriétés*, no.18(February/March 1875):3.

［81］Léon Cochegrus, "L'émancipation de la propriété en France: Demande d'extension de la loi du 21 juin 1865," *Bulletin de la Chambre des Propriétés*, no.27(July 1876):1—3.

［82］"Associations syndicales," *La Réforme du Bâtiment*, February 4, 1877, 18.

［83］"Proposition de loi ayant pour objet d'étendre à certains travaux des villes les dispositions de la loi du 21 juin 1865, sur les associations syndicales, présentée par MM. Charles Floquet et Martin Nadaud, députés; Séance du 1ᵉʳ mars 1877, Annexe no.798," *Journal Officiel de la République Française*(March/April 1877):1955—1957.

［84］Léon Cochegrus, "Représentation de la Chambre syndicale devant la Commission spéciale des députés chargée de l'examen de la loi du 21 juin 1865," *Bulletin de la Chambre des Propriétés*, no.48(December 1878/January 1879):2, 3.

［85］先前立法中的失败尝试，见 "Associations syndicales dans les villes", *La Réforme du Bâtiment*, June 22, 1879, 98; "Chambre des députés: Dépôt d'une proposition de loi ayant pour objet d'étendre à certains travaux des villes les dispositions de la loi sur les associations syndicales; Déclaration d'urgence", *Journal Officiel*(November 26, 1885), 93—94。 导致 1888 年法的出台的参议院辩论，总结于 Georges Gain, "Étude sur les associations syndicales(suite)", *Annales du Régime des Eaux* 3, no.1(1889):65—98。

［86］AP D.5 K3 24: Séance du 28 mars 1887, Exécution des opérations de voirie votées par le Conseil et approuvées par la loi du 19 juillet 1886, Renvoi à la 3ᵉ Commission de diverses propositions, 634—635.

312 　［87］AP D.5 K3 17: Séance du 27 décembre 1888, Communication de M. Yves Guyot au sujet de la loi récente qui modifie la législation sur les associations syndicales, 1108.

［88］参考 Ministère des Travaux Publics, *Recueil des lois, ordonnances, décrets, règlements et circulaires concernant les différents services du Ministère des travaux publics*(*ancien Recueil Potiquet*)(Paris: Jousset, 1894), 89—103。 城市郊区的协会出现得更早，它们利用了农村道路的多样性，以便从 1865 年 6 月 21 日的法律中获益。 根据 1888 年 12 月 22 日的法律成立的协会在郊区的数量似乎略多，但它们的成立时间并不比巴黎的早。

［89］这些协会的成立需要公布协会的行为，公布在 *Recueil des Actes Administratifs*, *Bulletin Officiel d'Information de la Préfecture de Paris et de la Préfecture de Police*。 这些都可以在关于巴黎市的 "Partie Municipale" 那一部分找到。

［90］它们涉及 Rue de Pondichéry(第 15 区, 1900 年)、Rue Jean-Vaury(第 14 区, 1910 年)、Boulevard Chauvelot(第 15 区, 1910 年)、Cité Traeger(第 18 区, 1910 年)、Rue de la Grotte(第 15 区, 1912 年)、Passage Charles-Bertheau 和 Impasses Elisabeth, Myrtile, et Valentin(第 13 区, 1912 年)、Rue de Lyannes(第 20 区, 1912 年)和 Rue Philibert-Lucot(第 13 区, 1913)。

［91］这一观点是参议员 Paul Strauss 在 1911 年就适用于私人街道的卫生立法进行的一系列辩论中提出的。 见 Gilles-Lagrange, *L'assainissement des voies privées urbaines*, 39。

［92］在世纪之交，大多数私人街道都位于该市最贫穷的街区。 1898 年，在 1 432 条私人街道中，有 163 条位于 20 区；159 条位于 11 区；137 条位于 15 区；133 条位于 18 区；131 条位于 19 区。 见 AP VO NC 238: Compte rendu historique, moral et financier de 1870 à 1899, Notes de préparation。

［93］"Arrêté préfectoral 1ᵉʳ mars 1913: Nomination d'un porteur de contraintes pour le recouvrement des taxes de l'Association syndicale des propriétaires de la rue Jean-Vaury;" "Arrêté préfectoral 19 février 1914: Désignation d'un porteur de contraintes pour le recouvrement des taxes de l'Association syndicale des propriétaires du bd Chauvelot,"

Recueil des Actes Administratifs, 1913, 1914.

[94] Georges Liet-Veaux, *Les associations syndicales de propriétaires* (Paris: Sirey, 1947), 4—5.

[95] Michel, *La cause des propriétaires*.

[96] "Notre bulletin," *Journal des Propriétaires et des Locataires: Organe Officiel de la Chambre Syndicale des Propriétaires d'Amiens*, December 15, 1891, 2.

[97] Gabriel-Victor-Jules Demontzey, "Études sur le développement parallèle de la propriété mobilière et de la propriété immobilière en droit français" (doctoral thesis, University of Strasbourg Law School)(Strasbourg: Imprimerie Huder, 1854), 2.

[98] "Défendons-nous!," *Journal des Propriétaires et des Locataires: Organe Officiel de la Chambre Syndicale des Propriétaires d'Amiens*, March 15, 1892, 26—28.也见 Boucher d'Argis, "La Ligue pour la propriété et la liberté", in the issue of February 15, 1892, 19。

[99] Émile Agnel, *Code-manuel des propriétaires et locataires de maisons, hôteliers, aubergistes et logeurs* (Paris: Cosse et Marchal, 1874).

[100] F. V., "Causerie foncière," *Grand Journal Officiel des Locations et de la Vente des Terrains et Immeubles*, October 1—15, 1884, 19.

[101] "Défendons-nous!"

[102] Alessandro Stanziani, ed., *Dictionnaire historique de l'économie-droit, XVIIIᵉ—XXᵉ siècles* (Paris: Maison des Sciences de l'Homme, 2007).

[103] Torre-Schwab, *Essai sur la construction juridique*, 38.

[104] Jean-Yves Grenier, "Valeur fondamentale et spéculation dans l'économie politique et le droit (fin XVIIᵉ—XIXᵉ siècles)," in *Le capitalisme au futur antérieur: Crédit et spéculation en France, fin XVIIIᵉ—début XXᵉ siècles*, ed. Nadine Levratto and Alessandro Stanziani(Brussels: Bruyland, 2011), 19—67.

[105] Alexandre Weill, *Qu'est-ce que le propriétaire d'une maison à Paris, suite de Paris inhabitable* (Paris: Dentu, 1860), 6, 黑体为原文所加。

[106] Daumard, *Maisons de Paris*, esp. chap.6.

[107] 关于地产交易的信息可见 *sommier foncier* (Archives de l'Enregistrement) at the Archives de Paris: DQ18 1466, DQ18 1473, DQ18 1433, and DQ18 3128。

[108] 信息来自 *Annuaire des propriétaires*, 1910 ed.

[109] Bonin, *L'argent en France depuis 1880*, 241; Hautcoeur, *Le marché financier*, chaps.9 and 14; Alex Preda, "The Rise of the Popular Investor: Financial Knowledge and Investing in England and France, 1840—1880," *Sociological Quarterly* 42, no.2(2001): 205—232.

[110] A[lexis] Bailleux de Marisy, "Le prêt à l'intérêt," *Revue des Deux Mondes*, February 15, 1878, 940; Alfred Neymarck, *Le morcellement des valeurs mobilières: Les salaires, la part du capital et du travail* (Paris: Bureaux de la Revue Politique et Parlementaire, 1896).

[111] Paul Leroy-Beaulieu, *L'art de placer et gérer sa fortune* (Paris: Ch. Delagrave, 1906), chap.2; Alfred Neymarck, *Que doit-on faire de son argent?* (Paris: Marchal et Godde, 1913).

[112] Onésime Masselin, "Des effets du krach de la bourse sur les placements immobiliers," *Le Foncier*, January 31, 1882.

[113] 引自 Anne-Marie Patault, *Introduction historique au droit des biens* (Paris: Presses Universitaires de France, 1989), 211。

[114] R. Défrétière, *Essai sur la condition des marchands de biens: Les données actuelles du problème de la commercialité des opérations immobilières* (Paris: Presses Universitaires de France, 1923).

[115] 点评见 Émile Ollivier, "Acheter un immeuble avec intention de le revendre, c'est faire un acte de commerce", *Revue Pratique de Droit Français* 1(February 15—August 1, 1856):241—259; Eugène Garsonnet, "Les opérations qui se font sur les immeubles sont-elles des actes de commerce?", *Revue Critique de Législation et de Jurisprudence* 35

(1869):325—361; Édouard Fuzier-Herman, ed., *Répertoire général alphabétique du droit français*(Paris: Société du Recueil Général des Lois et des Arrêts et du Journal du Palais, 1886), 1:554—563。

[116] 引自 Défrétière, *Essai sur la condition des marchands de biens*, 22。

[117] Arrêt du 14 février 1868, Cour de Paris, *Dalloz* 1868, pt.2, 208—210.

[118] Arrêt du 18 avril 1882, Chambre civile, *Dalloz* 1883, pt.1, 64. Raymond-Théodore Troplong, *Commentaire du contrat de société en matière civile et commerciale* (Bruxelles: Meline, Cans et Cie, 1843), 134.

[119] André Jacquemont, "La spéculation sur les immeubles et ses mécomptes," in *Premier congrès international de la propriété bâtie*, 201.

[120] Jacquemont, "La spéculation", 204, 黑体为原文所加。

[121] Torre-Schwab, *Essai sur la construction juridique*, 46.

[122] Dreyfus, "De l'exclusion des opérations immobilières," 50—57; Alfred Jauffret, "L'extension du droit commercial à des activités traditionnellement civiles," in *Études offertes à Pierre Kayser*, vol.2(Aix-en-Provence: Presses Universitaires d'Aix-Marseille, 1979), 59—100; Paul Didier, "La terre et le droit commercial," in *Études de droit commercial, à la mémoire de Henry Carbillac*(Paris: Librairies techniques, 1968), 153—166; Joseph Frossard, "L'immeuble et le droit commercial," *Revue Trimestrielle de Droit Commercial* 19(1966):535—554.

[123] Henri Mouret, *Sociétés anonymes à participation ouvrière et actions de travail* (Paris: Librairie Générale de Droit et de Jurisprudence, 1919).

[124] "Comment placer son argent," *Circulaire Financière Bi-Mensuelle de la Société Immobilière, Commerciale et Civil*, January 15, 1911, 2.

[125] ANMT 2001 026 650, Crédit Foncier, Rapports annuels.

[126] ANMT 65 AQ I 100: La Fourmi Immobilière, SA.Compte rendu de l'Assemblée générale du 3 mars 1911, 13.

[127] BHVP Actualités Série 78, Logement: Client solicitation letter "La Mobilisation Foncière, J.-B. Boisselot," August 25, 1906.

[128] "Causerie immobilière," *Bulletin de la Chambre des Propriétés*(December 1, 1906):539, 黑体为原文所加。

[129] Sylvie Devigne, "La commission extraparlementaire du cadastre de 1891 à 1905: Le projet de transformation du cadastre français en cadastre juridique," in *De l'estime au cadastre en Europe: Les systèmes cadastraux au XIXe et XXe siècles*, ed. Florence Bourillon, Pierre Clergeot, and Nadine Vivier (Paris: Comité pour l'histoire économique et financière de la France, 2008), 217—231.

[130] Charles Brouilhet, "La propriété bâtie et la question du livre foncier," in *Congrès de la propriété bâtie de France*(Lyon: Imprimerie du Salut Public, 1894), 3.

[131] Georges Deloison, "Les livres fonciers", in *Congrès de la propriété bâtie de France*, 24, 25, 黑体为原文所加。

[132] 见圆桌会议, "Société d'économie politique, réunion du 5 mars 1887: Le système des exclusions de saisie en faveur du foyer domestique, connu aux États-Unis sous le nom d'*homestead* serait-il applicable en France et est-il conforme aux lois économiques?", *Journal des Économistes*(March 1887):431—443。关于美国, 见 Clare Priest, "Creating an American Property Law: Alienability and Its Limits in American History", *Harvard Law Review* 120, no.2(December 2006):385—459。

[133] Hervé Bastien, "Le bien de famille insaisissable: Politique et législation de la petite propriété sous la IIIe République," *Études Rurales*, nos.110—112(1988):377—389.

[134] "Jeudi 31 mai: La propriété bâtie et le crédit hypothécaire dans les différents états; Rapport de M. Hernance, docteur en droit," in *Premier congrès international de la propriété bâtie*, 175.

[135] Ibid., 176.

[136] Timothy Mitchell, "The Properties of Markets," in *Do Economists Make Markets? On the Performativity of Economics*, ed. Donald MacKenzie, Fabian Muniesa, and

315

Lucia Siu(Princeton，NJ：Princeton University Press，2007)，244—275.

[137] "Consultation de M. Waldeck-Rousseau sur la légalité des Chambres syndicales de propriétaires d'immeubles urbains," *Journal des Propriétaires et des Locataires：Organe Officiel de la Chambre Syndicale des Propriétaires d'Amiens*，September 15，1892，76.

[138] 通过占领和开垦土地而拥有土地，不断得到法学和立法的支持，这与"地产"相反，"地产"的定义是名义上的所有权而并不(一定)使用。 见 Donald R. Kelley and Bonnie G. Smith，"What Was Property? Legal Dimensions of the Social Question in France (1789—1848)"，*Proceedings of the American Philosophical Society* 128，no. 3 (1984)：200—230；and Bastien，"Le bien de famille insaisissable"。

[139] "Congrès national de la propriété bâtie à Bordeaux," *Recueil de Jurisprudence Immobilière et de Législation du Bâtiment*(July 1905)：334，335.

[140] 事实上，正是在世纪之交，Chambre des Propriétés 开始出版其公寓租赁季刊 *Le Trimestriel Location*，从而参与了类似于新兴的房地产经纪领域的分销活动。

[141] "L'habitation et la santé publique à Paris," *Le Temps*，January 10，1912. Quotes attributed to M. G. Mesureur，director of public assistance.

[142] Yankel Fijalkow，*La construction des îlots insalubres：Paris，1850—1945*(Paris：L'Harmattan，1998).

[143] Henri Talamon，*Le classement des voies privées*(Nice：Léo Barma，1911)，6，8.

第四章

不息市集

1880 年，地产中介 A·蒂布(A.Thibou)在法国商业目录《迪多·博坦年鉴》(*Annuaire Didot-Bottin*)中，为其名下的"商业、工业和金融机构"打了个广告。 其机构为公众提供服务的范围之广，令人咋舌：

> 房地产、商业地产和工业设施的购买、销售和管理。年金、租金和信贷的诉讼及收取，商业信息。起草私人协议、协会章程、金融伙伴关系，发行股份。会计；建立、调整和更新条目；库存、资产负债表、交易权衡、咨询、清算、私下协定、债务构成。资本投资、贷款、股票/债券存款、抵押贷款、股票订单的预付款。所有抽佣商品购买和销售。发明专利认可，设计和商标注册，展会展览，国内外宣传。[1]

其所罗列的这些活动都是第三共和国时期典型的法国中介人(*homme d'affaires*)或房产中介(*agent d'affaires*)会从事的事情。 中介人同法律专业密切相关，他们利用了那一禁止法院官员从事商业活动的规定，进而建立起各类需要用到法律和商业的专业知识的企业。 中介人可能将自己定义为代表、中间人、经纪人和顾问等不同的身份，在 19 世纪的后几十年里，他们在买家和卖家的事务之间进行斡旋，体现了分销、营销和消费对生产的日益重要。[2] 时人将其视为商业社会的典型表现。 该行业的一位学者言道，"需求创造了有机体的原则"，中介人恰恰作为这一原则的具体化身而找到了自己的位置，这正是"因为经济转型使人们彼此之间越来越陌生了，即使他们之间也变得越来越相互依赖"。 事实上，它们与商业活动的流变密切相关，以至于要对该领域做个枚举的话，"纵使假设其今天是准确的，因经济需求的起伏的作用，明天就会缺乏信息或完全不准确"。[3]

在巴黎房地产市场的历史上，房产中介是特别重要的人物。 地产业务在他们的活动中占有重要地位；管理和收取租金、起草销售文件、经纪抵押贷款和协调房地产交易，这些都是他们专业知识的关键方面，在这些领域中，为了争取客户，他们也试图挑战其他个人（主要是公证人）。 虽然他们从19世纪初就开始参与首都的房地产市场，但在该世纪的最初几十年里，专门从事房地产交易的中介人数量却很少。 从19世纪70年代开始，专门的房地产经纪人才从中介人的行列中分化出来，其后人数稳步增加；到了世纪之交，将从事建筑、商业销售和公寓租赁买卖的经纪人集合起来的专业组织开始出现。[4]《迪多·博坦年鉴》的纸页所证的，正是地产经纪行业的快速扩张。 1855年，商业目录在"房产中介机构和商业及地产销售"的标题下列出了首都的249家房产中介。 1862年，这个群体已经发展到350多家。 此外，还出现了一个新的类别，"公寓和地产租赁机构"。 从1870年起，随着更多专业职业的出现，房产中介的名单逐渐减少了。 除了（在19世纪的最后几十年里，其列表持续增长的）租赁机构，其他如物业管理经理、商业地产经纪人和"建筑物销售和购买"这样的整条条目标题也分别首次出现于19世纪80年代和90年代。 1876年，塞纳省中介人公司（Compagnie des Hommes d'Affaires du Département de la Seine）成立，其后正式出现了"中介人"（Hommes d'Affaires）这一范畴，该公司由房产中介组成，在职业定位上，他们将自己与法律职紧密联系在一起，并抛弃了更具有商业意味的"经纪人"（agent）一词，以表示某种职业上的区别。 在1899年至1902年期间，马克西姆·珀蒂邦的年刊《巴黎市不动产地产业务市场官方手册》列出了首都125家大型房地产机构，而早在1896年的

137

官方职业普查里，则登记有 807 人，包括 141 名女性，工作于巴黎的房地产销售和租赁机构，另有 75 人在近郊。[5]

恰恰是在房产所有者和开发商、行业观察者和法律评论家就房产商品化的法律框架进行激烈的争辩，并提出其最合适的(政治、经济和社会的)流通形式的这一问题的时期，专门的不动产中介开始根据他们在城市房产市场中的斡旋者(mediator)的角色，形成一个独特的职业身份。 巴黎的不动产中介拟定了市场信息均等化的项目，如同已经存在的股票、债券和商品的集中交易所相类似的地产集中交易所，他们还试图建立起类似于同一时期开创于美国的多重挂牌上市服务(MLS)的委托和佣金分享体系。 这些体系由纸质登记表、职业会员制和集中的市场站点组成，它试图协调竞争并提供更完美的市场信息获取，从而建立起必要的分配网络，提高房地产的流动性。[6]其与其他市场组织模式是既共同制定又互相竞争的关系，从而构成了城市房地产市场化进程的一个关键部分。

他们的尝试也表现了第三共和国商人的一般面貌。 由于不动房产的社会生活，是在市场/社会之分的鸿沟中构成的，参与其流通的中介在职业身份和市场活动之间，也就面临着类似的张力。 他们在社会和监管方面所做的努力，旨在通过给商业领域树立起职业模式，以监制(police)其自身的职业道德并限制竞争。[7]他们所面临的反对，不仅来自该领域本身——有史以来最杂乱的从业者组合——而且来自受国家垄断保护的竞争对手，来自反对在市场上大搞协会的经济自由主义者，以及来自传统上对市场身份的公开表达持矛盾态度的政治文化。 然而，到了世纪之交，作为国家活力的源泉和培养现代公民的舞台，商业享有了更多的可信度。 在 1902 年的职业指南中，政治家、历史学家加布里埃尔·阿诺托(Gabriel Hanotaux)称赞商业是生产的英勇助手，是全国青年的活力的有价值的出口。"这种职业需要主动性、毅力、即时评估的能力、沉着镇定，总之需要一种强大的、足智多谋的性格，这就是商业职业。"[8]在法国 19 世纪末的政治经济中，不动产中介替商业自为的(self-making)状况和具体实践，为自任的(self-styled)企业家担负的空间，打开了一扇窗口。

公证员、拍卖和地产流通

亨利·贝克(Henri Becque)1882 年的戏剧《乌鸦》(*Les Corbeaux*)，其推动全剧的戏剧性，来自 19 世纪末缠绕在巴黎市房地产之上的中介人、利益团体和焦虑情绪。 在《乌鸦》中，中产阶级商人维涅龙(Vigneron)之死，使其家人不得不受试图从他的遗产中获利的人的摆布。 维涅龙的前商业伙伴蒂西埃(Teissier)利用维涅龙的女性继承人的无知和缺乏经验，非法占有了死者的大部分利益。 他与无耻的家雇公证人布尔东老师(Maître Bourdon)勾结，试图攫取遗产中位于巴黎火车站附近的一些土地。 这些地产给寡妇带来了一个特殊的难题。 丈夫去世后不久，维涅龙夫人接待了他聘请来在这些地段上建公寓房的建筑师。 维涅龙曾希望从这些房屋中获得租金，以便在他安然传宗接代并放弃工厂后，能够"不劳而活"。 建筑师勒弗尔(Lefort)向遗孀揭示道，购买这些土地对死者来说是一桩糟糕的买卖，而他的公证人是不负责任的始作俑者。 这些地块有几个特点，使其难以转售，故而在这些地块上建房是该家庭所能寄予的从交易中获得利益的唯一途径。 勒弗尔表现得就我们在前几章提到的那种城市专家一样，他否定了布尔东对土地价值的夸张断言。"别在我面前弄斧，我对巴黎的建筑市场一清二楚。"[9]他警告寡妇，负责出售土地的人可能会采取一些阴谋诡计，会企图降低价格，以确保地被内定的客户(也就是蒂西埃)收购。 布尔东对勒弗尔反对他的指控感到愤怒，他于是斥责勒弗尔道："您在随意抨击就我所知最值得尊敬的公司。 您指责那些负责执行法律的人，把怀疑的目光投向他们，您对法律本身进行攻击。 这还算轻了，先生，您做的事情比这更糟糕：您在侵犯家庭的安宁。"[10]维涅龙夫人仍然

139

不确定，她考虑将生意交给另一个中间人，一个名叫勒布拉索（Lebras-seux）的地产中介。[11] 作为回应，公证人用恶言恶语来吓唬寡妇：“[勒布拉索]从前是名律师，他因为贪污而不得不丢了饭碗。 您可能不知道，害群之马会被无情地逐出律师协会，公证员协会也是一个道理。 在这场厄运之后，勒布拉索在司法宫附近建了一家机构。 机构里发生了什么，我不能告诉您，但您过一会儿就可以和我说了。”[12] 剧终时，公证人和蒂西埃已经成功地完全占有了整片遗产之地，如果不是蒂西埃又娶了其一个女儿，整个家庭就会沦于赤贫。

怀疑者将公证员视为自利的、有时会犯罪的中间人，这样的说法相当广泛。 公证人经常出现在奥诺雷·杜米埃的漫画中，而巴尔扎克在1825 年发表的《诚实人手册或不被无赖愚弄的艺术》（*Code des gens honnêtes ou l'art de ne pas être dupe des fripons*）中，有一章题为“论公证处的危险金流之文”。[13] 在第三共和国早期，这些久远的讽刺作品，以过度放纵、非法的第二套住宅和其他可疑的个人行径为主题，伴随着实际犯罪行为的大幅增加和广泛传播的对 “公证危机”的察觉。[14] 这种危机的独特焦虑，不仅源于真实的公证员在执行公务时犯下的罪行，还因为作为所有家庭法事务的顾问，特别是继承问题的顾问，公证人保持着强大而受人尊敬的地位。[15] 布尔东老师自以为是地训斥建筑师勒弗尔时表现出来的，正是公证人不仅仅是法律的代表，更重要的，是家庭安全的监护人。 事实上，历史学家让-保罗·泊松（Jean-Paul Poisson）将公证处描述成一个**记忆之场**，一个具现了同个人存在的必然短暂性相对的对家庭稳定和持久之渴望的场。[16]

公证员通过参与家族土地财富的构成和巩固，来体现这种永久性。 作为遗产的关键顾问和管理人，公证人和机构充当了各种地产交易的中间人。 法国法律赋予了他们在涉及房地产的合同中发挥特殊作用的职能。 虽然在两个有法律赋权的个体之间通过私人合同进行地产买卖时，买卖本身是合法和完整的，但只有在不动产抵押管理处（Con-servation des Hypothèques）将其记录之后，它们才是“可实施于第三方”

140

(opposable aux tiers)，才对第三方有法律约束力。 这一记录的过程通常需要公证员根据其对销售合同的认证来进行。[17]房产销售在公证员的整体活动中只占一个小部分，他们的职责更侧重于家庭法事务，以及更重要的各种信贷交易。 泊松的研究表明，虽然在 19 世纪，对地产销售的关注度有所提高——而巴黎公证人所有行为的总量也在增加——但在他研究过的公证处里，地产销售只占交易量的五分之一弱。[18]只有在二战后，立法通过要求公证员提供中介服务，房地产事务才成了公证员的主要业务。[19]然而，公证协会每周举行的拍卖会，却是房地产市场的重要实例，诉讼代理人(avoués)在司法宫举行的不动产拍卖会上扮演的角色也是如此。 该群体的任务包括出售司法程序(如破产的程序)扣押的地产和继承人们的共有财产。 通过塞纳省民事法院对这些销售信息的集中化，该行业建立了"一种地产市集"，有些人称赞其比徘徊于遍布巴黎的 122 个公证处更有效率。[20]巴黎市《统计年鉴》公布的 1880 年以来的统计数据显示，1880—1914 年间，公证协会每年平均拍卖土地和建筑物 318 次，而(1904—1914 年的)民事法庭的数字则为每年平均 410 次(图表 4.1)。[21]

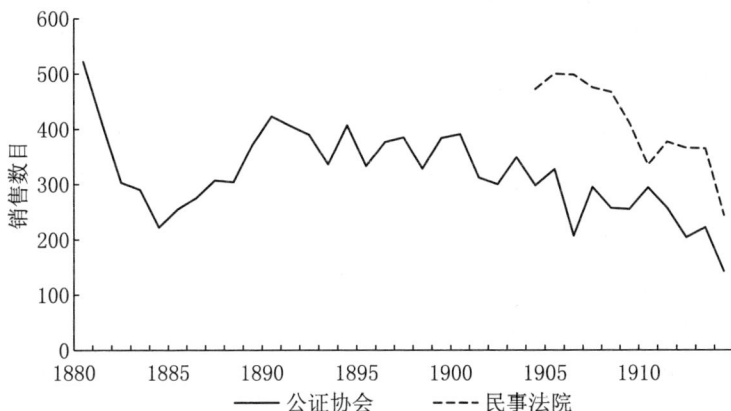

图表 4.1　1880—1914 年土地和建筑拍卖总销售额。来源：《巴黎统计年报》

这些公务人员构成了传统的地产流通的世界，他们代表着通过(特别是婚姻和继承事件的）家庭环路的传统土地流动，以及通过被商业债权人及其他人扣押的通过抵押和留置权以牵涉信贷网络的更具流动性的房地产要素。这个流通网络当然不是没有活力或创新能力的。公证人的业务可能会让其在公职的荫蔽下，积累起大量的资金，并使其接近各种经济和商业活动。公证员——及其客户的资金——参与到一系列投资和投机企业之中，以及由此产生的一系列破产，又导致了 1843 年限制公证人从事商业活动的立法的出台。[22]这些法规旨在限制银行和公证部门之间的竞争，以及进一步保护家族地产不受无端流通的影响，它们确认了稳定的投资领域和不可靠的投机领域之间的区别。[23]由于这些立法以及更普遍意义上的信息网络的多样化和民主化，公证员发现随着时间的流逝，他们在信贷和地产市场上的职能也不断演化，尤其是在巴黎这一竞争极强的市场上。例如，关于巴黎公证员最杰出的一项研究，揭示了地产信贷银行在巴黎的活动是如何扩大的——这种扩大是由 1855 年重建的公共留置权登记处促成的，它取代了公证处，成为抵押贷款市场的主要中介。作为公司贷款的揽客，公证员获利颇丰，但他们不再享有以往在安排和分配抵押贷款方面作为斡旋者的特权地位。[24]

至于房产销售，公证员会以两种方式进行。在他知道有客户或同僚对买卖他所留意那块地产感兴趣的情况下，可以安排私下出售。另外，他还可以通过公开拍卖来出售房产。共和十二年牧月 25 日（1804 年 6 月 14 日），巴黎的公证员决定建立不动产拍卖厅，比负责掌管动产销售的拍卖估价人（commissaire-priseur）公司的类似决定略早。[25]其成立也比（在 19 世纪成了英国不动产拍卖的总部的）伦敦拍卖市场（London's Auction Mart）早了几年，而且比〔后来成了房地产交易和拍卖厅（Real Estate Exchange and Auction Room）的〕曼哈顿交易销售厅（Manhattan's Exchange Salesroom）乃至法国其他城市中心的拍卖厅都要早上几十年。[26]与他们在动产领域的同僚弟兄们相比，公证人并不扮演价格制定者的角色，在法律上不受他们推动确立的任何估价的约束。 在公共不动产拍卖的领域，他们也并没有享有可同诉讼代理人相媲美的特权，后者垄断了个人地产的公开销售。 所有者本人以及任何其他正式指定的中介都可以自由参与拍卖，只要他们不企图冒充公证处［该情况被称为"干涉"（*immixtion*）］，这反映了对待不动产所有者的特权的严肃性。[27]

拍卖是一种成熟的法律形式，同时起到了确立市场和实现产品分配的作用。 法院官员在执行拍卖上的司法地位意味着，从 18 世纪直到 20 世纪，不动产拍卖的宣传、时间表和形式都基本保持一致。 宣传是高度标准化的；每周的销售海报都要贴在全城的指定地点，并在指定的官方出版物上刊登通知。 在法院勒令拍卖（*adjudications judiciaires*）的情况下——如被扣押地产或属于未成年人的地产的销售——宣传受到严格控制；每次拍卖所印制的传单数量、宣传的刊物数量以及所传达信息的性质都由法规决定。[28]自愿拍卖（*adjudications volontaires*）——卖家享有完全的权利和特惠待遇——则可以召集更多的宣传活动，包括传单、邮递和更精致的海报，尽管其宣传还是往往遵循法律勒令拍卖的形式模式。 1848 年，公证协会提醒其成员，公告和海报应"尽可能统一，它们构成了我们对公众的承诺"，并表达了该业务中"全部的严肃真诚之处"。[29]拍卖会的宣传和程序的精确一致确保了其所传递出的市场之有效。 假如拍卖机制能被忠实地遵循，拍卖厅中的透明信息和完全竞争的条件，将产生出公道的价格（*juste prix*）。 这些条件确保了作为"地产价值的最真诚的表达和最精确的温度计"的拍卖能够保证所有参与者的利益。[30]

简而言之，拍卖是展演性的，它将其声称要表达或代表的市场带入现实。[31]拍卖会所构成的市场不是一个涵盖了最广泛的交易领域的庞大而抽象的空间，而是强烈地在地化且短暂的，聚集在办公室、公共大厅或咖啡馆里，集中在三根蜡烛——用来给最后出价计时的机制——燃烧和熄灭的片刻里。 （理论上）参与拍卖的人彼此互不认识；它用一个由匿名买家构成的市场取代了卖家的个人网络，并通过所提供的产品将

143

前者联合起来。 起草销售条件后，卖家会与他们尚不了解的各方签订相机合同（contingent contract）；这些合同在拍卖厅的前后交易中出现合适的价格方得履行。 因此，拍卖在另一种意义上也是展演性的。 拍卖是仪式的场地，仪式的实施为其完成的行为赋予了法律形式。 卖方的相机合同采取的贩卖形式是凭借公证员的裁决权而进行的。 拍卖中的各种形式的意义——从烛台末端的火花到公证员神圣的宣告——是这样的：模仿它们，是一种严重的违规行为，会对公职和公证业造成伤害，尽管他人盗用这些形式也并没有给其中介人带来类似的法律权威。[32]

公证处颁布了一些法规，以确保这一完美市集的出现并对其加以管理。[33]1846 年协会通过的规则，要求除了由法院裁决明确命令在其他地方进行的，其成员必须在拍卖厅进行所有的贩卖。 它们还禁止虚假竞标和限制业主从拍卖会上撤回其地产的权利，从而试图鼓励严肃的竞争并加强交易的可靠性。[34]协会还将拍卖会的参与权限制在被雇来代表客户的经授权的法律官员上，从而希望保证竞标者的身份和出价能力，这两个问题素为巴黎市的规模和拍卖场的喧嚣所掩盖。[35]参加拍卖会的律师或公证员必须出示他代表客户的授权证明，并接受关于最高出价许可的指示。 这样一来，拍卖的狂热就会被严肃的买家的理性研究所影响。 人们还认为，代表制能消除恐吓和攻击性的激情，从而实现完全的公平竞争，而在个人之间相互认识的情况下，这种激情就可能出现于拍卖会场上。[36]然而，协会和司法部对拍卖期间饮酒（以及在拍卖厅暂时无法营业的情况下，转而到咖啡馆和歌舞厅举办拍卖）的传统做法一再发出谴责，反而道出了这些很可能无法无天的活动的具体氛围。[37]

尽管时人的描述证实了拍卖场对房产交易量产生的巨大影响，但这些拍卖也只占巴黎房产销售总额的一部分。[38]在 19 世纪的最后几十年里，最早开辟于日报上的房地产专栏，经常记录公证处和民事法庭的贩卖情况，但也评论说，这些场所的贩卖，不足以捕捉到所谓房地产市场的全部。 1893 年，《拾玖世纪》（*Le XIXe Siècle*）上分周连载的"地产编年"(Chronique Foncière)中的一篇文章指出,"尽管公证处的销售,不再被认为是房产价格的真正标准",拍卖仍然很重要。[39]不仅是因为,许多销售没有经过公证处的斡旋,而且公众对这些交易的了解也很有限。 同时代人普遍承认,不动产市场缺乏透明度,而负责贩卖和采买的人则未能令人满意地澄清,这似乎特别令人费解。 当然,公证人收集了他们自己关于拍卖厅活动的信息。 1841 年,协会发布了一份通知,要求公证人跟踪和报告他们的贩卖情况;1845—1846 年,协会就消除虚假出价对整体贩卖和整体价格的影响进行了研究。[40]但直到 1882 年他们同意了塞纳省的要求,与巴黎的统计部门分享信息,此后这些数据才被综合地呈现给公众。[41]1893 年,《晨报》每周连载的"不动产编年"(Chronique Immobilière)在文中抱怨说,由于公证处的销售信息不公开,"买家或卖家几乎不可能定期了解房地产市场的价格波动情况"。 虽然公证协会不难像证券经纪人协会那样,建立一个官方的房产价目表,但公证员却"始终对任何关于价格波动的官方信息都不掷一词"。[42]事实上,这一栏目此前曾宣布打算"填补空白",通过"创建尽可能完善的信息公告"来改善房地产的投资条件,终结造成投资如此困难的封闭市场的状况。 栏目的匿名作者总结说,像这样的房地产专栏,"注定要成为房地产市场的公告板,正如证券交易所的公告板,也成为了证券市场的公告板一样"。[43]

持续有说服力地将房地产和证券市场相比较,反而揭示了协会不愿意进一步集中和公开公证员居中斡旋得出的那些信息的部分原因。 公职人员与商业领域一直保持着一种复杂的关系。 法律手册经常提到公证员的双重性质,即既是法院官员,又是商业中介,手册建议,为了公职的尊严,要放弃任何有可能过于强调后者的行为。[44]因此,许多公证人,"在毋须质疑的情感的指引下……允许辅助人员与他们并肩而立",不动产中介进而承担了地产事务的经纪业务,以"使公证员能够安居在最初分配给他的法律角色上"。[45]1881 年,一家自称为公证务(Le Notariat)的公司提议在巴黎建立一个中央办,并将全市多个公证处的供求聚合在一起,批评者的论点集中在它对商业运作和公证职能之间

145

的混淆，而这种混淆无疑是这样的"交易所"带来的问题。将公证人的交易同商品和股票的交易相提并论，会"扭曲这一制度"；"为了获得应有的荣誉和尊重，公证人必须努力恪守法律规定的其职业的本分。……他们最忌讳让自己与不动产中介相混淆"[46]（事实上，直到1919年，公证人才开始为其客户的私人贩售建立信息分享服务）。[47]这种区别不仅塑造了源自公证协会的拍卖厅的房地产市场的形式，它还为一系列的中间人在首都的分销网络中的定位创造了空间。

不动产中介更积极地介入房产销售领域，同时他们也寄希望于提供一个比公证员所守护的旧物更为完善的市场模式。这一目标并不一定需要取代公证人。1874年，一家自称为公证务代理（Mandataire du Notariat）的房地产中介机构打算提供这样的服务：充作公证员的全国宣传场所，在保留公证行业的隐私和特权的同时集中信息。商业经纪人和公职人员之间的合作，将使公证员摆脱"他们的公务对他们的限制，特别是他们被迫在其中营生的限制性的圈子"，这将产生一个能够与日益流行的证券市场相媲美的不动产市场。[48]恰恰在此处，刊物的编辑们声称自己本身就发源于公证行业的低层。这个低层是不动产中介常见的一个培训场所。协助公职人员办事的文员和卑微的法律实习生经常发现，由于开设公证处独当一面的费用过高（在19世纪末达到了数十万法郎），他们在该领域的晋升受到了阻碍；为了谋生，他们转向了辅助活动。[49]公证务代理的创始者将最高层公证人不屑于从事该行当视为一件好事；因为这样一来中介经纪人，就"没有任何阻碍其行动自由的因素了"，他们可以为商业的滚滚车轮加油助力，并"鼓励各种形式的交易"。[50]

与公证员平等合作，是不动产中介的职业协会——即成立于1876年的塞纳省中介人公司——的首个特别目标。该组织的章程宣称："在保持和公职人员的关系的同时，成员需要不遗余力地表现出献给他们的关怀，并担负起有用、尽职的辅助者的角色。"[51]该组织的创始人——包括许多前公职人员在内——相信，首都的商业机会足以确保不动产中介维持一个光荣而有用的生活，同时"完全不侵犯公职人员的特

146

权"。[52]相反，公证人对中介行业的正规化及其对他们在地产转让方面可能建立的垄断产生的挑战，持更加敌视的态度。 从 19 世纪中叶开始，他们开始坚持并寻求扩大自己的特权，捍卫所谓的进行公开拍卖的排他性专属权，并广泛游说，以图加增需公证认证的合同种类。[53]到 1898 年法兰西及其殖民地中介人职业联盟（Syndicat Professionnel des Hommes d'Affaires de France et des Colonies），即地产中介的第一个全国性协会成立时，这两个行业之间的关系已经公开对立化。 1907 年，中介人公司和职业联盟合作起草了一份报告，支持政府对他们的职业进行监管，强调他们比行业保护的法律从业者更优越。 报告坚称："由于他们的垄断，公职人员画地为牢，自我限制于狭隘的规则中，与源自个人主动性的竞争格格不入，无法提供他们理当提供的所有服务。"作者们继而坦言："这些组织由于年代久远，已经不再适合现代活动的强度。"[54]不动产中介提议成立一个基于透明信息网络的市场，他们认为这个市场能更好地适应其时地产流通的需要，同时也与公证行业的要求、做法以及倾向相龃龉。

147

"手段而非目的"：房产中介们

当房产中介努力在巴黎房地产市场上建立起自己的地位时，他们也在迅速变化的商业领域中刻画出自己的职业名头。 虽然有很多人在其特定的行业称号之外，还称自己为"商人"，但对于那些仅仅称"中介人"或"房产中介"为自己职业定义的人来说，这个称号既简单又广泛地指以管理他人的生意为生的人。 它在一定程度上源于旧制度下的管家（intendant）一职，即代在外的贵族地主管理地产的庄园经理。[55]到 19 世纪 30 年代，"中介人"已经明显进入了商业领域，证据表现在，字典记载了其更现代的名称——房产中介。[56]这些掮客利用 19 世纪不断扩大的消费需求，把自己包装成了通往商业化的休闲（旅行社、宣传代理人）、城市社会网络（就业中介和婚姻中介）、匿名金融关系（投资顾问、贷款经纪人、公司伙伴关系促进人）、商业法律系统（法院代表和顾问、合同谈判人）、创新（专利登记人）以及地产收购和管理（不动产中介、物业经理）等陌生世界的无价向导。他们具现了市场关系；1842年，职业指南作者爱德华·沙尔东轻描淡写地描述了这一领域，他把它们称为宣传杂志的"活体化身"。[57]

房产中介作为负责一系列不同任务的中间人，却只有一个令人抓狂的不精确的职业定位。1898 年，一篇法学论文承认，"'生意'[affaires]这个词，是无法分析的……总之，它是利益的游戏"。因此，"房地产中介，也就显得是一个模糊的领域，我们可以将所有没被《商法典》指定的投机行为都列入其中，而这些投机行为的目标，是提供某种类型的服务和满足最多样化的利益"。[58]几十年来，有关其活动的法律和财政分类，总是问题重重。法律学者们争论不动产中介相对于其客户的地位，争论他们是否应该被认为是受委托的代表——这涉及是否要新立一个法律类型，即有薪代表（salaried representative），因为委托代表，通常是免费提供的服务——或者仅仅是关系到服务租用。这些类别对纳税义务和佣金结构产生了重要影响，而法学界的日常分歧则使日常商业实践变得不确定起来。到了两次世界大战之间的间战期，甚至连 1807 年商法第 632 条将中介定义为商人的基本法律分类也受到了质疑，尤其是因为这个职业又分化成了各种专业，其专业成员又往往对其活动"仅仅是"商业活动的特征表示不满。[59]

这个职业从一开始就背负着一个负面形象。[60]例如，巴尔扎克在其 1825 年发表的《不被无赖愚弄的艺术》中，用了很大篇幅介绍了中介的阴谋诡计；而从一介罪犯洗心革面当了警探的侦探之王佛朗科斯·尤根·维多克在 1837 年的《盗贼面相学》中，以不动产中介为例，说明了诈骗者（escroc）这个词的含义。[61]爱德华·沙尔东在 1842 年版的职业指南《职业选择指南》（*Guide pour le choix d'un état*）中对这一领域作了详细的描述，指出"不动产中介的头衔上附着一种不光彩的东西，当然这么讲太宽泛了，也就不能一直公平视之"。沙尔东将这一职业描述为特殊的城市职业，尤其是巴黎的特产，并将其分为三种类型，并且把纯粹的"生意经纪"（agent d'affaires）这一名称留给了那些"兜售可买卖的生意、地产的票据，或者兜售可租赁、投资的资本票据，等等"的掮客。 虽然他们有提供优质服务的潜能，但行业领域里却充斥着不光彩的人，"特别是从那些由于缺乏天赋或由于懒惰或行为不端而什么都做不成的人中招募来的不中用的人。"此外，由于市场竞争激烈，中介需要采取各种令人厌恶的诡计，以确保留住客户。 1840 年的《法国人自画像》（*Les Français peints par eux-mêmes*）这一巴黎人的面相汇编，提供了一副诙谐的中介肖像：他们善于混社会，而且善于维持生意兴隆的表象。 他们不仅办公室里摆满了（证明了该机构"重要性"的）空文件夹，而且私人生活也同样被安排得井井有条，他们会在证券交易所附近选了一套公寓，以暗示生意兴隆（图 4.1）。[62]沙尔东觉得这些行为本质上是有损名誉的："[该职位]所需要的秘密和阴谋，以及它迫使其自身遭受的羞辱，会让任何有自尊心的人都感到厌恶。"因此，这个职位"我们不推荐读者选择"。[63]

149

图 4.1 广告公报的"活的化身"：一个房产中介张贴投资机会布告，《法国人自画像》（1840 年）。来源：布朗大学图书馆辖约翰·海伊图书馆

沙尔东谈到了整个世纪以来一直萦绕在该领域的职业（自）尊之上的主要障碍，即它所处理的业务的范围，因缺乏精确的资格而导致的过易进入，以及其追求的商业性质所附着的可疑性。 在大众的理解中，这个职业仍然是最差的选择。 记者奥勒良·朔尔（Aurélien Scholl）在1885年描绘了一番房产中介的形象，并且评论道："我从未听一个中等阶级或中等偏下阶级的人说过：'我要让我的儿子当不动产中介'。 但是，这个世上还是有众多的不动产中介。"那这些人是源自何处的呢，朔尔这样描述他们的特点："不动产中介也归属于社会败犬的大家族。这些人是生活这场大战中的失败者。 他们是那些成不了公证员、律师、讼师、法警、法院书记员或拍卖师的人。 其中有不幸的学生、无作的诗人、想弄个嫁妆或公职而不得的讼师手下的文员、破产的公证人、结巴的律师，所有这些只能靠自己的小聪明而不是靠遗产来维生的人。"朔尔对这个领域不无钦佩，在这个领域中，个人要靠自己的天赋和魄力来谋生。 成功取决于贪婪却又不屈不挠的努力。"很少有不动产中介那样需要多种技能的职业：对人心的了解、胆识、敏捷、精明、沉着；所有这些都是不可或缺的。 居他之上的，有那些特权者，在他身边呢，又有无尽的竞争。 如果他懈怠了一小时，苦难就会等着他。"朔尔关注的是该领域的法律问题，并指出该职业缺乏明确定义，是造成其低评价的原因。"如果有一天，所有的公职和特权都被取消了，那么不动产中介就能找到明确的职业了。 瞬间他就会在社会阶梯上上升十个档次"。[64]

在市场上占据一个特定的、明确的位置，是第三共和国早期房产中介在组织和职业化方面的目标。 从1876年塞纳省中介人公司的成立开始，1884年职业协会法又推动了职业的自我治理。 为了建立职业垄断和实现社会区分，房产中介们精心设计了一种协会模式，旨在确保匿名市场中的个体性，从而为同行成员提出了一种确保以责任、约束和技能为基础的可敬的商业个性的方法。

通过探索这些中间人在界定和管理其职业边界时遇到的困难，我们可以了解到19世纪末众人对商业领域的态度和理解。 根据近来关于法国经济发展和商业史的历史学研究，马尔萨斯主义的、规避风险的法国企业家的叙事已不再可信,但 19 世纪后期的特点,正是私人利润和公共利益之间的关系持续存在着矛盾。[65]历史学家萨拉·梅萨(Sarah Maza)认为,这种观点深深植根于对社会秩序的传统理解中,这种理解排除了公民身份和商业努力之间的联系。 她推测,出于对所谓的经济活动内核的自利的怀疑,另一个人物,即国家公务员(fonctionnaire)的身影,作为公民身份的理想模式,浮出水面。[66]然而,法国同时也是一个经济自由主义已经牢牢进入了商业行为者和公职人员的话语之中的国家,19 世纪下半叶的变化则鼓励人们对有着正面评价的基于市场的身份的假设性制限予以重新考虑。[67]第三共和国被一些人描述为"商人的共和国",它深深地渗透着自由主义的经济理想,尽管对经济平衡的投身,使它必须与保护主义的冲动相适应。[68]例如,自由主义学说在妨碍国家授权的社会项目的开发方面发挥了强有力的作用。[69]在很多重要的地方,国家之手对商业活动的控制比以往任何时候都要来得轻。 在第二帝国的最后几年,有限责任股份公司得以自由化,债务监禁或者说肉体拘禁(contrainte par corps)得以废除。 1885 年的一项法律使以前在法律上被归类为赌博的各种股票市场交易合法化,1889 年的立法改革放宽了宣布破产的程序,使商业活动得以迅速重新振兴。同时,1884 年的协会法承认了超越个人的经济利益群体的存在,并提供了一种制度化的模式,使其可以作为一个经济主体出现在公共领域。

　　然而,对自由竞争的个体来说,这个商业主张的新领域并不是完全自由放任的;它是一个基于展示专业化和专业技术的集体身份表达的场所。 对职业群体的效度的认可,在更深的意义上,是共和主义计划的一部分,后者旨在实现公共生活的民主参与,教育的普及和随之而来的社会流动的迹象,正是其重要的组成部分。 对教育的全新重视所带来的许多后果之一是对职业主义(careerism)的迷恋,其特点是出现了大量的指南和建议手册,具体说明年轻人可以通过各种方式在这个世界上闯荡,以及他们在达到目标后可以期待什么样的社会地位。[70]这些指南涵盖了各种不同的职业，包括手工和商业行业，并大力强调教育要求。社会流动同关于专业知识和专门培训的文化密切相关。[71]协会和教育正是两个旨在协调经济利益与社会需求和政治需要的关键措施。 两者都致力于将专业知识打造并再现为与市场上的良性自我形塑相一致的建立职业身份的关键模式。 事实上，从法律上讲，所有商人需要成为他们特定行业的专家，这也解释了为什么在世纪之交的商业教育和商人间的流行作品之中，一直存在化学和法律这样的主题。[72]

152　　　对商业中专业知识的强调，有助于使（以同业公会形式构建的工匠生产模式的）传统的规范适应现代商业条件，使市场上混乱的事务合理化。 只要专业知识不成为垄断的凭借，专业化就能确保市场的责任感、熟练度和透明度。 然而，如果专家地位对于最多样化的职业来说同样适用，那么对于那些其"专修"在于做中介、在于填补其他专业领域之间的空白的人来说，这就造成了问题。 作为一个职业的成员，不动产中介恰恰经历了这种困难，该职业的声誉不佳，正是因为它边界模糊和效用可疑，而作为一个专业团体，他们追寻官方地位和代表，可外人却认为这是一个非专业的追求。 1876 年，中介人公司召开会议时，与会成员的主要抱怨是职业的地位低下，被人指责没有底线、没有管制。 组织报告如此评论道："因为任何可以成为委托目标的东西都是其领域的一部分，所以这个职业是开放的，几乎是毫无限制的。 因此，在从业人员的位置上，还没有任何一个其他行业像本行业一样表现出更广泛或更多样的范围。"[73]这种无边无际的领域给人一种模糊不清的印象，对任何职业化的计划来说都是有害的，而在一个崇尚专业化的经济幻象的背景下，这种印象尤其糟糕。 此外，公司还欣然承认，它为"那些不幸、有时被纪律措施排除在其他行业之外的人"进入行业提供了便利。[74]

　　　事实上，构成公司本身的聚集在一起的不动产中介们，与该领域的绝大多数企业主之间，在经营规模上存在着较大的差异。 该联盟最初的 46 名成员都来自法律界：前公证员、法警、讼师和诸机构中不同级别的小职员。 他们称颂这种专业背景，将其视作能力、道德和无私的标志。 与此相反，当时的破产档案显示了弥漫在这个领域并困扰着公司创始人的种种违规个体和违规行为。[75]一些经营者来自与商业中介工作无关的职位，如裁缝和乳品商。[76]一位名叫克劳德·莫罗（Claude Moreau）的人寄了一封信，为他的房产销售服务招揽客户，他的署名是"巴黎美发师联盟前秘书"。[77]在总共 26 名中介中，有 18 人的犯罪档案被列入破产档案，他们有前科，罪名包括诽谤、袭警或袭击其他国家公务人员以及逃避兵役。 商业违法行为——欺诈性破产、诈骗、贩卖篡改过的产品或经营赌馆——则最为突出。 在这个群体中，有三分之一的人不符合该公司的准入要求。

　　破产档案的内容证实了公司对其领域的准入程度的担忧。 事实上，中介这行最吸引人的特点之一就是，只需很少的启动资金就可以开工——这可能也是许多人失败的原因——同时它还应许给那些勤奋但资金不足的人以酬劳。 例如，1868 年，当营业资产销售中央商行（Comptoir Central des Ventes de Fonds de Commerce）的董事克劳德·尼科兰（Claude Nicolin）（第三次）宣布破产时，受托人将他的失败归因于"完全没有足够的资源来创立自己的机构、来承受一些损失，来偿付一般费用和不得不偿付的宣传费用"。[78]资本的缺乏可以通过很多方式来弥补，通常是要利用法国商法规定的灵活商业结构。[79]保罗·马利克（Paul Malric）在 1877 年潜逃债务，其后他宣布破产并被判处两年监禁，他是在逃债前一年，在 25 岁时开设公寓租赁机构的。 他的投资伙伴莱韦斯克（Levesque）提供了全部启动资金 75 000 法郎，但其中大部分没有支付。 在两个月内，公司采取了合伙企业的形式；由于广泛的宣传活动，马利克公司吸引了许多雇员，这些雇员根据自己的投资额可以获得企业的利润份额，从 500 到 3 000 法郎不等。 受托人报告说，"在很短的时间内，马利克公司就呈现出了一流企业的风貌"，其清单表明，这个机构在著名的皇家大道（Rue Royale，即右岸商事的中心）的一个布置精美的机构中占了两层楼。 然而，几周后，其雇员要求付工

153

资，马利克就逃跑了，随后被认定为欺诈性破产。[80]与之相似地，尽管乔治·瓦蒂埃（Georges Woitier）不是存心骗人，但在1887年至1890年期间，至少有五次，每当他对资本的需求越来越迫切，或者当他的合伙人放弃他们的股份时，他就将其业务的利权出售给新的合伙人。这类企业的投资者似乎人数很多，但考虑到他们所冒的风险，在荷包上必然会很拮据；他的21个债权人的贷款加起来，有22 541.71法郎，却总共只得到了2.28%的偿还。[81]可塑性强的商务形式，使个人能够轻易进入这个行业，并迅速建立大型企业。

154 　　非正式的自我监督的做法，是中介们试图约束这一领域并保护自己免受残酷竞争的影响的一种方式。例如，对不动产中介来说，让雇员签署合约，禁止他们在离开当前的工作岗位后的一段时间内从事同一行业的做法，并不罕见。这样，他们的雇主就可以确信，扩大业务的同时并不会亲手培养出自己的竞争对手。[82]然而，这种措施在商业法院上的反馈很差，因为这被认为是对企业自由原则的侵犯。一般来说，不动产中介所能获得司法支持是很不可靠的。他们的佣金很容易被法院酌情削减，这既反映了作为有偿代表的他们不寻常的法律地位，也反映了人们普遍不愿意赋予他们的服务以重大价值。只要看一眼商业出版物的法律部分——以及相关中介起草的社论——就会发现，削减佣金是家常便饭；即使在客户和中介之间有书面合同这样罕见的情况下，法院仍然可以断定中介所提供的服务报酬过高，并下令削减。[83]

　　中介人公司希望，职业上的自我治理，将有助于改变其在客户、同事和法学家们的心血来潮面前的低三下四的状态，这很不光彩。它认为，一个正式的纪律组织将向所有人证明，中介人的职位是一个光荣的职位，它由"自愿服从明确的职责和义务"的个人组成，并愿意令自己的地位在相互竞争的职业人士和警惕的客户面前正规化。[84]更具体地说，它认为职业协会提供了一种不仅通过集体组织的力量，而且通过对个性和自主性的特别培养来掌握市场的方式。因此，中介人公司的组织者坚持认为，不动产中介将分为两个阵营："一方面是那些具备了必要的才能和道德的人，他们可以成为这一个同业公会的一部分，另一方面则是那些迷失在人群中的人，他们身无长物、不名一文。"[85]职业协会使商业中介得以超越挤入这个领域的无名之辈。 他们继续道："公众的尊重，这一所有诚实的人都有权得到的尊重，将回到真正的不动产中介身上；他们将不再同那些攫取这一头衔的新来者相沆瀣，因为他们只会搞些骗傻瓜的把戏，因为他们都只是些无根浮萍，他们的错误行径将不会反映在一家严肃和诚实的同业公会身上。"[86]如果没有一个能够通过自愿服从纪律结构来完全表现自我的联合体，中介就无法在市场上采取有目的的行动。 或者，更暗示性地说，未进入同业公会的中介人，将**只是**迷失在其他个体的海洋之中的一介个体。 这些预测让人想起朔尔对他们的描述，他在 1885 年对该行业的描述的最后部分里，讲述了中介每天为生存而进行的艰苦斗争。"少数成功的中介才在开放的水域中游泳，但大多数人都在涉水，有时他们在潮水之上，有时他们在潮水之下，试图躲避那将如许之多可怜的魔鬼拖入巴黎生活的渣滓之中的水流。"[87]对于中介人公司的业务员来说，联合将有助于克服那一有可能侵蚀自主性的市场的分裂。"白手起家者"的局限性是显而易见的；在这种特殊的经济个人主义配置中，独立既要面对竞争性垄断的障碍，还要面对民主化的商业追求的绝对均一（leveling）。 它只能通过建立一个能够定义合法商业行为的共同体来实现，从而将自己与那些被商业大风所抛弃的人区分开来。

然而，这种在市场之内追求自主性的探索，不应该同**源自**市场的自主性相混淆。 职业化从根本上说是一个寻求市场封闭和寻求地位的企图。[88]职业组织既是中介的商业策略，也是一场提高社会地位的运动。 对成员的道德地位和能力的控制，其目的是提高他们的公众形象，并为其办公楼招徕更多的客户。 成了会员的中介禁止在自己职位上的使用一般的头衔，而是要用他们的个人姓名来表明自己的身份，通过让中介将自己的企业与他的个人性格联系起来，这也就成了一种问责制和透明度的标志。 与此同时,成员之间的竞争也受到了管制,该会社的章程警告追随者说:"在成员彼此之间的关系中,他们必须始终抱持最宽厚的兄弟情谊,并以其方法之诚实来维护这一情分。"[89]它还禁止同不符合公司成员条件的个人建立商业联系。 尽管他们的职业化计划中有许多落后的方面——反复提到"同业公会"(corporation);而且还选了旧制度时期最出名的组织称呼中的"公司"(compagnie)用作他们的名号;他们还试图限制别人进入这个职业——但他们的职业的现代商业性质,是无法否认的。 1885 年,该团体将自己定为职业联盟——因此根据其定义是一个致力于经济利益的机构——即使 1901 年的协会法准许了非商业性的代表模式,它也没有放弃这一地位。[90]

实现公认的边界和划定的进入壁垒,将这一职业区分为一种专业追求,最终需要国家干预。 从 19 世纪 80 年代中期开始,立法者也将目光转向了中介,提出了一系列规范这个人们认为既对不谨慎的客户又对专业人士有危险的领域的建议。 在金融领域迅速扩张和商业化的背景下,不动产中介的家庭财富管理者的角色得到了越来越多的关注。 19世纪 80 年代初,股票市场的繁荣将金融置于巴黎生活图景的核心。1882 年,中产阶级周刊《画报》(*L'Illustration*)嘲弄了游客对巴黎城的刻板印象:"一个访问巴黎的外国人会在他们的笔记本上记下以下的印象:'法国首都的表征:一家酒商。 一家银行。 一家烟草商。 一家信贷局。 还有远景呢。 一家咖啡馆。 又一家酒商。 又一家金融公司……这里是巴黎啊!'"[91]随后的股市崩盘,夺走了全国各地小投资者的储蓄,并将金融转移到了政治议程的前台。 因此,这个时段恰恰是以保护家族遗产的名义,来试图确保既定行业的特权的大好时机。出于一些原因,1886 年、1898 年和 1913 年提交给议会中的许可证提案,没有进入议院辩论(事实上,1925 年、1930 年和 1935 年的许可证提案也没有得到讨论。 中介一直等到 1970 年才获得了专业地位)。[92]然而,这些法规的内容和背后的动机透露出不动产中介在商业领域的作用和地位,并揭示了地方利益和国家政治文化是如何塑造自由市场原则的具体应用的。

1886 年提呈众议院的许可证提案，几乎全部由出身于该行业部门的议员起草。 众议员莱昂·簿里（Léon Borie）是一位实业家，但他的同事有三位医生——其中一位是公证人的儿子——和一位公证人兼律师。[93]该提案参考了中介人公司的做法，并受到德国政府在阿尔萨斯于 1884 年通过的改革的启发，后者禁止"不配位的"从业者从事房地产交易、贷款和婚姻中介。 法国在 1886 年提呈议会的制度则复杂得多。 它把不动产中介描绘成不可靠的投机者，其背景、能力和道德都是值得怀疑的，也是无法核实的。 其客户则被描绘成没有警惕性和缺乏经验者，易受钱财那闪闪发光的允诺的诱惑，甚至在处理涉及自己和家人的"财富、地位、未来乃至荣誉"的事务时，也是如此。[94]为了国家、国库、公众和"真正的"生意人（hommes d'affaires）本身的利益，该法案将树立起不少于 14 个中介人类别并加以规制。 该法案反映了起草者的背景，将最严格的条件适用于法律中间人，但地产管理人、会计师、专利经纪人、贷款谈判人、商业信息公司和不动产中介，都需要提供各种能力证明，及其法国公民身份和充分享有政治、公民权利的证据（这些规定立即将女性和未入籍的移民排除在这个行业之外）。[95]虽然从未交由议院辩论，但与其相关的司法评论则对其僵化及对企业自由的侵犯提出了批评。

然而，对这一职业进行监管的努力仍在继续。 到了 19 世纪末，不动产中介已成了共同体的组织工作的领导者。 1898 年，法兰西及其殖民地中介人职业联盟为一位来自克莱蒙费朗的商业地产中介创办，并很快由安托万·若弗雷（Antoine Jauffret）接管，他是一位来自尼姆的不动产捐客，在 20 世纪初迁往巴黎。[96]若弗雷还是《不动产法兰西》（*La France Immobilière*）——一份旨在充当宣传和专业表演的前沿的房地产出版物——的创始人和编辑。 该刊物在 1899 年成了全国联盟（national union）的官方喉舌，并成了该领域的社会地位和商业事务的助推器。从 1901 年起，该刊物开始下设采信办（Bureau Centralisateur），该服务会对会员的销售和购买需求加以汇集，在其中介之下假如成功交易，则会换取部分佣金。 到 1904 年，该办已成了一家同职业组织自身相分离的商业企业。 它产生的佣金从第一年的 742 法郎增加到 1907 年的 71 166 法郎。[97]假设抽佣比率为 3% 至 5%，那么这个佣金额则能够反映价值约 140 万至 240 万法郎的地产销售，与同年巴黎公证处拍卖所得的 3 100 多万法郎相比，这个数字相形见绌，但在一个绝大多数地产销售所涉的土地，其价值都低于 5 000 法郎的国家，这个数字很有可能代表了海量的交易数目。 该刊物一直办到了第一次世界大战，它发表了论职业尊严的文章，汇编了法律裁决，试图为"我们的行业"树立起**"特有法理"**（*specific jurisprudence*），并公布了各色年度集会和代表大会的报告。[98]它最重要的主题在于职业许可证，它贯穿于其字里行间，贯穿了其协会的全部年度会议。

与 1886 年的计划相比，随后的而来监管的提案，给予了企业自由和现有从业人员更大的尊重。 因此，在哀叹"街上的一介本没有提供任何参考资料、没有任何能力证明的小贩，都能斩获中介人的称号"的同时，职业联盟在 1899 年起草了一份关于行业监管的提案，宣布其首要原则为："中介人的职业是开放的，任何能给出为人所知的荣誉和道德的证据者，都可以从业"。[99]不动产中介选择了品格而不是能力作为合法执业的标准，它承认了其职业的实用性，同时拒绝接受更多可疑的从业者来长久地做其同事。 1907 年，中介人公司和职业联盟联合起来，为职业规范展开游说。[100]他们的共同企图，在于给可敬的房产中介们赢来"一种新生"，因为假如当萦绕在行业之上的偏见——即"中介的职业只是一种手段，而非目的，它是那些没有正当职业的人的工作"——能够消除的话，中介们的职业生命自当欣欣向荣。[101]与商人身份所带来的自利性相反，中介们为自己的职业效用和对公共服务的奉献竭力争辩。[102]他们强调自己的专业知识和训练，并强调他们同成熟的法律专业人士的亲缘性，同时他们还调用了自由市场的理念，以突出他们的独特贡献。 他们是竞争性的企业家，没有来自垄断或与生俱来的特权的荫蔽(而普遍对公证业的批评都认为,公证业已经退化为了一种父死子继的职位),他们认为,中介人有义务与现代社会的需求和愿望保持一致。 报告强调,他们所要求的是"对他们的职业加以监管,以使他们能够更自由地尽职尽力"。[103]

　　不动产中介正是(受管制的)地产中介在职业化过程中所享有的经济和商业好处的一个重要例子。 高效的中介机构使客户所投入的时间金钱的收益得以最大化,地产中介成了房地产交易所依赖的信息网络中的重要节点。 1907年的报告声称,地产中介帮助有关各方"在几个小时或几天内找到解决方案,而如果没有这些中介机构代为联系的话,解决资本利息浪费的问题和改善个人状况,就会需要更多的时间"。[104]理想的中介,作为"一个坚定、能干而谨慎的人",将扮演起几乎看不见的监管力量的角色,为原本复杂冗长而令人烦躁的交易带来和谐与平衡(图4.2)。 报告反复提到"中间人"一词,强调了中介在匿名商业领域中,将行为者互连起来的地位,这意味着他们在客户面前,有了新的独立而又自信的地位,同时在增补文件中,还提到了受托委员会和授权代表。 因此,房地产机构"真正地成为了一个中立的场所,一个非官方的不息市集"。[105]

　　他们断言,许可证有助于支持一个繁荣的市场、一个最大限度提高生产的市场,在市场里没有那些不便又过时的老顽固同业公会,但这些断言似乎同不动产中介限制职业准入的做法又相抵牾。 诸协会于是向全国的商会(Chambers of Commerce)宣传他们的计划,尽管它获得了来自24个商会的赞同,包括图尔、鲁昂、尼姆和第戎,但却明显缺乏来自更大的商业中心——里昂、马赛和巴黎——的支持。 博韦市和瓦兹省(均位于巴黎西北部)的商会拒绝了这个方案,认为它是"某种投资"计划,旨在给有关组织的成员建立垄断地位。 商会怀疑,发放许可证"会创造一种新的特权,并压制目前存在的、任何想开设房地产中介机构的人都享有的权利和自由"。[106]虽然朱尔·布鲁内(Jules Brunet)于1913年在众议院提出了一项与1907年的联合报告密切相关

图 4.2　坚定、能干、谨慎（图中左中部山脉处的 loyauté rapidité discretion 三词——译者注）：房地产中介机构的宣传模板，约 1910 年。来源：Jean-Marc Levet 个人收藏

的监管提案，但即使该提案在大战爆发时没有被埋在议会执委会的纸堆里，这类反对也很可能会挫败其企图。[107]商业领域的新兴垄断触了自由主义的逆鳞，并威胁现有的职业人士的地位，这使得不动产中介只能

在特权和无情的竞争之间徘徊。

"不息市集"：房产中介和地产市场

　　由于缺乏这一时期的房地产机构的日常记录，要了解房地产的商业惯例——即上文讨论过的商业专业化和组织化的需求在多大程度上渗透或反映了当代的行为——必须凭借文学描述、宣传实例和破产记录等资料。后者我们已经简要地提及过了，而这一时期的地产新闻报告则是第五章的主题。因而我们将小说家朱尔·罗曼笔下的弗雷德里克·阿沃坎的职业生涯同其他同时代的资料并置在一起，从中探索不动产中介建立机构的方式，将其建立为一种对国民经济做出了特殊贡献的市场组织的模式，其中中介扮演的角色，是集中化和合理化。尤其要注意的是，这样做有助于阐明不动产中介作为巴黎房地产市场信息的产生者、传播者和管理者所发挥的作用。

　　朱尔·罗曼（1932 年至 1946 年出版）的 27 卷小说《善意的人们》（*Les hommes de bonne volonté*①）包含有对巴黎的不动产中介最站得住脚的描绘。通过这部作品，罗曼试图重建起作为巴尔扎克和左拉的特有风格的都市社会生活叙事。然而，他并没有追踪单一的人物或家庭的故事，而是倾向于不停把新的人物、场景和情节同时性地加入之前的情节中，从而没有建立一个连贯的叙事。他试图通过这种方式来捕捉集体生活的真实面貌：即一个缺乏必要的个人联系，却仍然团结连贯的集合体。故事开始于 1908 年，前几卷介绍了弗雷德里克·阿沃坎这个人物，一个注定要在经济上取得巨大成就的不动产中介。他在（正是城市中心的）王宫林荫大道（Boulevard du Palais）租了一间小办公室，装了块写着"不动产中介所"（Agence immobilière）的铜牌，雇用了一个有

---

　　①　本书作者在此处将罗曼书名写作 *Les hommes de bonne bolonté*。——译者注

前途的年轻人瓦泽姆（Wazemmes）作助手，并开始着手对巴黎市的商机进行剖析。

　　阿沃坎在没有任何经验的情况下开始做起了房地产销售（"总之，我对我的新工作一无所知。我肯定要一切从头学起"），他也经常会对这个他自己选的行业作一番反思。同19世纪末的职业化中介一样，他也接受了专业化；在职业生涯的早期，他选择拒绝做商业地产的经纪业务，他说："最好是完全专业化。一家机构如果什么都搞，就永远找不到自己的位置。"[108]在他三十出头的时候，人们就觉得他有远见、有条不紊、聪颖且积极进取，他只要找到合适的项目，就能充分地表达自己的能力。巴黎将成为他个人成长和财富横流的领域。阿沃坎也梦想着首都经他之手被改造：

> 　　突然间，他看到，在道路、十字路口、空地的围墙间……土堆被铲平，新的街区也都出现了。同时，在巴黎的另一端，[他]看到平原的一部分被新砌的街道所交错，塞纳河下的土地覆盖着高高的草衣，同时，在一个非常古老的街区，他看到棚屋鳞次栉比。而他，阿沃坎，正是这一切中的一分子，他也存在于这一切之中。他在新砌的街道上走动，在地块的左右围墙间来回。他在土地上劳作，他在山丘上开垦。他就是那将街区连根拔起的东西——他把成堆的陋室弄得粉碎，他用镊子把钉子租户们生生夹起，并把他们安置在更远的地方。他将他的混凝土做的脚插入地面，他的建筑则高攀上天空。阿沃坎的建筑一个街块又一个街块地上升，构成了三角形、四边形。他目睹了巴黎从外围，从中心遭受的侵袭；他目睹其土地被一步步吞噬。他见证了阿沃坎家的企业像披着光荣外皮的瘟疫一般渗入并蔓延到全巴黎。[109]

　　阿沃坎对改造后的城市的幻想，让人想起左拉笔下的阿里斯蒂德·萨加尔（《欲的追逐》和《金钱》的主人公），但却更有自制力；萨加尔被激情所俘获，而阿沃坎则严格克制，在难得的放松时刻竟然也只是沉浸于这种幻想。罗曼写道，"愿景从来没有压倒过算计"。

在努力准备的同时，阿沃坎花了几个星期的时间假扮成可能的买家或代有兴趣的客户前来的中介，以参观首都的房地产机构。他很快诊断出这个领域的主要缺陷。他观察到，一般来说，"这个行业的从业人员极其冷漠"。他们只希望可能的买家怀揣对非常具体的买房的想法来中介公司。"买家必须指出他心目中建筑的确切类型、他打算支付的价格、他喜欢的地点，然后几乎要直接把街道的名字点出来。"表现出任何犹豫或困惑，都会导致中介对其立即失去兴趣。阿沃坎觉得这种行为令人费解。在他看来，疑而不决的客户才是最当受欢迎的。毕竟，在这些买卖中犹豫不决是很自然的（"又不是在卖帽子"），而且这类客户"可能也最有可塑性"。阿沃坎理解客户的心理，并认为他们需要指导和带领："能让客人跨进你店门槛的，自然是其对那定义模糊的'机会'的指望。或者说，他来见你，就像他去见股票经纪人一样，是因为他有钱要投资。他会根据自身情况以及你的建议的巧妙程度，来决定投资或多或少。"因此，阿沃坎的方法是尊重和关注，即使客户一开始的回复是如此模糊不清——"嗯！好吧。今天早上，我和我妻子说，我们可能想在某个地方买一套房产。"[110]中介不会用那些令人不安的问题来轰炸他，而是会向买方介绍不同的购买机会，向其允诺良好的收益，并且能够从回答中判断出所有需要的信息，进一步调整他的建议。

阿沃坎的研究把握到了人们对该领域的一般印象，而这一印象恰恰推动了其组织化的变格。他的结论是："机构主管自己也并不总是了解其业务。"[111]他们只做最低限度的工作，满足于基本的信息，把他们的中介工作减少到仅仅转录有关方带给他们的细节。如果工作的方式就是这个样子，那么这种职业就显只是个多余的活计。一位客户对阿沃坎说："[您]工作的全部内容，就是把两个人聚在一起，方便他们自己来达成协议。"[112]阿沃坎则代表了另一种属于首都最好的中介的营

163

业方式。 他很少待在办公室，他更喜欢在巴黎的街道上搜寻，评估可用的土地，记录待售建筑的条件和年限，平均每年的维护费用，地基下土壤的性质，以及其他无数使他能够影响投资者的选择的细节。

19 世纪末中介的论述也密切反映了这些要求。 成立于 1893 年的莱昂中介机构（Agence Léon）的负责人批评了"机械宣传"的被动方法，他们坚持认为只有积极干预才能使房地产的中介流程切实有效。他们解释道，他们对这项工作的看法是："看到建筑物，从上到下观览，评估它的尺寸和价值，从各个角度研究，这样我们就可以宣传它的所有优点，并指出能从其中获得的所有好处。"[113] 推动地产交易所涉及的众多职责——访问、调查、通信、会谈——使得"仅仅"宣传，永远不能取代"各方对其代表的绝对信任所产生的联系，而这个代表必然知道如何使这桩生意做得简单又愉快"。[114] 重点在于，必须要通过精力和毅力来掌握这个领域。 1881 年，《租赁导报》(*Moniteur de la Location*)给其名下的中介机构的方法做了个如下的描述："上帝啊!这真是太简单了。 我们不会安坐在座位上等待租客前来，而是去主动找他，无论他人在哪里，在街上、在咖啡馆、在阅览室、在俱乐部，等等，等等。"[115] 地产中介的活力正是广义的商业所要求的典范。 加布里埃尔·阿诺托在 1902 年出版的职业指南中给现代商业的从事者做了个总结。"现代商业不再意味着端坐在椅子上，把羽毛笔放在耳间，在金属栅栏或楼管大门的庇护下，静候客户的到来。 你必须走在他的前面，他跑了就追他、赶上他，猜测他的品位，从他的想法中获取灵感，由他那糊涂的欲望的秘密出奇制胜。"[116]

寻找客户的确是新人中介们面临的最大挑战之一。 由于缺乏公证员所享有的官方地位、专业网络和社会地位，中介在寻找商业机会时必须要有极大的进取心。 他们会向业主发出大量的信件，吹嘘他们机构的经验和名望，机构负责人的声名、专业能力和商业关系，以及最近的成功销售案例（图 4.3）。[117] 其他也还有更迂回的方式。 1887 年，巴黎的公共工程主管收到了一位名叫莱斯屈尔（Lescure）的中介的请求，他

165

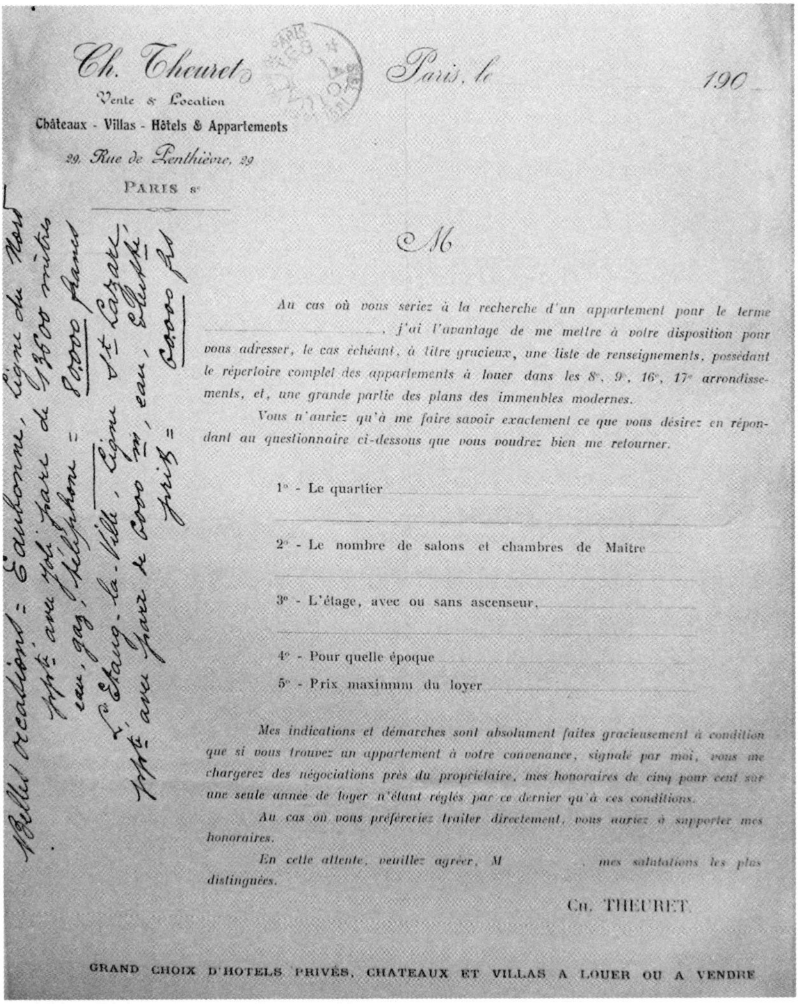

Ch. Theuret

Vente & Location

Châteaux - Villas - Hôtels & Appartements

29, Rue de Penthièvre, 29

PARIS 8e

Paris, le 190

M

Au cas où vous seriez à la recherche d'un appartement pour le terme ______, j'ai l'avantage de me mettre à votre disposition pour vous adresser, le cas échéant, à titre gracieux, une liste de renseignements, possédant le répertoire complet des appartements à louer dans les 8e, 9e, 16e, 17e arrondissements, et, une grande partie des plans des immeubles modernes.

Vous n'auriez qu'à me faire savoir exactement ce que vous désirez en répondant au questionnaire ci-dessous que vous voudrez bien me retourner.

1° - Le quartier ______

2° - Le nombre de salons et chambres de Maître ______

3° - L'étage, avec ou sans ascenseur, ______

4° - Pour quelle époque ______

5° - Prix maximum du loyer ______

Mes indications et démarches sont absolument faites gracieusement à condition que si vous trouvez un appartement à votre convenance, signalé par moi, vous me chargerez des négociations près du propriétaire, mes honoraires de cinq pour cent sur une seule année de loyer n'étant réglés par ce dernier qu'à ces conditions.

Au cas où vous préféreriez traiter directement, vous auriez à supporter mes honoraires.

En cette attente, veuillez agréer, M　　　　, mes salutations les plus distinguées.

Ch. THEURET.

GRAND CHOIX D'HOTELS PRIVÉS, CHATEAUX ET VILLAS A LOUER OU A VENDRE

图 4.3　地产中介的恳求信，20 世纪初。来源：巴黎市历史图书馆，时事新闻第 78 卷，住房

希望每天都能获得建筑许可申请。虽然市府的官方出版物上包含有全市新建筑的业主、建筑师和地址的摘要，但莱斯屈尔想要的是“关于公寓划分、层数和建筑规模的细节”，这些细节能让他找到可能的新客户或者回应找房者的要求。[118]（他的请求被拒）。除了这些途径之外，不动产中介所掌握的最重要的手段，仍然是广告宣传，以及自己对城市

的探索，这同旨在协助的买家和租户们没有什么差别。

有时，为了赶上客户的需求，他们可能会滑向弄虚作假——也许是不得不为之，有指望的情况下也会是一时性的。罗曼描绘了招揽生意所必需的日常诡计和渐增的两面手法，包括用来引诱买家的虚假广告以及故意打给知名人士电话以震慑潜在客户。[119]阿沃坎觉得这样的潜规则让人感到恶心（沙尔东的职业指南里也是这么讲的），但为了矫揉出一个欣欣向荣的一流机构的外观，这也是不可或缺的。他自己则以对为客户服务的严格关注，来对抗这些不当的戏法，这构成了他商业战略的核心。取悦客户的意义甚至表现在，他在民事法院的讼师举办的正式房产销售面前，也不会退缩。一个中介谈到了房地产市场的公共和私人斡旋者之间的复杂关系，他指出，大多数机构都没有向客户发出此类销售的信号，他担心市场信号的公开本质，会鼓励买方来偷盗中介的佣金。阿沃坎断然拒绝了这种担忧，称其为短视。他以这样一个宣称来结束他对互相竞争的中介机构的研究："座右铭：要能够款待客户并随时知会他，我刚来到[机构]时所希望的就是能做到这一点。给人以这样一个印象，即我们的首要任务是让他满意，这样他就没有理由为自己的麻烦而后悔，我们期望从他那里得到的第一份酬劳就是他的尊重，以后我们会有时间来讨论付款的。避免在才开始面谈的时候，就把抽佣之类的话像枪一样抵在客户头上。"[120]这个口号尽可能地消除了中介职业在与客户的互动中的商业因素。同样，那些业主拒绝诚实透露其任何弊端的房产，他也拒绝接手。他把中介公司及其活动理解为他个人信用和声誉的延伸，他做这行不是为了快速获利。

阿沃坎在组织其机构的清单时追求完美，这也是强调客户满意度的一个重要推论。他的理由是："一家机构就是一个信息中心；因此必须特别重视归档工作。"[121]他采用了一个有条理的归档系统，以最大限度地提高他的分销效率，并按销售类型（私人或公共）来划分他的产品，其后还要进一步细分。公销要按地区细分（巴黎及周边地区算一起，外省销售则要分开），然后按价格依次递增；私销，也就是该机构的真正主业，按建筑类型（公寓房、土地、私人住宅）划分，然后进行双重分类，第一次按区，第二次按价格（然后还要又按城市地区再分类）。所有生意最后登入通账，则归档系统完成，它将这些房产从进入该机构的轨道开始的历史全部都总结了一番。罗曼对这一程序的关注——他甚至在文中插入了阿沃坎的一张档案卡的图像——表明，在人们的理解中，不动产中介的工作首先是关于信息网络的构成和合理化这一方面的。

事实证明，建立起一个集中化的供求的物理场所，恰恰是房地产市场组织的一个非常令人信服却又一直难以捉摸的愿景。1899 年，查 167 理·波莱（Charles Paulet）和艾蒂安·乌丹（Etienne Oudin）——前者是某篇论商品市场的论文的作者，后者则是房产所有者——发表了一份关于"不动产交易所"（Bourse Immobilière）的初步计划。作者以房地产在经济和日常生活中的重要地位为例，勾画出了这个中心交易场的计划，其目的"当然不是为了决定房地产价格"，而是像其他商品的中心交易所一样，"只是为了涵盖所有与房地产有关的行为和营业"。交易所会为房地产和住房市场提供一个计算中心，"一个同时具备中心性、永久性和专业性的会议场所……任何对房地产问题感兴趣的人都可以在支付年费后进入该地"。[122] 只要付微薄的 20 法郎的费用，就能获得广阔的访问权，而房地产销售和租赁部门——由 20 个办公点组成，分别坐落在首都的每个区——则将向公众免费提供信息。有些人还希望市场集中化能产生一种道德化的效果；在报道 1885 年纽约市房地产交易和拍卖厅的开业时，一位法国评论家指出："这个机构以诚信为导向，提供了颇多的服务，并迅速吸引了一批对非法经纪人和无良卖家一样心存疑虑的严肃的买家。"[123] 然而，集中交易所最直接的目标正是改善房地产资本的流通，使其能够与别的形式的投资和投机有效竞争。

房地产媒体将地产中介定位在为整个国家的普遍利益而工作的重要的经济经纪人，并且投身于第一次世界大战前持续了数十年之久的中等阶级储蓄竞赛中。 1893 年,《不动产复苏》(*Le Reveil*① *Immobilier*)讲道:"股市赌徒和那些想把储蓄投资于房地产之上的**一家之主**们间的斗争方兴未艾。"[124]这些刊物都是土地投资和公寓楼投资的拥护者,它们还动用了一个突出的投资话语来改善其社会效用的形象。 房地产投资的安全、稳固以及盈利,不仅对个人业主有利,而且对法国的总体储蓄状况也有利。 1884 年,《不动产通告》(*Annonce Immobilière*)的编辑们非常郑重其事地描绘了他们的角色。 他们写道:"我们所承担的任务是严肃的。""借由襄助房产交易的发展,"他们将引领国家的储蓄,"将资本从那些非常危险的股票操作中转移出来,转而支持真正的、稳定的、只有在绝对**安全**的情况下其投资才被视为是**有利**的那些投机。"[125]地产中介充当的是所有其他专业人士——建筑师、建筑企业家、公证员——和地产所有者同地产寻求者间的中间人的角色,为此他们试图建立一个供给和需求可以有效地分配,而不仅仅是为了自身的利润而运作的市场。

随着不动产中介的宣传广告和信息网络逐渐科学合理、现代机构逐渐树立,股票市场也开始为房地产市集的组织提供了主导性模式。 1884 年,约翰·阿瑟和蒂芬房地产中介公司为其开创性刊物《土地和建筑物租售官方巨刊》(*Grand Journal Officiel des Locations et de la Vente des Terrains et Immeubles*)的读者介绍了它的企划——不动产业务交易所(Bourse des Transactions Immobilières)。[126]该机构解释道,19世纪 80 年代初的房地产危机的根源在于完全无组织和无效的信息管理。"所有的股票、国债、公司股份和债券⋯⋯任何类型的货物和商品都有供需双方相遇的中心地、交易所、市场。 房地产没有类似的东西;没有任何东西是有组织的,一切都被抛弃在机会之中,抛弃在运气的环境中,抛弃在随机的、偶然的相遇中。"作为回应,该机构提议创立将自身的办公楼充作创新性的"中心地、市场和交易所,集中所有房

---

① 并没有检索到 reveil 这个词,而作者在索引页的写作为 réveil,疑此处为笔误,故译者在此尝试将其作 réveil 解释。 ——译者注

地产业务的供求、销售、租赁和贷款"。[127]不动产中介热衷于采用"交易所"一词，将其视为高效市场组织所需的集中化、专业化和不间断的供求间的交锋的简称。 埃德蒙·施沃布（Edmond Schwob）将其成立于1879年的机构描述为一个"建筑交易所"、一个中央市集，它将使房产的分配和消费变成一件从目录中做选择的一个非常简单的问题。 许桑（A. Chusin）的不动产租赁交易所（Bourse des Locations Immobilières），从1874年起，开设于著名的薇薇安拱廊街（Galerie Vivienne），从而为客户提供"一个完美的**所有人都可以进入**的场地"。[128]同时，成立于1876年的拉格朗日中介所（Agence Lagrange）也是一家严肃的房地产公司，其在证券交易所附近的店面十分显眼，使其能大肆宣传其商业能力，并夸耀其类似于地产交换所这样的角色（图4.4）。

在此我们将阿沃坎的努力同中介的真实做法与优先考量的证据并置一处，突出作为信息管理者的他们在致力于现代商业市集的创建中的关键作用。 他把"商品"合理筹划并整饰了自己的办公室，以便买房的经历尽可能地令人愉快、不令人生畏和高效，阿沃坎模仿了现实生活中的个别机构为建立房产交易的"不息市集"所做的努力。 中介们采用了证券交易所的模式，不仅证明了交易所这一商业文化的典范地位，而且还暗示地产——建筑物、土地和公寓——能够而且也应该像其他商品一样，被有效地集中起来。[129]这是一种政治策略，也是一种市场策略。 用以理解和构建不动产市场的模式——出售动产的拍卖行或交换商品和证券的交易所——在很多很重要的方面上，其实并不适合其所关涉的商品和交换的实践。 他们没有考虑到不动产物理上的不可流动性；比起家具或其他可以被运到拍卖行的个人物品，或者为了集中交换的目的可以加以分类和抽象化的股票或商品，不动产仍然是难以处理的、**在地的**，其位置是不可复制的。 最终，如果在地性的限制可以被克服，那么不动产的交易，特别是投资性地产的交易，才能够树立起来（第五章会说明，巴黎的公寓房广告对这样的做法很上心）。 更多的阻力则来自不动产的法律和政治特性，这给它的可交换性带来了障

169

170

图 4.4 拉格朗日中介所的客户邀请函封面，背景是证券交易所，约 1900 年。来源：巴黎档案馆，精神编藏（D.18 Z11）

碍，并始终让交易所模式遭受反对。 公证员抵制将他们的拍卖厅当作地产交易所来宣扬，他们是在房地产市场的商业化面前负隅顽抗，他们的抵制一直持续到其在市场中的地位得到了保证。

在整个 19 世纪末，自封的职业代表和政府官员都没能赢得对房地产中介领域的监管，而直到间战期他们才取得了一定的成功。 1921 年，法国不动产中介联合协会（Chambre Syndicale des Agents Immobiliers de France）成立，该组织是巴黎持续时间最长、最成功的一个不动产中介协会，1925 年的国家预算引入了一个最低限度的监管模式，要求中介做到簿记标准化。[130] 不动产中介联合协会还是继续承担组织市场的任务，因为正是它组织了这整个行业。 协会鼓励其成员之间的合作，它提醒出席首次大会的人，"做好我们的职业，需要对我们的利益进行宽泛的解释"。 看似冲突者——对佣金和客户的争夺——将转化成联盟，以确保"为协会成员所接手的交易的比例不断增加"。[131] 协会在《费加罗报》和《人民之友报》等发行量大的报纸的特别宣传专栏上，为其成员争取到了折扣价，到 1929 年，还在《辩论日报》（*Journal des Débats*）上设立了房地产专栏。 然而，它并没有建立自己的宣传载体，当有人提出集中交易的想法时，协会在答复里重印了吕西安·拉格拉夫（Lucien Lagrave）的文章，《费加罗报》上经常整栏地刊载这位房地产专家的文章，他还主办自己的《不动地产月刊》（*Revue de la Propriété Immobilière*）。 拉格拉夫否认了建立物理上集中的房地产市集的效用，乃至其可能性。 在 1932 年《费加罗报》一篇题为"论房地产市场"的文章中，拉格雷夫承认，"市场的理念看起来就同股票或商品交易所的样子差不多"，但他强调，"对于房地产市场来说，这种理念非常容易产生误导"。 相反，他将房地产市场定义为"一系列"有助于协调、道德感化，并能增加地产交换领域的交易数和中介机构数的"措施"。[132] 专业监管，尤其能确保投资者的信心，保证市场连贯所需的规律性和可靠性。

　　官方许可证为房地产经纪人提供了一种确定其领域和他们所建议管理的市场的手段。 他们从美国同行的组织化尝试中得到了启发，他们认为在美国，许可证制度"大大改善了[该领域]在客户和公共当局眼中的名声"。[133] 然而，尽管美国第一部州属监管法律出现在 1918 年，并且在整个 20 世纪 20 年代各州都陆续出台了该法，且在 20 世纪 50 年代初几乎所有的州都完成了出台，法国的不动产中介却直到 1970 年的欧盖法（Loi Hoguet）才得到了真正的职业凭照和许可证。[134] 我们可以从很多方面来解释这种差异。 法国的房产中介们面临着早在法兰西根深蒂固的法律职业者们的反对，特别是公证员，后者对这一旨在促使地产经纪交易制度化的职业特别抵触。 巴黎商会在二战后一直对不动产中介争取许可证的尝试持反对意见，认为这是对企业自由的侵犯。 他们拒绝认可该领域 1907 年的职业规制的调查，也拒绝支持朱尔·布鲁内议员 1913 年提出的计划。[135] 迟至 1959 年，商会还抨击了 FNAIM（不动产中介和商业债券销售代理人职业团体全国联盟，Fédération Nationale des Groupements Professionnels d'Agents Immobiliers et de

出售巴黎

Mandataires en Vente de Fonds de Commerce, 成立于 1946 年)的一个计划:"我们不能忘记,不动产中介的愿望是建立一个专业章程。 而商会的立场一直是敌视专业章程的,因为专业章程出台的结果往往是建立垄断或准垄断,它直接反对了商业和工业的自由原则。"[136]事实上,在这些监管计划的失败里,我们能最明显看到的,是广大商业界人士和立法者对商业自由的限制的深深怀疑。 对未经管制的中介机构可能会给公众带来的危险这一问题的关注,并不足以克服人们对客户或消费者需要担负市场买卖的最终责任的这一根深蒂固的信念。 只有战时住房状况的危机,才推动了政府介入地产转让的舞台,这个包含了最神圣的共和权利——私有财产——的地方。

172 　　最后一点,对许可证的抵制还来自职业本身的特殊性质。 这是一个个人主义的、流动的领域,其界限又真是过于不确切。 职业化肯定多多少少有所进展。《商业基金》(*Fonds de Commerce*)是成立于 1913 年的商业和工业地产销售中间人协会(Syndicate of Intermediaries in Commercial and Industrial Property Sales)下设的刊物,1914 年该刊物中的一篇文章表达了一种挫败感,"许多商人仍然没有对房产中介和商业地产中间人不加区分"。 专业化是通往社会和经济区分的途径:"房产中介会什么事情都掺和一点……可商业地产中介却有一个更明确的位置和任务。 他只处理商业地产的转手。 这是一个明确又准确的职务。"[137]尽管该领域的开放性是其制度化的障碍,但它也是吸引着许多人的有力因素,这些人在没有任何经验的情况下就走进了该领域,并试图通过自身的成功来实现经济上的和个人的独立。 1911 年在《巴黎广告报》(*Affiches Parisiennes*)上刊登了一则转售租赁机构的广告,其用语可以说是叽叽喳喳:"**租赁机构。 在巴黎郊区销售房产。 女性甚至也可以来当老板,不需要特定知识/经验。 年净利润 7 000 法郎。**"[138]第一次世界大战后,一位名叫 J·弗兰塞斯(J.Francès)的人出版了一些宣传小册子,他承诺去揭示这一点——"所有懂得读写的人都能轻松地创造一个独立的局面,几乎不需要资本,也不需要雇主或其他人的支持",

204

甚至实际上连办公室都不需要，就可以从事房地产业务。[139] 设在南特的一家名为地产学会（Institut Foncier）的房地产集中化办公室也出版了一份类似的文件，其中充斥着大胆的声明，如"不要做奴隶！""没有必要离开你目前的工作"以及"不需要资本"。 房地产是一条通往自由、有尊严的未来和经济成功的坦途。 该册子还为学会开办的 30 堂远程房地产培训课程打了个广告，试图吸引那些想以名声更好的智力劳动来寻求社会跃迁的人。"机器还是头脑？ 难道你不值得做一些比卑下的工人的劳动更好的事情吗？"[140] 房地产是社会流动的典型，它允许更高雅的生活，允许人们去做有分量的财务问题的交易，并且允许人们跃迁到最上流的公民阶层。

这些协会为实现职业制度化所做的努力，推动我们对作为 19 世纪末法国构建自我认同的合适场所的市场的重新思考。[141] 这些协会所阐述的商业专业主义并不是其商业本性的退缩；相反它们创造了一种特定的商业实践模式，使人们可以通过坚定的个性来掌握市场。 这些企图的发起，则是为了界定一个能够与商业领域的原子化趋势相抗衡的共同体，但它们同时也不吝给现代商业活动大献赞美之词。 通过协会本身，市场将变得高效、透明，商业事务则将健康地发展。 个体中介机构热切地想要采用这种证券交易的模式，这恰恰以实际行动阐明了这些理想。 事实上，通过比较法国不动产中介和他们的美国同行们，我们发现他们对市场和地产中介的性质都抱持着类似的态度，这使人们对两国商业文化间一贯存在着对立的说法产生怀疑，这提醒我们，这样的比较必须对比较的时间、地点和行业的特殊性抱持敏感。 房地产行业向我们展示了一个因其独立性而受到重视的活动领域，因为它给人以成为一个自为的人的机会。 事实上，到这一时期结束时，不动产中介人团体其实并不愿意支持施加严格的教培和经验要求的监管议案，这表明市场自为的价值已经得到了广泛的认可。

不动产中介把自己装点为解决长期的市场无效率的唯一法门，这种无效率既是一般房地产市场的特点，也是法国房地产分销系统的独特网络的特征。 中介将他们的办公地展现为中立的斡旋场所，并调用一些职业性的组织来树立起合作的形式，以提高市场相遇的可靠性，为自主的个人和机构间的竞争的筹划提供了新的框架。 他们的尝试有着来自领域内外的很大的局限性，这意味着集中化的地产和住房市场仍然是一个未竟的愿景。 然而，实现市场合理化的尝试，除了参与专业中介的职业提升的话语外，也对住房和地产的市场化起到了关键作用，它为其提供了物质和话语的地方，在那里，地产交换因而能够概念化作一种商业举动。 每个人都声称要胜过他人的竞争激烈的不动产中介的混乱局面，将地产分配的世界拉进了 19 世纪末的消费文化。

注 释：

315

[1] 见 "Agences d'affaires" in *Annuaire Didot-Bottin*，1880。

[2] Michael S. Smith，*The Emergence of Modern Business Enterprise in France*，1800—1930(Cambridge，MA：Harvard University Press，2006)，pt.1，chap.3.

316

[3] Félix Desmier，*Des agents d'affaires et spécialement des intermédiaires en fonds de commerce*(Paris：Rousseau et Cie，1916)，7—8，3. 也见 Louis Cirou，*De la gérance d'immeubles*(Paris：A. Pedone，1899)。

[4] 这包括像 Chambre Syndicale des Agences de Vente et de Location de Propriété (约 1905)和 Chambre Syndicale des Intermédiaires et des Mandataires en Vente de Fonds de Commerce et Industries(1913)这样的团体。

[5] Maxime Petibon，*Manuel officiel des affaires immobilières et foncières de la Ville de Paris*(Paris：Propriété de la Foncière Immobilière Parisienne，1899—1903)；Ministère du Commerce，*Résultats statistiques du recensement des industries et professions* [*Dénombrement général de la population du 29 mars 1896*](Paris：Imprimerie Nationale，1899)，vol.1.从 1870 年到 1930 年，来自 *Annuaire Didot-Bottin* 的商业清单的数值隔五年采一次样，而 1855 年、1862 年和 1866 年则算作附加卷。

[6] Arthur D. Austin，"Real Estate Boards and Multiple Listing Systems as Restraints of Trade," *Columbia Law Review* 70，no.8(December 1970)：1325—1364.

[7] 关于美国的 "商业职业人士" (commercial professionals)，见 Jeffrey Hornstein，*A Nation of Realtors®：A Cultural History of the Twentieth-Century American Middle Class*(Durham，NC：Duke University Press，2005)。

[8] Gabriel Hanotaux，*Du choix d'une carrière* (Paris：Flammarion，1902)，107—108，112—113.

[9] Henry Becque，*Les corbeaux：Pièce en quatre actes*，*représentée pour la première fois*，*à la Comédie-française*，*le 14 septembre 1882*(Paris：Comédie-Française，1984)，act 2，scene 8.

[10] Ibid.

[11] 在某些版本里，勒布拉索的名字写作 "Duhamel"。

[12] Ibid.，act 3，scene 4.

[13] Honoré de Balzac，*Code des gens honnêtes ou l'art de ne pas être dupe des fripons* (Levallois Perret：Manya，1990[1825]).

[14] Patricia O'Brien，"White-Collar Crime in Late-Nineteenth-Century France,"

Proceedings of the Western Society for French History 9(1981):328—336.

［15］Jean-Paul Poisson 探讨了 19 世纪继承问题在公证事务中的重要性，"Introduction à une analyse de contenu du 'Journal des Notaires'（Années 1829, 1909, 1969）"，in his *Notaires et société: Travaux d'histoire et de sociologie notariales*（Paris: Economica, 1985），1:49—71。

［16］Jean-Paul Poisson，"Un lieu de mémoire, l'Étude du notaire," in his *Études notariales*（Paris: Economica, 1996），5—30.

［17］1855 年 3 月 23 日关于公布抵押和土地出售记录的法律重新确认了共和七年雾月 11 日（1798 年 11 月 1 日）法令中关于土地交易记录的规定，在这么几十年的窗口期间，这些规定却一直被民法省略。应该指出的是，地产购买者经常以自己的名义来做转录，一些法律评论家则认为，公证员需要特别扩展其委托范围来接过这项任务。此外，虽然这是一个争论的话题，但被称为"私署"（sous seing privé）或未经公证的合同，也可以在不动产抵押管理官员处（Conservateur des Hypothèques）进行转录，从而完全绕过了公证人干预的要求。见 Troplong, *Privilèges et hypothèques: Commentaire de la loi du 23 mars 1855 sur la transcription en matière hypothécaire*（Paris: Charles Hingray, 1856），esp. 155—157；and M. Flandin, *De la transcription en matière hypothécaire, ou explication de la loi du 23 mars 1855 et des dispositions du Code Napoléon relatives à la transcription des donations et des substitutions*, 2 vols.（Paris: Imprimerie et librairie générale de jurisprudence, Cosse et Marchal, 1861）。Troplong 指出，1855 年的立法绝不是为了建立公证人在财产买卖方面的垄断，相反，它维护了私人合同的神圣性。"[这项立法]并没有破坏杰出而真正的哲学原则，根据这项原则，土地在缔约各方之间的转让完全是基于他们的自身同意"（*Privilèges et hypothèques*, 12）。

［18］见 Poisson，"Histoire et statistiques notariales: Une étude parisienne en 1826"，in *Notaires et société*, 1:457—464；and "L'étude de l'évolution économique au XIXe et XXe siècle par celle de l'activité notariale（premières données statistiques sur un Office parisien）"，in *Notaires et société*, 1:465—479。

［19］"Décret no.55—22 du 4 janvier 1955 portant réforme de la publicité foncière," *Journal Officiel de la République Française*（后文简称 JO），January 7, 1955, 346—357。

［20］Ernest Vallier, *Les avoués au XXe siècle*（Paris: L. Larose et L. Tenin, 1908），21.

［21］*Annuaire statistique de la Ville de Paris*（Paris: Imprimerie Municipale, 1880—1914）.

［22］Philip T. Hoffman, Gilles Postel-Vinay, and Jean-Laurent Rosenthal, "No Exit: Notarial Bankruptcies and the Evolution of Financial Intermediation in Nineteenth-Century Paris," in *Finance, Intermediaries, and Economic Development*, ed. Stanley L. Engerman, Philip T. Hoffman, Jean-Laurent Rosenthal, and Kenneth L. Sokoloff（Cambridge: Cambridge University Press, 2003），75—108.

［23］1843 年 1 月 4 日的法令第 12 条禁止公证人参与股票投机、商业运作、从事银行业或经纪活动，也禁止其参与金融、商业或工业企业的管理，禁止从事建筑投机或在其充当法律顾问的投机生意中获取个人利益。1890 年 1 月 30 日的立法规定，公证员有义务将其代表客户持有的任何超过 6 个月的存款上交到一家国营的存款银行，Caisse des Dépôts et Consignations。J.-Joseph Pagès, *Le monopole des notaires et les avantages de la vénalité des études*（Toulouse: Imprimerie Ouvrière, 1907），94。

［24］Philip T. Hoffman, Gilles Postel-Vinay, and Jean-Laurent Rosenthal, *Priceless Markets: The Political Economy of Credit in Paris, 1660—1870*（Chicago: University of Chicago Press, 2001），esp. chaps.10 and 11.

［25］Ernest de Chabrol-Chaméane, *Dictionnaire de législation usuelle, contenant les notions du droit civil, commercial, criminel et administratif*（Paris: n.p., 1835），1:164—165；Timothy Richard Brown, "The Language of Public Service and Private Interest in France: The Vexed Case of the Paris Auctioneers, 1750—1848"（PhD diss., Stanford University, 2000），chap.1.

［26］Desmond Fitz-Gibbon, "Assembling the Property Market in Imperial Britain, c. 1750—1925"（PhD diss., University of California, Berkeley, 2011）；David Scobey,

Empire City: *The Making and Meaning of the New York City Landscape*（Philadelphia: Temple University Press, 2002）, chap.3. 1880 年，里昂采用了巴黎模式里的中央拍卖厅: *Chambre d'adjudications des notaires de Lyon*, *règlement*（Lyon: Imprimerie Mougin-Rusand, 1885）。

［27］Anon., *Mémoire sur la question de savoir si les notaires ont le droit exclusif de procéder*, *par enchères et adjudication*, *aux ventes volontaires*, *en actes publics ou non*, *de biens immeubles*（signed Évit）（Brussels: n.p., 1846）; Anon., *Développements des principes sur la forme légale des ventes volontaires d'immeubles*: *Faisant suite aux observations des notaires de Paris*, *sur le même sujet*（Paris: Imprimerie de Clousier, n.d.）; Albert André, *Traité pratique des ventes d'immeubles amiables*, *judiciaires*, *et administratives*（Paris: Marchal et Billard, 1894）, 1:269—271.

［28］Chambre des Avoués de Première Instance de la Seine, *Ventes judiciaires de biens immeubles*: *Loi du 22 juin 1841*; *mai 1894*（Paris: A. Maulde, 1894）, 35—40.

［29］Bibliothèque de la Chambre des Notaires（后文简称 BCN）, Circulaires, May 4, 1848。

［30］Albert Amiaud, *Le tarif général et raisonné des notaires*: *Étude sur les principes et le mode de rémunération des actes notariés*（Paris: Marchal, Billard et Cie, 1875）, 729.

［31］Donald MacKenzie, Fabian Muniesa, and Lucia Siu, eds., *Do Economists Make Markets*? *On the Performativity of Economics*（Princeton, NJ: Princeton University Press, 2007）.

［32］Maïr Baron, *Du rôle du notaire dans la vente immobilière par adjudication purement volontaire*（doctoral thesis, University of Paris Law School）（Paris: Imprimerie Henri Jouve, 1909）, 19—22.

［33］Marie-France Garcia-Parpet, "The Social Construction of a Perfect Market," in MacKenzie, Muniesa, and Siu, *Do Economists Make Markets*?, 20—53.

［34］BCN, Circulaires, January 30, 1846.

［35］*Dictionnaire du notariat*, 4th ed.（Paris: Journal des notaires et des avocats, 1856—1887）, 3:61—62; M. Rivière, ed., *Pandectes françaises*: *Nouveau répertoire de doctrine*, *de législation et de jurisprudence*（Paris: Chevalier-Marescq et Cie, 1888）, 3: 154—155; Émile Paultre, "Adjudication," *Collection des observations pratiques publiées par la Revue du Notariat*（Paris: Bureau de la Revue, 1869）, 1:10—17.

319

［36］A. de Coston, *De l'office du juge en matière de ventes judiciaires d'immeubles*（Paris: Marchal et Billard, 1891）, 131—132.

［37］BCN, Circulaires, June 7, 1821; November 23, 1855.

［38］根据 Adeline Daumard 的计算，在她（从 1855 年到 1880 年每五年一次）的样本中，它们占总销售额的一半以下（从 21% 到 47%）。见 Adeline Daumard, *Maisons de Paris et propriétaires parisiens au XIXe siècle*（*1809—1880*）（Paris: Editions Cujas, 1965）, 6, 54—55。

［39］"Chronique foncière," *Le XIXe Siècle*, May 23, 1893.

［40］BCN, Circulaires, March 20, 1841, and June 30, 1847.

［41］BCN, Circulaires, March 11, 1882.例如，公证人并没有建立与1858 年在英国发行的 *Estates Gazette* 或 1868 年在纽约市发行的 *Real Estate Record and Builders' Guide* 相匹配的记录性刊物。

［42］"Chronique immobilière," *Le Matin*, November 13, 1893.

［43］Ibid., July 11, 1892.

［44］Édouard Fuzier-Herman, Adrien Carpentier, and Georges-Marie-René Frèrejouan du Saint, *Répertoire général alphabétique du droit français*（Paris: Libraire de la Société du Recueil Général des Lois et des Arrêts et du Journal du Palais, 1904）, 33:925; Lucien Recullet, *Le secret professionnel des notaires*（Paris: Journal des Notaires et des Avocats, 1905）, 259.也见 Ezra N. Suleiman, *Private Power and Centralization in France*: *The Notaires and the State*（Princeton NJ: Princeton University Press, 1987）, 77。

［45］Amiaud, *Le tarif général et raisonné des notaires*, 723.

［46］"Le notariat," *La Spéculation devant les Tribunaux*: *Recueil de jurisprudence financière*, November 28，1881，482，483.

［47］BCN，Circulaires，October 23，1919.

［48］"Notre programme," *Le Mandataire du Notariat*，January 1，1874，1；"Administration du Mandataire du Notariat," *Le Mandataire du Notariat*，January 1，1874，7.

［49］Bernard Cohen-Hadad 计算出，在七月王朝时期，开一家公证处的平均成本为近 41.5 万法郎。"Comptes rendus：Notaires et notariat parisiens sous la monarchie de juillet，1830—1847," in Jean-Paul Poisson，*Essais de Notarialogie*（Paris：Economica，2002）.

［50］"Administration du Mandataire du Notariat."

［51］Compagnie des Hommes d'Affaires du Département de la Seine，Statuts，19 novembre 1876，article 27.

［52］*Rapport présentéà l'Assemblée générale des hommes d'affaires du département de la Seine，le 29 novembre 1876，par M. De Saine，secrétaire de la commission d'organisation，au nom de cette commission*（n.p.，n.d.），23.

［53］"Pétition：Les notaires de l'arrondissement de Charleville（Ardennes），à MM. les membres de l'Assemblée nationale," *Mandataire du Notariat*，April 1，1874，3— 4.在接下来的几十年里，公证人还将继续做这方面的功。 见 1913 年 Syndicat professionnel des hommes d'affaires de France et des colonies 的反应："Petition à Monsieur le Ministre de la Justice，à l'occasion d'un vœu émis par un groupe de notaires tendant à la suppression des actes sous-seing privé et à l'obligation de l'authenticité pour les ventes de toute nature"，*La France Immobilière*，November 1—30，1913.在间战期："Le statut des agents immobiliers：Extrait du rapport de l'Assemblée générale de l'Association nationale des notaires de France," *Bulletin Officiel de la Chambre Syndicale des Agents Immobiliers de France*（后文简称 *Bulletin des Agents Immobiliers*），no.79（July/August 1936）。也见 Archives de Paris（下文简称 AP），Archives de la Chambre de Commerce et d'Industrie de Paris（下文简称 CCIP），2/ETP/3/4/13 8："Réglementation de la profession de mandataire en vente de fonds de commerce et immeubles，Note，16 octobre 1934"。

［54］*Enquête pour contribuer à l'étude du projet de réglementation de la profession d'agent d'affaires*（n.p.，n.d［1907］），3—4.关于竞争和自我形塑，参阅 Carol E. Harrison，*The Bourgeois Citizen in Nineteenth-Century France：Gender，Sociability，and the Uses of Emulation*（Oxford：Oxford University Press，1999）。

［55］例如，Langlois et Cie 这家房地产和物业管理公司的行业定位可以上溯到 18 世纪末。Document，"Messieurs Langlois et Compagnie，bref portrait historique," communicated to the author by Jean-Pierre Langlois，May 2008.

［56］"Agent d'affaires" and "Homme d'affaires," *Dictionnaire de l'Académie française*，6th ed.（1832—1835），39，896.

［57］Édouard Charton，*Guide pour le choix d'un état，ou Dictionnaire des professions*（Paris：Vve Lenormant，1842），4.

［58］Émile Gazagnes，*Étude sur les agences d'affaires*（Paris：V. Giard ct E. Brière，1898），71；Jeanne Fage，*Les agences d'affaires et le droit*（Tarbes：Éditions A. Hunault，1928），16.

［59］到 20 世纪初的几十年里，不动产中介（agents immobiliers）不再自称房产中介了，他们更喜欢的身份是被视为雇佣服务提供者，这会使他们的佣金不受商业法庭任意削减的影响。 在整个 19 世纪和 20 世纪初，这些机构倾向于将中介归类为有薪代表。 例如可见 M. Millot，"Tribune libre：Le caractère juridique de la profession d'sgent immobilier"，*Bulletin des Agents Immobiliers* 74（February 1936）：2—3；"Agents d'affaires"，in *Dictionnaire du commerce，de l'industrie et de la banque*，ed. Yves Guyot and Arthur Raffolovitch（Paris：Guillaumin et Cie，1899—1901）。

［60］对房地产中介的怀疑并不局限于法国。 例如可见 Alexander Rainy，*A Brief Exposition of Some Existing Abuses regarding the Transfer of Real Property by Public Auction and Private Contract*（London：n.p.，1838）；and Alexander Rainy，*On the Transfer of Property by Public Auction and Private Contract：The Reciprocity or Allowance System，etc*.（London：n.p.，1845）。

320

321 [61] Balzac, *Code des gens honnêtes*; E. F. Vidocq, *Les voleurs, physiologie de leurs mœurs et de leur langage*, vol.1(Paris: Chez l'Auteur, 1837).

[62] Gaetan Delmas, "Les agents d'affaires," in *Les Français peints par eux-mêmes* (Paris: L. Curmer, 1840), 3:137—159.

[63] Charton, *Guide pour le choix d'un état*, 1—5.

[64] Aurélian Scholl, *Fruits défendus*(Paris: Victor-Havard, 1885), 211, 213, 215.

[65] 关于这个问题的经典论述来自 David S. Landes, "French Entrepreneurship and Industrial Growth in the Nineteenth Century," *Journal of Economic History* 9, no.1(May 1949):45—61。法国经济发展史的发展在 François Crouzet, "The Historiography of French Economic Growth in the Nineteenth Century", *Economic History Review* 56, no.2 (2003):215—242 中做了个追溯。 关于法国工业和商业发展道路的更多近期著作,可见其导言,注第 20。 关于企业制的详细内容,请参考 Dominique Barjot, ed., *Les entrepreneurs du Second Empire*(Paris: Presses de l'Université de Paris-Sorbonne, 2003); and *Les patrons du Second Empire*, 11 vols.(Paris: Picard, 1991—2010); Hubert Bonin, "A Short History of Entrepreneurship in France(from 1780 up to Today)", in *Country Studies in Entrepreneurship: A Historical Perspective*, ed. Youssef Cassis and Ioanna Pepelasi Minoglou(Oxford: Oxford University Press, 2006), 65—97。

[66] Sarah Maza, *The Myth of the French Bourgeoisie: An Essay on the Social Imaginary, 1750—1850*(Cambridge, MA: Harvard University Press, 2003).

[67] 事实上,对 18 世纪的研究突出了早先人企图把商业指认做一桩爱国事业的尝试。 参考 John Shovlin, *The Political Economy of Virtue: Luxury, Patriotism, and the Origins of the French Revolution* (Ithaca, NY: Cornell University Press, 2006); James Livesey, "Agrarian Ideology and Commercial Republicanism in the French Revolution", *Past and Present*, no.157(November 1997):94—121; Jay Smith, "Social Categories, the Language of Patriotism, and the Origins of the French Revolution: The Debate over *noblesse commerçante*", *Journal of Modern History* 72, no.2(June 2000):339—374。 关于法国和经济自由主义,见 Jean-Pierre Hirsch, "Revolutionary France, Cradle of Free Enterprise", *American Historical Review* 94, no.5 (1989):1281—1289; William M. Reddy, *The Rise of Market Culture: The Textile Trade and French Society, 1750—1900* (Cambridge: Cambridge University Press, 1984); Lucette Le Van-Lemesle, *Le juste ou le riche: L'enseignement de l'économie politique, 1815—1950* (Paris: Comité pour l'Histoire Économique et Financière de la France, 2004); David Todd, *L'identité économique de la France: Libreéchange et protectionnisme, 1814—1851* (Paris: B. Grasset, 2008)。

[68] Jean Garrigues, *La république des hommes d'affaires(1870—1990)*(Paris: Aubier, 1997).也见 Richard Kuisel, *Capitalism and the State in Modern France: Renovation and Economic Management in the Twentieth Century*(Cambridge: Cambridge University Press, 1981), chap.1; Michael S. Smith, *Tariff Reform in France, 1860—1900: The Politics of Economic Interest*(Ithaca, NY: Cornell University Press, 1980)。

322 [69] Timothy B. Smith, "The Ideology of Charity, the Image of the English Poor Law and Debates over the Right to Assistance in France, 1830—1905," *Historical Journal* 40, no.4(1997):997—1032.

[70] John Savage, "The Problems of Wealth and Virtue: The Paris Bar and the Generation of the Fin-de-Siècle," in *Lawyers and Vampires: Cultural Histories of Legal Professions*, ed. W. Wesley Pure and David Sugarman(Oxford: Hart, 2003), 171—210.

[71] Christelle Rabier, ed., *Fields of Expertise: A Comparative History of Expert Procedures in Paris and London, 1600 to Present*(Newcastle, UK: Cambridge Scholars Pub., 2007).

[72] Alessandro Stanziani, "Commerçant," in *Dictionnaire historique de l'économie-droit, XVIIIe—XXe siècles*, ed. Alessandro Stanziani (Paris: Maison des Sciences de l'homme, 2007), 49—58.

[73] *Rapport présentéâ l'Assemblée générale des hommes d'affaires ... par M. De Saine*, 23.

[74] Ibid., 24.

〔75〕破产记录保存在 Archives de Paris，是 Tribunal de Commerce，series D.11 U3 的一部分。我查阅了 1870 年至 1914 年间被列在地产中介表格里的所有中介（50 人）的档案。

〔76〕Claude Nicolin(于 1868 年破产；AP D.11 U3 593) 从前在鲁昂做裁缝，两次破产，然后来到巴黎，从事商业地产销售业务。同样地，Claude Debray(于 1870 年破产；AP D.11 U3 680)曾是一名金属工人和乳品商，然后在征地补偿金的帮助下，他开始涉足公寓租赁业务。

〔77〕Bibliothèque Historique de la Ville de Paris(后文简称 BHVP) Actualités Série 78，Logement：Claude Moreau，client solicitation letter(1906)。

〔78〕AP D.11 U3 593.

〔79〕Jean-Laurent Rosenthal and Naomi Lamoreaux，"Legal Regime and Business's Organizational Choice：A Comparison of France and the United States during the Mid-Nineteenth Century," *American Law and Economic Review* 7，no.1(2005)：28—61.

〔80〕AP D.11 U3 866，Rapport du Syndic.

〔81〕AP D.11 U3 1397.

〔82〕1875 年，著名的约翰·阿瑟公司将其一名前雇员 Daniel J. Costigan 逼到了破产的境地，因为他的前雇主要求他赔偿 25 000 法郎的损失，Costigan 的雇佣合同禁止他在离开约翰·阿瑟公司之后的七年内，开设类似的业务，所以他试图为他自己办的竞争性房地产机构抗辩这个赔偿的起诉。见 AP D.11 U3 798。

〔83〕E. Le Fur，"De la responsabilité et de la réductibilité du salaire de l'agent d'affaires et spécialement de l'intermédiaire en fonds de commerce"(doctoral thesis, University of Rennes Law School)(Lorient：Imprimerie du Nouvelliste，1934).

〔84〕*Rapport présentéà l'Assemblée générale des Hommes d'affaires ... par M. De Saine*，24.

〔85〕Ibid.，25—26.

〔86〕Ibid.，25.

〔87〕Scholl，*Fruits défendus*，216.

〔88〕Randall Collins，"Market Closure and the Conflict Theory of the Professions," in *Professions in Theory and History：Rethinking the Study of the Professions*，ed. Michael Burrage and Rolf Torstendahl(London：Sage，1990)，24—43.

〔89〕Compagnie des Hommes d'Affaires du Département de la Seine，Statuts，19 novembre 1876，article 18.

〔90〕AP 1070W2 170 (Compagnie des Hommes d'Affaires de la Seine)．Note，Préfecture de la Seine，Direction des Affaires Municipales，29 novembre 1901.

〔91〕"Courrier de Paris," *L'Illustration*，January 28，1882.

〔92〕关于间战期的监管计划，见 *Bulletin des Agents Immobiliers* 中的文章。Marcel Arnould，"Le projet de réglementation," no.63(January 1935)；"Proposition de loi sur la réglementation de la profession d'agent immobilier," no.80(September/October 1936)；"Assemblée générale extraordinaire：Rapport de M. Arnould," no.81(November 1936).

〔93〕"Proposition de loi portant réglementation des agences d'affaires, présentée par MM. Borie, Vacher, Labrousse, Dellestalle, et Brugeilles, députés, le 28 octobre 1886," *JO*，annexe no.1197(April 29，1887)：1003—1007.

〔94〕Ibid.，1004.

〔95〕1891 年的人口普查显示，巴黎有 778 名房产中介，有 369 名手下雇员，其中 50 名是女性，而在该市 747 名司法助理人员(包括公证人、法警和律师)手下的 2 241 名雇员中，只有 21 名女性雇员。在 778 名房产中介中，有 33 个记录在案的人为外国人，而在 747 名司法助理人员中，只有 15 人记录在案的人为外国人；5% 的房产中介的手下雇员有外国血统，而只有 1.8% 的司法助理人员的手下雇员有这种身份。见 Préfecture de la Seine，Service de la statistique municipale，*Résultats statistiques du dénombrement de 1891 pour la Ville de Paris et le département de la Seine，et renseignements relatifs aux dénombrements antérieurs*(Paris：G. Masson，1894)，170—171，174—175。

〔96〕职业联盟的行政委员会一直由将自己首先定位为一个地产中间商的中介们组成。

〔97〕 "Bureau centralisateur du Syndicat professionnel des hommes d'affaires de France et des colonies," *La France Immobilière*, June 1908.

〔98〕 "Notre programme", *La France Immobilière*, June 15—30, 1897, 黑体为原文所加。

〔99〕 "Projet de Syndicat des hommes d'affaires de France," *La France Immobilière*, October 1897; "Assemblée générale du 9 avril 1899," *La France Immobilière*, May 15, 1899.职业联盟的提案反映了上一年度另一个失败了的国家的尝试: "Proposition de loi tendant à réglementer la profession d'agent d'affaires, présentée par MM.Julien Goujon, Brindeau, vicomte de Montfort, Julien Rouland, Suchetet, comte de Pomereu, Bouclot, Rispal, Lechevallier, Quilbeuf, Leroy, Loriot, Guillement, députés, le 20 décembre 1898", *JO*, annexe no.554, 570—571。

〔100〕 *Enquête pour contribuer à l'étude du projet de réglementation de la profession d'agent d'affaires: Poursuivie et présentée par le Syndicat professionnel des hommes d'affaires de France et des Colonies et la Compagnie des hommes d'affaires du département de la Seine* (Meaux: Imprimerie de Lalot, 1908).

〔101〕 Ibid., 2.

〔102〕同样，短命的 Chambre Syndicale des Agents d'Affaires du Département de la Seine 的会规中也包括了在民事和商业法庭上无偿给穷人提供代表的内容，这是协会的目标。 该团体成立于 1893 年，位于商业交易所。 它于 1897 年与塞纳省中介人公司合并。 见 AP 1070W9 809: Chambre Syndicale des Agents d'Affaires du Département de la Seine。

〔103〕 *Enquête pour contribuer à l'étude du projet de réglementation de la profession d'agent d'affaires*, 2.

〔104〕 Ibid., 4.

〔105〕 Ibid.

〔106〕 AP CCIP, 2/ETP/3/4/13 8: Chambre de Commerce de Beauvais et de l'Oise. Le Syndicat des Hommes d'Affaires, Rapport, 4 mai 1907, 3.

〔107〕 "Proposition de loi tendant à réglementer la profession d'agent d'affaires, 'directeur de contentieux,' mandataire en justice ou de justice, présentée par M. Jules Brunet (Dordogne), député, Session ordinaire du 3 mars 1913," *JO*, Chambre des Députés, annexe no.2572, 105. *La France Immobilière* 特别期里的讨论, November 1913。

〔108〕 Jules Romains, *Les hommes de bonne volonté* (Paris: Flammarion, 1932), 4:20.

〔109〕 Ibid., 23.

〔110〕 Ibid., 25—26, 32.

〔111〕 Ibid., 26.

〔112〕 Ibid., 5:39.

〔113〕 "Programme de l'Agence Léon," *La Chronique Mobilière et Immobilière*, November 25, 1893.

〔114〕 "Un confrère," *La Chronique Mobilière et Immobilière*, May 25, 1894.

〔115〕 A. Aubert, "Aux propriétaires," *Moniteur de la Location*, February 20, 1881.

〔116〕 Hanotaux, *Du choix d'une carrière*, 111—112.

〔117〕 BHVP Actualités Série 78, Logement: Letters from C. Gosset, J.-B. Boisselot, the Agence Lagrange, William Tiffen of John Arthur et Tiffen, Charles Theuret, N. Keim & Fils, Edmond Largier of the Agence Largier, the Paris-New-York Agency (ca. 1890—1914), and many more. AP D.18 Z1 Collection l'Esprit 包含许多类似的间战期的案例。

〔118〕 AP VO NC 182: Lettre, Lescure à M. le Secrétaire général de la Préfecture de la Seine, 8 février 1887, and Lettre, Lescure à M. le Directeur des Travaux de Paris, 18 février 1887.

〔119〕 Romains, *Hommes de bonne volonté*, 4:34.

〔120〕 Ibid., 28.

〔121〕 Ibid.

324

325

［122］Archives Nationales du Monde du Travail，65 AQ I 31：Charles Paulet et Etienne Oudin，*Bourse immobilière：Projet de création*(Paris：A. Coulond，1899)，1，2.

［123］Victor-Bénigne Flour de Saint-Genis，*Le crédit territorial en France et la réforme hypothécaire*，2nd ed.(Paris：Guillaumin，1889)，li.

［124］"L'épargne française et les placements immobiliers," *Le Reveil Immobilière*，April 1，1893，1.

［125］"Pourquoi nous avons fondé *L'Annonce Immobilière*"，*L'Annonce Immobilière*，*Journal Hebdomadaire*，October 15，1884，3—4，黑体为原文所加。

［126］Mme Roch-Sautier 于 1885 年把《官方巨刊》当作"宣传系统"而申请了专利（Patent 164,592，*Bulletin des Lois de la République Française* 31［July-December 1885］：929—930）。

［127］"La bourse des transactions immobilières," *Le Grand Journal Officiel des Locations et de la Vente des Terrains et Immeubles*，December 25，1884，25—26.

［128］*Journal des Propriétaires，des Acquéreurs et des Locataires：Journal d'Annonces，Avis Divers*，January 5，1891；*Le Guide des Locataires：Journal de l'Administration de la Bourse des Locations Immobilières*，May 1，1874，黑体为原文所加。

［129］关于证券交易所作为现代资本主义的决定性场所，见 Max Weber，"Stock and Commodity Exchanges［*Die Börse* (1894)］"，trans.Steven Lestition，*Theory and Society* 29，no.3(June 2000)：305—338。

［130］1919—1920 年，由 M. Sée 和 Louis Deguingue 主办的 Chambre Syndicale des Négociants en Immeubles de Paris 也成立了，并在整个战时都与法国不动产中介联合协会紧密合作。

［131］"Compte-rendu de l'Assemblée générale du 23 mars 1921：Rapport de M. Champonnois sur les relations réciproques entre confrères," *Bulletin des Agents Immobiliers*，1(July 1921).

［132］Lucien Lagrave，"Pour un marché immobilier," *Le Figaro*，April 13，1932.

［133］"Assemblée générale du 27 février 1933," *Bulletin des Agents Immobiliers*，47 (April 1933). 也见 "Assemblée générale extraordinaire：Rapport de M. Arnould"，*Bulletin des Agents Immobiliers*，81(November 1936).

［134］中介与大多数的其他职业一样，在维希政权于 1940 年创建的 150 个商业和工业委员会下，接受了短暂的监管。1943 年，不动产中介被归入"商业和工业顾问和辅助职业"。这一规定在战事结束后不久就被废除了。*Guide professionnel des agents immobiliers et mandataires en vente de fonds de commerce de France*(Boulogne-sur-Seine：Société d'Édition des Guides Professionnels et de Publicité，1947)，8—10.有关美国，见 Hornstein，*A Nation of Realtors*[®]。

［135］AP CCIP，2/ETP/3/4/13 8：Rapport présenté，au nom de la Commission de Législation commerciale et industrielle par M. Godet，26 juin 1913.

［136］AP CCIP 2/ETP/3/4/13 8：Réglementation des agences de transactions immobilières. Epreuve réservée aux membres de la Commission du commerce et de l'industrie，15 avril 1959.

［137］J. M. F.，"L'intermédiaire，son rôle，son utilité," *Le Fonds de Commerce：Organe Officiel de la Chambre Syndicale des Intermédiaires et des Mandataires en Vente de Fonds de Commerce et Industries*(n.d.，ca. June 1914)，6—7.

［138］*Affiches Parisiennes et Départementales：Journal d'Annonces Judiciaires et Légales et d'Avis Divers*，April 26，1911.

［139］J. Francès，*Affaires immobilières et publicité：Comment se créer une situation indépendante et de très grand rapport dans affaires immobilières et publicité avec capital restreint*(Bordeaux：n.p.，1925)，2.

［140］Institut Foncier(Guinel et Cie)，*Les affaires immobilières：Comment vous apprendrez et comment vous établirez，pour votre compte，une affaire permanente et excessivement lucrative，sans capital*(Nantes：Cottin，1922)，4，12，16，21.

［141］参见 Lisa Tiersten，*Marianne in the Market：Envisioning Consumer Society in Fin-de-Siècle France*(Berkeley：University of California Press，2001)。

326

第五章

贩售都市

    1886 年 1 月，法律专家、不动产抵押管理处（Conservation des Hypothèques）的前工作人员阿贝尔·勒梅西埃（Abel Lemercier）在《经济学人杂志》（*Journal des Économistes*）上撰文称，有效的、集中组织的宣传，才是矫正巴黎房地产危机的关键。 与同时代许多人的观点相反，勒梅西埃将巴黎住宅房地产市场的问题定位在其错误的分销渠道，而不是在住房的生产领域。 他承认，建筑业的表现确实令人失望；企业家们"没什么见识，被无法缓解的投机热潮牵着鼻子走，他们漫不经心地造，毫不关心早已存在的空房子，不去研究每个街区的大小方面和各种需求"。 然而，他继续道，从根本上说，"如果宣传有效"，这种建筑热并"不会导致房地产危机"。 他建议全行业集中精力，建立一个合理的供需系统来规范租金，而这就要求商品的利用率完全透明。 一旦住房消费者能够彻底准确地了解到所有可供出租的房屋的情况，竞争就会迫使租金产生合理的持平，从而解决困扰租户、业主和开发商的房屋空置和过度拥挤的问题。 此外，勒梅西埃确信，这种无疑会受欢迎的业务，也将会让私营企业有利可图："难道一个聪明的企业家会不利用这个仅用少量的支出就能发大财的机会吗？"[1]

    正是在这一时期，巴黎的房地产报刊界却一致坚称，巴黎城是难以辨识、难以涉渡和难以理解的。 此外，报刊界还有着一个显著的担忧，即开发部门正在使城市的住宅网络更加混乱，而不是相反。 创设于巴黎的大量报刊提供了一个可以调查地产分配的商业化以及房地产广告所反映和构建的城市环境的性质的手段。 在对现代都市同时加以叙述和整理的方法中，期刊和其他形式的大众媒体起到了独特的作用，这一点已为历史学家们所雄辩地论证。[2]都市中心的房地产报刊，正是这种城市写作的一个独特例子，它既是城市地理的公开指南，同时又强调了非公共的私人空间。 这些报刊将游客和当地人都看作是不假区别的公众，并提出了一种能产生特殊的城市生活知识的解读城市空间的方法。 巴黎的房产报刊都由自诩专业的中介机构所出版，在19世纪末，则发展出了一个识别力较强的现代化的形式，它们的对象是整个首都、整个城市的全体。 这些报纸同传统的搬家季（*termes*）（根据公寓的价格，分别是1月、4月、7月和10月的每个8日和每个15日）似乎没有什么关系，在刊物中，住宅空间表现出了随时供应、不断在市场上循环的流动性。

房地产商及其广泛传播的媒体不仅仅反映了他们所宣传的建筑环境。 在对其所试图宣传的投机性建筑企业宣传产生效益的同时，对巴黎这个**社会**空间也产生了同等的效益。 中介的活动和出版物也有助于首都建筑环境的形象的构成，促进了地产和住房的商业化，并创造了使建筑物和公寓能被视为可交换的商品从而足以流通的条件。 不动产中介并不是这个过程的唯一参与者。 传单、公报和海报也都有助于城市房地产市场的建立，它们同中介机构的其他市场模式一边竞争又一边相互补充。 它们还受到19世纪末巴黎已经成型的关于流动性的传统与做法的影响，并以此为基础。 地产中介行业的出版物正是这些模式和冲动间不断对话的结果。 中介试图说服业主相信（在巴黎的建筑外墙上贴的斑驳的"出售"和"出租"的标志）招贴的做法（écriteau）是过时和无益的，并给出了他们的大众公报和全市信息网络的服务，他们所做的正是试图取代他们从未成功凌驾其上的根深蒂固的地产分配的在地化模式。 然而，他们的革新性宣传广告和专业部门却在将城市建筑和家庭内务整合到塑造现代都市的血液循环般的必需中发挥了重要作用。 在19世纪末人们试图使家庭生活适应当代的消费主义的大背景下，专业

176

的房产部门的广告媒体构成了在城市生活的日常文化适应方面重要却不被承认的动因。[3]

光之都的有房与租房

对 19 世纪 80 年代初的房地产危机的诊断而言，住房市场的需求和消费者的需求问题显得特别有说服力。 在建筑热时期建造的房屋，都是明确为了销售而建的。 1882 年，建筑企业家欧内吉姆·马塞兰提醒房地产杂志《地产》的读者道："一桩投机性的房地产生意只有通过**卖房**才能有利可图。 房子必须能**卖出去**。"[4]那些资源短缺的公司如果要在全市范围内建房，那么同租赁和销售市场的沟通对于企业的生存能力来说，则至关重要。 1884 年，巴黎最重要的房地产租赁和销售杂志之一的《土地和建筑物租售官方巨刊》在较早的一期里，以如下的方式对市场做了批评：

> 我们在上一期中写到，在**冒险家**（lanceurs d'affaires）的鞭策下，建筑业走上了一条疯狂的道路，将不止一个没有经验的企业家推向了财务崩溃。
>
> 这种状况首当其冲和不可避免的后果就是，在巴黎的几乎所有街区都出现了大量可供出租的公寓……他们[建筑商]生产了，用一句话来概括当时的情况，他们的生产远远超过了**消费**的需要。[5]

在暴利投机者的推动下，一个危险不正常的房地产市场出现了，在这个舞台上，供应和需求已经不再是可以依赖的调节机制了。 其结果是，地产中介们认为，无论是购买公寓楼还是租房，消费者都空前需要可靠的指导、客观的建议和持续的帮助。

房地产报刊处理的是租赁、销售或投资市场上的事情。 租赁杂志

177

为城市的租户提供住房经济服务，而销售专栏、期刊和海报则把公寓楼、私人住宅和郊区庄园当作住宅区的投资机会推销给资本家。 首都地区供业主居住的单户住宅的稳固市场，仅仅出现于 20 世纪初。[6]在其余时期，大量的巴黎人根本不拥有任何地产。 19 世纪，巴黎人在去世时没有土地的比例保持在 70% 左右，而在全国其他地区则只有50%。 然而，这座城市既是一个穷人聚集的地方，同时也庇护着全国最富有的家庭，整体而言，巴黎人拥有全国大约四分之一的财富。[7]不管是不是名下有房产，几乎所有的巴黎人都住在租来的房子里。[8]这些住房有的是共用的宿舍，有的是广泛分布于城区的寄宿机构网络中的小型带家具的房间，有的是面积、设施和价格不等的公寓，有的是租来而非购买的私人住宅。 1891 年，该市有近 7.5 万栋专门用于居住的建筑，其中几乎有一半为四层或更高，平均每栋建筑约有 13 套住宅，即总共近 100 万套公寓。[9]

这些住房大部分是年租金低于 300 法郎的公寓，但是对于大量其日薪未能达到至少 1 法郎的人口来说，这个租金仍然是难以企及的，因为这个收入无法让他们摆脱社会援助和匮乏。[10]人们必须在收入等级阶梯上爬得更高，才能在预算上对住房有一些选择。 1885 年的一份以年收入 1 800—2 000 法郎的家庭为对象的指南指出："工人或低级雇员的妻子们！ 我们必须要弄清楚如何用这个微薄的工资[数额]来存活。 当然，这并不容易，尤其是在大城市，居大不易、食物昂贵、租金付不起。 但这还是可能的……只要我们有这个愿望，并知道如何去做。"[11]根据其时的经验法则来说，住房开支理论上不超过家庭收入的五分之一，那么这样子的家庭每年就可能会拿出 400 法郎来支付房租。[12]通常，在城市里买一栋公寓楼的开销，在整个 19 世纪间涨了六倍，到了 1880 年，旧城区内的楼房平均达到了 26 万法郎，尽管 1860 年新扩的区域（如今的第 14 至 20 区，以及第 12 和 13 区的一部分）的楼房仍然用 8 万法郎就可以买到。[13]巴黎市的税收评估报告指出，1889 年巴黎楼房的平均价格为 132 171 法郎。[14]

178

　　对于住房这样的商品，要定义其交易的需求绝非简单。它既回应了人们对住所的一般基本需求，又占据了"家"这一独一的、满载情动的位置，它既是生产的问题（劳动和社会再生产的场所），也是消费的场所和产品。因此，住房消费者的期望和行为并不能立即还原为人口模式或直接还原至经济理性。在1909年，莫里斯·哈布瓦赫在其对巴黎房地产市场的分析中观察到，住房消费者的人口"在其运动、偏好和激情中，服从一种完全不同于［经济学或人口学］的模式，而是更混乱、更不明确，而且更难以预测"。[15]在19世纪末，住房选择的问题成了一个日益民主化的社会区分的标准。品位专家提倡把家庭内务视为居住者的创造性、自我实现、自我表达的场所，而住宅环境沟通和帮助复制社会地位的能力得到广泛认可。[16]即使是最卑微的、其微薄的资源也没有考虑时尚和识别度的余地的房客，如果他们要在首都寻找住所，鉴赏系的职业人士也会建议他们优先考虑卫生的要求。

　　由于住宅成了一种行使审美公民权的场所，对公寓的选择也就不是一个可以无动于衷的话题了，尽管当时的建筑实践和建筑话语强调的都是现代建筑的标准化。一份针对普通家庭的公寓指南建议道，"不要急于选择您的住所；要多去看看，如果有一间特别让您满意的，就多去看看，发挥您的想象力，把每件家具和每件物品放在您为它们选好的特定位置。"[17]另一份关于公寓装饰的指南也强调了谨慎选择的重要性，并建议租户与业主协商签订长期租约，以便进行升级和维修，从而建立理想的家庭环境："一旦选定了一间公寓，一旦已经做了仔细的研究，人们就能够确定，为了按照自己的意愿来装饰和改善它，还需要做些什么——不管公寓好还是不好，这都是必要的——肯定要有些变化，有的更重要些，有的不重要，要么是给一个房间涂油漆，要么是另一个房间的挂饰。因此，绝对有必要确保人们在尽可能长的时间内拥有这间房。"[18]装饰的作用正是把千篇一律的同质公寓给个人化，并弥补上在个人无法为自己创制的生活空间中，不可避免地出现的缺点。事实上，法国人之所以如此把家装视为个人和民族身份的表达工具，部分原

179

因即在于其在法国大城市租房的共同经历。

这些理念的传播和接受受到许多因素制约，包括对城市卫生的日益建制化的关注，以及家庭装饰品的大众消费市场的兴起。[19] 所有这些都与首都的劳动和消费制度的转变有关，其中 1870 年至 1911 年间巴黎白领雇员的快速增长是最重要的方面之一。 从公社起义到第一次世界大战的这段时间里，铁路、银行和保险公司的雇员人数估计增加了三倍；从 1866 年到 1911 年，首都的白领雇员人数从 126 006 人增加到 352 744 人。[20] 在巴尔扎克的笔下，雇员就是"穿着黑色燕尾服的苦难"，据称他经受着"特有的贫困和不适，通常比工人更痛苦"，因为一方面他对社会区别的需求非常强烈，却往往无法实现，他需要一种接近中等阶级的生活方式，将他与下层的劳动群体区分开来。[21] 负担得起的、卫生的、有品位的———一句话，适当的住房对雇员群体建立其地位的做法来说至关重要。 在小说家保罗·玛格利特（Paul Margueritte）的《苦难的日子：布尔乔亚德行》（*Jours d'épreuve：Moeurs bourgeoises*）（1886）里，一个名叫安德烈的年轻官僚在第二个孩子出生后，不得不寻找一间更实惠的公寓。 他们夫妇两一起找房，首先去了城中著名的新建的投机区，该区（很有指望的）流动的社会地位让妻子十分向往："对奢华的需求推使她走向了特罗加德罗附近的有着潮湿的灰泥的宏伟建筑，走向了通往凯旋门的荒芜大道以及远离市场和商户的私人住宅。 安德烈艰难地同这些把托瓦妮特带到这片充满生机的流行街区的欲望作斗争。"[22] 处境恶化又迫使他们搬到了巴士底狱附近的工人区，安德烈从而暗自高兴可以逃避建筑外表的压力了："之前他体面地贫困着，他在圣许毕斯（Saint-Sulpice）的房子里受尽折磨，他自觉备遭门房的轻视。 他更愿意住在这里，住在这充满生机的三楼，住在这些贫困家庭的中间。 从社会角度来说，这是一种退步，但谁会专程来看这些东西呢？"[23] 虽然安德烈能够避免在这种社会牺牲中受苦（说来话长，他的妻子就没有这么幸运了），但住宅选择的重要性是显而易见的。 此外，这种从富裕的西区到流行的东区的找房活动，反映了白领群体极度的地

180

理扩散，他们甚至比工人阶级的成员还要更广地遍布了整座城市。[24]
这些发展也构成了房地产媒体的服务越来越有用的部分背景。

如果说工人和雇员没有什么选择，只能住在租来的房子里，那么首
都的富人对公寓生活的明显偏爱引起了许多 19 世纪末的观察家的评
论。 专注于高端市场的开发商建起了更多的社会阶级同质化的地区，
在这些时尚的街区，人们住得起那些优雅的公寓却买不起。 1897 年，
历史学家、散文家乔治·达弗内尔（Georges d'Avenel）感叹道："巴黎人
中有一个奇特的现象，即享有**整栋建筑**使用权的，反而是中下层人士比
百万富翁多，相反，昂贵的租金却只出现在富人区，那里的建筑几乎没
有低于四层的。"[25]评论家们将这一趋势归因到建筑高度的规制和税
收优惠等多种因素。 例如，1911 年的《巴黎日报》，一位匿名作者谈
道，"自从对未建房产增税，私人住宅的数量就逐渐减少，［而且］有钱
的房客迷恋上了豪华建筑中设备齐全的公寓。"[26]然而，对这一现象
的大多数解释都集中在品位和时尚问题上。 著述颇丰的建筑评论家埃
米尔·里沃伦在总结城市西区的发展时，讲述了富人是如何从私人住宅
转向共享建筑中的公寓的。"有了一些经历之后，人们开始在私人住宅
所谓的好处面前退缩：要爬上爬下很多层楼，服务和监督更加困难；需
要更多乱七八糟地住在地下室、远离主人监视的仆人；位于下层的厨房
会散发出烹饪的气味，侵入上层公寓，等等，等等。 简而言之，它就
是不如单层公寓好，'一切尽在彀中'。"[27]为了满足其对便利和奢华
外观的要求——里沃伦指出，"外观高于一切"——建筑商建起了豪华的
公寓房，富人以大户型来换取永久所有权，这样他们就可以"根据自己
的喜好来更换马车、马匹、车夫和车厢租赁商"。[28]1893 年《时报》
杂志的插图副刊提供了关于公寓装饰的建议，而时尚家居用品供应商则
小心翼翼地在其中植入了约翰·阿瑟和蒂芬房地产中介公司的租赁服务
广告，这家公司是"一种特殊媒体的发明者：租赁广告"，这一点已经
对"大多数巴黎人和几乎所有来访的外国人来说都家喻户晓"，尤其是
那些"想在豪华和舒适的环境中安家的人"。[29]时尚成了公寓需求和

181

供给的特征，公寓生活因此与市场的解放和消费文化的细琐之处紧密
相连。

19世纪下半叶的住房生产条件贯穿着很多将地产中间人商品化的
企图看得特别重要的要求。该种城市主义的批评者，一再将富人喜欢
的新建筑同大规模生产的消费品相提并论。里沃伦将那些为匿名租户
建造的平庸建筑斥为"出厂建筑"（*l'architecture de fabrique*）。[30]就算
他在开发中的特罗加德罗街区上的房子这样的新式建筑上发现了些许美
感，里沃伦也无法按捺住对那些被宣传为"待售的个人住宅"、仿佛住
宅实际上可以是在市场上现成地买来的而非创造出的东西一样的小豪宅
的荒谬之处的厌嫌。[31]他喜欢用"糖果"来形容这种建筑：旨在吸引
买家的琐碎物品。他们的虚假之处，并不仅仅在于品位的问题，而是
破坏了建筑的核心："为销售和转售而制造的房屋，可以遍涂着石膏，
肆无忌惮地坍在软煤渣的地基上，其拱起的地窖也是石膏制的，凡是在
灰泥和大理石楼梯的尽头，都会有一个巧克力色的前厅爬成一坨，其摇
晃的彩色玻璃则由旧垃圾玻璃碎片拼成。凡是16世纪风格的餐厅，都
会有一个由木头、石膏和糕点的堆成的不朽的壁炉，一个'历史感'的
天花板，当然，不能算漏了模制的杉木钉在石膏上制成的高板，暗色调
涂抹使之看起来像橡木或封建庄园的紫杉（feudal yew）。"[32]首都的大
兴土木不仅降低了建筑的品质，而且还产生了肤浅的客户和新的城市空
间消费模式。里沃伦尖锐地评论说，一个经由在巴黎百货公司购买商
品而训练出来的公众，"宁愿花更多的钱来换取现成的产品；他不会去
建一座房子，而是让房子来建自己"。[33]炫耀性的建筑和虚假的艺术
性压倒并掌握了消费者，他们被塑造成适应于被提供寒酸商品的人。
在一个消费，尤其是家庭消费，与国族身份之间的联系越来越紧密的
时期，这样的公寓可能会诱惑（和误导）潜在的消费者，其危险令人深
感不安。[34]

有关富人喜欢公寓房而非私人住宅的印象，还需要考虑到在城外拥
有房产，但在城区内是租户者的人数。如果业主，尤其是拥有多栋建

182

筑的富人，选择租房而不是住在自己名下的建筑里，那么这种选择在多大程度上是由在城市之外拥有"家"所提供的情感和/或经济支柱所决定的呢？ 在巴黎上层社会中，节令性到乡村庄园去休养是一个古老的传统。 即使在 17 和 18 世纪，城市中的贵族住宅也往往是租来的，而不是自有的，这使其居住者能够轻易地顺应时尚的要求。 这些城市地产被认为是可以交换的，同农村的地产不同，后者则是属于遗产和特权的东西。[35]在 18 世纪，这种逃离田园的趋势越来越多地被那些有能力购买乡村地产的卑贱阶层所模仿。[36]在整个 19 世纪，由于铁路和运输线的改善，乡村旅行变得更加流行，这为乡村住宅购买和租赁的市场提供了动力。 早在 19 世纪 20 年代，还是巴黎东北部城郊的村庄的美丽城的业主，就开始从出租整个或部分建筑给巴黎"游客"的生意中获得可观的收入了，而广告也开始将土地和对自然的"体验"整合为所谓的营地别墅的商品形象。[37]广告中兜售的房产种类繁多，从 3 500 法郎到 35 万法郎不等，研究 19 世纪上半叶中等阶级的财富构成的结果表明，这一阶级倾向于购买郊区房产。[38]1845 年，在美丽城的土地所有者中，有超过 30%的人不是当地居民，他们主要居住在巴黎。[39]这些消费模式构成了上层郊区（banlieue choisie）的起源，即，在上层郊区里，郊区是一个吸引人的地方，而非放逐人的地方，这导致 19 世纪末的城区边缘中等阶级和工人阶级的居住地的同时出现。[40]在 19 世纪末，30%的巴黎人死后有地产可供遗赠，在这个群体中，中等财富的人在城外的房地产资产要多于社会最富有的 10%的人，后者的房地产主要集中在首都。[41]

关于巴黎居民和地产持有人在首都以外地区占有房地产的倾向，我们最可靠的数据来自对第二帝国和第三共和国早期的精英群体的研究。例如，阿兰·普莱西（Alain Plessis）对法兰西银行全部 22 名理事的资产组合进行了重构，他们全都在首都拥有房产，但其中只有 11 人在去世时居住在自己房产中，至少有两人是巴黎其他某地的租客。 总的来说，理事们只持有 16.5%的建筑财富，而银行的 200 名大股东持有

37%。1847年，巴黎去世的百万富翁则持有57%。普莱西注意到，许多理事都拥有乡村地产，但他发现更值得注意的是有几个人竟然没有。到第二帝国末期，外省土地只占理事财富的6%，这一比例远远低于其占股东财富的比例，后者占23%。普莱西认为，这些精英的做法可能正预示着富人家庭剥离外省地产的趋势；到该世纪末，外省地产在所有巴黎最富有的人的财富中所占的比例已经下降到6%。[42]当然，这些数字只是占总地产的百分比；由于外省和郊区的土地价值相对较低，它在总资产组合中的价值比例也会相对低于其他资产。

克里斯托夫·夏尔（Christophe Charle）对第三共和国早期精英阶层的研究则又提供了一些补充信息。夏尔研究了出现在各种学术年鉴、商业名录和同代精英社会指南中的1 093人，从而追踪了所谓商业精英、行政精英和知识精英三个群体的居住习惯。[43]他的研究证实了这一时期城市的低自住率——54%的商人、89%的官僚和85%的大学精英居住在出租公寓中，同时他还提供了关于第二居所所有权的数据。商业精英在这个类别中居首，77%的商界精英都在首都以外拥有房产；54.2%的大学精英也是如此，其次是51.2%的官员。商人通常在首都附近拥有住宅，而官僚则倾向于拥有外省土地，而大学精英在不居住在巴黎附近的情况下，会在他们的出生地区拥有房产。[44]因此，许多选择住在首都公寓的富人在城外也拥有房产，这种投资类型不仅比城市房产更实惠，而且还同一系列社会和文化要求联系在一起，这些要求涉及社交传统、炫耀性休闲以及个人同外省故乡的情感联系（毕竟在1886年，只有25%的巴黎的一口之家的户主出生在塞纳省）。

总而言之，虽然在大众的描述中，巴黎人经常被分为"租房的人和租给别人的人"这两种，但这两个群体有相当多的重叠，业主更倾向于租房而不是住在他们所有的房子里，而首都的许多租户又在其他地方拥有房产。租房绝不意味着社会地位低下，直到19世纪末，致力于社会问题的改革者才开始对租赁界的做法所带来的流动性提出疑问。长期以来，巴黎一直被称为是一个流动的城市。它是旅游之都和季节性移

184

工的中心，这一地位不仅使其常驻有大量的流动人口，还使得其永久居民本身，也成了频繁的移动者。 阿兰·福雷（Alain Faure）和让-克劳德·法希（Jean-Claude Farcy）的人口研究表明，城市居民的流动性非常大，在 1880 年至 1900 年的 20 年间，平均每人有 4.5 次迁移，样本人口中有 46% 的人的迁移数在 4 至 8 次之间。 此外，尽管这些搬迁显示出强烈的在地化倾向，但在整个城市的尺度上的搬迁也并非罕见，特别是在较富裕的阶层中，他们的住房变化往往要离开区和巴黎市。[45]

由于缺乏更全面的研究，很难确定这些高流动率是否比起以前的模式来有所升高。 在 19 世纪末，巴黎肯定存在着有利于提高流动性的条件。 在 1872 年至 1911 年期间，巴黎经历了一段尤为重要的人口增长时期，住房建设与人口增长一直到这一时期结束都保持了同步，这意味着除了最卑微的阶层外，所有人都有丰富的住宅选择。"资产阶级"住房——年租金超过 500 法郎的公寓——在 1884 年约占住宅总数的 22%，19 世纪 90 年代中期占 26%——过剩的住房使租金不会上涨，为有利的租户市场创造了条件。 此外，这些中等阶级租户比以往任何时候都更有偿付能力。 如果一个人有幸在 19 世纪的巴黎积累起一片土地，那么在整个世纪，这片地的价值都会享有不可否认的提升；从 1815 年到 1911 年，在巴黎，留给继承人的财富增加了 9.5 倍，而在整个法国，它只增加了 4.8 倍。 这种增长大多发生在中等阶级和上层资产阶级层面。[46]19 世纪初的交通发展可能也放松了住房选择的一些限制。1900 年，地铁每年有 1 600 万客流量，1905 年有 1.49 亿，1909 年有 2.54 亿；"显然，"历史学家安东尼·萨克利夫（Anthony Sutcliffe）指出，"新的设施鼓励人们移动，否则他们会留在原地。"[47]关于这一时期凡尔赛附近的一个镇上的居民流动情况的研究结果表明，随着 19 世纪的进程，所有阶层的流动都在增加；在首都巴黎，这一趋势可能也是如此。[48]最后，支撑了居住地流动性的机制——一大批致力于商业化地产分配的新型中介和创新技术——在 19 世纪末也变得越来越多、越来越先进、也越来越有吸引力了。 第四章已经提到过，以住房分配和地产分配为生的中介机构在这一时期，已经能够进行专业组织的整合，并将住房分配部门树立为可行的职业了。 这些专家正是在搬家及空房需要填上时赚钱；刺激和维持住宅周转率，正符合他们的利益，他们于是也开始整理他们的职业、办公室和宣传工具，来实现这一目标。

19 世纪早期的公寓广告

1884 年，在著名的房地产中介人约翰·阿瑟破产后，跟进的媒体报道称，租赁中介正是"他所引进的行业，乃至可能是他本人一手创造的"。[49]在阿瑟臭名昭著的破产事发并逃往英国时，他还在接手经营其父于 1818 年创立的公司。 该公司起初是一家致力于帮助拿破仑战争结束后成群结队地回巴黎来游玩的外国游客的机构，最终却成为该市最重要的地产租赁和销售的经纪公司。 年轻的约翰·阿瑟于 1850 年执掌该司，并随着第二帝国所促成的壮观风格的城市性全面发展，其巨大店面和压花的窗户，则是其位于旺多姆广场附近的一个显著标志。[50]阿瑟是城里的名人，据说他为作家阿尔丰斯·都德 1879 年的小说《流亡的国王们》(*Les rois en exil*)中的人物汤姆·莱维斯(Tom Lévis)提供了原型，他的机构成了"我[都德]对帝国时期某些赚钱方式的全部认识的总结"。[51]阿瑟刚逃离这个国家，公司就被拍卖，并最终被一位从前的合伙人威廉·蒂芬所收购，他是一个 1873 年加入该机构的尼斯人。蒂芬监督了公司在房地产经纪领域的日益专业化，引导其新出版物《官方巨刊》进入蓬勃发展的房地产新闻界的前列，并将公司转变为一家有限责任公司。 在这期间，他一直在抵御来自阿瑟儿子的无情竞争，后者在 19 世纪 80 年代成立了一家对手机构，其次他还要抵御阿瑟本人，后者在同一时期回到了法国，开始了一连串的法律诉讼，最终在强力推动下暂时回到了公司。[52]

186

约翰·阿瑟和蒂芬公司体现了许多 19 世纪末巴黎房地产行业的主要特征,尤其是其激烈竞争的性质(对决的约翰·阿瑟系公司互相抢夺雇员,并多次撕下和遮盖对方的海报),其对创新宣传的依赖,以及其同巴黎旅游界的融合。 地盘的重要性就此凸显。 有一次,两家公司在卡普辛大街(Rue des Capucines)和卡斯蒂廖内大街(Rue Castiglione)上的店面位置相距不到 500 米,购买了约翰·阿瑟股份的律师们认为,"租赁公司就其性质而言,首先是与外国人有关",他们"自然会去他们经常去的地方找中介机构,这些地方显然就是意大利人林荫大道(Boulevard des Italiens)、旺多姆广场、卡普辛大街、卡斯蒂廖内大街"。 在闯入这一特权领域时,小约翰·阿瑟涉入了不公平竞争。[53]然而,尽管该司经常将其服务吹嘘得很新奇,并轻飘飘地宣称自己发明了这一为巴黎居民和游客所熟知的房地产经纪业务,但是,专业的房地产报刊中的许多元素,都是在早期本地的房地产广告宣传的形式中产生的。

房产销售和租赁公告在广泛传播的、从 18 世纪起就开始在全国各地流通的布告(affiche)或小广告(petite annonce)中占有重要地位。[54]在巴黎,《巴黎和塞纳省通告》(Affiches Parisiennes et Départementales)(1818)和《通告通志》(Journal Général d'Affiches),又称《小通告》(Petites Affiches)(自 17 世纪以来就以不同形式问世了),都是整个 19世纪房屋销售广告的重要平台,尽管它们的租赁部分并不显眼。 在七月王朝时期,首都出现了专门的房地产出版物。 它们均冠有冒险性的名称,诸如《永恒指南》(L'Indicateur Perpétuel)(1828)、《租赁和售房通报》(Le Moniteur Général des Locations et des Ventes)(1834)、《租赁公报》(Gazette des Locations)(1841)和《地图》(Le Plan)。 这些公报促进地产寻找变得更有秩序,从而保证了时间的节省和利润的提高。《租赁公报》提到了"这个启蒙和文明的时代"的长处,并吹嘘说:"今天,租赁机会是靠运气的;从现在开始,它们将是我们的劳动成果和我们中介人的活动。"[55]

这些公报面向两个关键人群:介入市场的中间人(房东、公证员、律师、建筑师和中介），以及众多需要住宅或房产投资的巴黎居民，包括外部和本地居民。　他们对广告收取费用，经常免费供读者阅读。　例如，在 1838 年和 1839 年问世的商业地产销售周报《买卖人》（*Le Vendeur*）就向广告商郑重承诺："我们将印制足够的期刊，以保证法国所有城市和地区的所有公共管理部门、阅览室、咖啡馆、公共汽车办公室、酒店里的人，以及所有商人，都能看到它的影子。"[56]任何经常去巴黎右岸的杂七杂八的人都可以查阅其列表，大多数期刊都在右岸设立了办公所并放置了名录 [《租赁通报》（*Moniteur Général des Locations*）则确实在左岸有两个"分部"，分别位于太子妃大街（Rue Dauphine）和奥德翁广场（Place Odéon）] 。　然而，作为指南，大多数这些出版物，是相当不可靠的，它们在格式、长度、内容和发刊频率上都经历了反复的变化。　有时他们可能会强调公寓租赁，有时强调私人销售，还有时强调工业或商业租赁。　在后来的房地产出版物中，也几乎没有对房地产中介的专业能力的支持。　这些变化反映出房地产机构总是致力于广泛的活动，并且还反映了许多此类的商业活动的短暂性。

188

在整个 19 世纪，这些出版物的总体趋势是走向专业化和合理化。尽管它们有提高效率的愿望，但 19 世纪初的出版物还是以一种不连贯的方式在展现其所供和所需。　所有类型的房产——农村、城市、供出租或购买的单户住宅、公寓和商业空间——通常都混在一起。　可供出租的清单在内容上相当好揣测（通常都会提供街道地址、楼层、单位的房间数），但在组织上却非此。　只有在很少的情况下，它们才会按照空间或价格导向来整理组织。　简而言之，在这些杂志上寻找房产的做法仍然是无序的，而且很耗时间。　这些介绍方法反映了其将巴黎空间视为无差异的整体的视角；即使是有些媒体将销售和租赁、公寓和建筑、住宅和商业空间分开了，读者看到的也是来自整个城市的空房，没有特定的顺序。　虽说这些出版物的使命在于通过提高人们对房产供给的认识，从而廓清城市环境，但其实际的形式和内容，却不利于市场或城市的细分。

　　到世纪中叶，才出现了更多自觉可识别的系统性出版物。 这不仅
仅是行业内的竞争实践围绕着"更好"的供给模式汇聚的结果。 它还
与巴黎市特有的城市空间的变革密切相关，即 1848 年革命和奥斯曼的
大规模改造的影响。 通常认为，1848 年革命这一事件迫使城市社区
和城市环境间的关系得到了彻底的再概念化。 东部和西部之间泾渭分
明的街垒斗争的模式，揭示出一个给身体政治带来了不吉的后果的阶
级隔离的地理环境。[57]在这种革命混乱的背景下，房地产媒体所提
供的城市指南发挥了新的作用。 其能成为从一个公寓到另一个公寓的
无序和令人不安的轮回的解毒剂——可以免去探入城中最近发生骚乱
的空间——例如《房客和买主杂志》(*Journal des Locataires et des
Acquéreurs*)，就将其服务称作一种"把您从家里直接带到想要的目标
去"的辅助手段。[58]该杂志首次作为公报亮相于 1849 年[1850 年改名
为《大通告》(*Les Grandes Affiches*)]，它将空间营销视为一门科学：
189 "房源按地区和街区顺序列表。 租房描述则按价格降序排列的。"这一
组织方式的目的是简化和增效寻找公寓的过程，"因为只要快速浏览一
下想住的街区，然后搜索价格栏就足够了"；那些寻求住所的人只需要
"看一眼"就能找到 20 或 30 套符合他们需求和愿望的公寓。[59]

　　能够在自己的住所里不费力地关注着特定的、预先选定的区域，这
样的做法与城市人对离家索居的焦虑有着很大的关系。 这同 1840 年的
城市景象《法国人自画像》中所描述的诱导流浪者的街边广告形成了鲜
明对比："从四面八方看去，挑逗性标志上的大黑字像歌姬的炽热眼睛
一样闪闪发光。 您已经被它们的咒语所俘获了；每一步，每一种形
式，每一扇门，都有诱惑力。 ……大而俊俏的公寓。 ……新装修的公
寓。 ……小公寓。 ……即使你没有特别的想离开你现在的住房的愿
望……你也会毫不犹豫地踏进去。"[60]在城市叛乱之后，还漫步在城
市中，干等着一座让人一眼动心(un coup de coeur)的房子送上门来，可
能已经不再是能扣动一些巴黎人的理想的寻找住房的方式了。 世纪中的
租赁广告反映并迎合了一时迷失方向的巴黎资产阶级的忧虑。 对其专业

服务的宣传中——《大通告》是由"租赁和售房通办"（Office Général des Locations et des Ventes）出版的，该办"专门设立了一个销售办，并为其配备了专门的中介人"——该刊暗示，城市环境不再是一个可以自行环游的可靠的地方了。[61]然而，虽然房地产，尤其是租赁出版物利用了这种情绪，但它们也并没有忠实地反映和再现出一种普遍的疏离感。房地产媒体只是方便了而非取代了个人的城市探索，它们融入了既有的、步行的、本地化的和个人的住房购买模式中。

一家运作于第二帝国末期的办公机构提供了一个说明广告是如何利用现有的网络来定位住房的例子。1867 年，一家名为"名录管理"（Administration des Répertoires）的房地产机构提出，将扩大自己名下的集中化住房登记系统，并将登记册陈放在巴黎 20 个区的公共场所，供感兴趣的人免费查阅（图 5.1）。这些登记册不仅为个人提供了他们附近的住房信息，而且还公布了整个城市的出租物业的情况；重要的是，这 20 份登记册是完全一样的。这种宣传面向的消费者，是那些希望获得全市范围内的准确信息的人。登记册同该机构的办公所一同充当了"一个任何人都得准入的所有的需求都能得到满足的中心"。[62]这一系统得到了奥斯曼省长的特别支持，他认为这是一项"有创意的事业"。[63]名录管理在全市范围内设立登记处，从而试图将寻找公寓的在地传统与在公报汇编的库存信息的传播结合起来。

在其设想中，名录管理将成为供需双方的协调者。令人印象深刻的登记册向其富裕的读者宣布："无论你的愿望是什么！它定将会实现！"，它将住房视为另一种满足奇思妙想的时尚消费品。该机构通过促进消费者的知情选择，从而保证了市场活动的数量的增加。这是租房广告中首次出现欲望的概念，值得注意的是，这多半是在关于是否需要增加市场交易的争论的大背景下，同女性消费者的表征一齐发生的。房地产媒体和机构的作用于是开始有了新的含义。它的目标不仅仅是提供信息和便利，而是引导并最终扩大市场活动。名录管理将目光投向了租户，每季度约会产生 15 000 名希望搬家却愿望受挫的租户，导致

190

191

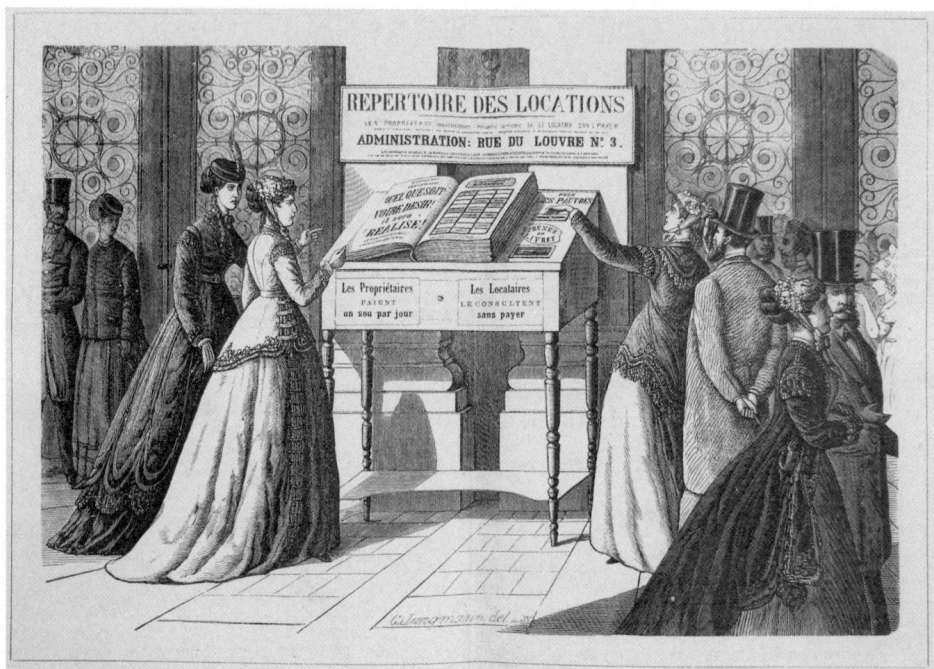

图 5.1 "租赁名录",取材于生活(第 2 区市政厅),1868 年。来源:巴黎档案馆 V.D6 733 no.4

公寓空空如也、毫无生机。[64] 租户们最终被迫"留在原地,因为他们找不到更好的地方。然而,更好的地方其实是存在的,只要给他们提供寻找的手段,他们就会找得到。"[65] 这些其实都是中介调用来将城市的空间和居民整合成一个适合他们干预市场的房产的故事。

第三共和国早期的租售广告

如果说 1848 年的意义在于,城市环境同以其为基础的共同体类型间关系的断裂,那么这种断裂则被第二帝国时期的离异性的翻修所延续了;然而,对于 1870—1871 年首都发生的巨大动荡对城市文化的影响,人们则没有得出什么共识。在亨利·列斐伏尔的著作指导下,现在已经确立起了对公社的起源和进程的空间化解释——对那些被驱赶到城市边缘的人所拥有的城市权利的重新认识，还有冲突期间其对空间的革命性使用。[66]但公社的空间政治和实践的宿命却不那么清楚。 新的连带和身份认同是否同成千上万的公社社员一块惨死在了街垒上呢？ 当然，一些关于第二帝国时期巴黎独特的城市文化的著作认为，在凡尔赛军进入巴黎之前，长期集体认同的潜力早就半死不活，公社人不过是奥斯曼那虚假的城市装饰（*ville décor*）和消费社会的非政治化趋势的受害者罢了。[67]然而，近来对19世纪末群众的研究表明，第三共和国早期的城市群众，远非是异化的个人，他们在现代的城市经历本身中找到了新的集体意义的来源。[68]这些新的身份，与旧有的阶级和空间划分的联系较浅，而是同消费和休闲的公共场所联系更深，并且更强调包容而非分裂。

然而，城市的公共空间和各种集体是否真的像列斐伏尔的著作所暗示的那样没有问题呢？ 如果说1848年血腥不安的事件后，奥斯曼重建首都的做法的核心，可以看作是资产阶级在将巴黎重新收为己有，尽管不乏争议；那么公社的创伤，同样是城市动荡的一个插曲，它同样很剧烈，而且事实上，更加血腥。 在19世纪80年代和紧接的第一次世界大战前的投机热潮中，大量资产阶级公寓住宅区的建立，重新确认了中等阶级和上层阶级对城市环境的控制形式，同时也代表了公共领域内的各种元素的退缩。 例如，1895年，作家、评论家阿尔丰斯·德·卡洛讷（Alphonse de Calonne）评论道，首都最受欢迎和最昂贵的建筑，是那些取消了底楼商业区的建筑，因为这样就能使得家庭和公共空间之间的划线更加牢固。[69]文学学者莎伦·马库斯（Sharon Marcus）认为，奥斯曼时代的巴黎经历了明显的"内部化"，密闭的室内空间的价值开始在文学和建筑话语中变得至高无上。[70]纵使不完全同意她的论点——在外向的公共生活成了现代性话语的偶像价值之前，隐私肯定是一个强大的文化特质和社会需求——我们也可以有把握地认为，城市的内部空间在人们的理解中，越来越成了面对城市生活之危险所必要的抚慰人心的

192

避风港。

第三共和国早期的房地产广告媒体提供了一个独特的反映了这些不同立场的来源。 对这个时期新闻的独特品质的探讨，有助于确定其所促成和反映的对空间的处置和占有。 中介们利用了人们的这样一个尖锐认识，即巴黎是一个深不可测的城市空间，从而将其效率和卓越见识作为其服务的关键卖点大肆宣传。 然而，与可能的假设相反，这些中介并不宣称自己是家庭生活的使徒。 在他们的文本里，"自宅"（chez soi）或"家"（home，19 世纪出现在法语中的英语借用词）之类的词语非常罕见。[71]当然，由于他们强调谨慎，中介，特别是在销售领域的中介，都会试图保持内设的完满，并保障客户的隐私。 然而，与此同时，他们努力促进流动和流通，使城市布局更加合理，并鼓动居民不断去寻找"一个更舒适一点、价格更优惠的新住所"。[72]他们认为，只有在房地产中介的中立调解下，才能实现随心所欲、无论何时、无论通往何处的自由移动的目标。

从 19 世纪 80 年代起，各类房地产名录的发行急剧增加。[73]虽然准确的数字难以计算，但出于刊物书目同目录间的差异，以及许多房地产部门的出版物长期以来都有的短暂性，《法国报刊年鉴》（*Annuaire de la Presse Française*）提供的 1884 年和 1908 年的数字显示，巴黎的出版物从 12 种增加到 26 种。 这些数字低估了在全市发行的租赁公告的实际数量，但还是表现出数量的稳步增长。 一些历史较久的房地产机构在此时也开始出版租赁公报。 1884 年，约翰·阿瑟和蒂芬公司推出了《官方巨刊》，该刊迅速成为了全市最具创新性、持续时间最长的房地产出版物之一。 同样，成立于 1859 年的拉吉耶中介所（Agence Largier）也在世纪之交推出了其豪华的《售房和租赁绘报》（*Journal Illustré des Ventes et Locations*）。[74]这些机构选择这个时机，是抓住了法国出版界的一个大趋势，即报媒们都在分配更多的版面来报道房地产市场和租赁的机会。 尽管官方和私人的房产销售一直以来，都曾在一定程度上出现于高发行量的日报的广告版面上，但直到 1871 年之后，这些日报才将租赁信息表也纳入了商业公告之中。
从 1874 年开始，《费加罗报》在其后页的广告栏目中小块地刊登租房
公告；到 1885 年，他们已经有了一个专门针对首都公寓和房屋租赁的
栏目。 19 世纪 80 年代，《高卢报》开始刊登租房广告，在这一时期开
设了一个"销售和租赁"的小类别。 1897 年，《新闻报》降低了公寓
和房产的广告费，并将其零星的租房广告合并到了一个周刊里。[75]
同样地，在 19 世纪 90 年代，《画报》给其大人气的周报也增加了一个
租赁副刊。[76]

　　这一广告增多的现象，其部分原因在于 19 世纪 70 和 80 年代的投
机热潮带来了住房生产和物业管理的新情况。 这种特殊的市场情况，
对于物业管理构建为一种服务以及租户成为一个消费群体的过程来说，
是至关重要的。[77]物业建设和融资公司自己就管理着大量新建的公寓
房；到 19 世纪 90 年代中期，法兰西地产公司管理着近 170 栋公寓楼，
地租公司 147 栋，里昂地产公司（Société Foncière Lyonnaise）235
栋。[78]诸如"法兰西"人寿保险公司、"通业"人寿保险公司和"地
产"人寿保险公司这样的保险公司，也在 19 世纪末收购了大量的房产
投资。[79]这些住房，尤其是 19 世纪 80 年代建造的更昂贵的资产阶级
公寓，在将近 20 年的时间里都有着相当高的空置率。 不仅营销成为了
企业投资生息的重要因素，而且对建筑本身的理解也渗透了争取租赁客
户（clientèle locataire）的竞赛。 竞争性住房市场的律令，也渗透了职业
化业主的言辞中。 在 1900 年的建筑地产国际大会上，一位发言者以如
下方式提到了业主的生产性经济角色："想要租得出去的业主，不仅要
从事维修，还要根据同代人的品位和需求去更新他的设施。 他必须注
意到他的租户的欲求，并屈服于竞争法则。"[80]

　　地产中介当然发现了，强调和利用这种对住房市场的理解，正符合
他们的利益。 拉格朗日中介所于 1879 年创办的刊物《租赁导报》则将
住房与其他依赖宣传才能销售出去的商品相提并论。 同商人们利用广
告来"激发生意，并吸引买家进入他们的店门"一样，"聪明和有远见

194

的房东因而必须像商人一样，确保他们的公寓和商店不空置，空置时间越长，负担就越重。"[81]同样地，《官方巨刊》较早的一期，刊登了一条向不希望看到投资闲置的业主发出的呼吁："租户会找的，都是最熟练的业主，他们会找那些知道如何通过巧妙的广告来吸引他们的人，他们这样做是对的。公寓已经成为商业商品了，所以它们也应该像商品一样呈盘摆上。正是通过广告，通过**商品**[l'article]包装，通过宣传公寓的优势，某家公寓才会比另一家公寓更好租。"[82]在一个充斥着无差异的新商品的市场里，通常是在城市的新开发区，房地产报刊在捕捉和固着租户对特定场所的注意力上，发挥了关键作用。《官方巨刊》在这一点上尤为明确，它在1884年断言："巴黎近年来经历了如此大的扩张，因而我们有必要提供一份指南来指导那些想要一间舒适愉快的住家的人如何找房。"新建地区的人口流动，正是靠房地产中介的特殊服务

195 所促进的："约翰·阿瑟公司将一如既往地宣传新的街区；多亏了他们精心挑选出来的租赁服务人员的经验，香榭丽舍大道、星形广场和蒙梭平原（Plaine Monceau）等地区才有了这么多的居民。"[83]换句话说，房地产报刊也是市场的协调者，它在加入连接业主和租户的同时，也建立了首都的社会空间。

这种对商品化的强调，同时体现于房地产行业的宣传和机构本身的物质空间中。房地产机构的办公场所与他们的报刊相辅相成，成了房屋-商品雄辩的展示地。与沉闷的公证处相比，中介公司将他们的办公地融入了首都的外向型城市主义之中。拉吉耶中介所精心挑选了其位于马勒塞尔布林荫大道（Boulevard Malesherbes）——这是一条富裕的商业大道，在第二帝国时期有着大规模的重建——上的不朽位置，并大肆吹嘘这一点（图5.2），而《迪法耶尔指南》（*Indicateur Dufayel*）在其双周刊上，刊登了1903年迪法耶尔指南百货商店设立的房地产部的宏伟图像。拉格朗日中介所与卡戴、勒维多夫和肖米耶中介机构（agency of Cadé、Lewidof, et Chaumier），都在巴黎商业区的中心地带设立了令人印象深刻的店面，以之为其服务能力、经验和声誉的代名（图5.3）。中

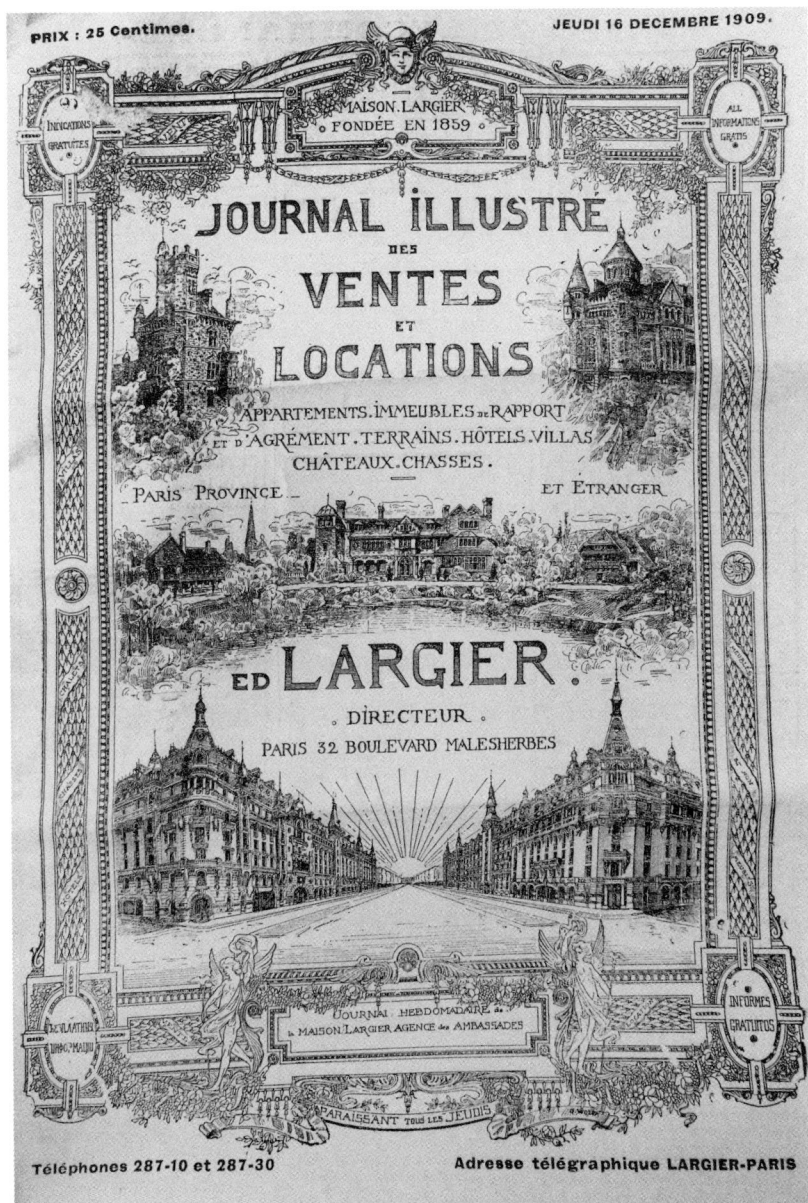

图 5.2　拉吉耶中介所的租赁和售房每周公报的封面，1909 年。来源：巴黎市历史图书馆

图 5.3 卡戴、勒维多夫和肖米耶房产经纪办事处,圣但尼林荫大道第 19 号,约 1914 年。来自广告宣传册。来源:巴黎市历史图书馆,时事新闻第 78 卷,住房

介机构在宣传中加入地图后,其效果是将房地产经纪和特定的某一公司的服务置于了首都地图和导航的核心位置(图 5.4)。 这些做法反映并加强了房地产中介在巴黎房地产市场上越来越坚实而有影响力的地位。

在广告的文字材料里,中介机构被描绘成城市景观中的不朽元素,周围满是充满活力的奢华的林荫大道,机构意味着对城市空间的掌握,而它们自身正是城市空间的重要组成部分。 1896 年,《业主联盟报》(*Journal de l'Union des Propriétaires*)提出要将城市的地理环境标准化,并宣布他们的刊物将附有"以新的专利方法绘制的"城市地图,它将街道名称简化为数字,"即使是最无知的人也能立即把握一条街道、一栋出租房屋或一块待售土地的地形走势"。[84]该刊物认为,这些使城市

图 5.4　商业和居民地产经纪公司珀蒂让的广告，其主要部分是一张巴黎地铁系统的地图。20 世纪初。来源：巴黎市历史图书馆，时事新闻第 78 卷，住房

空间合理化的做法，正是巴黎的城市本质所要求的。 1880 年，《租赁导报》引用了一位感激的读者的来信，该读者称赞他们的报纸，认为其对巴黎这样的城市来说是非常宝贵的。 该文还宣称，《导报》将采用特制的展示方格，其中将绘上巴黎城的地图，甚者还将收入一份完整的新街道的名称的清单，以便读者最好地利用该名录。[85]更重要的是，专门针对下层阶级的公报的推出，意味着没有一个阶级与城市空间有着特权关系，所有住房消费者都可以从房地产机构的专业眼光中受益。

　　房地产公报经常提到其充当汇总者所发挥的作用，并自卖其"科学"方法之瓜。《租赁导报》强调他们的介绍的直截了当，它使得公寓寻求者"简单浏览下"就能"详细掌握巴黎所有街区的所有出租情况。

197

由于我们采用了简单而有条理的组织方式，读者可以一目了然地找到他想居住的区和他想支付的价格"。[86]这种对市场的快速而分析性的评估，防止了时间和金钱的无用消耗。 创办于 1884 年的宣传周刊《不动产广告》（*Annonce Immobilière*）宣称，其指导口号是严谨和秩序，因此它已经克服了过去的失败："迄今为止，所有历经考验的广告最大的不便之处之一即在于绝对没有方法，完全没有组织；一则关于巴黎五层公寓楼的广告会与 20 行字的关于博斯（Beauce）地区农场的广告撞在一起。 你得有僧侣般的耐心，才能在这些乱七八糟的东西中找到自己所需要的。"[87]而他们的出租公报的版面安排，则反映了这种对整理和组织的强调。 没有任何组织原则的租房公告也变得非常罕见；它们现时几乎都按价格或区来排列，而且经常同时是按两者来排。 虽然房地产报刊将巴黎的城市空间视作一个整体，并且通常包括了所有区的房源（不过，可以肯定的是，各区的房源数并不相等），但这种结构仍然使读者能够选择他/她愿意久居的巴黎的那一部分。 它反映出，作为解读城市空间的框架，区变得越来越重要，同时也反映出，这些区所代表的社会空间透露出越来越多的同质性。 公报是城市社会地理的镜像，同时也促进了其再生产。

租房列表的标准化同公寓售楼列表长久的无序形成了鲜明对比。这些公告有时按区的顺序，有时则按价格降序/升序，后一种形式更常见。 然而，它们经常出没于销售期刊的随机拼凑的列表中。 人们指望着这些公告告知他们建筑物的价格和收入——这些数字有助于确定自己的资本收益率——但除了这些最基本的点外，其所包含的信息的类型却很少。[88]广告只提供了关于建筑物的最简单的具体信息；读者可能会读到的是，这栋楼是"现代的""漂亮的"或"状况良好的"，有穿堂风还是有砖砌的外墙，但仅此而已。 建筑物的位置呢，可以仅提供一条街道，或者仅一个街区，也可以只说官方的区或街区，也可以定位到纪念碑、公园或公共建筑以提供更多的步行参考。 为了保护卖家的隐私——这类事务往往关系到家族遗产——以及保障中介的佣金，很少会提供准确的地址。

房地产报刊反映了巴黎住宅模式中所有权和使用权的分化。 对于公寓，也就是人们实际居住的空间，区位是最重要的。 这一点对于人数更多的普通租户来说尤其如此，对他们来说，住居的安排同工作所需的关系要更加紧密。[89]拉格朗日中介所于 1897 年创办的《租赁通用指南》（ *Indicateur Général des Locations* ），针对的是 2 000 法郎及以下的租金的范围（主要介绍的还是 500 法郎以下的公寓），其郊区公寓广告则按照有轨电车和铁路线路来排序整理，强调了公共交通对这部分人口的重要性。 然而，对于公寓楼的销售来说，最主要要务还是获得金融收益，而位置则是一个不太迫切的问题。

展望房地产：居住空间的新代表策略

由于在销售和租赁的宣传中引入了图绘和其他图形元素，住宅广告在 19 世纪末发生了变化。 室内平面图成了租赁市场的特殊标志。 中介宣称自己是得到天眷的日益复杂的城市环境的解码器，他们的期刊也开始塑造一个透明的城市，穿透公寓房子的外墙，将家庭生活中的建筑形式给暴露出来。 过去很少出现平面图，但到了 19 世纪 80 年代，平面图已经成了巴黎最重要的房地产公报中的一个特色。 在这一时期，各种广告中的图形元素都有所增加。 印刷术和平版印刷的进步使图像和文字的整合更加容易、成本也更低，与此同时，宣传业者也在推进以科学的感知模式为基础并能在人类思维过程中赋予视觉以更多的作用的专业知识和技术熟练度。[90]首都新兴的大众文化成了法国接受大众视觉传播的挑战和机遇的典范，与此同时，房地产广告也将消费住房商品纳入了那一构成美好年代的商业文化的新图像帝国。

平面图最初是以一系列分组图片的形式出现在公报之中，它们各自按组别集合在头版。《出租公寓图绘指南》于 1880 年开始出版，并将几页平面图安置于租房列表之前，《官方巨刊》于 1884 年推出时也采用了这种模式（图 5.5）。 在报刊的头版，平面图以其图形和感官上的影响吸

200

201

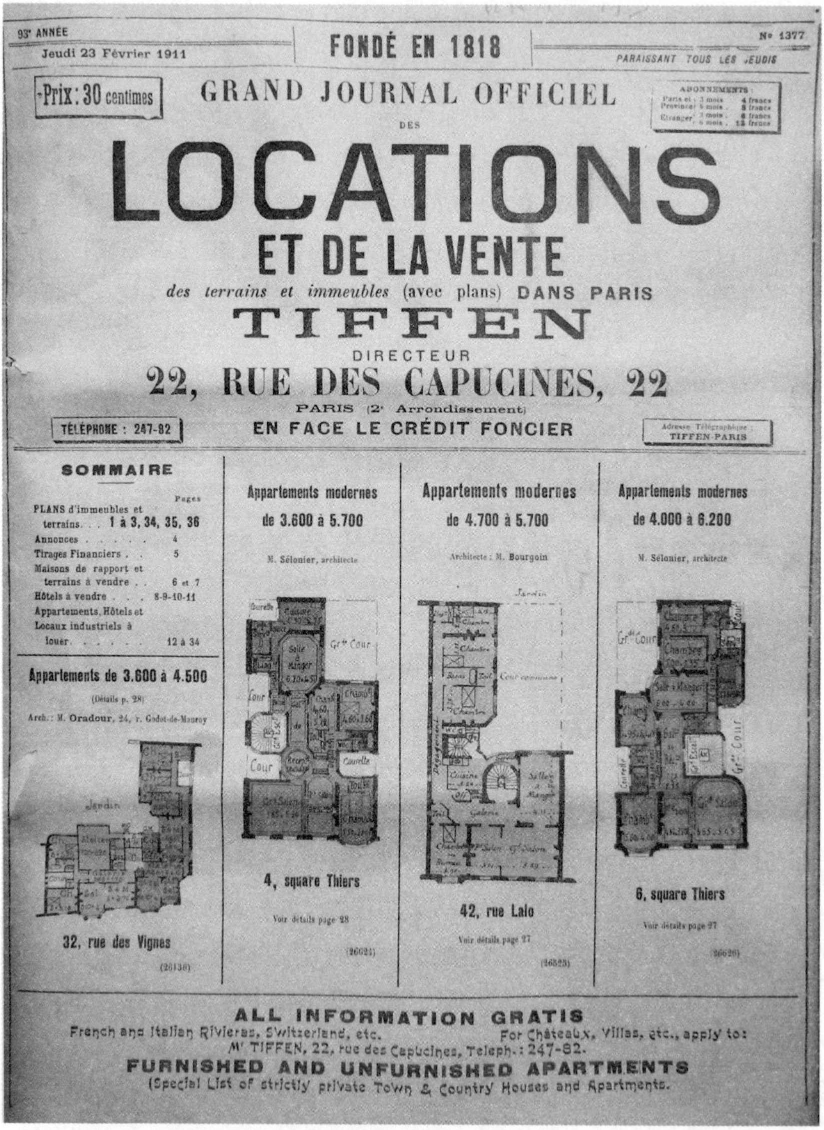
93e ANNÉE

Jeudi 23 Février 1911

FONDÉ EN 1818

No 1377

PARAISSANT TOUS LES JEUDIS

Prix: 30 centimes

GRAND JOURNAL OFFICIEL

DES

LOCATIONS

ET DE LA VENTE

des terrains et immeubles (avec plans) DANS PARIS

ABONNEMENTS:
Paris et Province: 3 mois 4 francs, 6 mois 8 francs
Etranger: 3 mois 6 francs, 6 mois 12 francs

TIFFEN

DIRECTEUR

22, RUE DES CAPUCINES, 22

PARIS (2e Arrondissement)

TÉLÉPHONE : 247-82

EN FACE LE CRÉDIT FONCIER

Adresse Télégraphique : TIFFEN-PARIS

SOMMAIRE

	Pages
PLANS d'immeubles et terrains. . .	1 à 3, 34, 35, 36
Annonces	4
Tirages Financiers . .	5
Maisons de rapport et terrains à vendre . .	6 et 7
Hôtels à vendre . . .	8-9-10-11
Appartements, Hôtels et Locaux industriels à louer.	12 à 34

Appartements de 3.600 à 4.500

(Détails p. 28)

Arch.: M. Oradour, 24, r. Godot-de-Mauroy

32, rue des Vignes

(26136)

Appartements modernes de 3.600 à 5.700

M. Sélonier, architecte

4, square Thiers

Voir détails page 28

(26624)

Appartements modernes de 4.700 à 5.700

Architecte: M. Bourgoin

42, rue Lalo

Voir détails page 27

(26823)

Appartements modernes de 4.000 à 6.200

M. Sélonier, architecte

6, square Thiers

Voir détails page 27

(26620)

ALL INFORMATION GRATIS

French and Italian Rivieras, Switzerland, etc. For Châteaux, Villas, etc., apply to: Mr TIFFEN, 22, rue des Capucines, Teleph.: 247-82.

FURNISHED AND UNFURNISHED APARTMENTS

(Special List of strictly private Town & Country Houses and Apartments.

图 5.5 迈进门:1911 年的《土地和建筑物租售官方巨刊》的封面,由房地产机构约翰·阿瑟和蒂芬房地产中介公司出版。从 1884 年到二次世界大战间战期,该刊的格式基本没有变化。来源:巴黎市历史图书馆

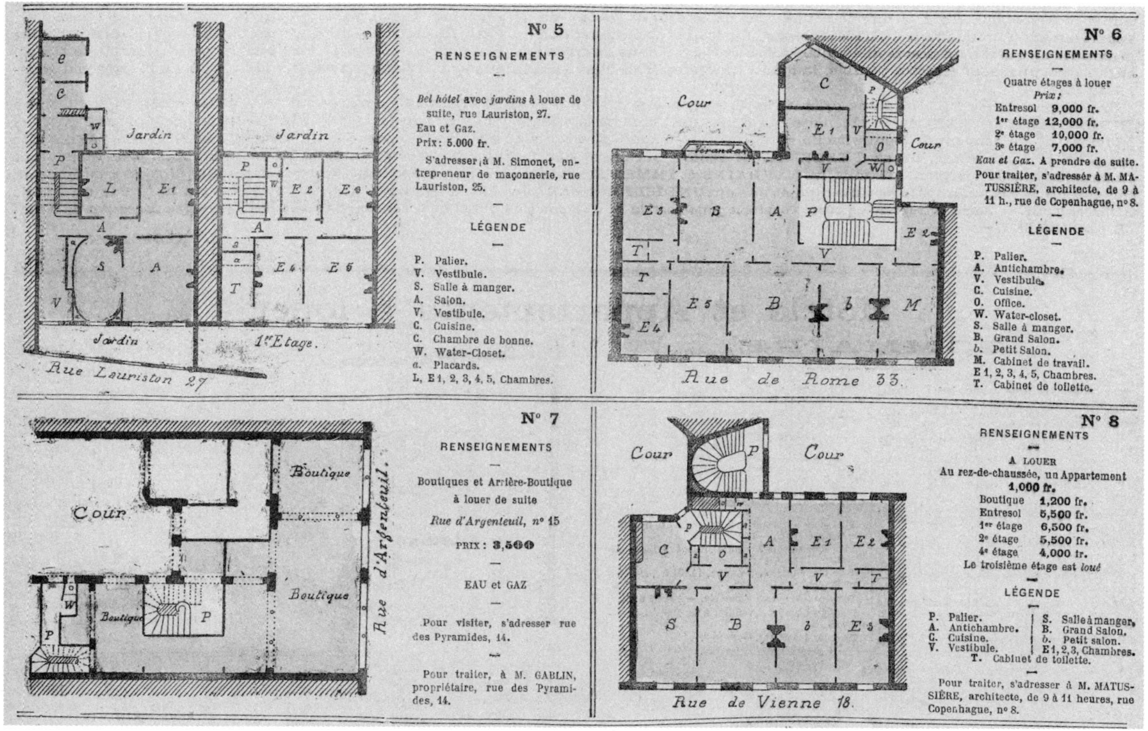

图 5.6 来自《出租公寓图绘指南》的广告，其中运用了图例来映衬平面图本身，1880 年 8 月 10 日。来源：法国国家图书馆

引了观众的注意力。 1884 年,《官方巨刊》宣称:"在查阅这些平面图后,每个人都能在**第一**时间获知［公寓］位置和内部布局的准确信息。"[91]有些情况下,则需要多看几眼。《图绘指南》所含的平面图用字母名称而非标签来表示各个房间,这意味着读者必须参考相邻的图例来自行建构公寓的一些布局(图 5.6)。 不管是其即时的视觉冲击还是更集中的信息,平面图总能激起读者的好奇心,鼓励他们诉诸租房版来寻找特定的清单、调研类似的公寓。 它们就像中介公司的店面窗口一样,展示了令人满意的房产业务,并鼓励消费者踏进门区寻找更多的选择。

　　然而,平面图并没有在头版上停留太久。 在短短几年内,《官方巨刊》就用遍布公报全版面的楼层图来补充原来那充满活力的、集中的头版的图片集,而这种形式又被其他 20 世纪初的出版刊物所效仿。 中介公司也开始在别的形式的宣传广告中使用平面图,如传单和一对一邮件。[92]偶尔还会有一些利用平面图来帮助可能的买家想象某块地皮上可以建的房产的广告,这种形式的广告让空荡荡的地皮看起来像块有人居住且能产生收入的地方。 这种按图索骥的销售方式到了间战期会变得更加普遍,无论如何,在 20 世纪初的房地产宣传中它还仅有一席之地。

　　毕竟这是一种特殊形式的专业图标,公众又是如何接受和阅读这些示意图的呢? 总的来说,房地产中介的刊物成了帮助许多消费者解读这种空间表现的启蒙读物。 在这一时期,一个人除非与建筑或家具行业有联系,否则则很少有渠道可以阅读图纸。 许多职业刊物在其周报和特刊中都刊载了建筑图纸;此类出版物中最突出的有《现代建造》《建筑业改革》《建筑者周报》和《建筑与公共工程通讯》。 建筑师们还出版了大部头的书籍,收集了巴黎公寓建筑的突出例子,但和职业刊物一样,这些书籍并不是为非专业的读者准备的。[93]他们的描述相对新颖,事实上部分解释了其说服力。 它们使得对私有化空间的旁观得以合法化,并创造了一个视觉化的登记册,从中可以想象新的生活方式的可能性。 租赁刊物所调用的图纸比实际的建筑图纸,甚至是复制在对

203

开本出版物中的图纸都要来得简化。 推销图纸只再现了公寓的主墙和隔断，只强调其内部的活动和空间。 那些有助于理解公寓的用废的必需元素——诸如窗户、壁炉和代表床铺的矩形之类的部位——辅助了读者浏览平面图，使用可以区分公寓的色块也是如此。 用粉色和蓝色（或绿色和黄色）填色涂块，从而把公寓整齐地包装成独立的、可读的单元，这一惯例反映出，原先灵活的房间陈设现已减少，但同时它也锻炼了读者对新式公寓楼的标准化住房组合的认识。

平面图促使观众必然以鸟瞰的角度来观察住宅。 无论是建筑实践中常见的横向打开建筑物以显示房间高度和内部特征的横截面图，还是家具和装饰手册中常见的室内视图，都没有被采用。 至少在《官方巨刊》中，作为唯一的图像宣传工具，平面图的主导地位变得愈发明确得显著了起来。 在早期刊里，它偶尔还会包含建筑外墙的效果图，或显出周围大片街景的图片（图 5.7）。 虽然这些图片从未完全从刊物上消失，但到了 19 世纪 90 年代中期，它们也变得不常见了。 房地产公报的目光明确地集中在单个公寓单元的二元版式上。 在建筑物的布局需要在示意图中把其他公寓的部分也包括进来的情况下，这些公寓则要么用横线涂抹，要么被描绘成空的白色空间。 不过，广告中的公寓并不只是张了无区位的内部结构图。 平面图几乎总是会包括某一公寓周围的街道的标签，以及对公寓的所处空间的描述，如庭院、露台、公园，甚至是塞纳河。 首次以米为单位设计的室内空间，仍然同当地的环境相联系，并为后者所定义。

因此，到 1900 年，巴黎租房报刊的消费者，都参与进了一个全新的地产再现的系统中。 平面图使得读者不必身临其境就能欣赏室内空间，这促进了城市的地理空间的坍塌，增强了寻房过程中的想象性要素。 这些工具也是房地产中介旨在使城市空间更容易解读，使住房消费合理化，并最大限度地减少在城市中实际找房所要的时间的大目标的一部分。 虽然更传统的（文本）形式的租房广告仍然是房地产中介的信息网络里的主流，但对这些类型的图像的调用表明，城市的私人空间仍

204

205

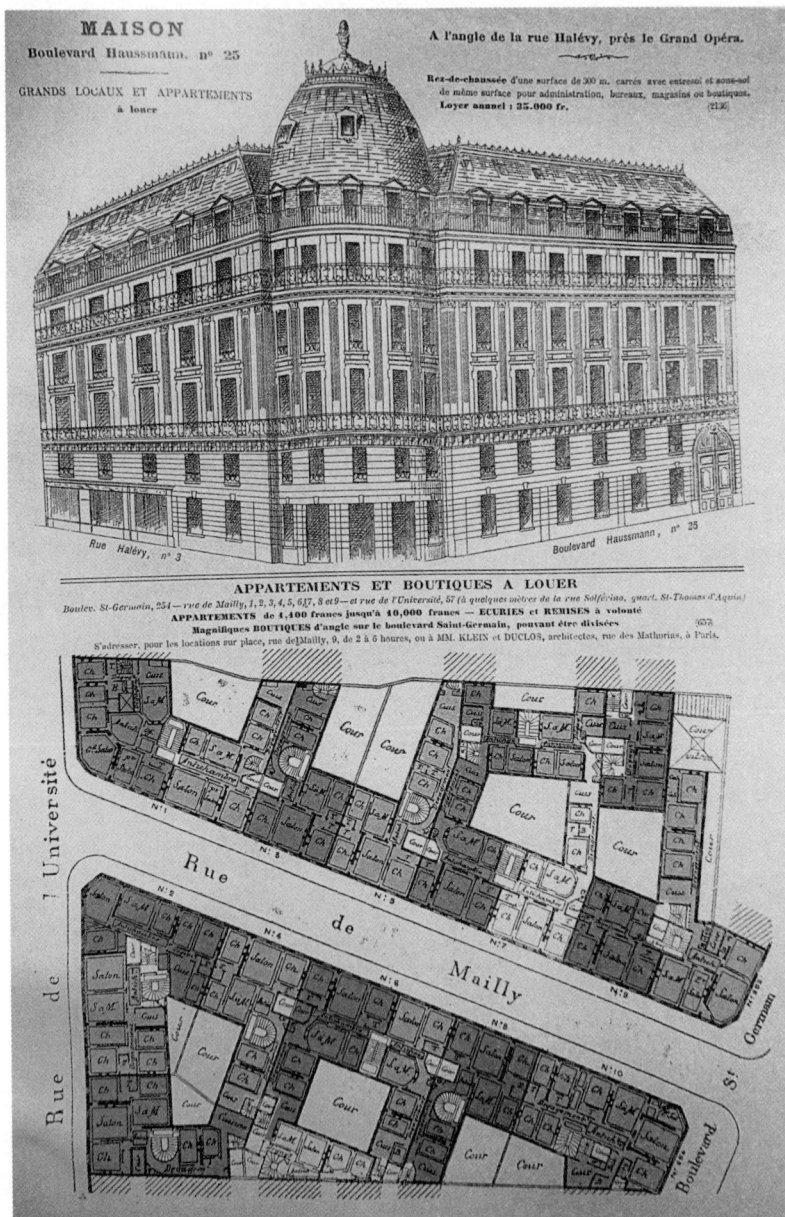

图 5.7 投机性住房组合：图片来自《土地和建筑物租售官方巨刊》，1885 年 9 月 10 日。来源：劳动世界国家档案馆，65 AQ I 1163

然向城市的公共空间开放。 这些图像使莎伦·马库斯识别出的"内部化"过程更加复杂。 平面图的传播表明,家庭内饰在寻找住宅的过程中的重要性越来越显著,但这些内饰仍然可以随时被纳入强烈的可视外向性中,而正是可视的外向性成了现代都会体验的一个决定性因素。

在同业主自住住房的广告的比较下,尤其是与乡村住宅和郊区房产的广告相比,运作于租赁广告中的都市家庭生活的特有愿景变得更加清晰了。 农村房产的广告与城市的无论是销售还是租赁都有着明显的不同。 对巴黎房地产的投资机会或某一特定公寓的使用价值的介绍相当 206 简明扼要,而相反首都以外地区的房产广告,则撰写了一种激发情感的叙述。 它们对房产的内部和外部都会做个小小的游览,并会强调田园环境、风景、隐私和当地名胜给人的好处。 在外省的销售栏目上,房地产公报首次将照片用作了销售工具,使可能的买家得以欣赏房产的外观和周边环境。《不动产复苏》在 1893 年宣布了其"用图像来做房地产广告"的新方法,理由是"图像总是能吸引读者的注意力,而如果[房产]总体上令人愉快,且图片能让人立即欣赏到场地之美丽和位置之优势,那就更能让其注目了"。[94]这些方法受到了农村地产推销的办法的影响,后者正是基于对表面现象或风景的消费。 农村房产被刻画在一种消遣的话语中,其宣传强调了钓鱼和打猎的便利以及花园给人的满足。 简而言之,农村房产的广告也参与到了一种注重生活方式的地产所有权叙事之中。 与城市所有权的主要模式相反,农村房产的叙事是关于职业和情感的,而非金融投资。

营销这种生活方式最有力的商业手段便是房地产销售海报,它们都是由美好年代的著名艺术家设计的海报广告,其魅力日显独特。 尽管长期以来,在首都公共空间里,海报一直都是个独特的存在——梅西埃(Mercier)在他的《巴黎图景》(*Tableau de Paris*)中用了很长的篇幅来介绍大革命前的巴黎——但海报宣传则逐渐成为一种独特的艺术形式,渗透于乃至很大程度上界定了巴黎独特的城市现代性。[95]莎拉·霍华德(Sarah Howard)写道:"这个城市所谓的'景观文化'(spectacular culture)是由广告和零售业这两根支柱撑起来的。 美好年代的广告为消费社会的构建提供了必不可少的符号系统。"[96]中等阶级郊区房产的销售广告，从 19 世纪 80 年代开始在巴黎地区加速成长，爆发的艺术热情在营销海报中找到了一个特殊的出口，从而全心全意地参与其中。[97]这些广告强调了人们在自然之中的沉浸，而这种回到自然正是由于巴黎的便利通勤才得以实现的，它们宣传的是一种基于自我表达和独立性的农村业主所有制，用历史学家尼古拉斯·格林（Nicholas

207 Green)的话说，这既是逃避现实的，"又是都市文化生活的内在部分"。[98]在广告中，这种与娱乐、轻松生活方式的联系明确而又常见。 一张白鸽城(Colombes)的开发项目的海报提到了公共花园；另一张关于白鸽城的海报则在其描绘里突出了一名骑师和附近的赛马场。在(巴黎东部)孟费郿(Montfermeil)的法国城(Franceville)小区的海报上，主要的部分画了一个开汽车的富裕家庭和豪华的乡村景色，它还不忘在海报中插入了一个当地的自行车道(图 5.8)。 郊区房产不仅仅是投资品或居住地，它更代表了一种体验；此外，这些体验与消费社会的陷阱紧密相连：汽车、大众体育文化、时尚和旅游。 宣传策略是公然性别化的，它既要唤起女性化的消费欲望的领域又要唤起持家炉灶的欲望的领域。 事实上，如图 5.9 所示，郁郁葱葱的乡村度假胜地的意象，完全可以用一个穿着最新时尚品的女人的身体来代替，它/她代表的是品位、鉴别力、快乐和个人财产。 自始至终，资产阶级男性把他的家人驱使到乡村来，从而在全家安泰的同时，在郊区的轻浮生活和值得称道的——包括情感方面和财务方面的——投资两者间达成了平衡。

这些郊区住宅的广告调用了空间的主观因素及其情感内涵，将其作为商品销售策略的一部分。 相比之下，城市租房杂志推销的，则是住宅空间而非家庭空间；所提供的公寓被压缩到了最基本的部分，等待着载入个人物品和情感以构成一个有意义的家户。 公寓广告以宏大的规模来夸耀某个特定地点的设施，但它们强调的是建筑提供的全方位服务和其身体慰藉的成就，而不是它们是提供情感满足的场所这一点(图 5.10)。

图 5.8　消费乡村：孟费郿法国城的营销海报，约 1900 年。来源：Jean Marc Levet 个人收藏

在形式和内容上，租房广告强调合理化的空间、流动和可买卖；其模式鼓励比较阅读、权衡要素，以使效用最大化（无论效用如何定义）。 相反，农村的地产销售在很大程度上是无法在相互间比较的。 房产的差异性很大，每个地方的景观和功能都独一无二。 此外，广告海报往往不包括各种可互相比较的房产信息，而是通过激发读者的夙愿与欲求和其对轻松生活的新期望来吸引他们。

209

图 5.9　丰特奈之玫瑰镇的一个开发项目的宣传海报，里面点出了优雅的生活方式、靠近巴黎以及灵活的付款方式，约 1896 年。来源：Jean Marc Levet 个人收藏

AVENUE MERCÉDÈS=RUE SINGER
(PLACE DE PASSY-XVI°)
Allant du 68 rue RAYNOUARD vers la place de PASSY
VOIE NOUVELLE de 15 MÈTRES de LARGEUR
Situation exceptionnelle à 10 mètres au-dessus de la Seine
VUE MAGNIFIQUE, PANORAMA SUR PARIS, LES COTEAUX DE St-CLOUD ET MEUDON
Toutes commodités : à 100 mètres du Grand Marché Central de Passy -- Bureau de Poste en face des bâtiments
A proximité de LA MUETTE et du BOIS DE BOULOGNE

GRANDES FACILITÉS DE COMMUNICATIONS :

Métropolitain : Station de Passy — Omnibus : Passy-Bourse — Tramways : Madeleine-Auteuil, Madeleine-Boulogne, La Muette-rue Taitbout, Passy-Hôtel de Ville — Chemin de fer : Stations de Boulainvilliers et Passy — Bateaux Parisiens : à 250 mètres de l'Avenue.

CHAQUE PIÈCE, ADMIRABLEMENT ÉCLAIRÉE, donne sur une large voie

Ascenseurs électriques rapides et silencieux

Éclairage et minuterie électriques

CABINES TÉLÉPHONIQUES dans les loges des concierges, avec facilités de branchement des appartements avec la ville

SUPPRESSION DES CHAUFFE-BAINS AU GAZ

CHAUFFAGE A LA VAPEUR par distribution centrale :

Installation des Salles de Bains et Cabinets de Toilette par les Maisons les plus réputées de Paris et de Londres, avec baignoires, lavabos et bidets " en granit porcelaine " ayant tous leurs robinets distribuant l'eau froide et l'eau chaude alimentée par le chauffage central en cave et fonctionnant toute l'année (suppression complète des chauffe-bains au gaz).

Les salles de bains et cabinets de toilette sont munis de miroirs biseautés et d'étagères en cristal, avec monture nickelée fixée au-dessus des lavabos.

Appartements confortables et luxueux
depuis 1,200 fr. jusqu'à 8,500 fr.
dans 14 Immeubles récents pourvus de tout le confort ULTRA-MODERNE

S'adresser sur place aux Concierges ; au Bureau de location, 7 bis, Rue Singer, téléphone 641-19, et 10, avenue Mercédès

Avenue Mercédès n° 11 bis et 15
Deux appartements par étage comportant :

Avenue Mercédès n° 11
Un seul appartement par étage.

Les salles de bains et cabinets de toilette de tous les appartements, sans distinction de prix,

TOUS LES APPARTEMENTS REÇOIVENT L'EAU CHAUDE DIRECTEMENT DES CAVES

图 5.10　1909 年来自《土地和建筑物租售官方巨刊》的巴黎第 16 区的新公寓广告，它把将新街道和现代设施展现为卖点。来源：巴黎市历史图书馆

农村销售和城市租赁的营销实践之间的分野，提出了一个关于城市住房对"家"的独特理解的有趣问题。诸如米谢尔·佩罗[①]（Michèle Perrot）等历史学家认为，对 19 世纪的巴黎工人阶级来说，居住只是一

----

① 即 Michelle Perrot，法国女性史和性别研究的先驱。——译者注

个物质问题；对其质量的关注迟迟没有浮出水面，直到第一次世界大战后，工人们更关心的仍然是他们对城市公共空间的体验和权利。[99]佩罗以列斐伏尔对公共空间所有制认识的重要性的理论关切为其理论基础，她认为工人阶级的流动性，加上他们对城市公共空间和服务的利用，不仅可以视作是一种体验城市的愉悦方式，而且还能产生一种都市的身份认同。 本章所研究的报刊主要面向的则是中等阶级读者，这表明城市的流动性，在城市的富裕阶层之中，也可以起到类似的作用。虽然最符合房产中介利益的做法是，把找房描述成一桩最好留给专家去做的苦差事，但他们的公报实际上却为个人提供了多样投资以及自己找房的手段。 经合理设计的出版物，为比较性查找、选择性查询提供了方便，而且其包含平面图又给人以一种视觉上的肯定，即一种更好的住房——更大、更有品、更实惠、更时尚、"无论你想要什么"的住房——正等着被揭开的感觉。 虽然中介们坚称要为客户节省宝贵的时间，但事实上，他们的做法反而是**增加了**巴黎居民去梦想新住房的时间。

城市公寓所带来的流动性，使所有的巴黎人，都受这一首都的多样化地理体验的影响。 1910 年，一篇来自女性奢侈品杂志《费米娜》（*Femina*）的文章谈道："不管是生于巴黎的巴黎人还是因故住在巴黎的巴黎人，几乎没有人会去拥有一间家庭住宅。 我们的家会因幻想、时尚或必要而流向四面八方。 我们以一种临时的、暂时的方式生活，我们没有记忆，几乎没有未来的打算和计划。"变化的环境意味着变化的住房。"我们生命的每个阶段，都以搬家为标志。 幸运之神眷顾我们的时候，我们的做法不是给祖先留下来的房子加个侧室也不是加盖一个楼层，而是说：'我要……搬到另一家公寓啦'。"[100]19 世纪末的品位专家们试图弥补这种居住的不稳定性，他们颂扬室内装饰中个人表达和创造性投资的机会，将"家"定位到个人在 19 世纪末公寓的标准化形式中，用家具和艺术装潢并树立起来的个性化环境。 然而，前述的流动往往也并不是个需要被"解决"的问题；相反，它为世纪之交的家庭主妇及其提供意见者所必需的各种表达和自我呈现提供了机会。 一战后

211

不久，《费米娜》的一篇文章以"家"（le Home）为题写道："有两种家：一种是你自己创造的，一种是你继承的；一种是最多持续四五年的，一种是已经至少有了一百年历史的；一种是你将看得到其死亡，一种是你甚至看不到其诞生。 我懂的，夫人，您是只感兴趣第一种类型的，您按照自己的品位和欲求来创造自己的家，您在古董商那里逐一找到自己想要的家具，自己选择墙上的挂件和饰品，您也可以改变任何布置或者丢掉任何东西，这是您最欢欢的愉悦，最自得的骄傲的来源。"[101]

212

　　虽然作者对这种不断重创自己家的"现代"趋势持批评态度，但她的话却捕捉到了经常改写自己的环境可能带来的乐趣。 重要的是，在母亲或妻子的精心持家下，缺乏地产所有权似乎完全不会让家生变得难以为继。 作家柯莱特书写了她在一战前在巴黎换公寓的经历，她在其中描写道，她逐渐意识到公寓能使她灵活地表现其身份和选择："自从我来到巴黎，渐渐地，换房子的想法——最初这让我感到恐惧——就与自由选择的想法、奇思妙想、对轻松之梦联系了起来：'真的吗，如果我想，在巴黎，我就可以住在商店里、住在改建的小教堂里，或者住在靠近森林（Bois）的小房子里吗？'"[102]虽然郊区房产的营销在情感价值上与公寓租赁有明显的不同，但不应该因此下结论认为公寓是一种无家可归的形式。 一些评论家表达了时人对公寓生活在上层阶级中的流行度的看法，他们指出，这些住宅给居住者带来了许多深具价值的好处，其中最重要的是，住宅能够随着居住者的需求和愿望而改变。

　　第三共和国早期的房地产新闻提供了重要的线索，以说明居民如何理解和利用城市不断变化的空间。"闲逛者"为现代城市环境中的流动提供的是一个偏颇的视角，本章对寻找住房的关注，则相反取消了这个视角的偏颇，本章所揭示的目的性的步行主义，在后来的历史中，一直充当了许多都市日常经验的基础。[103]与人在人群中漫无目的地游荡相反，我们的城市居民是有目的的，他们以用来直接剖析建筑环境以及用来计划指定有路线和目标的游览的指南来武装自己。 尽管这些指南鼓励人们以一种新的方式来看待城市空间，但从根本上说，它们也是关于在那一空间居住的，是关于居住而非擦肩而过的，是关于在一个短暂

213

的空间里看到众多的家的。 早期关于找房的描述，强调了找房能够超越支配了现代城市社会空间的公共/私人分界。 1831 年，《巴黎，或一百〇一人一首》(*Paris，ou le Livre des Cent-et-un*)文集中的一文强调，除非像作者一样，"有个英国人要你帮他找房子"，[从而去看过、探索过了]，否则这个城市的大部分地方仍然是个未解之谜："在那之前，除了公共场所和几个朋友的房子之外，你只知道城市的外壳。"作者在找房过程中开始狼吞虎咽下这个城市的秘密，占据着"一个到处渗透的审问者"的位置。[104]后世的作家则以"狩房"为借口，趁机去考察公寓的内部布置；例如，1907 年，艺术评论家加布里埃尔·穆雷（Gabriel Mourey)"发现，周围有许多人通过'找公寓'来自娱自乐"，他于是利用这种"堪称普遍的狂热"钻进公寓，向《费加罗报》的读者给出他对当代装饰和建筑的思考。[105]在整个世纪里，找房一直是穿越公共和私人界限的一种手段。 然而，这两种说法之间的差异也很重要。 在第一篇文章中，作者以对城市不熟悉的外国游客为借口，做了番广泛的、不加选择的搜索；在第二篇文章中，作者参与了他自认为"颓废的"对找房的普遍痴迷，他同居民而非新来者有关，与趋势而非必要性相关。整座城市的公民都被囊括在了"公寓狩猎"和住宅搬迁的起伏之中。

19 世纪末的房地产媒体所关注的是，如何消除这种找房过程中可能令人沮丧的苦差事的因素，而为其注入构成现代消费主义的最佳元素的轻松、满意乃至愉悦。 房产报刊提供了一套用于导航和体验城市的工具，但它同时也在其他巴黎居民可用的找房途径中得到了一席之地。从建筑师和前公证员到业主和房地产中介再到某些私人和一夜暴富的企业家，各种形式的中介机构都提出了破解首都住宅供给的方法和服务。虽然他们都强调他们要缓解找房过程的体力消耗——1910 年，中介人职业联盟提醒读者，"毕竟，从一个门房到另一个门房地询问，是不令人愉快的：这套公寓在哪一层？ 有多少个房间？ ……还有无数类似的问题"——房产中介机构的出版物，并没有用其地名录中提供的表征空间，来取代对城市的实际探索[106]（如图 5.11 所示，它们可以很好地结合起来）。 一本写于 1887 年的日常生活建议手册，强调了找房所涉及的

214

图 5.11 街道上可见的室内景:一间公寓出租的平面图,挂在共和国大道上的一栋建筑上,约 1908 年。来源:Jean-Pierre Rigouard 个人收藏

同城市的物质接触："在确定好社会关系和日常职业所需的地区后，就要大胆地进行搜索、调查并与门房讨论；找到价格和住房类型看起来合适的地方，就不要犹豫，再痛苦也要一层楼一层楼爬！"[107]然而，人们早已承认找房的过程需要信息网络的改进，作者也建议过业主在他们的建筑物前面安装永久性的详细说明可租售的房产的标志。 1889 年，一位名叫亨利·罗泽斯（Henry Rozès）的房地产中介提出了类似的建议，他写信给城市的工程主管，请求允许在每个区安装永久性的贴在私人建筑侧面的宣传板，上面有所有可出租房屋的完整列表。 罗泽斯确信，如果主管考虑到"卑下的雇员、工人和为职位要求而不得不经常更换住所的人，很难浪费时间去在街区徘徊，去向每个（只有在特定时间才能见到的）门房询问，爬一层又一层楼，这只能使其疲惫，让他在匆忙中做出糟糕的选择"，[108]他就会发现这种宣传板的巨大效用了。住房狩猎的在地本质以及市场上的住房商品的不可动性，使得房地产中介这一途径始终发挥了重要作用。

　　房产报刊作为一项既使城市空间坍塌，又促进对城市空间探索的技术，它捕捉到了流通和扎根之间、公共和私人之间、使用价值和交换价值之间的紧张关系——这些现代城市体验的核心。 第三共和国初期，住房市场经历的商业化进程，使消费在塑造城市景观方面的作用得以凸显，也使得一系列新的行为者参与到使现代城市空间关系短暂性正常化的进程之中。 它们的组织活动，在试图夹进现有的信息网络时遇到了障碍，因为这些空间都有很强的个性化、具体化和空间化的特点，并指出了历史学典范的局限性，后者认为，在 19 世纪下半叶，特别是在最后三十余年，巴黎人都是些城市里的受异化的住民。 在这一时期，非个人的房产中介网络试图将自己打造成城市导航的特别动力，它们以城市日益混乱而匿名的性质为由，建立起既包容又有弹性的住房买卖与获取的模式。 其数量的不断增长和其形式的日益合理化表明，在世纪之交的巴黎，租赁刊物提供的工具，足以对日益扩张和日益密集化的城市结构进行日益精湛的探索，这使其在寻屋找房的文化实践中占据了牢固的地位。

216

注 释：

　　［1］Abel Lemercier，"De la crise locative et immobilière à Paris：Moyen d'y 326
remédier，" *Journal des Économistes*，January 1886，85，89。

　　［2］Priscilla Parkhurst Ferguson，*Paris as Revolution：Writing the Nineteenth-Century City*（Berkeley：University of California Press，1994）；Peter Fritzsche，*Reading Berlin*，*1900*（Cambridge，MA：Harvard University Press，1996）；Vanessa Schwartz，*Spectacular Realities：Early Mass Culture in Fin-de-Siècle Paris*（Berkeley：University of California Press，1998）。

　　［3］Lisa Tiersten，*Marianne in the Market：Envisioning Consumer Society in Fin-de-Siècle France*（Berkeley：University of California Press，2001），150。也见 Leora Auslander，*Taste and Power：Furnishing Modern France*（Berkeley：University of California Press，1996）。

　　［4］Onésime Masselin，"Des effets du krach de la Bourse sur les opérations immobi-lières（suite）"，*Le Foncier*，April 25，1882，1—2，黑体为原文所加。

　　［5］F. V.，"Causerie foncière"，*Grand Journal Officiel des Locations et de la Vente des Terrains et Immeubles*，October 1—15，1884，19，黑体为原文所加。

　　［6］Alexia Yates，"Selling *la petite propriété*：Marketing Home Ownership in 327
Early-Twentieth-Century Paris，" *Entreprises et Histoire*，no.64（September 2011）：11—40。

　　［7］Thomas Piketty，Gilles Postel-Vinay，Jean-Laurent Rosenthal，"Inherited vs. Self-Made Wealth：Theory and Evidence from a Rentier Society（Paris 1872—1927），" *Explorations in Economic History* 51（2014）：21—40。

　　［8］即使在现代早期也是如此。　Annik Pardailhé-Galabrun 在其对现代早期巴黎家庭生活的研究中指出，（2 113 份继承清单上）已知的 77% 的个人，其身份都是租房者。　她指出："即使是拥有一栋或多栋自购或继承而来的房屋的富人，也可能选择不自己居住，而是把它们置为地产出租。"Annik Pardailhé-Galabrun，*The Birth of Intimacy：Privacy and Domestic Life in Early Modern Paris*，trans. Jocelyn Phelps（Cambridge：Polity Press，1991），41。

　　［9］Préfecture de la Seine，Direction des Affaires Municipales，Service de la Statistique Municipale，*Résultats statistiques du dénombrement de 1891 pour la ville de Paris et le département de la Seine*（Paris：G. Masson，1894）。

　　［10］1899 年，Octave Du Mesnil 和 Charles Mangenot 在工人阶级间做了个研究，结果表明，被调查的家庭中仅略过半者符合这一基本收入要求。　参阅他们的 *Enquête sur les logements*，*professions*，*salaires*，*et budgets*（*loyers inférieurs à 400 francs*）（Paris：Chaix，1899），引自 Lenard Berlanstein，*The Working People of Paris*，*1871—1914*（Baltimore：Johns Hopkins University Press，1984），39。

　　［11］H. de W.，*Le petit porte-bonheur domestique*，*ou le secret d'être heureuse：Dédié aux jeunes mariées*，*lettres à une élève*（Paris：Willemotte，1885—1895），2。

　　［12］这一比值根据阶级会变化。　根据 François Robert 和 Loïc Bonneval 的计算，在 1876 年至 1908 年间，巴黎工人阶级预算的 12% 至 35% 是用于住房的。　同一时期，中产阶级家庭的平均租金为 2 060 至 2 250 法郎，占收入的 28% 至 33%。　见 Loïc Bonneval and François Robert，*L'immeuble de rapport：L'immobilier entre gestion et spéculation*（*Lyon 1860—1990*）（Rennes：Presses Universitaires de Rennes，2013），chap.6。

　　［13］Adeline Daumard，*Maisons de Paris et propriétaires parisiens au XIXᵉ siècle*（*1809—1880*）（Paris：Éditions Cujas，1965），45—53。

　　［14］Préfecture de la Seine，Direction des Finances，Service des Contributions Directes，*Les propriétés bâties de la ville de Paris en 1889 et en 1890*（Paris：Imprimerie Nationale，1890），47。

　　［15］Maurice Halbwachs，*Les expropriations et les prix des terrains à Paris*（*1860—1900*）（Paris：Publications de la Société Nouvelle de Librairie et d'Édition，1909），385。

　　［16］Tiersten，*Marianne in the Market*，chap.5；Auslander，*Taste and Power*，pt.3；Deborah Silverman，*Art Nouveau in Fin-de-Siècle France：Politics*，*Psychology*，*and Style*（Berkeley：University of California Press，1989），75—106；Francesca Berry，"Designing 328 the Reader's Interior: Subjectivity and the Woman's Magazine in Early Twentieth-Century France," *Journal of Design History* 18, no.1(2005):61—79.

[17] H. de W., *Le petit porte-bonheur domestique*, 3—4.

[18] Émile Cardon, *L'art au foyer domestique* (*La décoration de l'appartement*) (Paris: Chaix, 1884), 44.

[19] Yankel Fijalkow, "Surpopulation ou insalubrité: Deux statistiques pour décrire l'habitat populaire, 1880—1914," *Le Mouvement Social*, no.182(January—March 1998): 79—96; Fijalkow, *La construction des îlots insalubres: Paris, 1850—1945* (Paris: L'Harmattan, 1998); Roger-Henri Guerrand, *Les origines du logement social en France, 1850—1914*, new ed., preface by Annie Fourcaut(Paris: Villette, 2010); Monique Eleb and Anne Debarre, *L'invention de l'habitation moderne, Paris, 1880—1914* (Paris: Hazan, 1995).

[20] Berlanstein, *The Working People of Paris*, 7, 9.

[21] A. Dufrénoy, "Les habitations à bon marché: Concours ouvert par la Société de Passy-Auteuil," *Économiste Français*, December 17, 1881, 760.虽然住房改革论述中所讨论的"雇员"总是指男性, 但应该注意的是, 白领部门的增长有很大一部分是女性; Berlanstein指出, 1870年女性只占雇员的15%, 但40年后, 却占所有办公和销售人员的近三分之一(*Working People of Paris*, 7—8)。

[22] Paul Margueritte, *Jours d'épreuve: Moeurs bourgeoises*, 8th ed.(Paris: E. Kolb, 1889), 185—186.

[23] Ibid., 186.

[24] Berlanstein, *Working People of Paris*, 14.

[25] Georges d'Avenel, "La maison parisienne", in *Mécanisme de la Vie Moderne*, 2nd ed.(Paris: Colin, 1903), 3:8—9, 黑体为原文所加。

[26] Bibliothèque Historique de la Ville de Paris(后文简称 BHVP) Actualités Série 78, Logement: "L'augmentation des loyers à Paris," *Paris Journal*, January 30, 1911。关于高度规定和富人对公寓的偏好, 见 "Rapport de[Joseph-Antoine] Bouvard, directeur administratif des services d'architecture ... sur les conséquences du décret de 1902", Paris, June 23, 1909, 引自 Gilles Ragache, *Histoire d'une famille d'architectes parisiens du Premier Empire à la Belle Époque*(Paris: Éditions Charles Hérissey/Airelles, 2003), 194。

[27] Émile Rivoalen, "Promenades à travers Paris," *La Construction Moderne*, October 7, 1893, 1.

[28] Ibid., 2.

[29] "L'habitation ancienne et moderne," illustrated supplement to *Le Temps*, December 4, 1893.

[30] E. Rivoalen, "À travers Paris: Première promenade", *Revue Générale de l'Architecture et des Travaux Publics*(后文简称 *RGATP*), 39(1882):27。

[31] E. Rivoalen, "Promenades à travers Paris: Maisons et locataires," *RGATP* 39 (1882):260.

[32] E. Rivoalen, "À travers Paris: Deuxième promenade," *RGATP* 39(1882):76.

[33] Rivoalen, "À travers Paris: Première promenade," 34.

[34] Leora Auslander, " 'National Taste' ? Citizenship Law, State Form, and Everyday Aesthetics in Modern France and Germany, 1920—1940," in *The Politics of Consumption: Material Culture and Citizenship in Europe and America*, ed. Martin Daunton and Matthew Hilton(Oxford: Berg, 2001), 109—128.

[35] Natacha Coquéry, *L'hôtel aristocratique: Le marché du luxe à Paris au XVIIIe siècle*(Paris: Publications de la Sorbonne, 1998), esp. pt. 2, chaps.2 and 3.

[36] David Garrioch, *Neighbourhood and Community in Paris, 1740—1790* (Cambridge: Cambridge University Press, 1986), 171—173.

[37] Gérard Jacquemet, *Belleville au XIXe siècle: Du faubourg à la ville* (Paris: Éditions de l'EHESS, 1984), 34; Nicholas Green, *The Spectacle of Nature: Landscape and Bourgeois Culture in Nineteenth-Century France*(Manchester: Manchester University Press, 1990), 84—89.

[38] Adeline Daumard, *La bourgeoisie parisienne de 1815 à 1848*, rev. ed.(Paris: Al-

329

bin Michel, 1996), 480—489.

［39］Jacquemet, *Belleville au XIXe siècle*, 37.

［40］Alain Faure, "Villégiature populaire et peuplement des banlieues à la fin du XIXe siècle: L'exemple de Montfermeil," in *La terre et la cité: Mélanges offerts à Philippe Vigier*, ed. Alain Faure, Alain Plessis, and Jean-Claude Farcy(Paris: Créaphis, 1994), 167—194.也见 Tyler Stovall, *The Rise of the Paris Red Belt*(Berkeley: University of California Press, 1990)。 关于政府支持工人阶级精英和下层中等阶级去成为边缘地带房主的首次尝试, 见 Alain Faure, "'Les couches nouvelles de la propriété': Un peuple parisien à la conquête du bon logis à la veille de la Grande Guerre", *Le Mouvement Social*, no.182(January—March, 1998):53—78。

［41］Piketty et al., "Inherited vs. Self-Made Wealth," 32.

［42］Alain Plessis, *Régents et gouverneurs de la Banque de France sous le Second Empire*(Geneva: Droz, 1985), 211—217. Plessis 是基于他人的研究, Adeline Daumard, *Les fortunes françaises au XIXe siècle: Enquête sur la composition et la répartition des capitaux privés à Paris, Lyon, Lille, Bordeaux et Toulouse d'après l'enregistrement des déclarations de succession*(Paris: Mouton, 1973)。

［43］Christophe Charle, *Les élites de la république, 1880—1900*(Paris: Fayard, 1987).

［44］Ibid., 387—393.

［45］Jean-Claude Farcy and Alain Faure, *La mobilité d'une génération de français: Recherche sur les migrations et les déménagements vers et dans Paris à la fin du XIXe siècle*(Paris: Institut National d'Études Démographiques, 2003), chaps.8—10.

［46］Adeline Daumard, *Les bourgeois et la bourgeoisie en France depuis 1815*(Paris: Aubier, 1987); Daumard, *La bourgeoisie parisienne*.

［47］Anthony Sutcliffe, *The Autumn of Central Paris: The Defeat of Town Planning, 1850—1970*(London: Edward Arnold, 1970), 86.

［48］Claire Lévy-Vroelant, "Un espace ouvert: Usages sociaux du logement en ville entre 1830 et 1880," *Recherches Contemporaines*, no.3(1995—1996):63—90.

［49］这些文档是由 Marie-France Tiffen 夫人慷慨地传送给作者的［后来则由 Marie-France Tiffen 基金（Fonds Marie-France Tiffen）递送］: Fidus, "John Arthur", *L'Evénement*, December 16, 1890。

［50］Archives Nationales du Monde du Travail, 65 AQ I 1163: *John Arthur et Tiffen, 1818—1968*(anniversary book, n.d.).

［51］Fonds Marie-France Tiffen, "Un roi en exil: How the Ex-Monarch of the Rue Castiglione Crowned Himself," *Morning News*(n.d.).

［52］ "Art. 3072. Nom patronymique—Usage commercial—Abus—Concurrence déloyale—Maison de commerce—Emplacement," *Annales de la Propriété Industrielle, Artistique et Littéraire* 31, nos. 7/8 (July/August 1886), 193—221. Fonds Marie-France Tiffen, P. Blanc, "Rapport à Monsieur le juge d'instruction Brossard Marsillac, dans la procédure suivie contre John Arthur, inculpé d'abus de confiance" (handwritten document, 1893).选文来自 Fonds Marie-France Tiffen: "La ruine de John Arthur," *La Petite République Française*, December 7, 1890; "Tribunal de commerce de la Seine, audience du 19 décembre 1888: Faillite— Mise en vente du fonds de commerce—droits de l'acquéreur—droits du failli recommençant les affaires," *Le Droit: Journal des Tribunaux*, no.305(December 29, 1888)。

［53］*Factum: Cour d'appel de Paris, première chambre, audience du 26 novembre 1890; Affaire John Arthur*(intimé) *contre Comptoir Commercial et Immobilier*(appelant) (Paris: Imprimerie de C. Schlaeler, 1891), 2.

［54］Colin Jones, "The Great Chain of Buying: Medical Advertisement, the Bourgeois Public Sphere, and the Origins of the French Revolution," *American Historical Review* 101, no.1(February 1996):13—40.

［55］*Gazette des Locations: Journal-Affiche des Propriétaires et des Locataires*, January 27, 1841.

［56］*Le Vendeur*, August 19, 1838.

330

［57］同时代的亚历西斯·德·托克维尔和卡尔·马克思对 1848 年革命和由此产生的异化感的回应，我们再熟悉不过了。参考 Alexis de Tocqueville, *Lettres choisies; Souvenirs, 1814—1859*, ed. Françoise Mélonio and Laurence Guellec（Paris; Éditions Gallimard, 2003）；Karl Marx, "The Eighteenth Brumaire of Louis Bonaparte," in *The Marx-Engels Reader*, ed. Robert C. Tucker, 2nd ed.（New York; W. W. Norton, 1978）。具体关于 1848 年和城市空间，见 Françoise Paul-Lévy, *La ville en croix; De la révolution de 1848 à la rénovation haussmannienne*（Paris; Librairie des Meridiens, 1984）。David Harvey 的 *Paris; Capital of Modernity*（New York; Routledge, 2003）也将 1848 年看作是对巴黎的概念性理解的一次突破；Harvey 自己的作品所参考的是 T. J. Clark, *The Painting of Modern Life; Paris in the Art of Manet and His Followers*（New York; Knopf, 1984），还有 Ferguson, *Paris as Revolution*。

331

［58］*Journal des Locataires et des Acquéreurs; Contenant l'Indication des Locations et des Ventes de Paris et des Départements*, January 1850.

［59］Ibid.

［60］A. de Lacroix, "Les appartements à louer," in *Les Français peints par eux-mêmes*, vol. *Prismes*（Paris; L. Curmer, 1840）, 189—190.

［61］*Journal des Locataires et des Acquéreurs*, January 1850, 黑体为原文所加。

［62］Archives de Paris（后文简称 AP）V.D6 733 no.4; Les répertoires indicateurs universels de demandes et offres; Nouvelles petites affiches。

［63］1868 年 6 月 25 日，奥斯曼在给该机构董事 A. Blanc Duquesnay 的信中，向其贺喜，并"祝愿你的明智事业继续取得成功"（AP V.D6 733 no.4）。

［64］AP V.D6 733 no.4; Modèle d'une formule d'adhésion, 1867, Administration des Répertoires.

［65］Ibid.

［66］Henri Lefebvre, *La proclamation de la Commune, 26 mars 1871*（Paris; Gallimard, 1965）；Lefebvre, *La révolution urbaine*（Paris; Gallimard, 1970）. 也见 Roger V. Gould, *Insurgent Identities; Class, Community, and Protest in Paris from 1848 to the Commune*（Chicago; University of Chicago Press, 1995）；Kristin Ross, *The Emergence of Social Space; Rimbaud and the Paris Commune*（Minneapolis; University of Minnesota Press, 1988）。

［67］Clark, *The Painting of Modern Life*. 尽管 Jeanne Gaillard 强调，关于第二帝国翻修的讨论，过于夸大地重点描绘了异化，*Paris; La ville, 1852—1870*（Paris; Honoré Champion, 1977），但他还是认为，奥斯曼的项目创造了一群被动的城市居民，他们感到越来越同自己塑造城市空间的能力相脱离。在 Gaillard 看来，这个转变是非常持久的："随着时间的推移，城市集体变得被动，默认了那一自奥斯曼以来性质和意义都变易改变的结构"（172）。

［68］Schwartz, *Spectacular Realities*；Gregory Shaya, "The *Flâneur*, the *Badaud*, and the Making of a Mass Public in France, circa 1860—1910," *American Historical Review* 109, no.1（February 2004）;41—77.

［69］Alphonse de Calonne, "Domestic Architecture in Paris," *Littell's Living Age*, May 4, 1895, 300.

［70］Sharon Marcus, *Apartment Stories; City and Home in Nineteenth-Century Paris and London*（Berkeley; University of California Press, 1999）.

332

［71］《土地和建筑物租售官方巨刊》第一期在其"给读者的意见版块"中指出，该企业"以这个生活的主要必需品之一为基："家"（Home）或者说，"自宅"（chez soi）"（September 1—15, 1884）。这些术语的使用并没有再出现。20 世纪初，"家""家户"和"自宅"这些词，开始出现在以工人阶级为对象的房地产开发公司的名称中，并与被称为"廉租房"（Habitations à bon marché）的低收入住房项目相关联。

［72］"Locations," *La Chronique Mobilière et Immobilière*, December 10, 1893.

［73］Eugène Hatin, *Bibliographie historique et critique de la presse périodique française*（Paris; Didot Frères, 1866）；Victor Gébé, *Catalogue de journaux publiés ou paraissant à Paris en 1874*（Paris; n.p., 1875）；Émile Mermet and Henri Avenel, eds., *Annuaire de la presse française*（Paris; Mermet, 1880—1891）；Paul Bluysen, ed., *Annuaire de la presse française et étrangère et du monde politique*（Paris; Annuaire de la Presse, 1907—

1964）。

［74］该刊物开始的确切日期不详。 作者能找到的最早的几期都是 1906 年的，但 1913 年的一期说该杂志已进入第 13 年，表明它可能是在 1900 年或 1901 年创办的。

［75］《新闻报》的租赁版非常不稳定，经常受到短期重组的影响。 在其长期过程中，该刊经常刊登租赁公告，尽管这些公告的数量有限，而且通常与其他商业公告混在一起。 该刊也定期创建专门的租房栏目，如 1839 年与一家机构合作，在很短的时间内提供过租房服务。 1862 年，《时报》也曾试图推出一个与一家宣传机构协调运作的房地产列表栏目，但这一做法并不长久。 与《新闻报》一样，该刊在这一时期也定期发布租赁公告。

［76］BHVP Actualités Série 78, Logement："Appartement à Louer, Le Supplément Spécial de l'Illustration"（ca. 1890）。

［77］可参考第六章的内容。

［78］Archives du Crédit Agricole S. A. DEEF 29193: Études financières sur des sociétés immobilières.

［79］1910 年的 Annuaire des Propriétaires 显示，保险和地产融资公司当时在巴黎拥有约 2 500 座公寓楼。

［80］M. Drucker, "Les assurances des loyers, contre la perte des loyers et contre les réparations," in Premier congrès international de la propriété bâtie: Exposition Universelle Internationale de 1900, à Paris（Paris: Société des Publications Scientifiques et Industrielles, 1901）, 100.

［81］A. Aubert, "Chronique de la quinzaine," Moniteur de la Location, May 5, 1880.

［82］F. V., "Causerie foncière," October 1—15, 1884, 19.黑体为原文所加。

［83］"Causerie foncière," Grand Journal Officiel des Locations et de la Vente des Terrains et Immeubles, September 16—30, 1884, 15.

［84］Journal de l'Union des Propriétaires: Organe spécial de ventes et locations directes, August 15, 1896.

［85］A. Aubert, "Chronique de la quinzaine," Moniteur de la Location, January 5, 1880.

［86］"A nos lecteurs," Moniteur de la Location, December 20, 1879.

［87］"Pourquoi nous avons fondé L'Annonce Immobilière," L'Annonce Immobilière: Journal Hebdomadaire, October 15, 1884, 3—4.

［88］《官方巨刊》上的公寓楼销售广告会在收入数目处"扣除四分之一"，这意味着他们考虑了习惯上通用于维护费和纳税的收入的四分之一，从而对净收益有了更准确的描述。

［89］尽管改进后的交通网络越来越有利于在首都内部（和外部）旅行更远的距离，但这种交通服务的花销并不低：一位历史学家估计，在 1890 年，乘坐公共汽车往返旅行（包括路线间的一次换乘）大约需要花费一名工人日薪的三分之一。 Dominique Larroque, "Le réseau et le contexte: Le cas des transports collectifs urbains(1880—1939)," in Paris et ses réseaux: Naissance d'un mode de vie urbain XIXe—XXe siècles, ed. François Caron, Jean Dérens, Luc Passion, and Phlippe Cebron de Lisle（Paris: Mairie de Paris, 1990）, 299—341.

［90］关于可见化-视觉化在心理学心智理论中的新意义，见 Silverman, Art Nouveau, 75—106；关于法国的宣传工作的职业化，见 Marjorie A. Beale, The Modernist Enterprise: French Elites and the Threat of Modernity, 1900—1940（Stanford: Stanford University Press, 1999）, introduction and chap.1；Marie-Emmanuelle Chessel, La publicité: Naissance d'une profession, 1900—1940（Paris: CNRS Éditions, 1998）；Gilles Feyel, "Presse et publicité en France（XVIIIe et XIXe siècles）", Revue Historique, no. 628（2003—2004）:837—868；Marc Martin, Trois siècles de publicité en France（Paris: Odile Jacob, 1992）。

［91］"Avis aux lecteurs," Grand Journal Officiel des Locations et de la Vente des Terrains et Immeubles, September 1—15, 1884.黑体为原文所加。

［92］见 1907 年巴黎-纽约中介机构的客户征询函，BHVP Actualités Série 78, Logement。

333

[93] 仅举几个职业化的文献的例子，参见 César Daly, *Architecture de la vie privée au XIXe siècle* (*sous Napoléon III*)*: Nouvelles maisons de Paris et des environs* (Paris: A. Morel et Cie, 1864); Théodore Vacquer, *Maisons les plus remarquables de Paris construites pendant les trois dernières années* (Paris: A. Coudrillier, n. d.); F. Barqui, *L'architecture moderne en France: Maisons les plus remarquables des principales villes des départements* (Paris: Librairie Polytechnique de J. Baudry, 1870—1875); Victor Calliat, *Parallèle des maisons de Paris construites depuis 1830 jusqu'à nos jours*, 2 vols. (Paris: B. Bance, 1850—1876); Besniée-Delahaye, ed., *Les nouvelles constructions*, 3 vols. (Paris: La Réforme du Bâtiment, 1899—1903)。20 世纪初，伴随着运动的兴起（和政府的支持），关于独户住宅模式的书籍也在不断发展。

[94] "Publicité immobilière avec vues," *Le Reveil Immobilier*, November 1, 1893, 3.

[95] Marc Martin, "L'affiche de publicitéâ Paris et en France à la fin du XIXe siècle," in *La terre et la cité: Mélanges offerts à Philippe Vigier*, ed. Alain Faure, Alain Plessis, and Jean-Claude Farcy (Paris: Créaphis, 1994), 373—387.

[96] Sarah Howard, "The Advertising Industry and Alcohol in Interwar France," *Historical Journal* 51, no.2(2008):421—455, 引自 p.428。

[97] Jean Bastié, *La croissance de la banlieue parisienne* (Paris: Presses Universitaires Françaises, 1964); Alain Becchia, "Les lotissements du Comptoir Central de Crédit dans la commune d'Issy-Les-Moulineaux (fin XIXe—début XXe siècle)," *Mémoires de la Fédération des Sociétés d'Histoire de Paris-Ile de France* (1978):267—295.更早的阶段，见 Gérard Jacquemet, "Lotissements et construction dans la proche banlieue parisienne, 1820—1840", *Mémoires de la Fédération des Sociétés d'Histoire de Paris et de l'Ile de France* 25(1974):207—256；还有间战期的阶段，见 Annie Fourcaut, *La banlieue en morceaux* (Paris: Créaphis, 2000)。

[98] Green, *Spectacle of Nature*, 75.

[99] Michelle Perrot, "Les ouvriers, l'habitat et la ville au XIXe siècle," in *La question du logement et le mouvement ouvrier français*, ed. Jean-Paul Flamand (Paris: Éditions de la Villette, 1981), 17—39.也见 Susanna Magri, "Le mouvement des locataires à Paris et dans sa banlieue, 1919—1925", *Le Mouvement Social*, no. 137 (October—December 1986):55—76。Maurice Halbwachs 在下书中开创了这种理解：*La classe ouvrière et les niveaux de vie Recherches sur la hiérarchie des besoins dans les sociétés industrielles contemporaines* (Paris: Alcan, 1912)。Alain Faure 关于巴黎工人和雇员阶级的地产购置的著作，与工人阶级对其住房条件漠不关心的观点背道而驰：Faure, " 'Les couches nouvelles de la propriété' "。

[100] Marcelle Tinayre, "L'art de parer son foyer", *Femina*, April 1, 1910, 189—190; 引自 Tiersten, *Marianne in the Market*, 151。

[101] Etienne Rey, "Le home," *Fémina*, December 1921, 35.

[102] Colette, *Trois ...Six ...Neuf ...*(Paris: Corréa, 1946), 15.

[103] Luc Passion 关于巴黎步行主义的作品提醒我们，除了"看热闹、闲逛、旅游、漫步之外，还有个通勤"。参见 Luc Passion, "Marcher dans Paris au XIXe siècle", in Caron et al., *Paris et ses réseaux*, 27—43。

[104] Émile Deschamps, "Les appartements à louer," in *Paris, ou le livre des cent-et-un*, 15 vols.(Paris: Ladvocat, 1831—1834), 8:66, 84.

[105] Paul Planat 总结于 "La maison de rapport", *La Construction Moderne*, April 27, 1907, 349—350; Mourey 重新发表了他的观察，*Propos sur les beautés du temps présents* (Paris: P. Ollendorff, 1913)。

[106] "De la location," *La France Immobilière*, September 1910.

[107] Jules Rengade, *Les besoins de la vie et les éléments du bien-être: Traité pratique de la vie matérielle et morale de l'homme* (Paris: Librairie illustrée, 1887), 84.

[108] AP VO NC 182: Lettre, Henry Rozès(65 rue de Douai, Paris) à M. Alphand, Directeur des Travaux de Paris, 14 septembre 1889.

334

335

第六章

未来之区

1882 年，一位警察专员在第 11 区住房条件的报告里指出，该地区的租金最近突然上涨，"对工人和小资产阶级、雇员造成了很大的压力"。为了解释这一现象之特性，他特别关注了一栋楼，即伏尔泰林荫大道（Boulevard Voltaire）上的一栋公寓楼。该处五楼的一套公寓，两年前的租金价格是 1 500 法郎，现在则为 1 700 法郎。这栋楼属于一家名为巴黎新区（Nouveaux Quartiers de Paris）的公司；该公司为这栋楼支付了高价，因此"有必要赚回成本"。[1]增加租金是这种收购和管理模式的可预见的结果。专员所指出的，正是 19 世纪 80 年代建筑热的一个最重要的后果：房地产开发和投资公司成了巴黎住房市场的重要参与者。尽管城市中的大部分地产仍然掌握在私人手中，但在 1880 年至 1914 年间，集中在企业团体手中的广阔区域以及住房的资产组合，仍然对城市的建筑环境以及住房管理和住房消费的要务和常规惯例产生了重大影响。城市房地产公司的地产及其管理使得对巴黎的城市景观的社会体验，愈发牢固地为金融需求所塑造。

公司所有权是一个发生在全市范围的现象。银行、保险公司和投资机构对高度商业化的城中心区以及被他们称作"未来区"的西端的住宅区，倾注了极大的关注，但就算是城市的任何地区，也充斥着他们的利益关切（地图 6.1）。在第 8 区，1901 年就有 13% 的地产属于公司或机构法人（personne morale）。[2]1910 年，《地产主年鉴》（*Annuaire des propriétaires*）中的记录显示，保险公司如国道保险（La Nationale）在巴

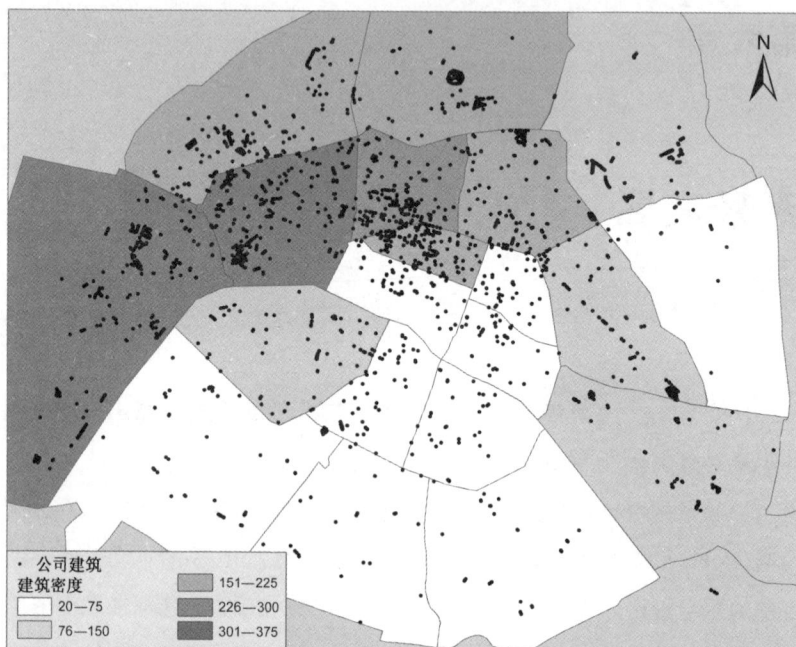

地图 6.1　1910 年巴黎的保险公司和房地产公司名下的 2 543 座建筑的地图。很多点代表不止一栋建筑物。Map © 2015 by Alexia Yates。

黎的 41 条街道上持有公寓楼，法兰西保险(La France)在 45 条街道上持有建筑物，联业保险(La Générale)在 60 条街道上持有地产。（《年鉴》）中有八页的独立条目是关于公司所有者的，这些条目显示，法兰西和阿尔及利亚地产公司(Compagnie Foncière de France et d'Algérie)

219　(CFF)在 46 条街道上持有建筑物，里昂地产(Foncière Lyonnaise)在 41 条街道上持有建筑物，而法国建筑公司在巴黎的 141 条街道上持有 260 栋建筑物。到 1932 年，《年鉴》中专门介绍企业主的页面已经从 10 页增加到了 45 页。[3]

这些公司的投资服务和管理程序，使住房消费者开始接触一种新的所有权形式，其特点是组织管理的大型规模、通常是全市范围、还有其在提供服务时主要遵循的纯粹的利润损耗模型(profit-and-loss model)。一些公司，如(成立于 1879 年的)地租公司，是致力于从公寓房屋资产组合中获得长期收益的管理企业。在 19 世纪 90 年代，地租公司持有并管理共 200 栋建筑，含 7 200 多套公寓。[4]其他机构，如 CFF，则把其不动产资产视作其他活动的副产品。CFF 成立于 1881 年，当时是一家贷款机构，并在建筑热时是个重要参与者，随着建筑热的结束，它的任务也发生了根本性的变化；在十年内，它已经收购了 167 套公寓房。每家公司处理其管理任务的方式不同，但都强调合理管理和利润最大化，以满足股东的利益。1881 年，地租公司提醒投资者，持有该司股权，每年有权享有"与我们大楼的租金增长相等同的收益"，而 CFF 的管理人向其股东（1882 年有近 7 400 人）保证，"我们这所为诸位所有的公司正在进行转型，作为其一部分，我们首要任务是让其从房地产资产组合中获得尽可能高的收益"。[5]在此我们要注意地租公司和 CFF 所提到的优先要务，虽然他们做了长达一个世纪的巴黎公寓管理的任务，这并不意味着"传统"的业主和"现代"的商业组织之间存在着必然的鸿沟——尽管许多情况下无疑是这样。不如说，对大型企业实体的管理做法的研究，能让我们捕捉到这一时期，在不同程度上影响到所有地产所有者的变化，同时也能反映出大规模所有权在城市住宅空间上所采取的特定策略及其影响。

　　CFF 的快速转型是个尤为清晰的例子，它说明了在第三共和国早期的开发体制下，不动产是如何通过不同的动员模式进行流动的。它的年度报告中满是对巴黎住房市场的评估、为特定的建筑经营项目的正名以及对其成败的解释。其评估最终取决于其对巴黎开发和居民居住习惯的具体理解。当然，在阅读这些报告时，必须注意其自保的性质；19 世纪 80 年代和 90 年代的公司管理者所监管的，恰恰是一派糟糕的商业状况，这就需要他们在股东大会上的所言具有说服力。不管怎样，年度报告阐述的关于公司行为的叙事，旨在努力使投资者能够理解、接受和相信之。也许企业结构和市场必需对城市建筑结构的生产、分配和消费的影响之明显，其他主体无出其右。

　　对这些大型投资机构所建造和管理的建筑物做个仔细、传记式的分

220

析，可以进一步澄清地产生产规模的变化，是如何具体影响城市房地产的使用价值的。 我们可以踏着市政税收评估员的脚步，来了解这些建筑，他们经常穿过庭院，走上楼梯间，走下走廊，走进巴黎公寓住宅的千家万户中。 在 1852 年、1862 年、1876 年和 1900 年，城市直接税局（Contributions Directes）的行政人员对城市的建筑地产做了个评估，他们收集数据，以树立起地籍收入和税收水平的基础。[6] 他们在笔记簿中，将书面描述置于视觉计划之上；只在少数情况下图形表象会被他们包括在内，并且在细节和准确性方面，也有很大的差异（如图 6.1 和 6.2 所示）。[7] 但是评估者按照他行进的路线，细微地描述了他穿行建筑物的路径。 检查员首先从主楼梯走，到每个楼梯口下来，按照他所见的先后顺序来描述公寓。 他同样要在公寓内检查，他列出每个在公寓周围所见的房间，指出房间的用途，以及它是否位于院子里、天井下或主要街道上。

该检查的目的，是要将所有开在公寓内的朝外窗户和门都列入预算，因为建筑是根据这些门窗来计税的。 这也有助于为建筑建一个类型学，以便将其与其他分布类似和状况类似的建筑进行比较。 在进行描述的同时，评估员还记录了租户的姓名，偶尔也记录他们的职业和租金。 后者对商人尤其重要，因为他们的营业税（patente）是以其营业场所的价值为准的，尽管所有居住在年租金超过 500 法郎的公寓中的个人，都要基于其租金纳某项税［动产税（contribution mobilière）］。 检察评估员在完成主楼梯的旅程后，就会回到底层，然后根据需要爬上其他楼梯，例如，走服务楼梯到顶层女仆的房间，或者爬上次要的楼梯，去检查大楼院子一侧的公寓。 他经过院子，前往地段后方的建筑，并以同样的方式对这些建筑进行检查。 以这种方式，一名检查员一天可以检查八到十栋楼。[8]

这些税收评估内含有对住宅楼内部的步行探索，囊括了关于这些当人们穿越楼梯间和门洞时迎面展开、拔地而起的空间的叙事。 这些官方资料并没有采用全在全知的空中视角，用建筑平面图的方式来揭露整

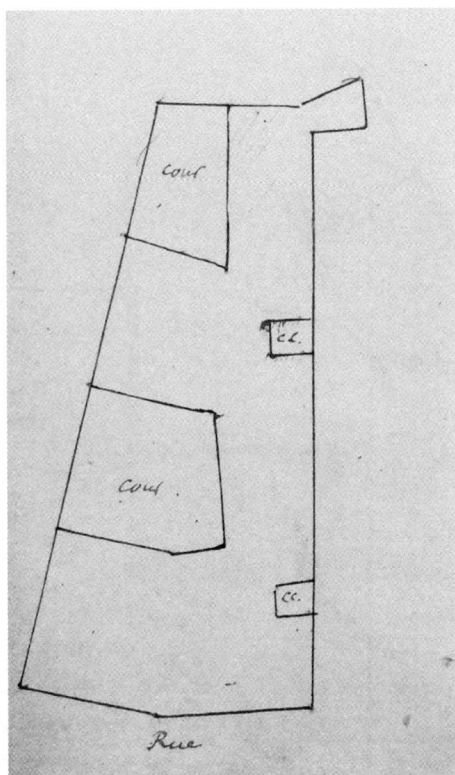

图 6.1　一份来自 1876 年的一本笔记簿的草图，巴拿马大街。 来源：巴黎档案馆，D.1 P4 840

个空间，而是对每栋建筑的实际的可触性来结构化设计——例如，毗邻 222
但却必须要走不同的楼梯才能进入的公寓，在评估里，就不是并排出现的。　因此，市政的调查评估员再现了部分公寓楼的生活体验，其检查受到公寓楼结构的制限和引导，其行程则要遵循其住民的路线。　然而，他们也跨越于这些琐碎的途径之上，探索了那一可能只有部分住民体验到过的结构整体。　在税收报告的官僚做法中，行人对空间的视角，在方法上占了主要地位。

从这种方法可以猜到，这些记录对事实的忠实度，差别会很大。对街道的调查并不一致，而且可以肯定的是，并非所有去过的公寓的租

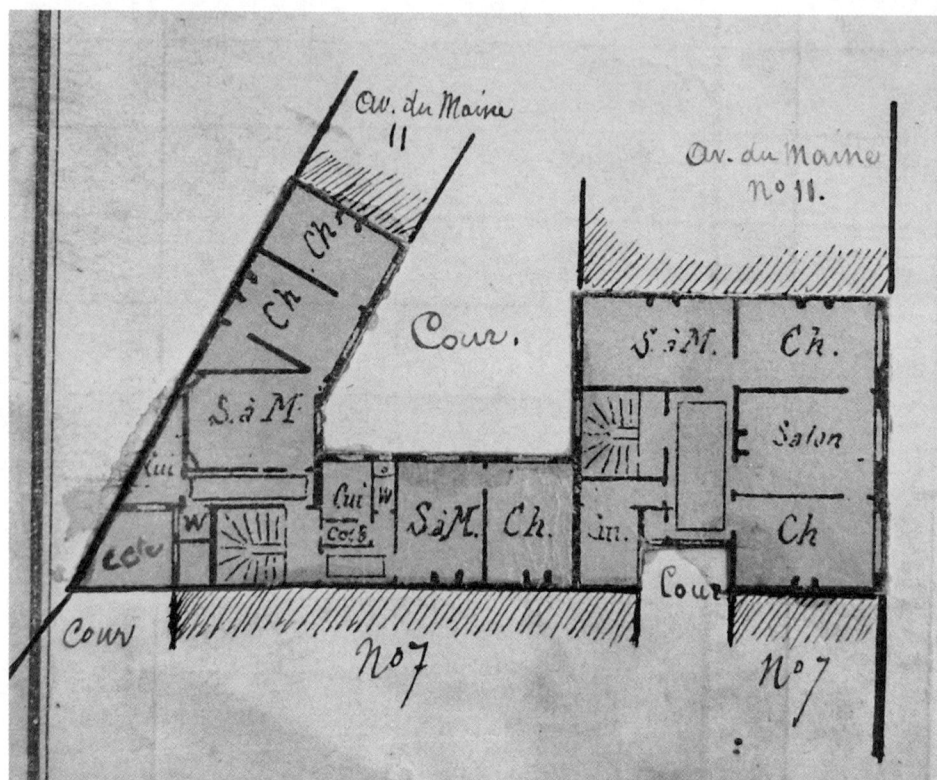

图 6.2 一张来自 1876 年的笔记簿的罕见地详细的草图，阿朗松大街。来源：巴黎档案馆，D.1 P4 8

户，都被记录下来了。[9]业主和租户也经常对评估出来的租金水平提出异议，因此记录的租金不能当作公寓款项的准确账目。 记录方式变化无常，这也意味着租金有时难以归到特定的年份或归到租户头上，条目也经常被划掉和覆掉重写，而且不同街道之间的覆盖面差异也很大——甚至同一街道两侧也是如此。 尽管存在这些困难，这些记录还是揭示了由诸开发商、投资者和业主所操纵的地段和建筑的人类结构的重要信息，后者对于辨别 19 世纪巴黎公寓住房的社会空间的性质而言仍然至关重要。

19 世纪末，巴黎的建筑景观增加了数以千计的公寓楼，但我们对其社会生活所知却甚少。[10] 作为投机性建筑的产物，长期以来，同代建筑师认为它们不值得认真研究。历史学家们在很大程度上延续了这种漠视，他们很少涉足这种所谓的市场生产的家内建筑的标准化景观。然而，这些建筑构成了一种"创业的民间白话"（entrepreneurial vernacular）①，它塑造了巴黎大多数居民日常生活的物质条件。[11] 在1880 年，欧内吉姆·马塞兰以典型的支持者风格报告道："除了少数私人住宅，还有少量为某些痴迷于房地产投资的业主而造的建筑外，未来都是属于投机性公司的。"[12] 相反，建筑史学家莫尼克·埃利布（Monique Eleb）和安·德巴尔（Anne Debarre）的作品却对这些结构充满兴趣，属于重要的例外。[13] 他们在其对公寓式住宅建筑的研究中认为，这些建筑试图回应其在由不同消费者组成的市场上所感知的欲望，正是后者孵化出了现代城市生活的规范和期望。前面几章已经阐明，在 19 世纪末，中介的生产和销售活动足以概括投机性的建筑模式。在本章，我们将冒险进入这些空间的日常生活之中，以辨别构成并制约了城市环境的商业化与金融化的特别实践。

集中资产和物业管理：法兰西地产公司（CFF）

1881 年，CFF 在号角的喧嚣声中，开始了其作为抵押贷款机构的一生。它在建筑热中姗姗来迟，人们却认为其能对这一日益陷入困境的行业产生稳定的影响而积极欢迎它。《建筑业改革》称赞该公司与里昂地产公司等既存公司的协调合作，而其他人则认为它有能力"对首都的房地产市场采取强有力的行动，厉行节制和平静，避免那些可惜的铺张夸耀"而欢迎之。[14] CFF 成立于同地产信贷银行和企业家分包商行

224

---

① 用作者所引之书 Carolyn Loeb 的 *Entrepreneurial Vernarcular* 的一位书评人的话说，这个词大概指的是"大规模的投机性分租"（large-scale speculative subdivisions）——Richard Guy Wilson，*Business History Review*，vol 78(2)，2004。——译者注

这两个建筑业最重要的贷款机构协调互作的基础上，它利用股东资本和地产信贷银行提供的优惠贷款，来收购黄金开发区的土地，并通过购买选择权和抵押优先权转让系统来调动土地，这在前面的章节中已经讨论过。希望承建新建筑的建筑企业家可以从 CFF 租赁土地，期限通常为三年，也可选择购买。CFF 放弃了其特权债权人的地位，它允许承租人用租来的土地进行贷款，这就是他们业务的第一步。当租赁期结束时，开发商会为建筑和土地找到买家，并可以用出售所获的钱偿付CFF，剩下的部分则作为利润，这样，业务就成功了。

公司管理委员会用股市术语解释道："公司在现货[au comptant]市场上购买土地，并用期货[à terme]合同出售；差价构成其利润。"[15]这套系统旨在防止公司资本的长期不流动，从而促进开发和快速周转。在成立的头几个月里，CFF 收购并出租了价值超过 2 200 万法郎的巴黎土地，从而促进建设了 233 栋公寓房，带有 319 间店面和 3 096 套公寓。[16]然而，这一快速扩张之后，很快就出现了质疑。在向股东汇报第一年的经营情况时，该公司的管理委员会宣布，它认为最好要限制这一活动，并用本来次要的业务经营领域来代替之：其在地位上仅次于地产信贷银行的抵押贷款。[17]CFF 的管理者解释说，削减其土地收购，并"避免进一步过度激发企业精神，似乎是有益的，因为这种精神似乎发展得太快、太猛了"。[18]该公司还放弃了在阿尔及利亚的开发活动的雄心，于 1883 年将它从其名称中删除。

这一温和的呼吁来得太晚，无法阻止该公司将其资本投入注定失败的企业身上。尽管它尽可能长久地抵制这样做的需要，但 1884 年开始，一旦建筑商三年租约到期，CFF 就发现自己不得不开始收购在其土地上建造的那些建筑物。建筑物都通过拍卖购得，通常低于其预测或实际价值，并按其成本价格（prix de revient）列入公司的账簿，这个数字是将地价和公司为特定业务所担保的贷款额相结合后得出的。[19]这种会计方法避免了公司资产估值的降低，因为传统的确定地产价值的方式会导致这种情况，即把建筑物的收入算作资产的 5%。低廉的租金收入

225

不仅使公司的收益不景气，而且还使其无法向股东派发红利，乃至对其资产造成严重损害性的贬值，这都是对公司的威胁。（在世纪之交）全国乃至全世界最大的银行里昂信贷银行(Crédit Lyonnais)在1892—1893年发布了关于 CFF 的报告，里面提到，如果按照惯例的5%的收益率，用其租金收入来评估其地产，该司的资产价值则将不是其年度报告中的数字5 709.68万法郎，而是3 646万法郎，这个价值甚至还不足以支付该司与地产信贷银行协定的贷款。里昂信贷银行的结论是，应该认为，CFF 五分之四的资本都是可疑的。[20]该司的股票价值在19世纪80年代和90年代持续下跌，在这一困难时期，该司多年来根本无法发放任何分红。这些财务状况的压力要求租赁收益惊人地上涨，同时也要求维护支出有相当大的减少。

CFF 最初将其物业管理者的新地位视作一个暂时的坎。它将其方法总结为"**收购、租赁、偿付和出售**"。[21]管理者自信地认为，其住房存量比市场上提供的一般住房要好，并提醒股东"人们更喜欢新的建筑，它们比旧的建筑更有条理、更舒适，这种品味的转变发生于所有的街区。……像我们这样能等待合适时机的人，必然能要比人们想象的还要快地找到机会，把名下收购的、开发完的建筑给售出去"。[22]他们自吹自擂其远见卓识：检查公司出资开造的建筑类型，聘请专家"仔细核实建筑商的计划，在必要时进行修改，并始终确保公寓简易、精心陈设布置又相对实惠"[23]（马塞兰指出，CFF 也是唯几家从事这种密切监督的融资公司之一）。[24]为了同别人对新式建筑的广泛批评保持距离，如"最小的阁楼房间也要造成花费万贯法郎的宫殿"，该公司吹嘘其坚实的中等阶级住房的存量，进一步证明其专业知识和深知远见（表6.1）。[25]

该公司的大部分公寓确实是中等阶级和下层中等阶级的住宅。1883—1884年，其新购入资产的49座建筑，平均面积为313平方米，每座价值为20万至30万法郎。从这些数字来看，它们完全处在建筑师西撒·戴利制定的住宅建筑类型学中的二等公寓楼的范围内（介于富

226

表 6.1 CFF 所有的出租公寓,1891 年

年租金	公寓数
9 001 法郎或以上	17
9 000—6 001 法郎	24
6 000—3 001 法郎	107
3 000—2 001 法郎	75
2 000—1 001 法郎	339
1 000—601 法郎	667
600 法郎或以下	3 087
总 计	**4 316**

总建筑物数:167。

租金低于 1 000 法郎/年的公寓所占比:81%。

来源:劳动世界国家档案馆, 65 AQ I 102, 理事会报告,专员报告和口头纪要摘要, 1891 财年, 10—11

人楼和穷人楼之间)。[26]然而,声称满足了普通巴黎人则无疑是夸大其词。 1885 年,该公司 40% 的公寓处于空置状态,其中大部分——1 308 个空置公寓中有 879 个——属于租金最低的一类,这种情况的原因是,该司的廉价公寓要么是过小的高楼层公寓,不适合家庭居住,要么位于工人阶级街区,但是其租金却远远超过了附近租户的平均住房预算。[27]

此外,CFF 的管理人员表现出对公司的底层租户的失望,甚至不舒服,他们把先前的许多空置和高维修费用的困难都归咎其上。 公司报告说,它不仅要应付众所周知的“小公寓的租户——我们的建筑里最大的租客群体——他们总会卷起自己的所有随身物品随时就跑”,而且还要应对先前令人失望的租户品质,“他们在租金调整到比较正常的水平

227 时就会搬走,会受新楼和空楼中的廉价公寓的诱惑”。[28]很快,CFF 在其提交给股东的报告中,开始将大型公寓、中型住宅和单间分开,显示出其财务表现不佳的真正责任所在,并证明其对租户的监管,是有道理的。 管委会解释说,为了捍卫“诸位名下的建筑的良好地位和荣誉”,公司经理们将毫不犹豫地“拒绝或者说终止任何从各个角度看都

没有令人满意的保证的租赁"。[29]同样，地租公司对其廉租房的住民也很谨慎，把他们描述为"粗心大意、游手好闲，而且经常无偿付能力"；该公司只有在租户能够提供"某些保证"的情况下才会出租这些公寓。[30]虽然租户和公司经理之间的沟通没有留存下来，但我们从其他来源的只言片语中可以管窥其禁令执行的性质。税收评估显示，公司所有的建筑里的普通套间的租金，都要经过激烈的谈判，随着租户的更换，租金时常要么涨10法郎和20法郎，要么跌10法郎和20法郎。公司不容许延迟付款；负责驱逐程序的地方治安官的记录显示，CFF和其他公司业主经常诉诸法律程序来驱逐拖欠租金的租户，在某些情况下，延迟支付的租金可能才20法郎。[31]由欠费驱逐而产生的人员流动，部分构成了该公司高空置率的原因，在整个19世纪80年代，空置率从三分之一下降到了四分之一，但仍然远远超过该市平均4.3%的空置率。[32]

到1891年，其投资的建筑数量稳定了下来，此时CFF在全市一半以上的地区拥有共167座公寓楼（附录；地图6.2）。管委会总结说，它"在人口众多的街区，如圣殿郊区、蒙帕纳斯林荫大道（Boulevard Montparnasse）、玛蒂尔大街；在富裕或商业区，如槌球街（Rue du Mail）和圣殿老街（Rue Vieille-du-Temple）、普罗旺斯大街（Rue de Provence）、梵伦纳大街（Rue de Varenne）；以及在未来区，如维克多·雨果大道（Avenue Victor Hugo）和美叶大街（Rue des Belles Feuilles）"都有建筑物。[33]公司确信，在每一个地区，它的建筑都符合"街区的需要"——换句话说，它们的设计和租金水平都与当地的情况相协调。[34]公司报告在文中逐渐展开提到，它将这些房产分为大致相似的资产组，根据位置和租金的性质将它们放在一组。其分类也是对城市社会经济状况的解读，在确定最适合某一地区的"需求"的管理方式上发挥了关键作用。

新的分类把握了城市的社会地理特征，这一点通过公司的地产再现了出来。第一组包括第1、第2、第8和第9区的建筑，在右岸构成一个紧密的区域。在该公司总共四个组别中，该组拥有最多的高价出租公寓和最少的廉租公寓。其在这几个区所持的541套公寓中，只有302

228

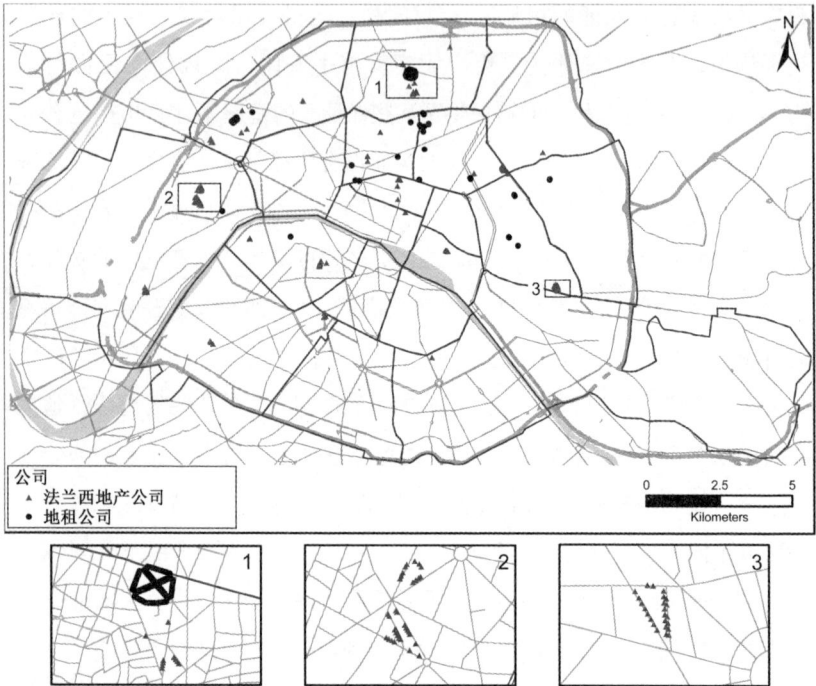

地图 6.2　表示法兰西地产公司和地租公司的各地产位置的地图，1910 年。哈佛大学地理分析中心提供

个算出租屋（没有规定的客厅，通常共用厕所设施），而价格低于 600 法郎的只有 315 套（占该组单元的 58%）。 第 7 区、第 13 区和第 15 区构成了第二组，这是一个地理上比较分散的集合体，共同点仅仅在于都位于左岸。 这组几乎和第一组一样地商业租赁的比例最低，社会两极分化

229 最严重；76% 的公寓租金在 600 法郎或以下，但也有相当数量的公寓租金高得离谱（有 55 套套间的租金都在 3 000 至 9 000 法郎）。

　　第三组类是数量最大的，由该公司在第 10、11 和 18 区的土地组成。 这些地区的廉价租房比例最大（89% 的公寓年租金低于 600 法郎）。从地理上看，第三组类的地区既包括了边缘又包括了中心地区；第 10 区和第 11 区都算 1860 年前建成的旧城区，而第 18 区在这之前都还是一个郊区。 然而，因为其编号较新再加上工人阶级多的特点，第 11 区

也经常算作边缘，至于公司在第 10 区的地产，则位于该区的最北端，与第 19 区只隔半条林荫道。因此，这一类别最好被描述为满是工人阶级的边缘地区。公司的第四组由第 16 区和第 17 区构成，也是边缘街区，但社会经济构成则非常不同。这一组有 1 708 套公寓，几乎和前一组一样大，租金分布也相似：在这两组中，公司几乎所有的公寓都低于 2 000 法郎。然而，在这一组中，套间（apartment）的数量超过了住居（dwelling）（也就是说公寓更多），商业租金也没那么重要，而且其公寓住房中超过 600 法郎的租金比例更大。

CFF 的年度报告以这种分类方法介绍了整个城市街区的状况，而不是对个别房产或街道的评估。相反，1896 年，地租公司调整了其报告格式，它把其所创建的四类地产按最有利可图到最无利可图排列，也就是说，从获利最多的（从不动产公司的破产清算中获得的）斯克里布酒店（Hotel Scribe）及宏伟酒店（Grand Hôtel）到诸"由于其客户的性质或其位置而处于完全不利的状况"的建筑物，依次排列。[35]后者包括了该公司在第 18 区拥有的（福久在几年前造的）88 栋公寓楼、第 10 区的几栋楼，以及位于第 11 区莫雷大街（Rue Moret）的一组特别令人失望的楼。比它们名次稍高一点的是火车北站附近的平庸建筑，其狭小的庭院和黑暗的公寓导致了高空置率和相应的高维护成本。

这些例子表明，这些记录方法产生了两种不同的城市房地产的表征。地租公司用对具体建筑物的地址和描述，来填充其资产的类别，它用每个建筑物情况的特殊因素来说明高出租率或出租困难。相反，CFF 则将其建筑看作其地理位置的附带产物。股东看到的是某个地区的表现以及各种租金组类的表现，他们没有被告知特定建筑物的产出性或维护支出。这些差异部分源自两家公司不同的所有权模式；CFF 倾向于拥占聚集在相邻街道上的大型建筑群，而地租公司则趋于占有单个的建筑和小型的建筑群（除了蒙马特团块这个重大例外）。但差异也源自这两个实体的长期目标的不同。地租公司从一开始所致力的，就是通过占有和管理巴黎的出租房屋来创造利润。它把每一栋楼都看作是一整间公寓，可以通过制定应对具体挑战和机遇的政策，来使其创收潜力得到最大限度的发挥。 另一方面，CFF一开始并且在本质上始终是，一个抵押贷款放贷者。 即使在它被迫大幅调整其商业模式之后，它的核心关注点仍然是土地价值和一个地区的地产所能产生收益的倾向。 该公司只报告总体上的维护成本，几乎没有传达关于个别房屋或街道状况的信息。 下文中，我们将讲到，这些分类可能会对管理要务产生重要影响。

私人筑就的城市

1882年中期，一个旅行者到第16区的埃劳广场（Place d'Eylau）（即将更名为维克多·雨果广场），一下公共马车，就被附近的几十个建筑工地所产生的灰尘和噪音所吞没。 这一方兴未艾的变革实在令人震惊，即便是那些对该地区稍有了解的人也是如此。 直到最近，巴黎的这片区域才出现了低矮的建筑、花园、工场和小房子，之前这里到处是六层高的公寓楼，在各个方位上迅速地拔地而起。[36]尽管楼房还没有完工，一些窗户上就已经挂着"出租"的牌子，住在灰泥几乎都还没干透的公寓里的租户们，则通过未完工的人行道进出。[37]行人们的麻烦还不止如此，他们还要沿着新命名为维克多·雨果大道的这条路，钻进混乱的脚手架和成堆的切割石头之中。 在左侧和右侧，新的街道正在
231 开辟，它们穿过空地，使住宅楼临街站立。 维克多·雨果大道以北，维克多·雨果大道建物有限公司（SA des Immeubles de l'Avenue Victor Hugo）在大道和水泵大街（Rue de la Pompe）间，又开工了一条孤拔海军中将大街（Rue de l'Amiral Courbet），以此来打造一个住宅区。 在十字路口的另一边，在大道的南边，少数投机者正在开发长田大街（Rue de Longchamp）、水泵大街和美叶大街三条街之间近18 000平方米的土地（图6.3）。 一条尚未命名的新街道将这块三角地分割开来，近20栋公寓

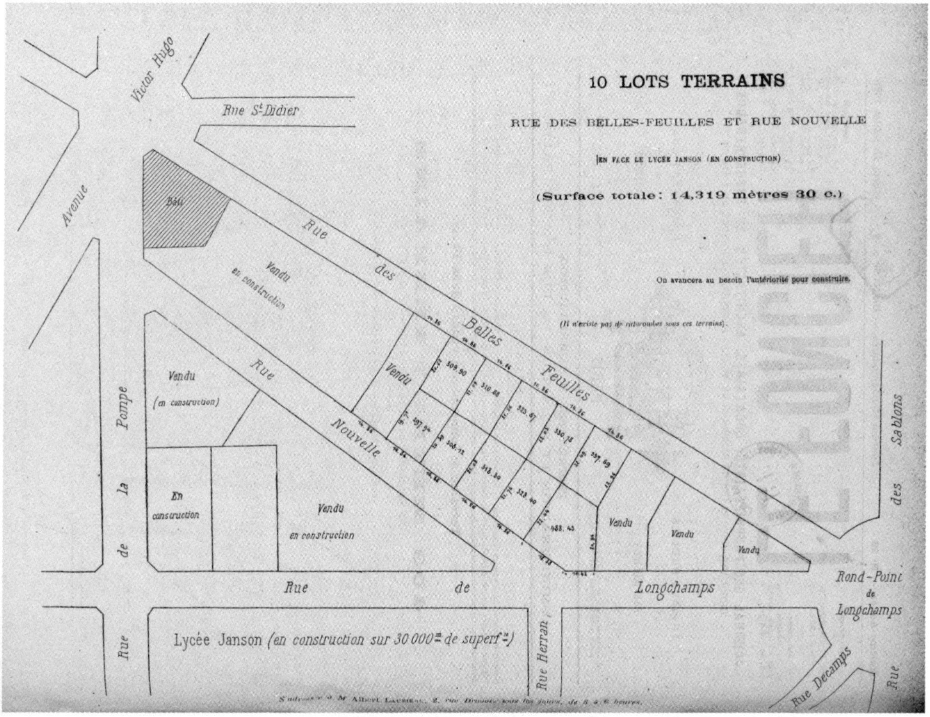

图 6.3　宣传长田大街、美叶大街和水泵大街的 CFF 建筑用地广告,《地产》,1882 年 7 月 18 日。 来源:法国国家图书馆

房将临该街而立。　不到一年之前, 巴黎最大的高中——詹森·德萨伊中学(Lycée Janson de Sailly)已经办了奠基仪式, 在与该公寓开发项目相邻的 3.3 万平方米的土地上破土动工。《地产》这家房地产杂志已经给这些地块提供了近一年的中介服务, 被其广告吸引的行人, 会来看看这个被投机性建筑彻底淹没的地区还有什么机会。

　　这条街[即将被命名为古斯塔夫·库尔贝大街(Rue Gustave Courbet)]上已经树起的建筑, 以及其在美叶大街上的邻居建筑, 彼此之间, 或者说与整座城市涌现的数百栋其他的建筑相比, 只有一丁点的区别。　这种一致性的部分原因在于, 给这些街道上建房的几位建筑师, 同时还在不同的房地产公司任职督造其他地方的建筑。　例如, 乔治·布里埃·德伊尔(Georges Brière de l'Isle)在这一地区建造了几栋建筑,还在第 16 区的莫扎特大街(Rue Mozart)建造了三栋建筑,在第 17 区子佩雷林荫大道建筑公司(Société de Construction du Boulevard Pereire)的名下建了两栋。 一位名叫米格旺(Migevant)的建筑师在此处和第 11 区都督造过建筑,他在 11 区参与的是《地产》促成的另一个开发项目,而约瑟夫 · 让诺(Joseph Jeannot)则在第 3 区的列奥米尔大街(Rue Réaumur)参建了几栋建筑,与此同时,他也在古斯塔夫 · 库尔贝大街建了 11 栋公寓楼。 CFF 资助建筑师弗朗索瓦 · 多比在维莱特林荫大道(Boulevard de la Villette)和瓦诺居民区道路开工建设(尽管就居民区道路而言,可开工的建筑等级会非常不同),索迪(E. Soty)也在该公司的支持下,在佩雷林荫大道和于泽大街开工。[38]任何地方的建筑都是在街道宽度和市政法规允许的范围内开工的;每一处的空间都狡猾地安排过,以便在迅速成为标准化的住房组合的同时,提供一系列看似不同的轻微改变。

在三角地带,自 1882 年至 1887 年间,共建了几十栋公寓房。 而 19 世纪 80 年代初,市场开始崩溃,那些未完成或未售出的房子则被如 CFF 这样的债权人接管了。 有几栋成功地卖给了感兴趣的投资者;事实上,在 19 世纪 80 年代和 90 年代,CFF 的大部分销售额都来自这一地区的街道,其上层中等阶级格调的建筑和位于城市西端的有利位置,使其能够受寻求稳定收益和低维护的买家的青睐。 虽然时尚区都开始发展了,但所谓的太子妃门(Porte Dauphine)地区当然还没有"诞生"。直到世纪之交,保险公司和其他投资公司承包了一些重要建筑的建设,并进行全面改造,成为城市精英的新家之后,太子妃门区才诞生。[39]同时,这些建筑提供的一系列中产阶级住房和商业租赁,掩盖了其建筑外观的统一性,而其市场条件则使得,业主甚至容忍和鼓励那些未曾预料到的杂多用途。

233　　　在城市西部和西北部的开发中的街区,从 CFF 租用的土地上涌现出的建筑,促进了新的住宅景观模式的确立。 在第 17 区,该公司在佩雷林荫大道上的四栋公寓楼，以及位于索绪尔大街（Rue Saussure）和萨尔讷夫大街（Rue Salneuve）交叉口的大楼，完工后都成了附近最重要的建筑。在这两个例子中，这些大楼的周边都是低矮的建筑，很少有租户，仅有较少的私人住宅，还有未开发的土地和工业企业。在佩雷林荫大道上施工造公寓房的公司——马约门土地和建筑有限公司（SA des Terrains et Constructions de la Porte Maillot）——也在附近的装卸货场大街（Rue du Débarcadère）上建了类似的建筑，为这条原本开发非常缓慢的街道带来了动力，尽管它早在七月王朝的时候就开辟了。[40]在短短几年内，由 CFF 资助的建筑商就在这个从前十分松散的空间里，种上了几十栋严丝合缝、高耸入云的公寓楼。

此外，该公司也倾向于在首都的老城区开展业务，在成立初期，它试图限制其土地租赁业务，于是便批评"建立新街区"的做法。[41]到19 世纪 90 年代中期，公司在第 16 区拥有的建筑最多，约 54 栋，紧随其后，公司在第 10 区和第 11 区拥有的建筑数量次多，而这些都是巴黎城中密度最高的一些地区。[42]在这些成熟街区里，CFF 的许多建筑在规模、设施和成本上都超过了它们周边的建筑。在圣安托万市郊（Faubourg Saint-Antoine）的蒙特勒伊大街（Rue de Montreuil），该公司的两栋公寓楼分别位于 68 号和 70 号，在一段时间里一直是该地区最大的两栋公寓楼。公司为所有楼层都提供水和煤气，公寓租金每年为 400 至600 法郎。相比之下，街对面的两层楼高的客栈，则以 100 法郎的价格出租单间（图 6.4）。[43]

该公司的建筑项目不仅仅涉及建设新的公寓房。这些项目还需要建立公共服务，如延长供水和排污管道、铺设街道、人行道和照明等。由 CFF 资助的开发商，在首都至少造了十几条全新的街道。[44]这些基础设施扩建对新的开发地区产生的影响更加明显，因为在一段时间里，公司的公寓房可能提供的可能是该地区唯一一段完整的人行道或该地区唯一的路灯设施。[45]CFF 所资助的企业快速地建起整条街道和街区，有助于消除开发新楼中最糟糕的方面，因为后者可能导致孤零零的建筑

图 6.4 （逐渐缩小在右端尽头的）谢弗勒尔大街（Rue Chevreul）和铁球大街（Rue des Boulets）的新建筑与植入其间的（左）低矮的老建筑形成鲜明对比。来源：www.parisavant.com

漂浮在一片未建成的地段上。 大规模的公司开发可以在短短几个月内开通一条街道的服务，而个别业主的努力往往在几十年内都无法带来显著的改善。[46]快如闪电的建设也意味着偶尔会出现偷工减料的情况。1882 年开辟的圣菲利普卢勒大街，不符合标准的下水道工程，铺面和人行道不足，到 1886 年就要升级换代了。[47]然而，通常情况下，企业建筑商遵循正式开路的程序、同时协调许多地段的开发所带来的规模经济，以及其建了就要转售的压力，这些因素加起来使得诸项目通常会遵守关于街道改良的市政规定。 结果是，在巴黎城的许多地区，改良的新服务得以引入——仅仅对那些住得起这些地区的人而言是如此。

CFF 的企业家们并没有凭空想象出一些地区。 贷款结构的要求、市政工程的前景、互相竞争的开发商的施工、建筑规范和法规，以及早已存在的开发计划还有既在的土地，都参与了那一投机者试图从中攫取财富的景观。 该公司在城市西部地区的投入，是由土地配备和建筑活动的聚集所决定的，这反映出人们普遍相信该地区在上层阶级间越来越受欢迎。 因为该地区还有其他公司的活动，CFF 得以从中预计到西北地区的持续快速的开发。 例如，在位于佩雷大道的公司土地以东，地租公司正在收购几座新建成的公寓楼；继续向东，佩雷公司的公寓楼已经完全建成，该公司还在继续向开发商出售要求在收购后六个月内建成的建筑地块。[48]该公司在第 16 区所承包的众多项目的周边地区，其企业开发的强度也类似，在那里它要与众多投资于该地区开发的保险公司和地产投资公司竞争和合作。 在这两个地区，公共工程和改良工程——例如在第 16 区兴建詹森中学，连接尼埃勒大街（Avenue Niel）和岱纳大街（Avenue des Ternes）（1889 年），或将长田大街延伸到毗邻 1878 年和 1889 年的世博会场地的耶拿广场（Place d'Iéna）——同样也影响了开发决策和房产销售。[49]

成为该公司的资产的公寓房，在建筑方面，没有什么创新或令人耳

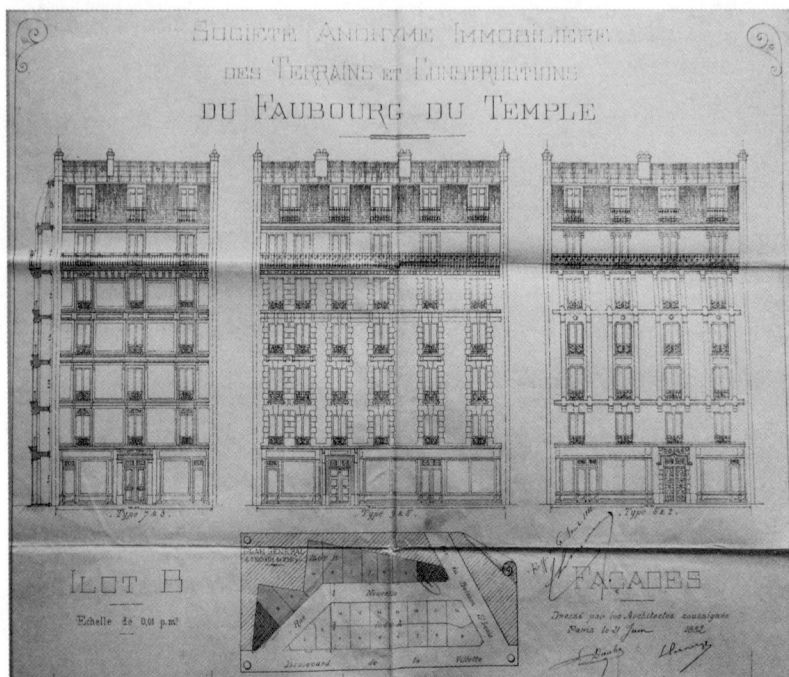

图 6.5 和 6.6 由圣殿郊区土地和建筑不动产有限公司（SA Immobilière des Terrains et Constructions du Faubourg du Temple）在西维亚尔大街（Rue Civiale）（第 10 区）建造的公寓房的平面图，该图表明该街道采用了五种建筑表面"类型"中的三种，也表明了平面图的重复。来源：巴黎档案馆，VO11 3921

目一新的地方。 它们从反面呈现了时人对"大规模建筑生产商"的典型批评，而其可预测的建筑模式则符合同时代人对公寓房的最低评价：这种结构是为一些没有特色的居民准备的，因而没有"任何明显的原创外观"，它必得要采用"一种不引人注目的特征，以尽可能地对应和满足广大民众的普遍品味和需求"。[50] 投机性的建筑师们把其开发项目中的建筑表面从一家复制到另一家，其平面图也都是复制的（图 6.5 和 6.6）。 该司的建筑几乎每个都有一个地下室、一个主楼和夹层（*entresol*），底楼上面盖四到五个整层，另外还有一个顶层用作阁楼。[51] 这些建筑都是双深的（*double en profondeur*），也就是说，建筑的前端到后端之间至少有两个房间的宽度，而且建筑的侧厅通常会有一

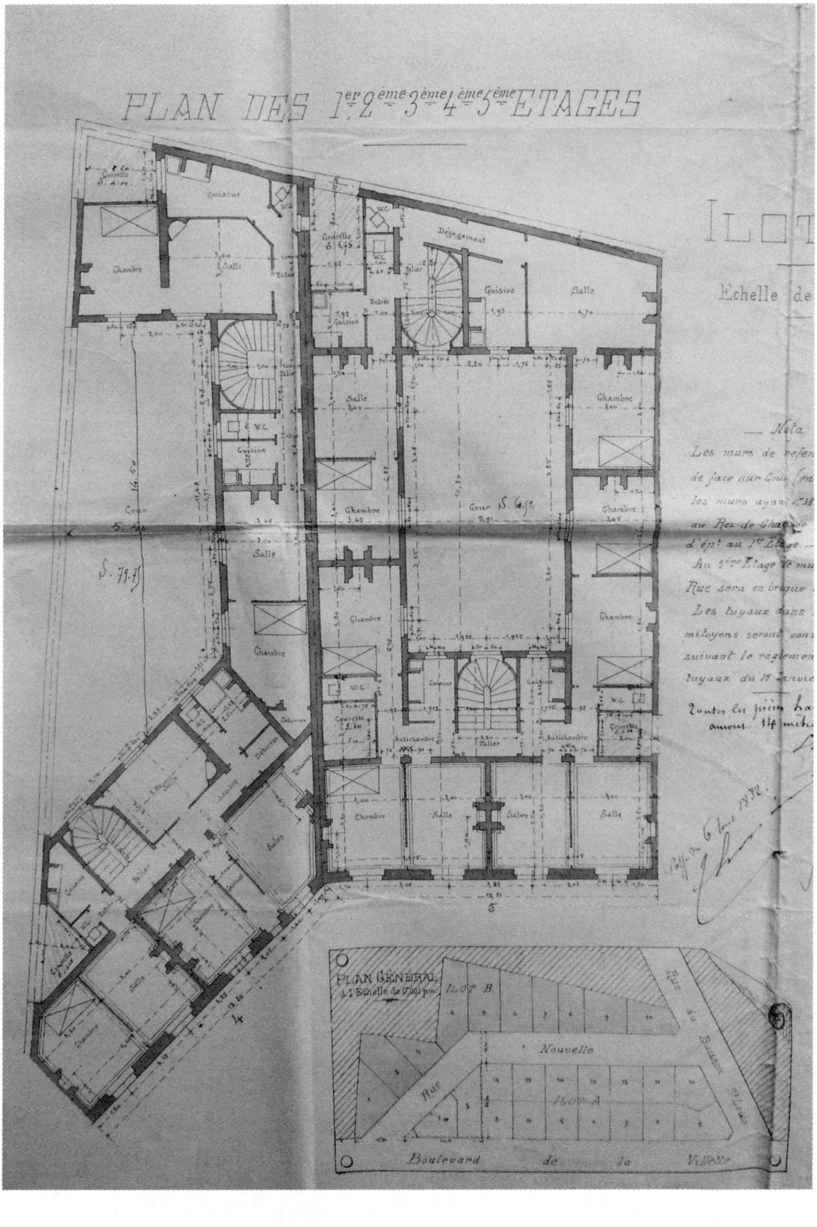
PLAN DES 1er 2ème 3ème 4ème 5ème ETAGES
Echelle de
Nota
Chambre
Salle
Cuisine
Dégagement
Cour
Antichambre
Salon
W.C.
PLAN GENERAL
ILOT B
Nouvelle
Rue
ILOT A
Boulevard de la Villette

238　个或两个，沿着中央庭院一直延伸。 所有楼层的公寓布局都是重复的，在夹层和一楼之间偶尔会有偏差，阁楼上的空间划分也会有所不同。 尽管建筑商都按照最高高度去建造，但他们似乎都已经充分意识到时人对过度滥建的批评，从而会避免把庭院缩到太小，仅仅够到绝对的法定最低限度。 此外，由一家公司来建造整个街区，使开发商能够协调各个地段的庭院空间，从而实现更和谐、更愉快的开放空间的安排，这种做法既适用于（第 16 区）沿维克多·雨果大道的昂贵住房，也适用于（第 10 区）沿西维亚尔大街上的简陋公寓。[52]

　　建筑材料也很一致，就算是在不太富裕的地区，大多数建筑表面也都是用切开的石头，尽管一些廉价公寓建筑用的是砖和粗凿石的混合材料。 可以预见的是，这些建筑会随着街区的不同而不同：（位于著名的第 7 区的一条私人街道上的）沿瓦诺居民区道路的优雅建筑采用了切割石材，而（位于工人阶级的第 11 区的）沿谢弗勒尔大街的建筑则采用了混合石材，并设置了隔断的眺台式窗栏（window balcony/balconet）。 在更阶级混合的街区和更为快速开发的街区，如第 16 区的太子妃门区，同一条街道上的建筑表面的材料也可能会出现重大变化。 多个开发商的遗产导致了砖块与切石的门面并列，这反映出这个新区在定位上是个阶级混合的中等阶级区域（图 6.7）。

　　在公寓的内设上，则有更多更明显的不同。 每层套间的数量、是否有主楼梯和副楼梯、顶层是否有供仆人居住的宿舍——这些区别都是强有力的文化编码，在对建筑空间的理解和用途上都占了很大的权重。该公司有许多一层只有一个套间的建筑，这种陈设是西撒·戴利所列的最高等级公寓房的特点。 例如，位于富裕时尚的第 8 区的圣菲利普卢勒大街的公寓房，按楼层分成一层又一层遵循传统租赁模式的独套套间，其中位于夹层上面那一层的租金最高，而后面更高的楼层虽然有相同的房间分布，但同时租金开销也在下降。 在比例尺的另一端，例如

239　在城北的工人阶级区，该公司在仙尼斯峰大街（Rue du Mont-Cenis）的建筑分成每层四个套间，所有套间的租金都低于 400 法郎。 在人口稠

图 6.7　美叶大街(16区)上砖块和切石表墙共存共荣的街景。 来源:作者所摄

密的市中心的宝藏大街(Rue du Trésor)以及 16 区的长田大街也有类似的建筑。 长田也是该司单层最细分的建筑的所在地,这是一座带家具出租的大楼,每层有七个房间出租。 然而,这种密集的空间划分并不是常态。 大多数该公司拥有的建筑,每层都分两套或三套套间;那些有两套套间的建筑,在某些情况下,会把两套设计得一面朝院子,一面朝街道,在其他情况下,则是一套公寓享有街景,而另一套则完全只有院景,而后者是不太受欢迎的。 如果公寓还有第三套套间,这套公寓通常是朝院子的。

　　税务评估员的行程表明,楼梯间是建筑物社会空间的标志和决定因素。 好几座 CFF 的建筑都有独立的服务楼梯间,这对于(租户)家庭的隐私和地位是非常必要的。[53]然而,大多数楼房在顶层安置仆人宿舍的同时,并没有给他们提供单独的公寓通道;即使是那些相对富裕的一整层就一个套间的租户,如,在长田大街 102 号,也不得不同五楼的九个女仆房间的仆人们共用主楼梯。 价格较低的公寓楼则完全取消了宿舍服务(属于戴利的第三类和最低级别的公寓楼),顶层不用于安排女仆室,而是用于安排租金 200 法郎或更少的小型出租房。[54]在昂贵时髦的住房和简陋的住宿这两个极端之间,CFF 建筑对居住和服务的空间的安排是相当不稳定的。 一些高度细分的廉价楼房包括了服务楼梯,而附近的高等租户的楼房却没有,这也许反映了下层中等阶级家庭中家政服务地位的不确定。[55]

　　楼梯间不仅为家政服务人员,也为不同阶层的租户创造了可供选择的循环网络。 巴黎许多公寓的典型地块布局,其特点都是一个临街建筑,一个或多个延伸到后端的侧厅,以及位于地块后部的建筑,有多个服务于结构的不同部分的楼梯间。 因为朝院子的公寓比面向街道的公寓便宜,这些次要的楼梯间又起到了把公寓房子里的卑微住户给隔开的作用。 有时,这样的楼梯间既可以通往便宜的公寓,也可以通往在昂贵公寓工作的仆人的宿舍;佩雷林荫大道和维克多·雨果大道上的房子都是这样的,便宜的小公寓住户需要使用服务人员的楼梯才能进入他们的住所。 对减少巴黎城的社会阶级混杂这一问题非常关注的评论家们,常常赞同这些空间上的隔离,因为他们认为这些隔离一方面可以促进各阶层的同居,另一方面又不会给上层阶级的租户带来麻烦和尴尬的跨阶级的亲近。[56]但实际上,被这种楼梯间隔开的人,其相互之间的社会阶级距离很少会大到构成"跨阶级"同居的程度。 投机者可能都调用过这些布置,以扩大其产品的租赁基础,但一个真正异质的客户群体,很难成为新公寓楼的卖点。

　　从他们记录下来的做法里可以看出,CFF 的投资模式倾向于加强巴黎长久以来一直处在行进过程中的社会阶级的地域化。 适应"街区的需要"的建筑意味着,要在第 7 区和第 8 区造精英公寓,在第 2 区和第 9 区造适于企业和商用的高价租赁的宽敞建筑,而在第 18 区则是极其细分的建筑。 瓦诺居民区道路开辟于第 7 区的贵族大楼的旧址上,CFF 根据 1888 年 12 月 22 日的法律,建立了该市最早的业主协会之一，从而在这一高雅的住宅区中心，将其保养作一条精英私人街道。[57]在该区域及繁华的卢勒市郊（Faubourg-du-Roule）街区，CFF 的租金甚至高于这些高价街区的平均水平。 在城市价格较低的地区，该公司的建筑显然也推动城市日益士绅化。 1890 年和 1900 年，该公司在的圣安托万市郊建筑物的租金全部都远远超过了该地区（该市最便宜的地区之一）的平均水平。 例如，在谢弗勒尔大街，一个带厨房的三室公寓的价格约为 450 法郎，而顶层的单人房可以用 150 法郎租到，带客厅和额外一间房的大公寓的价格可能高达 850 法郎——而这个街区 1889 年的年租金水平平均为 266.54 法郎。

然而，在最昂贵和最便宜的街区的极值之间，该公司的建设对巴黎的资产阶级化所产生的影响则更为复杂。 它最多的建筑出现在开发中的街区，旨在扩大创收的大网的多样性才是那里的规则。 在第 15 区的阿朗松大街和第 16 区的孤拔海军中将大街，由蒙帕纳斯林荫大道建物有限公司（SA des Immeubles du Boulevard Montparnasse）和维克多·雨果大道建物有限公司（SA des Immeubles de l'Avenue Victor Hugo）营建的公寓房，由每层一个公寓的布局转向了对公寓更加细分的建筑，导致了公寓类型和租金水平产生了一系列的分化。 在这些地区，CFF 的大楼提供的住房价格，只能刚刚达到或远远低于街区的平均水平。 1890 年，公司在长田大街的建筑物租出了这条街道上最便宜的住房（与同类公寓相比），而在美叶大街，公司名下的建筑物的租金甚至低于全巴黎城的平均租金（570.85 法郎）。 1890 年至 1900 年间，太子妃门街区的平均租金从 1 255.92 法郎涨到了 1 911.67 法郎，远远超过了公司大部分房产的租金增幅。 尽管保险公司和其他企业机构资助的新型建设工程，在 19 世纪 90 年代和一战前的时间段里，其施工速度逐渐加快，CFF 的建筑仍然算是该地区最实惠的住房。 尽管公司在第 11 区的建筑对其附近地区来说很昂贵，但它们维持了该地区传统的商业和工业空间，把工场、储存设施与商业空间结合在了一起，确保了生产和社会再生产场所的混合。[58]

242

CFF 的建筑，同当时受预制件影响还没有那么大的建筑行业的个性化创作相去甚远。然而，它们并不像那些不屑一顾的观察家们所认为的那样，是完全同质化的。表墙的变化很微妙，但也很多端；阳台的长度和铁制品的图案，门周围和阳台下的装饰图案，窗户饰面的石料，以及表墙石材的形色运用，都是为了将一栋建筑与它的近邻区分开来，为租户（和可能的买家）判断和选择建筑提供了微小而重要的区别。大多数建筑每层都有两套不同大小的公寓，同一条街上的建筑也会在公寓大小和属性上都有不同。有没有客厅，有没有额外多一间房，布局围绕院子的东面还是西面，街道或大道上的风景，到厨房去是不是要经过一个办公室还是直达——这些都是建筑商在空间中加入（并在出租通告中宣传）的差异，他们的目的在于最大限度地利用地段空间，使他们的产品对有多种欲求和需要的租户产生多样化的吸引。重要的是，由于租户们试图做的事是成家，而管理者们所努力的，则是提高盈利能力，这些建筑的用途从而也就摆脱了把这些住房组合建在这片城里的建筑商和业主们的意图。

投机性建筑中的使用价值和交换价值

迁入 CFF 和地租公司楼房的租户们，他们自身就是对这一为公司业主和管理者所建立的积极的分销系统的回应。起初，一些人无疑是受到租金优惠的诱惑才来的这里，在整个 19 世纪 80 年代，面临着高空置率和持续不停的开工建设，几乎所有位于城市西端的公司业主们，都被迫采用了这种优惠。[59]在其他地方，其他的促销活动也可能引起了他们的关注。包租人——个人租下整栋楼，然后以足够高的价格转租公寓，以便从包租中获得收入——也四散在各栋公司楼房里，他们需要吸引租户以履行他们的职责。[60]公司业主发现这种安排非常可取，因为在保证收入的同时，它能减轻许多维护乃至税收的责任。[61]但是，

243

业主和包租人所获得的差价则意味着，租户为租下这些空间付出了高昂的代价，而他们的租约也没有什么灵活性。 在 CFF 位于第 11 区的大楼里，一个叫杜然(Durand)的人以每年 5 610 法郎到 10 390 法郎的总额承租下各种房屋，放租出去每栋楼大约能赚 1 000 法郎，而 CFF 则能得到 3.2% 到 4.9% 的收益。 两者的利润都不高，而且还取决于杜然管理的三室的小公寓，是否都能以夸张的成本全部租出去。[62] 其结果是，该公司的"工人阶级"住房的租金还不如位于巴黎其他地方类似价格的住房灵活。

其他还有一批中介也在现场吸引宝贵的租户。 在 CFF 未能成功地招徕包租人的地方，它就会设置物业经理、租赁中介和租赁办公所来管理公寓的分配和维护。 为了把维克多·雨果大道、水泵大街和孤拔海军中将大街的楼房公寓租出去，CFF 公司在维克多·雨果大道 108 号夹层的公寓里设了一个经理，在 104 号的夹层设了一个租赁办公室。[63] 一位罗基耶先生（Monsieur Roquier）和一位朗德兰先生（Monsieur Landrin）负责管理附近的美叶开发项目的楼房，他们住在古斯塔夫·库尔贝大街和长田的公寓里。[64] 在西维亚尔大街和维莱特林荫大道的 26 栋公寓楼中，有一间由圣若望先生（Monsieur Saint-Jean）经营的租赁办公所，位于维莱特林荫大道 5 号。 同样，在于泽大街的大型商业建筑中，于泽 21 号的主楼设有一个租赁办公所，而装卸货场大街 16 号的一层公寓则专门供管理办公室使用。[65] 虽然宝藏大街的八栋公寓楼都建在属于 CFF 的土地上，但并不完全属于该公司，它们由一位名叫布鲁内的经理监管，而他"不住在当地"，住在拉康达明大街 84 号。 地租公司也有类似的中介人和经理，公司在 1897 年引入了抽佣佣金，以使这些中介经理们能直接对各自所管的建筑楼的收益感兴趣。[66]

地租公司特别在意的是给其住房树立一个有吸引力的品牌。[67] 管理者致力于"同公众发展更友好的关系""利用租赁机构的服务以及更广布的宣传广告"，以推销他们的公寓。[68] 所有访问了任何一间地租公司的租赁办公所的可能租客都会发现，这些员工"不仅迅速地向访客

244

提供符合他们想法的公寓的清单，而且还会向他们提供这些公寓的平面图"。 总而言之，该公司的广告吹嘘说，无论新租户能否花得起 10 000 法郎或者只花得起 300 法郎，他们都有 200 多座大楼可以选，"他们会为自己有这么一家公司当房东而感到庆幸，这家公司最关心的是如何让租户感到愉快，并保证他们得到来自工作人员，特别是来自门房的应有的尊重"。[69]这种宣传机器有助于解释公司在马格德堡大街（Rue de Magdebourg)的新楼房（16 号）所取得的成功，该楼在公司于 1912 年将其完工前就已经全部租掉了。[70]

客户服务是关键的企业生存战略。 地租公司计算出在第 8 区为 5 658 人提供住房，而该地区的人口实际上减少了 4 767 人，这使它敏锐地意识到高端租赁的过剩问题。 楼房之间的"激烈竞争"迫使它们采取措施，去"根据第一批租户的口味来调整租金，并确定他们的选择"。[71]公司采取了积极的翻修政策，在每一任租户离开后都会立即对公寓进行升级，以避免访客参观到的是令人厌烦或损坏的公寓。1897 年，公司对其资产组合中的一千多套公寓进行了翻修，1898 年，米舒迪埃大街（Rue de la Michodière)、塔-莫布尔林荫大道（Boulevard de La Tour-Maubourg)和普勒蒂埃大街（Rue Le Peletier)上的所有的楼房建筑都安装了电梯，而它们都属于全公司最高且最赚钱的那类建筑。1900 年，除了对楼梯间、庭院和入口处进行重大翻修外，马波夫街区的20 座建筑还进行了声学改造。 管理人员解释说，在这一市场领域，"虽然我们强烈想要控制支出，但这必须与不妨碍对建筑物的重要维护和满足租户的合理要求的必要相协调"。 否则，"我们只能眼睁睁地看着他们抛弃我们的建筑；每每出现能为他们提供我们的建筑所不能提供的舒适度的改善的新建筑，他们的要求就会稳步提高"。[72]

企业主对市场的理解使他们对较富裕的租户的住房需求做出了反245 应。 地租公司归类为问题较多的第三类和第四类的情况较差的建筑，其等待改良的时间就比较长了。 1910 年，佩雷林荫大道上的几栋建筑都有了新的卫生间和电灯，其中四栋还安装了电梯；1912 年，该公司在第 10 区的七栋建筑也得到了类似的升级。 这些建筑都是第三类公寓；公司报告没有提到过第四类建筑的改良，除了法律要求的改良（如 20 世纪初的强制连接公共下水道，但是公司会在法律允许的范围内尽量推迟）或有助于降低成本的改良（如更环保的水柜和燃气照明装置）。 人们认为富裕阶层有能力理解甚至支持以租金上涨来换取住房的改善，这意味着他们是最有强烈要求的租户，以及他们的空间得到了最认真的关注。

对持续不断增长的收益的需要以及一直空置所造成的负担，这两者意味着企业主愿意考虑采取一系列的策略来减少他们大楼里的无效益空间。 为了把商业租赁的缺口给努力填上，再加上这些租赁场地"很多很多"都安设在一些"交通不便的街道上的建筑物里"，CFF 于 1890 年开始将它们转换为低层的住宅出租。[73]由于这些公寓的租金远远低于商业租约，委员会在做出这一决定时非常不情愿，而一旦条件改善，他们就放弃了这一政策。[74]市场形势迫使该公司在第 11 区的建筑中，也采取了类似的再利用政策。 谢弗勒尔大街和铁球大街的建筑所处的地方，过去曾是一个工匠区。 它们与邻近的工业用房大街（Rue des Immeubles Industriels）的建筑共用一块庭院的空间，后者由建筑师埃米尔·勒梅尼尔（Émile Leménil）于 19 世纪 70 年代初承造，旨在为工匠租户提供住宅和工业相混合的空间。 1892 年，CFF 以附近的这些建筑为样板，给谢弗勒尔大街的底层商业用房引入了电机，希望能吸引当地工人和工匠到他们的公寓里工作。[75]该公司愿意将其建筑中的住宅和工业空间的陈设给以重新配置，并将下层中等阶级的建筑都调整给工人阶级街区使用，以此来保卫其利润的底线。

很难确定这些冲动是否意味着租户真的有理由为选择了公司大楼而感到高兴。 位于维克多·雨果大街 102—108 号的 CFF 大楼，其中住着一部分中产阶级巴黎人，而未来的街区改造，正以他们所（假定）的形象展开。 在 19 世纪 80 和 90 年代，一系列的自由派职人——建筑师、医生和牙医——还有一名军人、财政部的一名审计员、一名教师、一名助

246

产士和一名上诉法院的翻译，都搬入了这些建筑里成家。 几个在附近开店的商人、几个商业代表、几个定制的裁缝和裁缝师以及独立的商业行为人，如一个宣传代理人和一个房地产中介，也都加入了这些楼房里。 有些人肯定觉得 CFF 的服务和空间符合他们的心意。 维克多·雨果大街 108 号昂贵的临街公寓的住户（1885 年至 1908 年间年租金为 1 400 至 1 800 法郎）平均每人在公寓里住 7 年，对于这些有财政能力和时间成本去其他地方寻找更令人满意的住所的人来说，这段时间还是相当意义重大的。 邻近建筑中的租户的流动性更大，但他们经常只在 CFF 的楼内或楼间搬迁，要节省开支的话会消费降级，有机会才会搬到更漂亮或更舒适的公寓里。 在 1889 年，史蒂文森夫人（Dame Stevenson）在 102 号楼租了一套二楼的公寓，1895 年，她搬到一楼的房里，将租金从 970 法郎降到了 700 法郎。 奥贝先生（M. Aubey）是一名广告宣传员，他的公司远在第 2 区，但他从 1885 年起就住在三楼，直到 1890 年租了二楼的公寓。 同时，在三楼，有一个名叫科什（Coche）的人从 1895 年开始租较便宜的公寓，然后到了 1898 年，他就搬到了同一楼层的较贵的房里。 显然，这些人肯定认为住在公司所提供的楼房里有足够的好处，才会继续住在里面。 有趣的是，这些特殊的建筑似乎很受独立的女性租户的青睐。 税务调查中记录的女性租户比例从（CFF 在 1890 年售出的）110 号楼房的 24.6% 到 106 号楼房的 33% 不等。 相反，在铁球大街，在我们所考虑的租期内，该公司的建筑中，就没有任何一栋的女性租户比例超过了 13%。

公司机构用在整套资产上的管理程序，可能会在业主和租户之间产生不灵活的动力学。 1884 年关于巴黎工业状况的议会委员会的主席谈道："工人们告诉我们，他们感到不满的是，他们不再与业主打交道，而只是与经理和租房中介打交道，这些人很傲慢，往往不考虑他们（租户）的社会地位和家庭需要，他们对租户的情况没有表现出应有的关注和牵挂。"[76] 然而，由于公司拥有比个人业主来得更多的渠道资源，它们从而有能力向租客提供优惠。 例如，1888 年，（一家由建筑师埃米尔·勒梅尼尔于 1877 年成立的开发公司)不动地产资本家、建筑家和业主联盟(Union Immobilière des Capitalistes，des Constructeurs et des Propriétaires Fonciers)向其股东报告，在前一年的收入损失中，有 1 142 法郎反映的是"对某些觉得处于暂时的困境的租户，给予的个别优惠，理事会认为应该向他们表示表示我们对他们的关注"。[77]同样，在 1879 年，在塞纳河流经沙朗东(Charenton)郊区的一个村庄处，一家开发了一个大型码头和一家仓储企业的公司，贝尔西公园有限责任公司(SA Compagnie du Parc de Bercy)，同 800 多名将寄居该处房产的个人的代表举行会议，征求他们对未来发展方向的意见。[78]企业主和居民之间显然可以进行有效的沟通。 然而，这两家公司都比我们所关注的那些公司实体要小得多。[79]

除了 CFF 早期在租金上做的让步，及其对改造建筑物内部的某些空间的用途的容忍，几乎没有迹象表明它给了租户任何让步。 随着空置率的下降，该公司则给租金施加了持续的上行压力。 早在 1888 年它就开始提高租金，从第 16 区的 150 套租约即将到期或按期出租的公寓开始涨，并在其他地方也扭转了优惠政策。[80]而在 1885—1910 年的 25 年间，维克多·雨果大道上，租金收入增长最快的楼房(102 号和 106 号)，同时也是租户更换最多的地方(分别为 42 名和 46 名)。 这些建筑中有许多公寓的租金仍然低于 1890 年该地区的平均(1 255.92 法郎)，因此，租金的增加可能意味着租户被这个价格迫得离开了该地区。 20 世纪初，租金上涨的模式有增无减，当时整个首都的中产阶级空置率都在下降。 1899 年，租金总收入比前一年增加了 3 万多法郎；1900 年增加了 7.7 万法郎；1905 年租金增加了 4.702 5 万法郎；1906 年增加了 4.963 3 万法郎；以此类推，建筑物的总收入从 1899 年的 247.695 7 万法郎增加到 1913 年的 302.173 1 万法郎。

租户们对这些压力的反应很有创造性。 CFF 的房产记录中还出现了一个比较显著的现象，那就是在其建筑物内，寄住和转租的现象非常突出。 巴黎拥有一个广阔的临时住房的网络。 这种带家具住房

248

（*garnis*）的租赁系统的范围，从只够放一张床的集体宿舍和无窗户的房间，到城市宏伟大厦里的豪华套房；两者间还有一系列信誉捉摸不定的客栈和公寓。[81] 最拥挤和最不卫生的是贫穷的移民和城市失意者的地块，而更舒适的则是富裕的旅行者和游客的住所。 这种住房系统对于管理巴黎庞大的移民和流动人口来说是不可或缺的；1882 年，巴黎近 10% 的居民住在带家具的出租房里。[82] 然而，只出租部分居住空间，特别是出租整套公寓里的一个房间甚至只是一张床的做法，在巴黎并不常见，而在柏林和维也纳等城市，则更是工人阶级住房供给熟悉与重要的部分。 CFF 租户的做法相当于一种中产阶级化的寄住和转租的机制，这一现象使我们对 19 世纪末的家庭现实的理解变得非常复杂。 即使对租客而言，公寓楼也可以为其提供一种财务战略，能够以其关于创业的民间白话来庇护那些民间的创业精神。

将自己住所的一部分租出的个人，是否被视为专业住房提供者而被征税，取决于出租空间的数量和类型、租金中包含的服务以及出租人是否定期转租等因素。[83] 因此，财政调查也包括了对主要租赁者出租房间或带家具的公寓的记述。 他们所缴纳的税种表明了租赁活动的规模：纳第 6 级税的人出租一个以上的带家具的房间或整个公寓，而第 8 级的人只出租一个房间。[84]

有时，评估员的记录还包括关于出租的具体房间及其费用的信息，以及其他能说明交易性质和公寓使用情况的信息。 例如，在 1892 年的记录中，一个名叫贝松（Besson）的人接手了装卸货场大街 12 号两套一楼的公寓的租约，用一家"资产阶级养老院"取代了从前的两个人"吃住"的 CFF 管理处。[85] 1893 年，在美叶大街 27 号，博雷尔小姐（Demoiselle Borel），一个四楼公寓的居民，据称"出租带家具的房间"给两个租客，即两个带家具的房间和一个厨房。[86] 1887 年，在 29 号，"很老"的寡妇梯叶里（Thiery）将她朝院子的一楼公寓中的一个带家具的房间租给了"她住在古斯塔夫·库尔贝大街的经营一家职业介绍所的 32 岁的女儿派来的一名佣人"。[87] 在附近的水泵大街，弗尔邦夫人

(Dame Phulpin)在 1885 年至 1888 年间，利用她在 150 号的门厅的公寓的"额外"空间，将角落里的客厅——这是公寓里窗户最多的房间——以一个带家具的房间的名义租了出去。[88] 即使是这样简短的描述也有助于构建公寓里的家庭生活的形象。 例如，记录里记着，1899 年，在水泵大街 140 号朝院子的夹层公寓里，特里尔小姐（Demoiselle Trille）是一间带家具的公寓的出租人，而注释中进一步说明，她自己租的是三个带家具的房间。 她的公寓包括一个客厅、一个餐厅、一个额外的房间以及一个厨房和厕所，看起来是客厅和餐厅被隔断成了卧室，而公寓中的全部生活空间都拿去出租了。[89]

在 CFF 的记录中，最小的出租房位于美叶大街的 39 号，一个叫迪莫拉（Dumorat）的人在 1893 年获得了出租带家具房间的许可。 他自己在大楼底层的公寓，仅由一个餐厅、一个厨房、一间卧室和一个无窗户的房间——或者不如说是个"储藏柜"——组成。[90] 1896 年在谢弗勒尔街 3 号，欧胡特夫人（Dame Oelhuter）把她位于二楼的三室公寓里又租给了一个房客，这几乎同前者同样小。[91] 这间房里没有预装客厅或餐厅，只有一个厨房和三间带灶台的房间（*piece à feu*），厕所设施在楼道里，与其他房客共用。 这两间公寓的租金都是 450 法郎，是那些可供合租者栖身的公寓中最便宜的。 更常见的是，在 1882 年至 1900 年间，部分公寓的租户为转租支付的租金都在 500 法郎以上；大多数租户的租金在 700 至 900 法郎之间，尽管位于装卸货场大街的 14 号和 16 号楼，有两套出租的二楼公寓的房，每间的价格为 1 100 法郎。 合租者给原来就住在那里的家庭所带来的经济贡献是巨大的。 在维克多·雨果大街，一个租金 900 法郎的公寓，会以 200 法郎的价格出租单间，另一个 850 法郎的公寓，则以 230 法郎出租单间。[92] 仅仅这些数字就证实了 19 世纪末法国首都单间租赁的中产阶级特征。

由于财政记录只记录了主要的租赁者，只是偶尔提到配偶和子女，因此很难辨别在套间中加一个房客是意味着全家挤到一个较小的空间，还是说这种做法利用了额外的、部分使用的或未使用的房间。 许多被

250　列为出租人者——占 CFF 建筑中的四分之三——都是女性，要么是寡妇，要么是小姐，要么是贵妇人，这表明她们的生活并没有男户主。虽然这并不排除孩子的存在，但它可能表明，很大一部分出租人是独居的女性。 对于在经济追求上面临来自社会限制的女性来说，转租是一种赚取或增加收入的稍显体面的方式。 也许它还能满足 19 世纪末巴黎和其他法国城市中稳定增长的老年单身女性对同伴或职业的渴望——无论她们是丧偶还是从未结婚。[93] 不管是什么原因，这都是女性参与商业化房地产市场的一个途径，也许是不情愿的，也许是热情参与的。

　　公寓楼的住宅空间可以在"正常"和"旅店"空间两者间，或者在使用和交换价值间轻松波动。 租户可以在机会合适的时候伺机出租房间，自己当主人。 巴黎在 19 世纪末举办了两次世界博览会，一次在1889 年，另一次在 1900 年，都在城市西区 CFF 所有的建筑附近举办。除了 19 世纪最后几十年巴黎人口的普遍增长外，参与这些活动的游客的涌入可能也促使许多租户将他们的公寓给部分出租掉。[94] 例如，在1900 年至 1901 年间，一位名叫曼西永（Mancillon）的先生就将他位于美叶大街 23 号三楼的朝庭院的公寓的房间租出了不到一年的时间。 租户可以先到一栋楼里住上一段时间，然后再决定开始出租房间，比如迪莫拉先生，在 1893 年申请当出租人之前，他已经在他美叶大街 39 号的公寓里住了两年。 同样的道理，把房间转租掉了的房客也可以是刚住进来就搬出去了；1893 年，博雷尔小姐位于美叶大街 27 号的四层公寓里住了两名房客，但她自己在这栋楼里却只住了一年时间。[95]

　　在其他情况下，转租具有习惯性，甚至是职业性的特点。 在阿尔及利亚地产和农业信贷银行（Crédit Foncier et Agricole d'Algérie）名下的建筑，美叶大街 15 号和 17 号中，一个名叫维拉尔（Villard）的租户在1895 年至 1899 年间，把两栋建筑的一层公寓都租了下来，而这两者恰好相邻，他于是在它们之间开辟了一条通道，并把两家里带家具的房间都租了出去。[96] 转租可能与租户的职业有关。 一位名叫吉永（Guillon）的装饰师，他的生意场所在别致的马勒塞尔布林荫大道上，在 1894 年至 1896 年期间，他在孤拔海军中将大街 7 号留了一套带家具的公寓用于转租。[97] 这是这些品位专家的普遍做法，他们把带家具的公寓当作其产品和技能的展示厅。 同样地，在 1888 年的记录里，助产士普蕾昂 (Préant) 位于美叶大街 41 号的公寓里分租出了一个带家具的房间；助产士通常在客户分娩前后将这样的房间留给孕妇。[98] 在维克多·雨果大道上，在 1885 年至 1888 年间，杂货商巴盖女士 (Dame Baguet) 在 104 号开了一家商店并且住在这栋楼里，在同一时期她还在相邻的 102 号上留了一套带家具的公寓并租了出去。 她既是店主又是房东的双重身份，很容易符合巴黎的传统，即主层的商店租户既转租公寓，又转租整栋楼。[99]

在某些情况下，整栋楼都会被转租。 在维克多·雨果大道 102 号，一位名叫贝尔特·维尔丹 (Berthe Verdin) 的女士于 1894 年租下了位于入口处的一套公寓，在其余房间的租户搬离后，她又获得了该楼其他房的租约。 到 1899 年，她成了全二楼和三楼的四套公寓的主要租户，同时她还出租一楼的一套公寓。 维尔丹也曾到附近的孤拔海军中将大街 1 号去磨练自己的租房技艺，从 1885 年起，她在那里租了两套公寓，提供带家具的出租房，当宿舍管理员 (*maîtresse de pension*)，并为女学生上课。[100] 这种经营方式可能给了她扩大活动范围所需的经验和信心，维克多·雨果大街 102 号后来成了一家著名的酒店，被称为维尔丹酒店[今天的亚历山大酒店 (Hôtel Alexander)]。 位于美叶大街转角处的长田大街 86 号，也成了一栋专门用于出租的带家具房间的建筑，不过它的转型并不那么零碎。 楼房从一开始就被划分为单间出租，每层八个，其租金由底层租户分摊。 提供店内饮酒的红酒贩子德考丹 (Decaudin)，卖牛奶的布里考小姐 (Mademoiselle Bricaud)，以及在册的带家具房间的出租人吕班·谢奈 (Lubin Chainet)。[101] 他们以 150 至 200 法郎的价格出租房间，是附近最便宜的住宿。 如今这栋建筑成了大都会酒店 (Hôtel Métropolitain)。 在西区的其他地方，该司将其位于圣菲利普卢勒大街10号的建筑租给了一家公司，并将其改建为布拉福酒店（Hôtel Bradford）。 这些酒店都位于城市的西端，离香榭丽舍大街仅几步之遥，向被这些日益时尚的购物行政区的声望和消遣所吸引的游客出租带家具的房间和公寓。[102]

虽然在 CFF 资产的整个租赁范围和地理范围内，都存在有寄住的情况，但它还是有一个明确的空间组织。 就 CFF 向市政当局公布的情况而言，寄住主要限于城市新区的中产阶级公寓。 该公司在第 11 区名下的 24 座公寓楼中，只有三个个人出租房间的例子。 同样，地租公司在第 18 区的欧仁苏大街和西马尔大街拥有的 88 栋楼房的租户中，也没有出现一个登记在册的单间出租人。[103]在工人阶级地区，住宿可能没有充分报告，因为税收对这些家庭的收入的来说是个特殊的负担；这些地区的税收记录因而也不太详细。 然而，考虑到许多这两个地区的公寓的租金和面积都与第 16 区的一些接待寄住者的公寓相当，这种差异仍然很惊人。 据报道，在 16 区和 17 区的税收调查中，几乎每条街道的 CFF 房产都有寄住者和寄住房。 16 区的美叶大街和 17 区装卸货场大街的寄住的集中程度尤为明显。 几乎每一栋公司在美叶大街名下的建筑，以及同一街道上其他公司实体名下的建筑，都有几个租户把带家具的房间和公寓又租了出去。 CFF 在装卸货场大街的建筑中都有多个租户，他们在 19 世纪的最后几十年里不时要把单间再转出去。 周围那些不属于 CFF 的建筑也显示出类似的密集寄住的活动模式，而且到了间战期，这条街上还又建了许多寄住房。[104]这些模式证实了最近一项关于带家具住房的研究的结果，后者重点描画了首都巴黎的寄住在空间上的集中趋势。[105]

虽然这些资料无法回答关于寄住对那些提供寄宿的者是否有用的问题，但可能是在这些建筑的住房成本稳步上升——大多数登记在册的转租人在 19 世纪 90 年代开始出现，是因为 CFF 正在提高租金——以及邻居的例子的共同促使下，这一现象变得普遍了。 毋庸置疑的是，CFF知道（也许鼓励）其租户的转租倾向。 当时的标准租约要求这些活动必须得到地产所有者的授权，尽管这种禁令自然无法阻止非正式的寄住生意，但向税务官员登记的趋势表明，还是有许多人公开进行了他们的活动。此外，在这些建筑物内都有 CFF 的雇员，因此也很难说寄宿者的来往会不被人注意。尽管它在城市中无处不在，但带家具的住房——特别是工人阶级住房——还是被广泛认为是不光彩、不受欢迎的。由廉租房团体建造的住房明确禁止转租，后来关于廉租房的法律即规定，个人住房不得让一个以上的家庭来居住。[106]中产阶级的带家具的住房也不免受到怀疑。转租有家具的房间的业主或租户要接受警察的检查，尽管这些规定似乎应用得比较宽松，但它们还是将有家具的出租房置于一个单独的控制机制之下，使其与可疑的个人和行为联系起来。房主要提供带家具的房间或公寓的话，就会被要求公开用黄色标志来标识房子（不带家具的出租房则用白色标志），法院承认这种标志可能会侵犯那些早就入住的租客的权益，因为他们"开始租房的时候，房子还是以非商业用地状态出租的［louée bourgeoisement（即当时还是'正常'的、不带家具的住宅出租房）］"，而如果带家具的出租房增加了，则"必然会导致租户更频繁的更换，招致更多的访客、更多的噪音、更少的安全"。[107]

不过，CFF 很简单就接纳了这种做法。如果说，该公司担忧如何保护其资产组合和声誉的说法可信，那么也许对寄住的责难被夸大了——一种关于合租的破坏性滥交的道德化论述的产物——或者说它根本不适用于这些建筑中的中产阶级寄住现象。从出租的空间类型和费用来看，显然转租者和他们的寄住者都不是城市居民中最穷困的人。转租、寄住以及随之而来的地区品牌效应一方面能帮助租户履行其租金义务，另一方面则能帮助公司不断寻找新租户。位于维克多·雨果大道 102 号、长田大街 86 号和圣菲利普卢勒大街 10 号的大楼满足了一系列个人的需求，使公司的租赁网络多样化。最后一点，分租人的存在，将一些管理任务（和维护费用）转移给了宿主。

所有这些都表明，由 CFF 监管的住宅景观，已经彻底商业化了。

企业所有者促进了家庭空间的调整，以达到创收的目的，其结果是私人空间在多个层面上被调动起来用于生产目的。 这种地产中间人的分层，则构成了对投资公司将管理和所有权分离的倾向的一种补充，并使未来之区成了住房业务的地区典范。

CFF 的金融业务给第三共和国早期巴黎的建筑景观增加了数百栋新的公寓楼。 在公司的支持下，不管在东巴黎还是西巴黎，左岸还是右岸，投机者都建造了有着越来越标准化的住房组合的建筑。 他们增添了道路改造，安装了公共设施，并建造了整条街道，以公共和私人开发活动为基础来选定地点，并促进了"潜在"的地区的界定。 在大多数方面，该公司在城市中传播的建筑形式，促进了既存的社会阶级的地域化——在开发商确定某阶级不"属此处"的地方，就不会出现真正的富人或工人阶级住房。 然而，许多开发项目也导致了混合景观，反映了还在形成之中的街区。 关注这些建筑建成后的演变，可以发现它们作为社会空间的不同用途。 重要的是，使这些建筑得以问世的市场情况，揭示出建筑管理在界定特定空间的社会用途的可能性条件方面的关键作用。

CFF 主持下建造的建筑只代表了这一时期房地产开发和管理公司建造的新建筑中被记录在案的最好的一部分。 诸如地租公司、阿尔及利亚地产和农业信贷银行、里昂地产和法兰西建筑公司等公司，只是在19 世纪 80 年代的建筑热中涌现的几所最大的企业，它们在巴黎建造和管理着成千上万的公寓大楼。 从如地产保险（La Foncière）这样的保险公司的泛滥的投资组合，到蚂蚁不动产（La Fourmi Immobilière）这样的工人阶级适度持股的资本化投资项目，这些企业将大规模的公司地产所有权和物业管理现象引入了法国首都。[108]企业主为监督其房产的管理而建立的中间人的网络，既囊括了房产界的新角色，如不动产中介和物业管理办公室的工作人员，也包括传统的角色，如包租人。 这些做法突出了住宅物业管理的专业化这一越来越明显的趋势，而专业的中间机构则更彻底地融入了租赁经济，而且业主组织，如地产公会，则为城市业主阐明了一个基于住房供给和财富管理的提供专家服务的角色。

城市范围内的公司所有权代表着对其时地产商业化趋势的充分表现。企业所有者的管理政策是由利润最大化的要求决定的，这种要求来自他们的生意形式和融资机制，正是这些机制给他们最初的建筑生产和收购提供了保证。作为股份制企业，其财务状况基于其资产的估值和为投资者创造分红的能力，这些公司追求利润最大化而不考虑其他问题。在这个过程中，他们发展出一种话语和管理方法，将房地产和公寓经纪建构成一种迎合住房消费者大众市场的服务。

这些空间里的商业物件的演变，同时也是对活生生的历史中的一些关键因素的讨论，它为我们提供了一个案例研究，即在企业房地产开发中发挥作用的理性、效率和标准化的律令，是如何为既存的社会空间和不可预见的市场条件所影响和改变的。这一商业物件在史家书卷里，往往被认为，仅仅研究它的交换价值就足够了，但是我们在此对其使用价值的研究，则打开了一扇了解特定城市环境中的家庭内世界的窗口；它还表明，在地性和历史偶然性的作用，正如金融市场只是在城市空间的生产和分配中才发挥起更重要的作用。这些建筑所经历的某些适应性，是为了容纳新的空间，以满足街区的现有需求，而其他的改造适应——比如鲜为人知的中产阶级寄住和分租的突出表现——则突出了街区强加在其住民之上的需求，是如何在新的金融组织的影响下，发生转变的。这些类型的适应性的出现，说明了为什么关于建筑空间及其与城市环境的关系的历史书写，不能停留在一栋公寓楼、甚至是整个公寓楼区域的生产之上，而必须考虑这些结构所产生的有意和无意的社会空间。

注释：

[1] Archives de la Préfecture de Police de Paris（后文简称 APP）BA 486：Rapport, Commissariat de Police du Quartier St-Ambroise, 25 juin 1882。

[2] Patrice de Moncan, *A qui appartient Paris*?（Paris：Mécène, 1997），39.

[3] *Annuaire des propriétaires et des propriétés de Paris, des administrateurs*

335

d'immeubles，*des architectes*，*et des fournisseurs de bâtiment*，1910，1932。

［4］地租公司自己直接拥有 150 座建筑，还和通用不动产公司合作，在马波夫街区的项目中又要管理另外 50 栋建筑。

［5］Archives du Crédit Agricole，DEEF 19377/2：Rente Foncière. Assemblée générale，11 avril 1881. Rapport présenté au nom du Conseil d'Administration par M. le Baron Haussmann，président，29；Archives Nationales du Monde du Travail（后文 ANMT）65 AQ I 102：Compte Rendu présenté au nom du conseil d'administration de la Compagnie Foncière de France，par M. Sauret，président. Exercice 1884，14—15。 除非另有说明，所有法兰西地产公司的年度报告都见于国家档案馆的这个合集中，以下将简单地引用报告的缩写标题。

［6］Jean-Philippe Dumas，"Représentation et description des propriétés à Paris au XIXe siècle：Cadastre et plan parcellaire," *Mélanges de l'École Française de Rome*，*Italie*，*et Méditerranée* 111，no.2(1999)：779—793。

［7］关于法律和官僚领域中图形表象之罕见使用，见 Robert Carvais，"Servir la justice，l'art et la technique：Le rôle des plans，dessins et croquis devant la Chambre royale des Bâtiments"，*Société et Représentations* 18，no.2 (2004)：75—96；and Daniel Lord Smail，*Imaginary Cartographies*：*Possession and Identity in Late Medieval Marseille* (Ithaca，NY：Cornell University Press，2000)。

［8］Archives de Paris（后文简称 AP）D.2 P4 49：Commission des Contributions Directes de la Ville de Paris，*Evaluation des propriétés bâties de la Ville de Paris effectuée en 1888 et 1889*：*Procès-verbal des opérations*(Paris，1890)，5。

［9］例如，许多租约登记在市府册册上的租户，并没有出现在笔记簿上。 第 16 区的，见 AP D.Q7 26037—26042。

［10］对于最近对巴黎 19 世纪末的公寓房（虽然不一定是投机性建筑）内的社会关系的探索，参考 Eliza Ferguson，"The Cosmos of the Paris Apartment：Working-Class Family Life in the Nineteenth Century"，*Journal of Urban History* 37，no.1 (January 2011)：59—67。

［11］Carolyn Loeb，*Entrepreneurial Vernacular*：*Developers' Subdivisions in the 1920s* (Baltimore：Johns Hopkins University Press，2001)。

［12］Onésime Masselin，*Formulaire d'actes et notice sur la législation et l'utilité des sociétés anonymes immobilières par actions*(Paris：Ducher et Cie，1880)，7。

［13］Monique Eleb-Vidal and Anne Debarre-Blanchard，*Architecture de la vie privée*：*Maisons et mentalités*，*XVIIe—XIXe siècles*(Brussels：Archives d'Architecture Moderne，1989)；Monique Eleb and Anne Debarre，*L'invention de l'habitation moderne*：*Paris*，*1880—1914*(Paris：Hazan，and Archives d'Architecture Moderne，1995)。

［14］Bibliothèque Historique de la Ville de Paris（后文简称 BHVP）Actualités Série 78，Logement：Press clipping from the *Revue des Conférences*(n.d.，n.p.)。 也见 "Compagnie Foncière de France et d'Algérie," *La Réforme du Bâtiment*，July 17，1881，117—118。

［15］CFF，Compte Rendu(Exercice 1881—1882)，5。

［16］Ibid.，6—7。

［17］Archives du Crédit Agricole，DEEF 29193：Études financières sur des sociétés immobilières，Compagnie Foncière de France(Juillet 1892)，23。

［18］CFF，Compte Rendu(Exercice 1881—1882)，8。

［19］该公司在 1925 年的报告的总结部分里提及："诸股东的全部地产，在资产负债表上的体现还是为 57 943 709.99，这个数字表示的是有关地产的业务所涉及的债务金额，而不是购买价格或建筑物的估计价值。"［CFF，Assemblée Générale Ordinaire du 24 juin 1925(Exercice 1924)，5—6。］

［20］Archives du Crédit Agricole，DEEF 29193：Compagnie Foncière de France，Étude，juillet 1892，7。

［21］CFF，Compte Rendu(Exercice 1884)，9，黑体为原文所加。

［22］Ibid.，11。

［23］CFF，Compte Rendu(Exercice 1881—1882)，6—7。

［24］O［nésime］Masselin，"Des effets du krach de la Bourse sur les opérations immobilières(suite)，" *Le Foncier*，March 28，1882.

［25］Georges Grison，"Une cité ouvrière à Paris，" *Le Figaro*，September 24，1884.

［26］César Daly，*Architecture de la vie privée au XIXᵉ siècle (sous Napoléon III)*：*Nouvelles maisons de Paris et des environs*(Paris：A. Morel et Cie，1864)，25.

［27］CFF，Assemblée Générale Ordinaire du 13 mai 1886(Exercice 1885)，12.

［28］CFF Assemblée Générale Ordinaire du 29 avril 1887(Exercice 1886)，20.

［29］Ibid.

［30］Archives du Crédit Agricole DEEF 47354/1：Rente Foncière，Assemblée Générale du 27 avril 1896. Rapport présenté au nom du Conseil d'Administration par M. Coureau，vice-président，14—15.

［31］例如 AP D8U1 86(Justice de Paix，11ᵉ arrondissement，1889—1890)。1889 年 4 月，Mitrier 夫人被地租公司赶出了莫雷大街23号，原因是拖欠租金20法郎；同月，CFF 将 Collin 夫人从谢弗勒尔大街8号赶走，原因是拖欠租金90法郎。

［32］空置率由 BHVP Actualités Série 78，Logement 的数据计算得出：Conseil Municipal de Paris，Rapport，présenté par M. Alfred Lamouroux，au nom de la 1ʳᵉ Commission，sur la valeur locative actuelle des propriétés bâties de la ville de Paris，en exécution de la loi du 8 août 1885(Paris：1888)；and P. Simon，*Statistique de l'habitation à Paris*(Paris：Librairie Polytechnique Baudry et Cie，1891)。

［33］CFF Compte Rendu(Exercice 1881—1882)，7.

［34］CFF Compte Rendu(Exercice 1884)，13.

［35］Archives du Crédit Agricole，DEEF 47354/1，Assemblée Générale du 27 avril 1896，Rapport présenté au nom du Conseil d'Administration par M. Coureau，vice-président，12.

［36］AP D.1 P4 98，rue des Belles Feuilles，1876.

［37］税务评估员注意到，1886 年 1 月，该公司位于第 16 区美叶大街的建筑里，就已经住了许多租户，尽管这些建筑1885年才开建，到1888年都还处于不同的开发阶段：19号有5个租户，21号有4个，23号有3个，25号有4个，39号有5个，41号有7个。AP D.1 P4 98，rue des Belles Feuilles，1876.

［38］AP VONC 694：Direction des Travaux de Paris，2ᵉ Division，2ᵉ Bureau，Grande Voirie Répertoire(1881—1883).

［39］Michel Pinçon and Monique Pinçon-Charlot，*Quartiers bourgeois，quartiers d'affaires*(Paris：Éditions Payot，1992)，chaps.1 and 2.

［40］AP VO11 949，rue du Débarcadère.

［41］CFF Compte Rendu(Exercice 1883)，5.

［42］人口密度最高的区是第 3 区(733 人/公顷)、第 2 区(689 人)、第 4 区(613 人)、第 11 区(560 人)和第 10 区(541 人)。Commission des Contributions Directes de la Ville de Paris，*Les propriétés bâties de la ville de Paris en 1889 et en 1890*(Paris：Imprimerie Nationale，1890).

［43］AP D.1 P4 766，rue de Montreuil，1876.

［44］这些新街道包括：Rue du Trésor(第 4 区)、Cité Vaneau(第 7 区)、Rue Saint-Philippe du Roule(第 8 区)、Rue Alfred Stevens(第 9 区)、Rue Civiale(第 10 区)、Rue Chevreul(第 11 区)、Rue d'Alençon(第 15 区)，以及 Rue de l'Amiral Courbet、Rue Gustave Courbet 和 Rue Bosio(第 16 区)。

［45］市政工程师的评估表明，在美叶大街(16 区)和佩雷林荫大道(17 区)的西部建成后的几年里，属于 CFF 的楼房一直是唯几能有足够宽的人行道的建筑。可参考 AP VO11 2629，boulevard Pereire，and AP VO11 261，rue des Belles Feuilles。

［46］在第 18 区的西马尔大街，由建筑师 Paul Fouquiau 建造并由地租公司买下的建筑物立即配备了完整的人行道；而西马尔大街的旧片区到19世纪80年代末仍然没有有完备监管的人行道，尽管该地业主和市府间关于建造人行道的谈判在19世纪60年代末就已开始了。AP VO11 3464，rue Simart.

［47］AP VO11 3372，rue Saint-Philippe du Roule，Demande de Classement.Rapport，9 février 1886.

[48] AP VO11 2646, boulevard Pereire; Archives Nationales, Minutier Central des Notaires, ET/CIII/1490, Me. Latapie de Gerval, 27 et 29 juillet 1881, Vente par la Société Pereire à M. Minbielle; 27 et 29 juillet 1881, Vente par la Société Pereire à M. Deremble.

[49] CFF Assemblée Générale Ordinaire du 21 mai 1889(Exercice 1888), 5—6.

[50] Émile Rivoalen, "Promenades à travers Paris," *Revue Générale de l'Architecture et des Travaux Publics*, ser.4, vol.10(1883), 66; César Daly, *Architecture de la vie privée*, 1:16.

[51] 在提到建筑物的故事时，我使用了地籍调查所提供的词汇，这些词汇构成了本章的主要资料基础。 位于底层正上方的"夹层"通常被称作第一层，其上方的楼层为第二层，而不是第一层，以此累加。

[52] 见 AP VO11 3921, Boulevard de la Villette; AP D.1 P4 1199, Avenue Victor Hugo。 附近的詹森中学旁的"美叶"建筑群组的院子则要小得多，这反映出，其建造是由几个不同的建筑师和建筑企业家负责的。

[53] Daly, *Architecture de la vie privée*, 1:19.有服务楼梯的建筑包括位于 Cité Vaneau(7 号)和 Rue Saint-Philippe du Roule 及 Rue du Faubourg Saint-Honoré(8 号)的上层阶级建筑，位于 Rue d'Alençon(15 号)、Rue de la Pompe(16 号)和 Rue de l'Amiral Courbet(16 号)的一层一套间的建筑，以及位于 Boulevard Pereire 和 Rue du Débarcadère(17 号)的公司名下的建筑。

[54] Rue de Montreuil(11 号)、Rue Civiale(10 号)、Rue du Mont-Cenis(18 号)、Rue Salneuve(17 号)的房屋以及 16 区的一些建筑也是这种情况。

[55] AP D.1 P4 525, rue Gustave Courbet, 1876.

[56] "Rapport présenté par M. Muller, au nom de la 1re Sous-commission, relativement au projet de cahier des charges des travaux de construction des maisons à petits loyers ...," in *Monographies municipales; Les logements à bon marché; Recueil annoté, par Lucien Lambeau*(Paris: Imprimerie Municipale, 1897), 221—226.

[57] "Formation d'une association syndicale pour la gestion et l'entretien en état de viabilité de la cité Vaneau; 4 mai 1900," *Recueil des Actes Administratifs, Bulletin Officiel d'Information de la Préfecture de Paris et de la Préfecture de Police*(1900), 362—370.

[58] AP D.1 P4 262, rue Chevreul, 1876; AP D.1 P4 149, rue des Boulets, 1876.

[59] Archives du Crédit Agricole, DEEF 19377/1, Crédit Foncier et Agricole d'Algérie, Assemblée générale du 28 mai 1887, Compte rendu, 28; DEEF 19377/2, Rente Foncière. Assemblée générale ordinaire et extraordinaire, 30 avril 1885, Rapport présenté au nom du Conseil d'Administration par M. Félix Thoureau, président, 20; DEEF 47354/1, Rente Foncière. Assemblée générale ordinaire, 7 avril 1892, Rapport présenté au nom du Conseil d'Administration par M. Félix Thoureau, président, 16.

[60] 这种做法在英国被称为"种房"（farming）；它通常要牵涉好几栋房子，而且特别与工人阶级的住房管理有关。 参考 M. J. Daunton, *House and Home in the Victorian City; Working-Class Housing, 1850—1914* (London; Edward Arnold, 1983), 174—175。

[61] Archives du Crédit Agricole, DEEF 47354/1; Rente Foncière, Assemblée générale ordinaire du 7 avril 1892, Rapport, 17.

[62] 在铁球大街上，道路两边的房屋（4—12 号）被租给了 Durand, 他还租了谢弗勒尔大街上的 3、5、7 号，可能还有 11 号。 这些建筑彼此相邻，共享院落空间。 AP D.1 P4 149, rue des Boulets, 1876; AP D.1 P4 262, rue Chevreul, 1876.

[63] AP D.1 P4 1199, avenue Victor Hugo, 1876.

[64] AP D.1 P4 653, rue de Longchamp, 1876; AP D.1 P4 525, rue Gustave Courbet, 1876.

[65] AP D.1 P4 336, rue du Débarcadère, 1876; AP D.1 P4 1167, rue d'Uzès, 1876.

[66] Archives du Crédit Agricole, DEEF 47354/1; Rente Foncière Assemblée générale du 16 janvier 1897. Rapport du Conseil d'administration, résolutions de l'assemblée, 5—6.

[67] 关于房地产投资公司的品牌战术，见 Russell James III, "Customer Satisfaction

with Apartment Housing Offered by Real Estate Investment Trusts(REITs)", *International Journal of Consumer Studies* 33(2009):572—580。

［68］Archives du Crédit Agricole，DEEF 47354/1：Rente Foncière Assemblée générale du 16 janvier 1897. Rapport，5—6.

［69］BHVP Actualités Série 78，Logement：Publicity flyer，Rente Foncière，n.d. (ca. 1900).

［70］Archives du Crédit Agricole，DEEF 47354/1：Rente Foncière，Assemblée générale du 30 avril 1913，Rapport du Conseil d'administration，rapport des commissaires-censeurs，résolution de l'assemblée，8.

［71］Archives du Crédit Agricole，DEEF 47354/1：Rente Foncière，Assemblée générale ordinaire du 7 avril 1892，Rapport，16，17—18.

［72］Archives du Crédit Agricole，DEEF 47354/1：Rente Foncière，Assemblée générale du 25 juillet 1896，Rapport du Conseil d'administration，rapport des commissaires-censeurs，résolution de l'assemblée，19，21.

［73］CFF Assemblée Générale Ordinaire du 19 juin 1907(Exercice 1906)，15.

［74］CFF Assemblée Générale Ordinaire du 28 mai 1890(Exercice 1889)，13.在同一时期，地租公司也把许多商业租房给转型了(Archives du Crédit Agricole，DEEF 29193：La Rente Foncière，Étude Avril 1892，Décembre 1894)。

［75］CFF Assemblée Générale Ordinaire du 17 juillet 1893(Exercice 1892)，17.

［76］"Déposition de M. Fernoux，architecte：Séance du 5 mars 1884," in Chambre des députés，"Procès-verbaux de la commission chargée de faire une enquête sur la situation des ouvriers de l'industrie et de l'agriculture en France et de présenter un premier rapport sur la crise industrielle à Paris," *Annales de la Chambre des Députés*，*Documents Parlementaires*，12(Paris，1884):112.

［77］Archives du Crédit Agricole，DEEF 19377/2：L'Union immobilière des capitalistes，des constructeurs et des propriétaires fonciers，Conseil d'Administration，rapport，Assemblée générale 1er mai 1888，13.

［78］ANMT 65 AQ I 26：Compagnie du Parc de Bercy，Rapport du Conseil d'Administration à l'Assemblée générale des Actionnaires，1880.

［79］Leménil 的公司只有 240 万法郎的股本，而地租公司在 1887 年有 2 200 万，CFF 在 1888 年有 2 500 万；它和贝尔西公园有限责任公司都没有在交易所交易，尽管 Leménil 的公司的股票确实在非官方的交易所交易。

［80］AP D.1 P4 8，rue d'Alençon，1876；CFF Assemblée Générale Ordinaire du 21 mai 1889(Exercice 1888)，14.

［81］Alain Faure and Claire Lévy-Vroelant，*Une chambre en ville：Hôtels meublés et garnis à Paris，1860—1990*(Paris：Créaphis，2007)，esp. pt. 2，"Le 'système du garni' parisien au XIXᵉ siècle et dans le premier XXᵉ siècle," by Alain Faure，44—170.

［82］Faure and Lévy-Vroelant，*Une chambre en ville*，31，36.

［83］请参阅 Félix Lebon and M. Hallays-Dabot 有关该主题的法理学的总结，*Jurisprudence du Conseil d'État*，*statuant au contentieux pendant les dix dernières années*(Paris：M. D'Escrivan，1859)，255—257。

［84］见 Journal du Palais 的 "logeurs" 条目，*Répertoire général contenant la jurisprudence de 1791 à 1850*(Paris：Bureau du Journal du Palais，1850)，9：173—174。

［85］AP D.1 P4 336，rue du Débarcadère，1876.

［86］AP D.1 P4 98，rue des Belles Feuilles，1876.

［87］Ibid.

［88］AP D.1 P4 900，rue de la Pompe，1876.

［89］Ibid.

［90］AP D.1 P4 98，rue des Belles Feuilles，1876.

［91］AP D.1 P4 262，rue Chevreul，1876.

［92］AP D.1 P4 1199，avenue Victor Hugo，1876.

［93］Michele Perrot，"Le genre de la ville," *Communications*，no.65(1997):149—163；Jean-Paul Barrière，"Les veuves dans la ville en France au XIXᵉ siècle：Images， rôles，types sociaux，" *Annales de Bretagne et des Pays de l'Ouest* 114，no.3(2007)：169—194.关于其他地方的时髦住宅区中寡妇的聚居问题，参看 Richard Wall，"Elderly Widows and Widowers and Their Co-residents in Late-Nineteenth- and Early-Twentieth-Century England and Wales，" *History of the Family* 7，no.1(2002)：139—155。

341　　　　［94］《新闻报》在 1890 年刊登了一篇关于在转租公寓中发生的犯罪的报道；主要的当事人是叫 Pusin 夫人，她在自己位于 Rue d'Anjou 的住所附近的一栋楼里租出了一套底层公寓，并解释说："在世博会期间，我想通过这套公寓赚钱，我雇了一家中介公司为我找到一个转租人。"参看 "L'affaire Gouffé"，*La Presse*，January 25，1890。

　　　　［95］AP D.1 P4 98，rue des Belles Feuilles，1876.

　　　　［96］Ibid.

　　　　［97］AP D.1 P4 25，rue de l'Amiral Courbet，1876.

　　　　［98］AP D.1 P4 98，rue des Belles Feuilles，1876.技术性地来说，助产士不应该当这种房间的出租人，也不应该为此被征税。

　　　　［99］Jean-Louis Deaucourt，*Premières loges：Paris et ses concierges au XIXe siècle* (Paris：Aubier，1992)，63—66.

　　　　［100］AP D.1 P4 25，rue de l'Amiral Courbet，1876.

　　　　［101］AP D.1 P4 653，rue de Longchamp，1876.

　　　　［102］与位于巴黎西沿的许多大使馆相关的外国旅行者也是一个重要的客户群。 例如，布拉福酒店就曾在 1906 年上过 *La Revue Diplomatique* 一刊，被当作"第一流的。摩登的设施"来宣传(1906 年 6 月 3 日)。

　　　　［103］据描述，在 1893 年至 1898 年间，西马尔大街 39 号的一套公寓被两个人(Perce 和 Bitault 夫人)所瓜分；这套公寓包括厨房、厕所、餐厅和另外三个房间，租金为 600 法郎(AP D.1 P4 1099，rue Simart，1876)。

　　　　［104］AP D.1 P4 336，rue du Débarcadère，1876；AP D.1 P4 1693，rue du Débarcadère，1901.

　　　　［105］Faure and Lévy-Vroelant，*Une chambre en ville*，79—80.

　　　　［106］例如，可参考 Société des Habitations Ouvrières de Passy-Auteuil 制定的规则，它禁止家庭被"减少支出的诱惑"所吸引、铤而收纳寄宿者(ANMT 65 AQ I 241：Émile Cheysson，"La Société Anonyme des Habitations Ouvrières de Passy-Auteuil：Communication faite à la Société d'Economie Sociale, dans sa séance du 23 avril 1882，" 3)。 Alfred Leybach，*Les habitations à bon marché，la petite propriété，le bien de famille insaisissable* (Paris：Epinal，1910)，161—162.

　　　　［107］Decisions of the Cour de Paris(4th Chamber，June 25，1857) and the Tribunal Civil de la Seine(5th Chamber，June 16，1855)，引自 Émile Agnel，*Code-manuel des propriétaires et locataires de maisons，hôteliers，aubergistes et logeurs*(Paris：Cosse et Marchal，1874)，559。

342　　　　［108］Corliss L. Parry，"European Insurance Companies and Real Estate：With Particular Reference to Housing，" *Journal of Land & Public Utility Economics* 16，no.3(August 1940)：294—305.

尾声

非法投机与不可能的市场

在间战期，《不动地产月刊》发表了一篇文章，房地产专家吕西安·拉格拉夫向读者提供了一份房地产市场演变的年表。他认为，从19世纪中期开始，"住宅不再是简单一个住房的物质装置，而越来越多地被视为收益的源泉。房屋的建造恰恰是为了产生收益"。"有房租收入的房屋(immeuble de rapport)"（也就是所谓的公寓房），成为定义了房地产市场的商品。拉格拉夫认为，这一现象改变了整个城市的经验，将城市从简单的聚集性实体变为具有共同经济目的的诸单元。此外，他还分离出了一个第二阶段，这个阶段大约发生在第一次世界大战之前，在此，城市地产成了一种资本形式，"其作为经济组成部分的重要性，将与交易量直接相关……无论有意无意，乃至当事人对此有无清晰的理解，建筑物都与消费直接相关"。他简明扼要地总结道："简而言之，建筑被商业化了。"[1]

楼房的商业化指的是一些拉格拉夫并没有详细说明的相互关联的现象。毕竟，在19世纪，致力于将房地产的生涯，转变为某种商业物件的中介人、法律、经济情势和政治冲动都过于繁多，而且很难还原。

他解释道，这种漫长的演变"有一个很大的缺点，那就是它发生得太自然了；它没有引起人们的注意，到现在也没被人注意到。"[2]如果拉格拉夫是正确的话，这种自然演变的表象本身就成了房地产商业化过程的一部分，这个过程既不是自动的，也不是不可避免的，但它的正常展开，却往往符合支持者的利益。然而，在真正意义上，它并没有被忽视。 记者抱怨企业生产过剩，警察专员正确地诊断出股东对租金水平的影响；抵押贷款改革者努力将地产的价值从其土地根源中解放出来，民选代表努力调和城市开发与城市公民身份间的关系；房地产中介艺术化地安排和宣传其商品，投机者则交易抵押贷款转让和购买权——无论是以之为天职还是憎恨之，房地产的新型商业都是一支国民政治经济中明确无误的力量。 拉格拉夫在写作时，他所感兴趣的地产商业化，也远没有达到霸权的地步。 他自斥为不可能实现的集中化房地产市场的梦想，其热忱的拥护者仍然可望而不可即，而诸如过半损害解约（rescision pour lésion d'outre-moitié）这样的法律教条的持存——该条款允许不动产的卖方在遭受超过一半价值的损害时，可以寻求损害赔偿或宣布销售无效——则维持了这样一种假设，即不动产具有独立于市场的内在可识别的价值。 此外，人们持续地对革新国家地籍和地产登记制度的反对则说明，地产仍然是种有问题的产品。 历史学家阿兰·波蒂奇（Alain Pottage）在英国的案例中写道，产权登记的胜利标志着"从契约地产向真正意义上的地产的过渡"，那么如其所言，将法国地产从一个"无可挽回的不确定"的机制转变到一个"有所预设"的机制之中的必要条件，还没有出现。[3]

然而，战争给房地产的市场状况带来了重要的变化，这无疑促成了拉格拉夫描述下的商业化看似不可避免的情况。 在世界大战的空前局势之中，强加于住房并延伸到房地产市场之上的条件，在进一步巩固住房商品的商业地位方面发挥了重要作用。 战时动员紧接着停租——起初是临时性的，然后到 1916 年就制定了更永久性的——最初是仅限社会供给和公共秩序的措施，但很快就被动员起来的租户团体及其代表纳入了消费者权利的话语中。[4] 停租还树立了许多租金和地产的类别，使住房市场明显复杂化，同时还减缓了不动产投资。 从这一时期开始，业主和租户之间的自由契约，被一个管理住房关系的特殊机制所取代。 悖论的是，随着住宅空间脱离了自由的市场条件，它却被越来越明确地定义成了商品（例如，如今法国的业主-租户关系，由负责消费者保护的法规调节、由相关的机构管理）。此外，对这一专门制度的反对，则在其"他者"周围联合了起来，后者即被颂扬为一种普遍利益的住房的自由市场，业主协会和建筑企业家广泛需要这一市场，尤其是那些并未从战时兴起的公共住房建设中受益的人。

这一专门的租赁制度中有一项构成性的措施特别重要。由于担心和平时期或者说专门租赁制度结束或放宽后，房租可能会出现残酷上涨，立法者在 1919 年提出了一项法律，规定非法投机租金为违法行为。这项法律试图将先前控制战时各种商品投机的立法原则应用于城市住房，并对任何有夸大租金水平、超出供求关系决定的"自然"限制之嫌的个人进行问责。[5] 但将立法扩大到住房，其合法性是值得怀疑的。从法律上讲，由于租房是一种民事行为而非商业行为，在商业领域构成非法投机的几个必要因素要么不存在，要么在涉及住房时难以量化。一位法律评论家总结说："事实是，没有租金市场，没有集中供应交易所，没有任何能使供求关系透明的东西。各个街区形成不同的市场，价格也根据每个客户的需求适用而不同；供求规律的影响非常小。"[6] 那么，立法者在想着规范住房市场的时候，会发现自己毋宁说是在创造一个市场，或者说至少是在建立一个其条件适合公共干预的市场。1919 年的法律认识到信息网络在这一市场运作中的核心作用，从而规定要求房产所有者和管理者，都在其建筑物上张贴其可提供的公寓的布告。这是立法者试图防止商品"囤积"的一种手段，长期以来，投机行为在法律上都同囤积有所关联。[7]

战后不久，组织起来的租户团体，就特别关注房产所有者同房地产中介联起手来掩盖可用住房的存在并操纵其商品价格的能力。对住房市场有阴谋论的指责很多。1919 年 5 月，众议院的一位来自巴黎的代表写道："现在已经没有'出租'的标志了；似乎业主协会建议其成员收起所有的标志，以便提高租金的价格。"他继续道，更重要的是，"走在大街上找房往往是无果的；你不得不在要价不菲、玩世不恭的中间机构手上接受屈辱的待遇，他们与业主和门房勾结，产生了一个新的产

259

业"。[8]在巴黎警察局局长 1919 年初给司法部长的一封信中,他同意道,一些业主在他们的公寓有空房时却没有公布,尽管他认为这不是为了抬高市场价格,而是因为他们害怕纳入一些有了新立法撑腰就难以驱逐的租户。[9]

第一次世界大战期间,地产商与其他许多商业中介机构都遭遇了同样的命运,他们被指控利用环境来操纵市场,牺牲消费者利益。 1919年,租户一方的辩护人莫里斯·莫兰(Maurice Maurin)写道:"建筑经理和公寓租赁机构之间有着可耻的、不道德的勾结",他指责这些机构为人为维持高租金而垂钓。[10]一份报纸发表了一篇记录在首都寻找住房的文章,文中表示惊讶,尽管完全没有"出租"的标志,但搬家的卡车却堵住了街道。 文章作者请了一位搬家业的朋友解释这一情况,却被告知,公寓非常多:"想要房子住的聪明人——他们的钱包足够充裕——通过某些机构,就能够得到他们想要的东西。"[11]该行业的批评者称,一战后住房市场的情况,使房地产中介处于对分销网络的支配地位。 公众对住房的绝望又加强了这种动态,因为个人会为体面的公寓支付巨额佣金,并欣然提供"认购费",以期获得一间中介公司在其诱人的橱窗中摆开宣传的公寓。[12]

为了面对就他们所知的房地产中介对信息的日益垄断,这一用"宣传栏和阴暗的租赁局"来威胁取代民主的、基于地方的招牌网络的做法,住房活动家呼吁建立市政租赁办公机构。[13]所有业主都必须立即向位于城市每个区的办公机构申报他们的空屋。 莫兰用了很容易让人联想到一个王婆卖瓜的房地产中介的语气,来描述找房的过程会如何因此而更有效率。"无需去街区和街道里苦觅,无需爬上爬下一个又一个的楼层,无需与无礼的门房打交道,无需忍受他们令人厌恶的敲诈。您想住在一个指定的地区、街区还是某个指定的区域里吗? 这很简单,您去市政厅,查阅一个表格或一个专门的登记册,就能立即看到自己是否能找到价格、尺寸、地面等方面合适的东西。"[14]住房改革论者、城市主义者、塞纳省议会成员亨利·塞利耶(Henri Sellier)也提倡建立类似的机构，他惊讶于为什么首都的住房市场还没有这样一个宝贵的机制。 他说，虽然理性已经进入了现代生活的其他方面，但"在大巴黎这个巨型都市圈里，居民在找房时，除了中世纪的手段外，竟然没有其他可供支配的手段了"。 没有一个集中的租赁局，非常不合理，乃至几乎无法想象，简直可以同"一个现代城市的居民除了蜡烛之外没有其他照明手段"这样的想象相比较。[15]

　　房地产中介已经习惯了人们对其职业的普遍漠视以及可能油然而生的轻视甚至指责。 但是，一战后住房市场的政治，要比他们以前所面临的任何政治，都更具挑战性。 该领域的几个主要代表，通过成立法国不动产中介联合协会以伺保护。[16]该协会由埃德蒙·拉吉耶（Edmond Largier）担任主席，他是巴黎的一位知名的房地产中介，未来还会成为众议员，协会最初的 63 名成员主要都来自首都，但很快就扩展到全国各地。 到 1923 年，它拥有 120 名成员，到 1925 年有 250 名，而到 1928 年，全法国的成员达到 500 多。 该协会在 1921 年发行了第一期杂志，并在其中指出："无知者经常指认我们这一行是目前的住房危机的一个原因，因为他们认为推动价格上涨符合我们的利益。"[17]可是，敌意和怨恨只是该团体的部分挑战。 该协会的成立是对来自巴黎的(社会党)众议员阿瑟·勒瓦瑟（Arthur Levasseur）提出的试图集中管理大城市的住房分配议案的回应。 在关于租房协议的新立法提案中，勒瓦瑟呼吁建立强制性住房登记制度，并使之成为公寓和房屋租赁的唯一信息网络。 他明确其目标为取代租赁机构，并且强调，根据这项立法，"除该机构之外的他人，不能建立任何租赁合同"。[18]

　　不动产中介协会的组织者对这一举动非常愤怒，称其**"纯粹是为了打压租房中介和楼房经理"**！[19]该协会否认自身与操纵住房市场的企图有任何共谋，为中介辩护，认为它不过是市场中向买家和卖家提供信息的一个指示器，不过是一个宣传节点，不对价格施加任何影响。[20]它还指出，"为了适应环境"，中介已经放弃了从业主那里抽取租佣的传统做法，转而从租户那里收取中介费，此举旨在将他们定位为租户而非业主的代表(但这对于使其免受关于剥削绝望的找房者的指控来说,没有什么自保作用)。[21]勒瓦瑟的提案在1926年最接近于实现,当时通过了一项管理城市住房租赁的新法律。1926年4月1日的法律第25条和第26条重申,业主和经理有义务在其建筑物的正前部公开张贴空房的信息,并要求他们到市政厅或者到市政住房办公室(如果所在城市有这个办公室的话)申报空置的住房。[22]此外,它禁止为没有公开张贴和申报的公寓做任何形式的私人宣传。法律试图在不强迫业主只通过市政渠道交易的前提下,保持足够的透明度,防止有特权的中介对住房信息加以不公平垄断。然而,这些规定似乎几乎不可能执行。[23]尽管关于监督和市场集中的原则被加强了,但在实践中,消费者还是只能靠自己的力量去了解城市和住房。

由于缺乏政治意愿,再加上业主和房地产中介的抗议,这一运动最终失败。然而,这一尝试还是具体体现了先前为建立地产和住房中介的集中市场所做的努力中所含的矛盾。政府官员在想象——更不用说构建——首都巴黎的"住房"市场时所面临的窘境,来自于这一商品的物质属性、根深蒂固的住房供给的做法,以及同房产被民商事吸纳相违的法律框架。这一企图作为例子,还进一步说明了,限定于某一历史阶段的中介人和机构,是如何参与到城市房地产市场的规范和实践的制定中,并且掩盖了这一市场之塑造景观和日常生活条件的不可避免的力量的。将土地、建筑和公寓推向市场并不是一件简单无争议的事情。本书将巴黎房地产市场视为一种社会产品,从而使我们能够复原市场化过程——以及该过程中失败的路径——正是市场化过程本身,构成了市场建立和市场维持的原因。

本书还从住宅空间的生产、分配和消费的角度研究了19世纪末巴黎的住房和房地产市场的商业化,尤其关注了构成城市景观的形式和经验的建筑空间和中介网络。这一时期引入和巩固了一系列新的行为者和要求,从完善的信贷网络到新的商业形式,从日益自信的商业中介到新的广告实践,从企业管理公司到专业化的业主,它们都试图重新定义首都的住宅空间的分配和消费的条件。 这些变化也构成了人们对城市地产和地产所有者在国家政治经济中的地位的理解的转变——这一更为宽泛的过程——中的要素。 随着 19 世纪的终结，股票市场参与率也上升了，这更具体地说明了地产投资的性质和地位，同时它也招致了一些试图使不动产适应流动性和流通性的革新，而对这种流动性和流通性的渴求又是可动资产所带来的。 物业管理公司的股票发行，旨在增进所有权的可负担和可转让性，从而实现所有权的民主化；还有法国地产信贷银行，也根据自身的抵押贷款价值来发行债券；这些金融工具使越来越多的人熟悉了房地产的创收潜力，同时也提高了股票市场——**这一**最为卓越的市场——堪称房地产市场组织的模式这一说法的说服力。 因此，在促使不动产的增益力在个人储蓄者的投资组合中更加突出的同时，不动产资本的进一步动员也提高了其交换对象的地位——也提高了其适应证券交易所的物件的地位。

263

因此，由于地产所有权的状态在于，它要么是一种生产、要么是一种消费活动，地产所有权在经济想象中的意味也越来越面临着冲突。在巴黎地产公会的领导下，城市地产商组织起来声明，其所有权的商业模式，是旨在确定一种集体的经济利益——这使他们有权要求获得专业协会的地位——他们还强调他们对集体生产的尝试的贡献，以使其利益与整个国家的共同利益相一致。 原则上（在实践中未必如此），组织起来的地产所有者接受了那一基于他们能从改良价值中受益的特惠地位而令他们为公共工程作贡献的要求，他们动员起来通过立法，通过代表公共利益的集体项目来四下协调，以为他们的个人活动提供手段。 最终，这一立法应用于私人道路的维护和管理，而这些物理和法律上的空间，则体现了将私人所有权与集体市政管理联系起来的困难。

本书还研究了那些塑造了 19 世纪末的不动产市场的新兴要务所产生的建筑景观，揭示了这些要务如何塑造日常生活的条件。 尽管第三共和国新住房的建设的生产形式来自一个重组后的市场，并且该市场将房产的交换价值置于其使用价值之上，但这个市场同时还孕育了买家、管理者和消费者，他们则完全将使用价值——无论是自己的使用价值还是别人的使用价值——置于其市场行为的核心。企业名下投机性生产的建筑提供了住房组合还有管理服务，它们强调消费者的选择、满意度和专业中介的美德，试图将在新公寓选择居住的经验商业化。住房消费者不再是住房生产者——大多数巴黎居民在几个世纪前就失去了这种地位——但这并不意味着其对城市景观的异化体验。此外，关于企业住房的研究揭示出，它们所提供的空间仍然可以适应用户和街区的需要，即使说它们给城市的建筑结构强加了更多同质化的表墙和生活上的陈设。

264　　　巴黎房地产市场的历史挖掘出了自由资本主义在法国第三共和国的模糊地位。当然，一般而言同法国的资本主义经历密切相关的自我限制的趋势，也非常明显。房产市场仍然由传统的垄断机关，即公证员和律师来管理，他们受益于有国家支持的地位，抵制专业中介的商业化要求。在19世纪80年代建筑业萧条的最高峰，以自由市场术语来反对公共干预房地产市场的市政管理人员，也对投机企业和联合资本在城市开发中的作用深表怀疑，而国家议员代表，在调查首都工业状况后，则对劳动力自由市场可能对巴黎的政治和社会动态所产生的影响深感忧虑。最后，组织起来的地产所有者也强烈反对引入诸如地册这样促成房地产资本的动员，或者使建筑物"成为频繁买售的对象"的机制。[24]这些人自称是业主阶级的代表，却反对据称会因土地的可交换度增加而导致的土地贬值，这阐明了传统上同土地所有权相关的那些政治经济价值。在住房改革运动的动机和目标中，这些价值也是显而易见的，前者袒护了地产所有权，并最终成功地获得了来自国家干预的支持，因为它有能力使工人阶级扎根下来，将这个群体从短暂的、浪费的、不满的工人转变为（投资和）被投资的劳动者，并能为国家公益作出贡献。

虽然这些问题对构成房地产市场的特定网络和特定形式来说至关重要，但第三共和国初期的法国公民，还是很轻易地容纳并促进了城市房地产的创收潜力。　灵活的商业形式和便捷的信贷所提供的机会，把成群结队的投机性开发商带到了首都的未建区，他们被股市带来的关于无尽收益的景象所鼓舞，渴望在这片全国最大的市集上通过贩卖房产发财致富。　这些建筑商按照偏袒无止境的扩张和优待消费者对改善住房的需求的民主化的城市开发模式进行建设。　他们毫不犹豫地承担了多层次的债务，以实现他们的愿景，他们参与公共信贷的布置，呼吁不管有没有名气的合伙人都来汇集他们的资源，并且还试图达到一个宏大的生产水平。　就保罗·福久和阿尔贝·罗比埃尔的例子来说，他们最终的破产只是拖累了他们的企业，却并没有阻止后者前进的车轮。　1893 年的立法缓解了在关于处理民事事务的有限责任股份公司——例如致力于建设、管理和转售住宅物业的公司——的地位上的司法混乱，将所有有限公司归为商业企业。[25]组织起来的房地产中介则试图树立起以商业为基础的身份认同，将自身的荣耀和声誉寄托在自己驾驭和改善市场关系的能力上。　而他们正鼓动用职业垄断的形式来树立这种身份认同时，企业自由的教条一再阻止了他们的企图。

　　巴黎的投机性公寓房的消费者以及房地产开发和管理公司的投资者，也都是首都住宅空间商业化的积极参与者。　城市中心的流动（租赁）住房商约有着悠久的历史，这提高了人们对建筑空间之可交换的认识。　无论是以公寓内的单间的名义出租，还是作为物业管理公司的股份，住宅空间都能为越来越多的人创造收益。　本书除了展现居住（消费）和商业（生产）的空间，是如何在 19 世纪末的巴黎都市中交织在一起的之外，还检定了普通巴黎人对城市地产使用的态度，揭示出关于商业化地产的日常经验，是如何同 19 世纪末的市场文化相衔接并参与到后者之中的。　这种文化不仅以人们对消费在身体政治和国民经济中的作用的新认识为基础，它也基于人们对资本生产力的合法性以及法国人独有的储蓄投资能力的认可。

　　这就使我们回到了研究不动产市场提呈给我们的关于经济实践和文化变革的那一特殊视角。　围绕地产的商业地位和持有地产的经济作用

265

的长期争论，足以显示出市场在形成过程中发生的争论、所产生的模糊性和深刻的不确定性。 在 19 世纪末这一标志着资本主义发展的关键转变时期，商人、法律专家、农民、农村改革者、政治家和地产所有者协会，都在法律是否要界定房地产为可流通的模式这一问题上忧心忡忡。

266 不动产逐渐被纳入商法界定的范围，这不仅意味着民事领域的某种商业化，而且还迫使人们重新定义市场的概念本身。 正如不动产不能被集中在一个交易所里，市场本身——在司法术语的理解中正是如此——也不再能被限制在物理实际的交易地点上。[26] 相反，它成了一个关于有可能的交换的抽象领域，在这个领域中，所有个人都是潜在的消费者。

　　法国的法律结构为不动产转变为商业产品的争议过程提供了一个特别有益的视角。 不动产在民事领域的安稳地位，为其向商业动产的多变过渡，提供了不可动摇的基础；一旦不动产扬帆起锚，哪怕只是部分地起锚，它就可以进行各类操作了，而最终的最终，它会发展到使 21 世纪初的全球陷入经济危机的程度。[27] 一个多世纪前的法国地产所有者会议的与会者就认识到，这种地产动员将不可避免地以牺牲普通土地所有者的利益为代价，而使金融中介机构享有特权；在 1900 年的巴黎集会上，代表们有预见性地指出："这些地产证券的交易的场所不在乡村广场，不在穿着木底鞋的草野之间，而是在城市，在证券交易所（掌声）。"[28] 事实上，在今天的全球南方，金融资本表现出给穷人献上可买卖的地产所有权的热情，只不过是一种对经久不衰的迷梦最为新近的诠释罢了，这一迷梦想要将深嵌在辖域（embedded territories）之内的地产价值给解锁出来，俾之流通化，从而给金融资本自身带来好处。[29] 巴黎在 19 世纪末的例子，也不过是还为现在进行时的这一房地产市场化的国际性历史中的一个在地的篇章，但它有助于阐明辖域、政治和个人行动者是如何决定了这一并非不可避免，却深刻地塑造了城市环境的日常经验的进程的。

注 释：

［1］ Lucien Lagrave，"L'évolution de la propriété immobilière et son avenir," *Revue* 342
de la Propriété Immobilière et de la Construction：Organe de l'Union Nationale des
Propriétaires（March 1932）：37—40.

［2］ Ibid., 38.

［3］ Alain Pottage，"The Measure of Land," *Modern Law Review* 57（1994）：361—
384，引文在 p.382。

［4］ Tyler Stovall, *Paris and the Spirit of 1919：Consumer Struggles, Transnational-*
ism, and Revolution（Cambridge：Cambridge University Press, 2012），36—45，193—211；
Susanna Magri，"Housing," in *Capital Cities at War：Paris, London, Berlin, 1914—*
1918，ed. Jay Winter and Jean-Louis Robert（Cambridge：Cambridge University Press,
1997），374—417；Susanna Magri，"Le mouvement des locataires à Paris et dans sa ban-
lieue, 1919—1925," *Le Mouvement Social* 137（October—December 1986）：55—76.

［5］ Law of October 23, 1919, articles 6 and 7.见 Louis Bouzinac, *Les loyers：Le*
régime définitif des prorogations；La spéculation illicite；Analyse et commentaires de la loi
du 31 mars 1922 et formulaire（n.p., n.d.）。

［6］ Archives de Paris, Archives de la Chambre de Commerce et d'Industrie de Paris,
2/ETP/3/4/42 1：J. Tchernoff，"La spéculation illicite," *Revue Pratique de Législation et*
de Jurisprudence du Tribunal de Commerce de la Seine 22（November 15, 1919），91.

［7］ Alessandro Stanziani, ed., *Dictionnaire historique de l'économie-droit, XVIIIe—*
XXe siècles（Paris：Maison des Sciences de l'Homme, 2007），285—286.

［8］ Bibliothèque Historique de la Ville de Paris（后文简称 BHVP）Actualités Série 78,
Logement：Lauche，"La crise du logement"，*L'Eveil des Locataires：Organe de la*
Confédération des Locataires de France et des Colonies，May 10, 1919, 1。

［9］ Archives Nationales（后文简称 AN）F7-13755：Lettre du Préfet de Police à Mon-
sieur le Garde des Sceaux, Ministre de la Justice, 10 février 1919。

［10］ BHVP Actualités Série 78, Logement：Maurice Maurin，"Les offices municipaux
de location," *L'Eveil des Locataires*，May 10, 1919.

［11］ AN F7-13756：Léon Osmin，"Rien à louer mais ... on déménage," *Populaire*,
June 21, 1922.

［12］ AN F7-13756：Henry Prete，"Allons-nous longtemps encore laisser agir
librement les mercantis du loyer?," *Peuple*, October 15, 1923；Henry Prete，"On se de-
mande pour quelles raisons la police tolère les agissements des escrocs du logement,"
Peuple, October 18, 1923.

［13］ AN F7-13756："Se déciderait-on enfin à poursuivre les mercantis du loyer?,"
Peuple, November 4, 1923.

［14］ BHVP Actualités Série 78, Logement：Maurice Maurin，"Les offices municipaux 343
de location."

［15］ BHVP Actualités Série 78, Logement：Henri Sellier，"La guerre a aggravé le
problème des loyers," *L'Eveil des Locataires*，May 31, 1919.

［16］ 成立于 1921 年的法国不动产中介联合协会后来被吸收到 FNAIM，即不动产中
介和商业债券销售代理人职业团体全国联盟（Fédération National des Agents
Immobiliers）。

［17］ "Pourquoi nous devons être unis"，*Bulletin Officiel de la Chambre Syndicale des*
Agents Immobiliers de France（后面简称 *Bulletin des Agents Immobiliers*），July 1921。

［18］ Arthur Levasseur，"Une organisation à améliorer：Les offices municipaux,"
Courrier des loyers，reprinted as "Agences de locations—Régisseurs," *Journal de*
l'Homme d'Affaires，April 15, 1921, 183.

［19］ "Comment la 'Chambre syndicale des agents immobiliers de France' a été con-
stituée," *Bulletin des Agents Immobiliers*，July 1921，黑体为原文所加。

［20］ "Compte-rendu de l'Assemblée générale du 23 mars 1921：Rapport de M. Es-
nault," *Bulletin des Agents Immobiliers*，July 1921.

［21］ "Rapport du Conseil d'Administration: Assemblée générale du 28 janvier 1922," *Bulletin des Agents Immobiliers*, April 1922. 1929 年，协会主席 Edmond Largier 成了国家立法机构的众议员，他成功地在 1929 年 6 月 29 日的租赁立法中增加了一条修正案，对那些在为客户提供服务之前就接受佣金的中介加以处罚，罚款 1 000 至 5 000 法郎。 这一修正案是为了让消费者眼中的这一行业更加道德，同时也是打击在协会之外运作的其他中介的一种手段。 参见 Maurice Jacquault（président），"Mise au point rectificative"，*Bulletin des Agents Immobiliers*，October 1931。

［22］ Law of April 1, 1926, article 25. Paul Colin, *Codes et lois pour la France, l'Algérie et les colonies. Supplément: Mise au courant à la date du 15 août 1927* (Paris: Librairie des Juris-classeurs, 1928), 147.

［23］ 左派《人道报》在 1926 年夏天报道说，巴黎完全没有任何形式的可用住房的公共登记册。 AN F713756: L. Dieulle, "Locataires—A quand l'établissement de la liste des locaux vacants?," *L'Humanité*, June 24, 1926.

［24］ Charles Brouilhet, "La propriété bâtie et la question du livre foncier," in *Congrès de la Propriété Bâtie de France* (Lyon: Imprimerie du Salut Public, 1894), 4.

［25］ Georges Dreyfus, *De l'exclusion des opérations immobilières du domaine du droit commercial* (Paris: Librairie nouvelle de droit et de jurisprudence, 1905), 53.

［26］ Marthe Torre-Schaub, *Essai sur la construction juridique de la catégorie de marché* (Paris: Librairie générale de droit et de jurisprudence, 2002), 28—29, 44—48.

［27］ Manual Aalbers, "The Financialization of Home and the Mortgage Market Crisis," *Competition and Change* 12, no. 2 (June 2008): 148—166; Kathe Newman, "Post-industrial Widgets: Capital Flows and the Production of the Urban," *International Journal of Urban Research* 33, no.2 (June 2009): 314—331.

［28］ "Jeudi 31 mai: La propriété bâtie et le crédit hypothécaire dans les différents états; Réponses de M. Baudelot (avocat à la Cour d'appel de Paris) et de M. Aubépin (avocat à la Cour d'Appel de Paris)," in *Premier congrès international de la propriété bâtie: Exposition Universelle Internationale de 1900, à Paris* (Paris: Société des Publications Scientifiques et Industrielles, 1901), 182.

［29］ Hernando de Soto, *The Mystery of Capital: Why Capitalism Triumphs in the West and Fails Everywhere Else* (New York: Basic Books, 2000).

344

附录

1898 年法兰西地产公司拥有的公寓楼

来源：ANMT 65 AQ I 102：Compagnie Foncière de France，Assemblée Générale Ordinaire des Actionnaires du 23 avril 1898，Rapport du Conseil d'Administration，Rapport des Commissaires et Extrait du Procès-verbal，Exercice 1897，65—67。

第 1 区

1 栋楼，Rue Montmartre，32，and Rue Etienne Marcel，39

第 2 区

1 栋楼，Rue du Mail，24

4 栋楼，intersection of Rue d'Uzès（nos.15，17，19，and 21）and Rue Montmartre

第 4 区

Land of Rue du Trésor，楼为同一条街的 nos.3—10

第 7 区

10 栋楼，Cité Vaneau 3，5，7，9，10，11，12，14，and Rue de Varenne，63 and 63bis

2 栋楼，Avenue de La Bourdonnais，19，21

第 8 区

5 栋楼，Rue du Faubourg-Saint-Honoré，131；Rue Saint-Philippe du Roule，4，6，8，10

第 9 区

3 栋楼，Rue de Provence 60，and Rue de la Victoire，65 and 67

1 栋楼，26 Rue de Navarin

Land of Rue Alfred Stevens，nos.1—10

第 10 区

25 栋楼，Boulevard de la Villette，9，11，15，17，19，21，23，25；Rue Civiale，1，2，5—17，19；and Rue du Buisson Saint-Louis，32

1 栋楼，137 Rue du Faubourg du Temple

2 栋楼，Rue Marie-et-Louise，13，15

第 11 区

24 栋楼，Rue de Montreuil，68 and 70；Rue des Boulets，4，6，8，10，12，14，16，and 18；Rue Chevreul，1，3，4，5，6，7，8，9，10，11，13，14，15，and 16

第 13 区

1 栋楼，Rue de la Reine-Blanche，24

第 15 区

5 栋楼，Avenue du Maine，11，and Rue d'Alençon，4，6，7，and 9

4 栋楼，Avenue Vaugirard nouveau，7，9，11，and 19（Rue Lecourbe，292）

第 16 区

12 栋楼，Avenue Victor Hugo，102，104，106，108；Rue de la Pompe，140，142，144，146，148；and Rue de l'Amiral-Courbet，3，5，7

25 栋楼，构成了 Belles Feuilles 房组，在 Passy 的 Lycée Janson 旁，Rue des Belles Feuilles，9，19，21，23，25，27，39，and 41；Rue de Longchamp，86，94，102，104，106，108；and Rue Gustave Courbet，3，5，7，8，9，10，12，14，16，28，and 30

17 栋楼，构成了曾经的 Villa Caprice 房组，Rue Poussin，2，4，6；Rue Pierre-Guérin，19，19bis，21，23bis，and 25，Rue Bosio，1，3，4，5，6，7，9，11，and 13

第 17 区

8 栋楼，构成了 Porte-Maillot 房组，Rue du Débarcadère 14，16，18，18bis，Boulevard Pereire，259，261，263，and 263bis

2 栋带大厅的楼，Rue Salneuve，29，and Rue Saussure，69

1 栋楼，Rue Fourcroy，2 and intersection of Avenue Niel

第 18 区

10 栋楼，构成了 Château-Rouge 房组，Rue Clignancourt，46，48，50，52，and 52bis；Rue Custine，7，9，11，13，and 13bis

2 栋楼，Rue du Mont-Cenis，85，87

总计：167

致　　谢

　　本书如无来自许多个人和机构的帮助和慷慨解囊，是不可能完成的。　关键的资金支持来自加拿大社会科学和人文研究委员会（Social Sciences and Humanities Research Council of Canada）、巴黎政治学院、芝加哥大学历史系和社会科学院、夏多布里昂协会奖学金（Bourse Chateaubriand）以及多丽丝·G·蒯因基金会（Doris G. Quinn Foundation）的论文资助。　法国历史研究协会（Society for French Historical Studies）和哈佛大学文理研究生院在项目的重要阶段，也提供了旅行经费。

　　很多来自图书馆和档案馆的工作人员，也为本书的写作项目提供了宝贵的帮助：来自农业信贷银行档案馆的 Roger Nougaret 和 Nancy Aravena、来自法兰西岛不动产中介和商业债券销售代理人职业团体全国联盟（FNAIM-Ile-de-France）的 Odile Benedetti 和 Michel Terrioux、来自位于鲁贝（Roubaix）的劳动世界国家档案馆（Archives Nationales du Monde du Travail）的 Andrée-Marie Dormion、巴黎警察局档案馆（Archives de la Préfecture de Police）的 Olivier Accarie-Pierson，巴黎工商会（Chambre de Commerce et d'Industrie de Paris）的图书管理员们还有巴黎城市历史图书馆的 Geneviève Morlet。　巴黎公证员协会主席 Christian Bénasse 慷慨地允许我进入该协会的图书馆查阅，而 Alain Robert 的襄助则让我的访阅既愉快又富有成效。　巴黎档案馆和法国国家图书馆的保管员多次帮助我接触到一些无法以其他途径获得的材料，而这对本书至关重要。　我对诸位的专业精神和专业知识表示感谢。

　　许多人愿意花上时间来和我共享其对巴黎房地产市场的了解。　其 346
中我尤其想感谢 Francis Beuchard 女士和 Jean-Philippe Beuchard，他们
热情地回应了我关于他们机构（约翰·阿瑟和蒂芬房地产中介公司）的历
史材料的请求。　他们帮助我同 Marie-France Tiffen 取得联系，她慷慨
地让我去其家，并分享其私人档案。　我还要感谢朗格瓦事务所有限公
司（Cabinet Langlois et Cie）的 Jean-Pierre Langlois 和 Thierry
Langlois，他们与共享了自己的专业知识和公司档案。

　　我的写作咨询班子，不论是正式的还是不正式的，也都对这个写作
项目倾注了无微不至的热情。　我深深地感谢 Leora Auslander、Jan
Goldstein和 Katherine Taylor，感谢他们敏锐的洞察力、富有挑战性的
问题和专业的指导。　特别是 Leora 细致入微的学术研究和教学工作，
仍然是我的宝贵典范。　法国社会科学高等研究院的 Patrick Fridenson
的做法甚至超越了他的职责范围，他总能从自己不可能完成的日程安排
中，抽出时间来和我讨论，这些讨论既有益又令人愉快。　我有幸能从
其分享的时间和指导中受益。　我也感谢我本科时的历史老师 Howard
Nenner、Fred McGuinness 和 Ernest Benz 的精彩指导和鼓励。

　　我还得到了来自一些明星学术团体的支持和友爱关怀。　芝加哥大
学的欧洲史研究的同僚们——Tom Dodman、Parker Everett、Sean
Dunwoody、Venus Bivar、Erika Vause、Carolyn Purnell 和 Tyson
Leuchter——也都是给我以挑战和激励的朋友与同事。　多伦多的法国历
史研讨会（French History Seminar）也给我这个访问学者提供了一个温
暖而充满活力的共同体。　哈佛的历史学和经济学中心（Center for
History and Economics）以及经济学、历史学和政治学奖助金
（Fellowship in Economics，History，and Politics）也为严谨的跨学科研
究、同事情谊以及对所有涉及经济生活史和实践的事物的热情，提供了
一席栖身之地。　我有幸能与该中心的主任 Emma Rothschild 合作，我
同僚们的洞察力和灵感也弥足使我欣慰，乃至重塑了我的想法。　剑桥
大学的艺术、社会科学和人文科学研究中心（Centre for Research in the

Arts，Social Sciences，and Humanities)在我着手这一研究项目以及其他项目的过程中，也是一个鼓舞人心的地方，提供了丰厚的回报。

商业史会议(Business History Conference)、法国历史研究协会(Society for French Historical Studies)、西方法国历史研究协会(Western Society for French Historical Studies)、城市史协会(Urban History Association)和美国地理学家协会(Association of American Geographers)的与会者，也在我写书的过程中，作了宝贵的讨论与争辩。 我还要感谢海格利博物馆和图书馆(Hagley Museum and Library)所筹办的一个会议的组织者和参与者们〔2009 年的理解市场会议(Understanding Markets)〕；感谢 2010 年开展于巴黎的由易卜林·布索瑞斯和格尔德·布索瑞斯 ZEIT-基金会(ZEIT-Stiftung Ebelin und Gerd Bucerius)和盖尔达·亨克尔基金会(Gerda Henkel Foundation)资助的"历史发生了"(History Takes Place)暑期学术研究会。 索邦大学和法兰西大学研究院在 2012 年夏组织的"商品交易"(Echanges Marchands)经济史暑校；2014 年春的波特兰州立大学的理查德·罗宾逊商业史讲习班(Richard Robinson Business History Workshop)；以及 2014 年夏季全国人文学科捐赠基金会(National Endowment for the Humanities)主办的"地产的意义"(Meanings of Property)的暑期研究会。 2012 年 11 月我在哈佛大学历史学与经济学中心组织了"土地与权力的历史"(Histories of Land and Power)会议和研讨会，我对其与会者深表感谢。

哈佛大学出版社的编辑 Andrew Kinney 以及匿名的审稿人，也推动本书之编写变得如此有益以及令人振奋，我对他们的工作、见解和改进表示感谢。 我感谢 Julie Roebotham 和哈佛大学地理分析中心，感谢他们在历史数据上的辛勤工作，创造了精彩的地图。

在本书的编写过程以及我的漫游过程中，我也很幸运地与一些同行者建立了特殊的友谊。 Ariel Beaujot、Jeff Bowersox、Elizabeth Everton、Valerie Deacon、Ruth Percy、Caitlin Rosenthal 和 Valerie Wallace：我非常感激诸位给我带来的学术范例，特别是他们的人格力

347

量和温暖。 Heather Welland 已经不仅仅是我的朋友，更是我个人的英雄了。

最重要的是，我的家人为我付出了很多，我完全依赖他们不曾停息的爱与支持。 我最好的朋友、好伙伴，Michael Pettit，也现身在这些致谢的每一行每一句里中，他同样也浮现在本书的每一行每一句中，除此之外他还担负了很多美妙且有意义的事情。

索 引①

abstraction 抽象化，12，61，77—80，129—130

advertising 广告宣传：投机者的广告宣传，70—72，78—79；广告宣传的法律管控，142，261；广告宣传和城市空间，175—176，182，192，195—197，208—216；在房产销售和租赁公报中的广告宣传，187—191，193—195，197—199，204—207；企业主的广告宣传，244。也见 advertising poster、floor plan

advertising posters 宣传海报，206—207

Agence Lagrange 拉格朗日中介所，168—169，194，195，199，324n117②

AgenceLargier 拉吉耶中介所，193，195，196，324n117

agents d'affaires 房产中介，7，19，135—137，147—148；房产中介和法院公务人员，145—147；房产中介的自我规制，146，154—160，170—171；房产中介的代表，148—150；典型的房产中介从业者，152—154。也见 real estate agents

Alphand，Adolphe 阿道夫·阿尔方，25，33，34

Annonce Immobilière 《不动产通告》，167，197

apartment houses 公寓楼，17，21，102，123—124，180—182，199，223，226，235—242，256

architects 建筑师，18，42，62—68，85—89，104，203，232

associations 协 会 51，121，150—151，154—155，172—173；协会和地产所有者，99—100，109—113，117—119，131，133，241，263。也见 Chambre Syndicale des Propriétés Immobilières de la Ville de Paris

auctions 拍卖，28，30，140—144，158；公地拍卖，53—55

avenue Victor Hugo 维克多·雨果大道，227，230，238，240，243，245—246，247，249，251

Blondel，Henri 亨利·布隆代尔，28—29，31，61，67

Boulevard de la Villette 维莱特林荫大道，232，243

Boulevard Pereire 佩雷林荫大道，232，233，235，240，245

Boulevard Voltaire 伏尔泰林荫大道，111，217

Brière de l'Isle，Georges 乔治·布里埃·德伊尔，232

building boom(1878—1884) 1878—1884 年的建筑热，4，38—42，60—61，72，96，174—177，193，217，223—224；建筑热和市议会，49，52—53；建筑热和公证人，69—70

building entrepreneurs 建筑企业家，8，20，

---

① 页码为英文原版书页码，即本书的边码。
② n指原书注释。

freedom of enterprise 企业自由，122，159，171，265

Grand Journal Officiel des Locations et de la Vente des Terrains et Immeubles《土地和建筑物租售官方巨刊》，168，176，186，193，194，205，210。也见 floor plan、John Arthur et Tiffen Agency

Guyot, Yves 伊夫·居由，35，52，113，118

Halbwachs, Maurice 莫里斯·哈布瓦赫，59—60，78，91，95，115，116，178

Harvey, David 戴维·哈维，12，280n52

Haussmann, André 安德烈·奥斯曼，81，84—85，90，93

Haussmann, Georges-Eugène 乔治-欧仁·奥斯曼，4，21，24，110，190；奥斯曼和地租公司 25，47，69

Haussmannization 奥斯曼化，6，17，52，119—120，191—192；奥斯曼化的遗产，10，24—25，56，57，133；共和国对奥斯曼化的模仿抄袭，28—29，32，47

Haverkamp, Frédéric 弗雷德里克·阿沃坎，161—166

homestead law 家园法，129，130

housing 住房，17—18；工人住房，46—50，53—55；消费者住房需求，74—75，85—88，176—178；投资者，76—77，217；住房租赁，86，100，177—182，185，208，211—212；拥有住房，123—124，182—184；住房和第一次世界大战，171，257—260，261。也见 advertising、commercialization

illicit speculation 非法投机，258

immovable property(*immobilier*)不动产，13，15，16，78，80，101，125—127，130，266

Indicateur Général des Terrains et Immeubles à Vendre《土地和建筑销售一般指南》。也见 Fouquiau, Paul

Indicateur illustré des appartements à louer《出租公寓图绘指南》，78，79，200，202

intermediaries 中间机构。也见 agent d'affaires、notaries、real estate agents、soliators

Jauffret, Antoine 安托万·若弗雷，157

Jeannot, Joseph 约瑟夫·让诺，232

John Arthur et Tiffen Agency 约翰·阿瑟和蒂芬房地产中介公司，14，96，122，181，185—187，195，322n82，324n117；*GuideFoncier*《地产指南》，90，93—95。也见 *Grand Journal Officiel des Locations et de la Vente des Terrains et Immeubles*

La France Immobilière《不动产法兰西》，157—158

La Réforme du Bâtiment《建筑业改革》，30，31，32，48，54，88，203，223

Lagrave, Lucien 吕西安·拉格拉夫，170，256—257

land 土地：土地之为房产构成要件，10—11，12；土地之为价值源泉，15，102，114—116，133；土地宣传，70，78；土地开发，77—80，89，224；土地指南，80—81，90—95；土地拍卖，140—141。也见 *livre froncier*、mobilization of property、municipal land

Langlois et Cie 隆格洛瓦公司，320n55

Largier, Edmond 埃德蒙·拉吉耶，260，324n117，343n21

Laubière, Albert 阿尔贝·罗比埃尔，53，67，70，71，78，80，123，265

Law of December 22, 1888 1888 年 12 月 22 日法，109，117—120，133，241，309n63

Law of June 21, 1865 1865 年 6 月 21 日法，16，100，112—113，116—117，133

图书在版编目(CIP)数据

出售巴黎:19 世纪末法国首都的房产与商业文化/
(加)亚历克西娅·耶茨(Alexia M. Yates)著;潘泉
译.—上海:上海人民出版社,2023
(都市文化研究译丛)
书名原文:Selling Paris: Property and
Commercial Culture in the Fin-de-siècle Capital
ISBN 978 - 7 - 208 - 18112 - 0

Ⅰ.①出…　Ⅱ.①亚…　②潘…　Ⅲ.①城市商业-房
地产开发-研究-巴黎-19 世纪　Ⅳ.①F299.565.33

中国版本图书馆 CIP 数据核字(2022)第 257293 号

责任编辑　吴书勇
封面设计　胡　枫

都市文化研究译丛
出售巴黎
——19 世纪末法国首都的房产与商业文化
[加]亚历克西娅·耶茨 著
潘　泉 译

出　　版　上海人民出版社
　　　　　(201101　上海市闵行区号景路 159 弄 C 座)
发　　行　上海人民出版社发行中心
印　　刷　上海商务联西印刷有限公司
开　　本　635×965　1/16
印　　张　21.25
插　　页　3
字　　数　287,000
版　　次　2023 年 8 月第 1 版
印　　次　2023 年 8 月第 1 次印刷
ISBN 978 - 7 - 208 - 18112 - 0/K · 3262
定　　价　98.00 元

都市文化研究译丛

《种族隔离:划界城市的全球史》

[美]卡尔·H·奈廷格尔

《出售巴黎:19世纪末法国首都的房产与商业文化》

[加]亚历克西娅·耶茨

《我的洛杉矶:从都市重组到区域城市化》

[美]爱德华·W·苏贾

《识字的用途:工人阶级生活面貌》

[英]理查德·霍加特

《当工作消失时:城市新穷人的世界》

[美]威廉·朱利叶斯·威尔逊

《裸城:原真性城市场所的生与死》

[美]莎伦·佐金

《漫长的革命》

[英]雷蒙德·威廉斯

《透过电视了解城市:电视剧里的城市特性》

[英]彼得·格林汉姆

《规划世界城市:全球化与城市政治》

[英]彼得·纽曼、安迪·索恩利

《没有郊区的城市》

[美]戴维·鲁斯克

《城市秩序:城市、文化与权力导论》

[英]约翰·伦尼·肖特

《正义、自然和差异地理学》

[美]戴维·哈维

《下城:1880—1950年间的兴衰》

[美]罗伯特·M·福格尔森

《水晶之城:窥探洛杉矶的未来》

[美]迈克·戴维斯

《一种最佳体制:美国城市教育史》

[美]戴维·B·泰亚克

《文学中的城市:知识与文化的历史》

[美]理查德·利罕

《空间与政治》

[法]亨利·列斐伏尔

《真正的穷人:内城区、底层阶级和公共政策》

[美]威廉·朱利叶斯·威尔逊

《布尔乔亚的恶梦:1870—1930年的美国城市郊区》

[美]罗伯特·M·福格尔森

《巴黎,19世纪的首都》

[德]瓦尔特·本雅明